부모은중경

동봉스님 우리말 번역및 해설

도서출판 도반

동봉東峰 스님

강원도 횡성에서 태어나 1975년 불문에 귀의하였다. 해인사 승가대학, 중앙승가대, 동국대 불교대학원에서 공부했다.
법명은 정휴正休, 자호는 일원一圓, 법호는 동봉東峰, 아프리칸 이름은 기포kipoo起泡다.
1993~1997년 BBS 불교방송에서 〈살며 생각하며〉, 〈자비의 전화〉 등 26개월에 걸쳐 생방송을 진행하였다.
동아프리카 탄자니아에서 52개월간 머물며 말라리아 구제 활동을 했으며 한국 불교인으로서는 최초로 아프리카에 '학교법인 보리가람스쿨'을 설립하였고 탄자니아 수도 다레살람에 매입한 학교 부지 35에이커와 킬리만자로 산기슭에 개척한 부처님 도량, 사찰 부지 3에이커를 조계종 산하 '아름다운 동행'에 기증하여 종단에서 '보리가람농업기술대학교'를 세워 2016년 9월 개교, 운영하고 있다.
곤지암 '우리절' 창건주이자 회주로서 책, 법문, 소셜미디어 등을 통해 부처님 법을 전하고 있으며, 특히 〈기포의 새벽 편지〉 연재는 3,500회를 넘었다. 지금은 광주 우리절 주지로서 수행자로서의 삶을 이어가고 있다.

《사바세계로 온 부처님의 편지》,《마음을 비우게 자네가 부처야》,《아미타경을 읽는 즐거움》,《불교상식백과》,《밀린다왕문경》,《평상심이 도라 이르지 말라》,《반야심경 여행》,《법성게》,《내비 금강경》,《동몽선습 강설》,《디마케터 스님》, 시집《음펨바 효과》,《시간의 발자국이 저리 깊은데》,《천자문 공부 1~10권》 등 70여 권의 저서와 역서가 있다.

머리글

부모은중경 드리는 글

어머니, 아버지!
나는 당신에게서 빛色을 봅니다
당신께서 주신 귀한 눈으로
해가 돋고, 해가 지며
어둠과 밝음이 번갈아드는
화사한 미소와 아픔을 봅니다
아픔悲을 보고 사랑慈을 봅니다

아버지, 어머니!
나는 당신에게서 소리聲를 봅니다
당신께서 주신 귀한 두 눈으로
고주파 저주파를 비롯하여
긴 파장과 짧은 파장을 보고
초음파와 중력파까지도 봅니다
흘러간 당신의 음성을 나는 봅니다

사랑하는 어머니!
나는 당신에게서 향기香를 봅니다

당신께서 주신 소중한 두 눈으로
당신의 몸과 마음이 머물던 곳
그 모든 향기를 나는 봅니다
땀내까지도 향기롭게 느껴지던
옛 시간이 내 시야에 와서 멈춥니다

사랑하는 아버지
나는 당신에게서 맛味을 봅니다
당신께서 주신 소중한 눈으로
애써 먹이시나 드신 것이 없기에
말라 나오지 않던 향기로운 젖내가
제 두 눈에는 똑똑히 보입니다
강냉이죽조차 거칠다시며
자근자근 씹으라 일러주시던
연꽃보다 진한 향기를 나는 봅니다

멋진 아버지
나는 당신에게서 스침觸을 봅니다
아버지와 저의 피부가 닿을 때
느끼던 감정이 잘 보입니다
이는 핏줄의 파장입니다
델타파, 세타파, 알파파

SMR파, 베타파
감마파가 아니더라도
피부 눈에 다가오는 파장입니다

고운 어머니
나는 당신에게서 생각意을 봅니다
당신께서 주신 귀한 두 눈으로
당신의 마음을 들여다봅니다
발달하면 발달할수록
미래를 당겨올 수 없으나
과거를 되가져올 수 있습니다
이것이 당신께서 제게 남겨주신
말하자면 '증강현실AR의 눈'입니다

늘 관세음보살觀世音菩薩을 뵈며
세상世 소리音를 들으면 듣지
어떻게 볼觀 수 있느냐며
온갖 설을 다 붙이긴 하지만
음파를 눈으로 볼 수 있다거나
베타파를 눈으로 볼 수 있다거나
라디오파를 눈으로 볼 수 있다면
그게 얼마나 아름다운지 알겠습니다

〈부모은중경〉에
"크신 사랑 부모님을 위하여
자기의 눈과 눈동자를 오려내어
부처님전에 바치라" 하셨는데
어떤 부처님이 계셔서
그 공양을 받아드실 것이며
어떠한 아버지 어머니가 계셔서
자식의 그런 모습을 용납하시리이까

사랑慈과 연민悲의 부모님이시여!
뭇 생명붙이에게서 눈을 벗어나
소중한 게 무엇이 있겠습니까?
육신의 눈도 이처럼 중한데
하물며 마음의 눈일 것이며
진리를 깨달은 눈이겠습니까
두 분께서 남겨주신 고귀한 눈을
정갈하게 지니는 것이 효가 아닐런지

〈뒷글〉

한창 앞서 2018년 9월 1일부터
같은 해 끝달 끝날에 끝났다가
그 뒤 2020년 7월 1일 이어
같은 해 9월 5일에 끝을 맺은 책
참으로 복잡한 시간이 들었다
그리고 다시 4년 다섯 달을 지나
이 한 권의 책으로 모습을 드러내니
어쩜 산고의 어머니를 닮았는가 보다

지난해 12월 다시 교정을 보는 중에
'코끼리걸음' 거사가 우리절을 찾아
혹 도와드릴 것이 없느냐 하기에
웬 떡이냐며 교정을 부탁했다
교정은 손을 거칠수록 더 좋으니까
은중경 교정물을 손에 들고 나가더니
며칠 뒤 기쁜 소식이 날아들었다

스님의 〈은중경〉을 교정보던 중에
동원대학교 파크 골프 지도자
실기시험에서 시종 2번의 홀hole
곧 1번 홀과 9번 홀에 '홀인원'하였다

그 뒤 '부처님의 가피'를 입에 달았다
이 책이 세상에 모습을 드러내기까지
애쓰신 도반출판사 월암 대표님과
함께 하신 모든 임직원과 더불어
코끼리걸음 거사에게 깊이 감사한다

불기 2569년 2월 3일 서툰봄立春에
우리절에서 비구 동봉 손 모으다

목차

부모은중경 경문 16

명제命題proposition 58

경제經題 67

제1편 서분
    제1장 기원정사 120

제2편 정종분
    제1장 보은인연
        제1절 여래정례 131
        제2절 불인숙세 153
        제3절 이분문답 184
    제2장 오랜 은혜 너른 사랑
        제1절 열 달 고생 259
        제2절 노랫말 10수 385
    제3장 업난을 널리 설하다
        제1절 허물 지적 484
        제2절 도움 비유 8종 803

제4장 과보로 나타나다
  제1절 마음 열어 참회하고 닦으라 . 842
  제2절 아비옥에 떨어지는 고통 . . 879
  제3절 상계는 쾌락하다 914

어머님 四十九齋를 祭하는 疏 936

제3편 유통분
  제1장 팔부 서원. 944
  제2장 경명을 보임 987
  제3장 사람 하늘이 받들어 지니다 1002

보부모은진언 1009
왕생진언   1011

불설대보부모은중경
佛說大報父母恩重經

[제1편 서분]
제1장 기원정사

총지비구 아난다는 이와같이 들었노라
거룩하신 부처님이 사위국의 왕사성중
기원정사 머무실때 삼만팔천 비구들과
여러보살 마하살과 모두함께 하시니라

[제2편 정종분]
제1장 보은인연

제1절 여래정례

언제인가 하룻날은 우리스승 세존께서
대중들을 거느리고 남쪽으로 가시다가
한무더기 마른뼈가 뒹구는걸 보시고는
오체투지 몸을던져 마른뼈에 절하시매

아난다와 대중들이 부처님께 사뢰기를
거룩하신 세존이여 크신성자 여래께선

삼계대사 이시옵고 사생자부 이신지라
뭇생명과 뭇사람이 귀의예경 하옵거늘

제2절 불인숙세

어찌하여 마른뼈에 예배하시 옵나이까
부처님이 아난에게 자상하게 말씀하되
네가비록 나에게는 매우귀한 제자이고
집을나와 입문한지 꽤나오래 되었지만

아는것에 대해서는 그리넓지 못하구나
이한더미 마른뼈가 혹은나의 앞세상의
조상이나 부모님의 뼈일수가 있으므로
내가지금 이와같이 예배하는 것이니라

제3절 이분문답

부처님이 아난에게 계속하여 이르시되
너는이제 여기있는 한무더기 마른뼈를
남자뼈와 여자뼈로 하나하나 나눠보라
어떤것이 남자이고 어느것이 여자인지

아난다여 아난다여 총지비구 아난다여
다문제일 아난다여 분명하게 알지니라

남자뼈는 희면서도 뼈무게가 무거웁고
여자뼈는 검으면서 무게또한 가볍니라

아난다가 부처님께 다시한번 여쭈오되
거룩하신 세존이여 남자들은 세상에서
큰옷입고 띠두르고 신발신고 사모쓰고
그와같이 장식하매 남자인줄 알겠삽고

여자들도 마찬가지 세상에서 살아갈때
연지찍고 분바르고 난초사향 몸에지녀
가지가지 장신구로 화려하게 꾸미기에
여인들의 몸인줄을 또한알수 있나이다

거룩하신 세존이여 죽은뒤의 백골들은
여기있는 이들처럼 어슷비슷 하온지라
남자여자 구별하여 알아볼수 없나이다
저희들이 어찌하면 인지할수 있나이까

부처님이 이르시되 그가만일 남자라면
저세상에 있을적에 설법듣고 경전외고
부처님전 예배하고 염불공덕 닦았기에
남자뼈는 그와같이 희고또한 무거우며

그가만일 여자라면 사람으로 있을적에
혼인하여 가정이뤄 자녀낳아 양육하되
여자로서 임신하여 아이한번 낳을때에
서말서되 진한피를 흘리기도 했느니라

아들딸을 젖을먹여 키워가는 과정에서
자그마치 여덟섬에 다시또한 너말되는
사랑담긴 어미젖을 자식에게 먹였나니
그러기에 여자뼈는 검고또한 가볍니라

아난다가 말씀듣고 어머니를 생각하매
비수로써 저미는듯 그마음이 아린지라
눈물흘려 울먹이며 부처님께 여쭙기를
어머니의 크신은덕 어찌갚사 오리이까

제2장 역진은애

제1절 미월구로

부처님이 아난에게 고구정녕 이르시길
아난다여 너는이제 자세하게 들을지라
너로인해 말하리니 어머니가 잉태하면
열달동안 그고통이 말할수가 없느니라

어머니가 잉태한지 첫달넉주 동안에는
풀잎위의 이슬인듯 위태하기 그지없네
아침이면 그기운이 보존할듯 싶다가도
저녁이면 어느하나 장담할수 없느니라

이른새벽 맺힌이슬 방울방울 영롱하나
한낮이면 햇살받아 시나브로 사라지듯
모태내에 아기집에 착상했다 하더라도
여러가지 변수많아 조심해야 하느니라

어머니가 임신한지 넉달째로 접어들면
시나브로 사람모습 갖춰지게 마련이고
어머니가 임신한지 다섯달이 되어가면
태내에서 다섯포태 어엿하게 생겨나니

어엿하게 자리잡는 다섯포태 모습이란
가장먼저 머리포가 첫번째로 생겨나고
팔꿈치를 합하므로 머리포와 셋이되며
두무릎을 더하여서 다섯포가 되느니라

어머니가 임신한지 여섯달이 되어가면
태중아기 모태에서 여섯정이 열리나니

여섯정이 무엇인가 눈이첫째 정기이고
귀가둘째 정기이며 코가셋째 정기이고

입이넷째 정기이며 다섯째는 혀의정기
여섯째는 뜻정기라 모두합해 육정이니
눈과귀와 코와입과 혀와뜻이 갖춰지면
바야흐로 몸과마음 구족되는 것이니라

어머니가 임신한지 일곱달이 되어가면
모태중에 있는아기 어머니의 배내에서
삼백육십 뼈마디가 시나브로 갖춰지고
팔만사천 배내털이 생겨나게 되느니라

어머니가 잉태한지 여덟달이 되어가면
감정이며 의지이며 앎과지혜 생겨나고
눈과귀와 코와입과 요도에서 항문까지
아홉개의 구멍들이 점점뚜렷 하느니라

어머니가 잉태한지 아홉달이 되어가면
태중아기 태내에서 먹을거리 찾게되니
복숭아와 배와마늘 과일들은 아니먹고
다만오직 오곡만을 먹으려고 하느니라

어머니의 장부들을 너는알고 있었느냐
아래향한 생장에다 위로향한 숙장사이
산이하나 솟았는데 그이름이 세가지라
수미산이 첫째이름 모양새가 그러하고

둘째이름 업산이니 원인이고 근간이며
셋째이름 혈산이니 핏덩어리 다름없네
이산한번 무너지면 어린태아 입안으로
엉긴피가 한꺼번에 흘러들어 가느니라

어머니가 잉태한지 십개월에 접어들면
바야흐로 모태에서 벗어나려 꿈틀대니
효성스런 녀석이면 두손모아 합장하고
어머니의 여린살을 다치잖게 하거니와

다섯가지 거스르는 못된녀석 이라하면
열달동안 머물렀던 고마움을 등진채로
어머니의 자궁벽을 마구마구 찢어놓아
표현할수 없는고통 느끼게끔 하느니라

손으로는 심장이며 간장까지 쥐어뜯고
다리로는 어머니의 엉덩뼈를 걷어차매

일천비수 꽂아대듯 일만송곳 찔러대듯
어머니의 아픔이란 말로할수 없느니라

이와같이 갖가지로 온갖고를 겪으면서
낳아주신 부모마음 어찌말로 표현할까
열가지의 중한은혜 다시위에 더있나니
크고넓고 높고깊은 어버이의 은혜니라

제2절 십계찬송

제1수 회탐수호은

어머니의 크신은혜 첫번째로 말한다면
임신하여 아기집에 품어주신 은혜이니

여러겁을 내려오며 인연또한 깊고깊어
이번생에 다시와서 모태내에 의탁했네
개월수가 차가면서 오장육부 생겨나고
일곱달을 지나면서 여섯정기 열렸도다

불룩솟은 아랫배가 산악처럼 무거웁고
움직이고 멈출때에 찬바람이 겁이나니

비단옷이 있건마는 입어본적 언제런가
단장하는 거울에는 먼지만이 쌓여가네

　　　　제2수 임산수고은
어머니의 크신은혜 두번째로 말한다면
갓난아기 낳으실때 고통받은 은혜이니

배냇속에 아기배어 열달퍼뜩 다가오니
해산날이 언제일까 불안하기 그지없네
아침마다 기운없기 중병든이 다름없고
한낮이면 정신줄을 놓은이와 흡사하네

두렵고도 겁난마음 표현하기 어려워라
근심섞인 눈물만이 작은가슴 가득하네
불안한맘 머금은채 친족에게 말하기를
이러다가 내가혹시 죽는것은 아니겠지

　　　　제3수 생자망우은
어머니의 크신은혜 세번째로 말한다면
아기낳고 한숨돌려 근심잊은 은혜이니

자애로운 어머니가 그대몸을 낳으실때

오장육부 찢기는듯 연한살을 에이는듯
몸과마음 한가지로 정신줄이 끊어지고
흘리신피 너무많아 양을잡은 모습이라

갓난아기 건강하다 위로말씀 들으시매
반갑고도 기쁜마음 평소보다 배가하고
기쁜마음 쉬자마자 산후통증 다시도져
통절하고 아린아픔 심장까지 사무치네

제4수 연고토감은
어머니의 크신은혜 네번째로 말한다면
입에쓴건 삼키시고 단것으로 주신은혜

어버이의 크신은혜 깊고또한 무거워라
아끼시고 사랑하심 잊은적이 없으시네
달콤한건 뱉으시어 드시는바 없으시고
쓴음식은 삼키시되 표정하나 변함없네

사랑함이 중하시니 정을참기 어려웁고
은혜로움 깊으시니 연민함이 곱절이다
다만오직 바라는건 아기배를 불림이라
자모께선 배고픔을 마다하지 않으시네

제5수 회건취습은

어머니의 크신은혜 다섯째로 말한다면
마른데는 아기뉘고 젖은데에 드신은혜

어머니의 당신몸은 백번천번 젖더라도
아기일랑 어느때나 마른데에 뉘시옵고
양쪽젖을 번갈아서 아기배를 불리시며
찬바람을 쐬일새라 소매로서 가리시네

어린아기 돌보느라 깊은잠을 한번자랴
둥개둥개 두리둥개 안아주고 달래시네
아기만약 편하다면 무엇인들 사양하며
어머니의 몸과마음 피곤한들 어뗘하리

제6수 유포양육은

어버이의 크신은혜 여섯째로 말한다면
젖먹이고 품에안아 길러주신 은혜이니

어머니의 크신은혜 이땅에다 견주리까
아버지의 높은은덕 저하늘에 비기리까
덮어주고 실어줌이 하늘땅과 같은지라
아들딸을 사랑하는 부모마음 다를손가

두눈모두 없더라도 미워하는 마음없고
손과발이 불구라도 싫은마음 전혀없네
태중에서 길러내고 몸소낳은 자식이라
하루종일 아껴주고 또한사랑 하시도다

제7수 세탁부정은
어머니의 크신은혜 일곱째로 말한다면
더러움을 씻어내고 세탁하신 은혜이니

지난날의 고운얼굴 꽃보다도 우아했고
고운맵시 예쁜애교 견줄수가 없었어라
어여쁘게 그린눈썹 비취버들 함께한듯
두볼에핀 보조개는 연꽃마저 주춤했지

은혜더욱 깊을수록 비취살결 빛을잃고
빨래하랴 씻기시랴 반룡손길 거칠었네
다만오직 위하는건 아들딸의 사랑이라
어머니의 연꽃얼굴 이와같이 바뀌셨네

제8수 원행억념은
어버이의 크신은혜 여덟째로 말한다면
자식만일 먼길가면 걱정하신 은혜이니

죽은뒤의 사별이야 그고통이 크지마는
살아생전 생이별도 애간장을 저미도다
자식만일 집을떠나 머나먼길 가게되면
어머니의 마음또한 타향까지 함께가네

밤낮으로 여린마음 자식만을 쫓으면서
두눈에서 흘린눈물 천줄기요 만줄기라
원숭이의 새끼사랑 푸른숲에 퍼져가듯
부모님의 자식사랑 애간장을 끊는도다

제9수 위조악업은

어버이의 크신은혜 아홉째로 말한다면
자식위해 나쁜일도 짐짓하신 은혜이니

부모님의 크신은혜 강산보다 중한지라
깊은은혜 생각하니 갚기실로 어려워라
자식들의 갖은고생 대신받기 소원이니
아이들이 괴로우면 부모마음 편치않네

머나먼길 떠난다는 말씀전해 듣게되면
가는길에 잠자리와 밤과추위 걱정이라
아들딸이 잠시라도 괴로움을 받게되면

어머니의 근심걱정 사립에서 바장이네

제10수 구경연민은
어버이의 크신은혜 열번째로 말한다면
몸과마음 다하도록 사랑하는 은혜이니

부모님의 크신은혜 깊고또한 중하시고
사랑하신 그은혜여 쉬실때가 없으셔라
일어나고 앉았을때 마음서로 쫓아가고
머나또는 가까우나 뜻이또한 따라가네

나이드신 어머니는 골백살이 될지라도
팔십줄의 아들딸을 언제든지 걱정하네
부모님의 은혜사랑 끝나는날 언제일까
당신목숨 다하는날 바야흐로 끝나려나

제3장 광설업난

제1절 지수제건 -1

부처님이 계속해서 아난에게 이르시되
중생들을 살펴보니 겉모습은 사람이나
마음이며 행동들이 어리석고 몽매하여
부모님의 크신은덕 생각하지 못하도다

애초부터 부모에게 공경심을 내지않고
깊은은혜 저버리고 높은덕을 배반하며
어질고도 자애함은 찾아볼수 전혀없고
효도하지 아니하고 의리마저 없나니라

거룩하신 부처님이 계속해서 말씀하되
어머니가 아이가져 열달동안 지나면서
일어서고 앉는것이 너무나도 불편하여
무거운짐 진것같고 음식소화 되지않아

어찌보면 이는마치 장병에든 사람같고
달이차서 바야흐로 아기낳을 때가되면
잠깐동안 잘못으로 죽게되지 아니할까
조여드는 두려움과 산고속에 휩싸이며

돼지염소 잡은듯이 피가흘러 흥건하며
온갖고통 받으시고 아들딸을 낳으신뒤
쓴것일랑 삼키시고 단것만을 먹이시며
안아주고 업어주고 애를써서 기르시네

손과발과 몸씻기고 기저귀를 빠실때도
어느하나 더럽다고 꺼리는일 없으시고
더운것도 참아내고 추운것도 참으시되
가지가지 고생들을 마다하지 않으시네

마른데는 골라가며 어린아이 뉘이시고
변으로써 젖은자리 어머니가 누우시며
태내에서 열달가고 낳은뒤에 이태동안
어머니는 뽀얀젖을 먹이시고 기르니라

예닐곱살 접어들면 예절이며 음악이며
활쏘기와 말달리기 작문하고 셈하기며
사람도리 가르치고 스무살이 넘어가면
일자리에 힘을쓰고 시집장가 보내니라

이와같이 애를써서 하나하나 가르치고
직업까지 마련하여 부모할일 다한뒤에

여러가지 힘든일이 끝이났다 하더라도
은혜마저 끊겼다고 말할수는 없느니라

행여만일 아들딸이 병이라도 들게되면
어버이도 함께따라 같은병을 앓게되고
행여만일 자식들이 앓던병이 낫게되면
자애로운 어머니의 병도따라 낫느니라

이와같이 가르치고 기르시고 보듬어서
하루빨리 어른되길 마음속에 바라시되
생각대로 자식들이 건강하게 자라서는
어릴때와 판이하게 효도하지 않느니라

일가친척 어른들과 이야기를 나눌적에
세대차이 느낀다며 어깃장을 늘어놓고
곁눈질로 흘겨보고 눈동자를 굴려가며
백부숙부 고모이모 기만하고 능멸하네

형제간에 마주앉아 이야기를 나눌때도
치고받고 싸우면서 상대방을 인정않고
예절이며 의리따위 찾아볼수 전혀없고
모범들이 즐비하나 준수하지 않느니라

어버이의 가르침과 지시함이 있더라도
본디부터 마음속에 따를생각 하나없고
자매간에 마주앉아 이야기를 나누어도
짐짓서로 어겨가며 인정하지 않느니라

나고들고 가고오는 일체행동 거지에도
어른들께 하나하나 알리기는 고사하고
뱉는말과 행동들이 교만하고 방자하며
모든일을 제멋대로 처리하려 드느니라

이런것은 어버이가 조용조용 타이르고
어른들이 그릇된점 일러줘야 하겠거늘
귀여움만 내세워서 오냐오냐 하다보니
어느하나 벼리로서 내세울게 없느니라

청소년기 올라서서 사춘기로 접어들자
난폭하고 빗나가서 걷잡을수 바이없고
잘못함이 있더라도 반성하지 아니하고
그게어찌 내탓이랴 적반하장 성을내네

좋은벗이 있다하나 멀찌감치 차버리고
나쁜벗과 어울려서 여기저기 쏘다니며

나쁜습이 천성되어 배움의길 내던지고
몹쓸계획 세우면서 허송세월 하느니라

남의꾐에 빠져서는 친구따라 강남이라
낳으시고 길러주신 어버이를 배반하고
가르치고 이끌어준 일가친척 등을지고
정든집과 고향떠나 타향살이 시작이라

장삿길에 들었으나 쉬운일이 하나없고
전쟁중에 징집되나 목숨만은 부지했네
시나브로 객지에서 혼인하고 가정꾸려
이로인해 오랫동안 귀향하지 못하도다

어쩌다가 고향떠나 타향살이 전전하며
근신할줄 모르다가 이리저리 휩쓸리고
다른이가 놓은덫에 꼼짝없이 빠져들어
잘못된일 횡액으로 갈고리에 끌려가네

죄를짓지 않았는데 무고하게 형을받아
감옥안에 갇힌채로 가는목에 칼을쓰고
엎친데에 덮침이라 병환까지 찾아들고
여러가지 액난들이 얽히고도 설키도다

가지가지 고생으로 굶주리고 고달프나
누구하나 보살펴줄 주위사람 하나없고
오는것은 미움이고 받는것은 천대일뿐
길거리의 노숙자로 버려지게 되느니라

오가는이 발에채여 설사죽게 되더라도
질병에서 구원해줄 그럴이가 하나없어
그러다가 죽게되면 살은점점 썩어가고
이슬맞고 볕에쬐고 비바람을 맞느니라

하얀뼈가 바람따라 이리저리 뒹굴다가
풍화되고 산화되어 타향땅에 묻히리라
어쩌다가 타향에서 친족들과 만났으나
기쁜모임 이루기는 애시당초 아니니라

제1절 지수제건 -2

그리하여 어버이는 자식들의 뒤를쫓아
자나깨나 근심걱정 떠날날이 전혀없이
울다울다 지친눈이 실명으로 이어지고
끝끝내는 자식들을 잊을수가 없느니라

혹은다시 비통하고 애가끓는 그마음에

기가막혀 그자리서 병이들어 신음하고
혹은자식 생각으로 쇠약하여 죽게되며
이로인해 외로운혼 갖가지로 한이되네

총지비구 아난다여 귀기울여 들어보라
자식들은 효와의리 숭상하지 아니하고
여러나쁜 무리들과 끼리끼리 어울려서
무뢰하고 추악하고 방자하고 사나워져

이익됨이 없는일들 익히기를 좋아하고
걸핏하면 싸움질에 남의물건 훔쳐내고
횡령하고 겁박하고 술마시고 노름하며
옳지않은 허물들이 하나둘이 아니니라

이로인해 형제에게 여러가지 누를끼쳐
어버이의 어진마음 어지럽게 만든뒤에
새벽녘에 나갔다가 한밤중에 돌아와서
한량없는 근심으로 휩싸이게 하느니라

부모님의 생활에는 아랑곳도 하지않아
가고오고 앉고눕고 잠자거나 깨었거나
굶주리고 헐벗거나 춥고덥고 하더라도

그에대해 어느것도 일체관심 두지않고

초하루나 보름이나 아침이나 저녁이나
부모편히 모실생각 마음속에 전혀없고
어버이가 나이들어 볼품마저 없게되면
남이볼까 부끄러워 괄시하고 구박하네

혹은다시 부모님이 홀로되고 과부되어
임자없는 빈방안에 우두커니 있게되면
하숙치는 사람처럼 그와같이 대하면서
침대자리 흙과먼지 털고닦지 아니하며

어버이가 계시는곳 문안하지 아니하고
신경써서 살펴보는 일조차도 없는지라
그리하여 부모님이 추우신지 더우신지
배고프고 목마른지 알까닭이 없느니라

맛깔스런 음식물이 어쩌다가 들어오면
우선먼저 부모님께 봉양해야 하겠거늘
부끄럽게 여기면서 다른사람 취급하니
밤낮으로 슬퍼하고 탄식밖에 없느니라

간식거리 들어오면 바리바리 들고가서
제아내와 자식에게 아낌없이 주면서도
그에대해 추하거나 못났다고 생각않고
피곤하고 부끄럽다 여기지도 않느니라

제아내와 자식들과 첩에대한 약속들은
무슨일이 있더라도 꼬박꼬박 지키면서
어버이가 하는말과 아주작은 꾸지람은
한쪽귀로 흘리면서 담아두지 않느니라

이를테면 아난다여 딸자식일 경우에는
다른이의 배필되어 시집가게 되었을때
시집가기 이전에는 효도하고 순종터니
혼인한뒤 못된마음 점점더욱 늘어나서

자기자신 낳아주고 길러주신 친정부모
아주조금 꾸짖어도 안팎으로 원망하며
제남편이 때리거나 나무라는 이야기는
어떤것도 참아내고 달게받아 들이니라

성이다른 남편쪽의 시댁어른 들에게는
주고받는 정이깊고 사랑또한 넘치면서

자기자신 낳아주고 길러주신 친부모는
서먹하게 대하면서 멀어지게 하느니라

혹은다시 남편따라 타향으로 옮겨가면
부모님과 헤어지나 사모하는 마음없고
일체소식 끊어지고 편지조차 단절되어
무소식의 부모님은 애간장이 끊어지네

오장육부 장기들이 뒤집힌듯 아려오며
자나깨나 딸의얼굴 보고싶어 하는것이
작열하는 사막에서 목이말라 물을찾듯
간절하고 절박함이 끊임없이 이어지네

이와같이 어버이의 높고깊고 크신은혜
헤아릴수 바이없고 끝간데가 없건마는
낳아주고 길러주신 부모님께 불효하니
그의죄가 너무커서 말로할수 없느니라

제1절 지수제건 -3
이때모든 대중들이 부처님이 말씀하신
어버이의 높고깊고 넓은은덕 듣고나서
자기몸을 일으켰다 땅에던져 부딪히며

그들몸의 모공마다 많은피를 흘리면서

그자리서 기절하여 땅에쓰러 졌다가는
한참후에 깨어나서 큰소리로 부르짖되
괴로웁고 슬픈마음 심히아파 오나이다
저희들이 죄인임을 깊이알았 사옵니다

그동안은 저희들이 아무것도 모른채로
칠흑같은 그믐밤을 걷는것과 같더니만
바야흐로 저희이제 잘못됨을 알고보니
오장육부 한꺼번에 찢기는듯 하나이다

바라건대 세존이여 거룩하신 분이시여
불쌍하게 여기시어 구제하여 주옵소서
저희들이 이제부터 어찌어찌 하여야만
어버이의 깊은은혜 갚을수가 있나이까

제2절 원유팔종

발단發端

바로그때 거룩하신 서가모니 여래께서
하나하나 도움되는 여덟가지 예를들어

심오하고 중후하며 청정하신 음성으로
사부대중 모두에게 간곡하게 말씀하되

이법회에 함께모인 사부대중 그대들은
한마디도 빠짐없이 분명하게 알지니라
내가이제 너희위해 분별하여 설하리니
부모님의 깊은은혜 마음깊이 새겨두라

[1]

이를테면 여기오늘 이자리에 어떤이가
그의왼쪽 어깨에는 아버지를 모셔두고
오른쪽의 어깨에는 어머니를 모신채로
고운피부 닳아져서 하얀뼈가 드러나고

하얀뼈가 닳아져서 골수까지 미치도록
수미산을 돌고돌아 백천만번 돌더라도
사랑하는 어버이의 높고깊은 그은혜는
너무나도 크고넓어 갚을수가 없느니라

[2]

이를테면 이세상의 효심깊은 어느누가
굶주리는 흉년액운 시나브로 당하여서

사랑하는 아버지와 어머니를 위한고로
자기몸을 모두바쳐 어버이를 봉양하되

그의몸을 저며가며 티끌처럼 잘게갈아
백천만겁 지나도록 모신다고 하더라도
낳으시고 기르시고 가르치신 깊은은혜
그와같은 것으로는 갚을수가 없느니라

[3]

이를테면 이세상의 효심깊은 어떤이가
날카롭고 작은칼을 손에맞게 집어들고
사랑하는 아버지와 어머니를 위한고로
제자신의 눈과함께 눈동자를 도려내어

부처님께 공양하고 바치기를 이어가되
백천만겁 지나도록 계속한다 하더라도
낳으시고 기르시고 염려하신 부모은혜
그와같은 행으로는 갚을수가 없느니라

[4]

이를테면 어떤이가 날카로운 비수로써
어버이의 크신은덕 모두갚기 위한고로

그의심장 도려내고 그의간을 도려내어
그로인해 흘린피가 너른땅을 적셨을때

아프다는 표현없이 괴로움을 참아가며
그와같이 백천만겁 지나간다 하더라도
사랑하는 어버이의 높고깊은 그은혜는
넓고크고 크고넓어 갚을수가 없느니라

[5]
이를테면 이세상의 효심깊은 어느누가
낳으시고 기르시고 가르치신 부모위해
백천만개 돌아가는 날카로운 비수로써
자기몸을 돌아가며 여기저기 찔러대되

위로부터 아래에로 아래에서 위쪽으로
전후좌우 돌아가며 온갖고통 참아내길
백천만겁 지나도록 쉼이없이 하더라도
어버이의 깊은은혜 갚을수가 없느니라

[6]
이를테면 이세상의 효심깊은 어느누가
낳으시고 가르치신 아버지를 사랑하고

젖먹여서 키워주신 어머니를 사랑하여
명산대찰 찾아가서 부처님전 원을세워

몸으로서 등을밝혀 여래전에 공양하길
백천만겁 지나도록 계속한다 하더라도
낳으시고 기르시고 가르치신 부모은혜
그와같은 행위로는 갚을수가 없느니라

[7]
이를테면 이세상의 효심깊은 어느누가
낳으시고 길러주신 어버이를 위한고로
이백여섯 뼈마디를 타닥타닥 두드리어
치밀뼈와 해면뼈의 골수만을 뽑아낸뒤

백천만개 창으로서 한꺼번에 찔러대되
백천만겁 지나도록 계속한다 하더라도
낳으시고 길러주신 부모님의 깊은은혜
그와같은 행위로는 갚을수가 없느니라

[8]
이를테면 이세상의 효심깊은 어느누가
낳으시고 길러주신 어버이를 위한고로

펄펄끓는 무쇠물과 불덩이를 삼키기를
백천만겁 지나도록 계속한다 했을때에

몸뚱이가 불에타고 용액으로 흘러넘쳐
눈뜨고는 볼수없는 목불인견 이거니와
낳으시고 길러주신 부모님의 깊은은혜
그와같은 것으로는 갚을수가 없느니라

제4장 과보현응

제1절 계발참수

바로이때 대중들이 부처님이 말씀하신
어버이의 높고넓고 깊은은혜 듣고나서
참회하는 마음내어 피눈물을 흘리면서
큰소리로 슬피울며 부처님께 여쭈었다

거룩하신 세존이여 저희들이 바야흐로
부모님께 대해서는 죄인임을 알았으나
헤아릴수 바이없는 어버이의 깊은은혜
어찌해야 이들은혜 갚을수가 있으리까

부처님이 제자들을 바라보며 말씀하되

부모님의 깊은은혜 갚으려고 하는이는
부모님을 위한고로 이경전을 베껴쓰고
부모님을 위한고로 이경전을 독송하며

부모님을 위한고로 죄와허물 참회하고
부모님을 위한고로 삼보님께 공양하고
부모님을 위한고로 재계받아 지닐지며
부모님을 위한고로 보시하고 복지으라

만일능히 이와같이 부지런히 닦는다면
효도하고 순종하는 자녀라고 할것이나
이와같이 보살행을 지어가지 아니하면
지옥따로 있지않고 그가바로 지옥이라

제2절 아난타고

거룩하신 부처님이 아난에게 고하시되
부모님을 멀리하여 효도하지 않는자는
그의몸이 망가지고 목숨마저 마친뒤에
아비무간 지옥계에 떨어지게 되느니라

아비무간 지옥이란 무쇠로서 되었는데
삼천대천 세계중에 으뜸가는 크기로서

벽의높이 벽의둘레 벽의두께 이르도록
깊이거나 넓이거나 각기팔만 유순이라

지옥담장 안팎으로 철조망이 둘러있고
붉디붉은 무쇠로써 땅바닥이 되었으며
거기에서 불꽃들이 맹렬하게 타오르되
번개우레 갈마들어 쉴사이가 없느니라

아비무간 지옥에선 구리무쇠 녹인물을
불효죄인 잡아다가 입을벌려 부어넣고
달아오른 무쇠뱀과 붉게타는 구리개가
불과연기 뿜어내며 번갈아서 달려들어

불효막심 죄인들을 몰아다가 태우면서
지져대고 볶아대고 지글지글 끓게하니
그로인한 고통이며 그에따른 애통함은
강심장이 일지라도 견딜수가 바이없고

무쇠로된 채찍이며 무쇠로된 꼬챙이와
무쇠망치 무쇠창과 날카로운 비수들이
푹우처럼 우박처럼 공중에서 쏟아지며
죄인들을 베어대고 찔러대고 하느니라

그와같이 죄인들을 여기저기 끌고다녀
사정없이 괴롭히고 갖가지로 벌을주되
여러겁이 지나도록 쉴사이가 없으므로
그지옥을 이름하여 무간이라 하느니라

그에더해 불화로를 머리위에 이게하고
무쇠수레 멍에하여 팔과다리 찢어놓고
오장육부 비롯하여 뼈와살을 불태우고
하루에도 천번살고 만번죽게 하느니라

이와같이 갖가지로 온갖고를 받는것은
불법승을 비방하고 선지식을 헐뜯으며
어른공경 하지않고 부모님께 불효하며
살았을때 오역죄를 지은데서 오느니라

제3절 상계쾌락

이때모든 대중들이 거룩하신 부처님의
어버이의 크신은덕 설하심을 듣고나서
진정으로 참회하고 눈물쏟아 슬피울며
공경하는 마음으로 부처님께 여쭈오되

거룩하신 세존이여 바야흐로 저희들이

매우깊은 죄인임을 분명알았 사옵니다
저희들이 어찌해야 어버이의 깊은은혜
남김없이 온전하게 갚을수가 있나이까

이에대해 부처님이 제자에게 고하시되
어버이의 크신은혜 갚으려고 하는이는
가셨거나 계시거나 부모님을 위한고로
이경전을 지어내어 두루펴야 하느니라

그대들은 알겠는가 바야흐로 이것이곧
어버이의 크신은혜 갚는것이 되느니라
경전한권 지어내면 한부처님 모심이오
경전열권 지어내면 열부처님 모심이며

경전백권 지어내면 백부처님 모심이요
천권경전 지어내면 천부처님 모심이며
만권경전 지어내면 만부처님 모심이요
백천만권 지어내면 백천만불 모심이라

이와같이 정성스레 경을받아 지닌뒤에
경을읽고 경을외며 쉽게풀어 설법하고
경을짓고 경을베낀 공덕력을 바탕으로

제불보살 다가오사 옹호하여 주시나니

그사람이 부모위해 갈고닦은 공덕으로
부모님은 한결같이 하늘위에 태어나서
두고두고 모든쾌락 빠짐없이 받게되고
영원토록 지옥고를 면하게끔 되느니라

[제3편 유통분]
제1장 팔부서원

이때여러 대중으로 아수라를 비롯하여
가루라와 긴나라와 마후라가 신의세계
사람인듯 하면서도 사람아닌 이들이며
하늘들과 용왕들과 야차들과 건달바와

여러작은 나라들을 주재하는 왕들이며
온천하를 정법으로 다스리는 전륜왕과
함께모인 대중들이 부처님의 법을듣고
이구동성 소리내어 이와같이 발원하되

저희들이 오는세상 미래제가 다하도록
이내몸이 부서져서 미세먼지 티끌되어
백천겁의 오랜세월 지낸다고 하더라도
부처님의 가르침을 어기는일 없사오리

백천만겁 긴긴세월 뽑은혀가 일백유순
그혀로써 보습삼아 무쇠밭을 갈고갈아
흘린피로 내와호수 이루는한 있더라도
부처님의 가르침을 어기는일 없사오리

날카롭게 돌아가는 백천자루 칼바퀴로
두고두고 이내몸을 사정없이 베어대어
만신창이 몸뚱이를 만드는일 있을망정
부처님의 가르침을 어기는일 없사오리

무쇠로된 그물로써 이내몸을 묶은뒤에
으서져라 조이면서 온갖고통 보태기를
백천겁을 긴긴세월 지내간다 하더라도
부처님의 가르침을 어기는일 없사오리

소가끄는 연자방아 나의몸을 밀어넣고
또는다시 맷돌속에 나의몸을 집어넣어
백천만억 티끌처럼 갈기갈기 조각내어
살과살갗 뼈와힘줄 성한곳이 하나없고

건강하던 그모습을 회복할수 전혀없이
백천겁을 그상태로 온갖고가 엄습해도
거룩하신 부처님의 고귀하신 가르침을
버리는일 없사옵고 어기는일 없사오리

제2장 불시경명

바로그때 아난다가 부처님께 여쭙기를
거룩하신 분이시여 세존께서 말씀하신
성스러운 이경전을 무엇이라 이름하며
저희들이 이를어찌 받아지니 오리이까

부처님이 아난에게 자상하게 말씀하되
대보부모 은중경이 이경전의 이름이니
이와같은 이름으로 그대들은 길이새겨
모름지기 마음속에 받아지닐 것이니라

제3장 인천봉지

바로그때 하늘사람 아수라등 대중들이
부처님이 말씀하신 가르침을 듣고나서
모두크게 기뻐하고 믿고받아 봉행하며
공손하게 예를짓고 자리물러 갔느니라

보부모은진언
報父母恩真言
부모 은혜 갚는 진언

나무 사만다 못다남 옴 아아나 사바하

왕생진언
往生眞言

나무 사만다 못다남 옴 싯제율이 사바하

바르게 쉬기

"오늘부터 자네는
그래, 정휴正休일세"

인사 올리러 조실을 찾았는데
은사 고암古庵 큰스님께서 이르셨지요
사위四圍는 온통 고요했습니다
시간時間도 공간空間도
조사단 용성조사 진영과 함께
시공간을 알맞게 채운 집기什器도
다들 쉬고 있었습니다

큰스님의 다음 말씀을 기다리며
나는 조용히 앉아 있었지요
한참을 앉아 있었지만
큰스님 말씀은 그게 다였습니다
더 이상 아무 말씀이 없었는데
전혀 이상하게 느껴지지 않았습니다

누군가와 얘기 도중

그가 어느 쪽에서든지 간에
중간에서 얘기를 툭 끊고 있노라면
그 고요를 참을 수 없어 하지요
거룩한 스승의 침묵도
다음 말씀을 기다리는
어린 제자의 침묵도
그냥 침묵 내내 자연스러웠습니다

"큰스님 물러가겠습니다
가서 바르正게 쉬休겠습니다."
자리를 물러나기 위해
다시 스승님께 삼배를 올리는데
큰스님의 나직하면正서도
따뜻하게 하는休 음성이 있었지요
"바른 정진正精進
그대로가 곧 쉼息이니라"

그러고 보니
그게 꼭 43년 전
1975년 9월 요맘때
해인사 용탑선원에서였습니다

오늘은
오늘만큼은
스승님 말씀을 기리며
제대로 쉼 한 번 하겠습니다
정진 한 번 제대로 하겠습니다

꽃처럼 나비처럼 가을 하늘 구름처럼

명제 命題 proposition

불설대보부모은중경
佛說大報父母恩重經

명제命題proposition에는
크게 두 가지가 있다
첫째가 가언명제假言命題이고
둘째가 정언적명제定言的命題다
가언명제란 어떠한 가정假定 아래에서
결론을 도출시키는 명제이고
정언적명제, 또는 줄여 정언명제란
주사主辭와 빈사賓辭의
일치와 불일치를
아무런 제약이나 어떠한 조건 없이
내세우는 명제命題를 가리키는 말이다

'나는 누구일까?'
이 '나는 누구일까?'라는 명제는
가언명제hypothetical proposition일까

정언적명제categorical proposition일까
인간은 끊임없이 철학하는 존재다
부정할 수는 있을 수 있으나
어느 누구도 철학하는 시간을
단 한 번도 가져보지 않은 사람은 없다
철학의 명제 중 제1의 명제가 뭘까

나도, 너도, 그도, 우리도
이 제1 명제에 들어갈 수 있지만
'나는 누구인가?'라는 이 한 마디 명제는
나와 너, 그와 우리라는 명제에 앞서
늘 자신을 돌아보게 되는 명제다
나와 너, 그와 우리가 가언명제라면
'나는 누구인가?'라는 이 독특한 명제는
카테고리컬 명제, 곧 정언적 명제다

가언명제니
정언적명제니
'명제함수propositional function'니 하는데
이른바 '명제'라는 용어 자체에 얽매여
한 발자국도 나가지 못하는 경우가 있다
명제는 프로포지션proposition

또는 포지션position으로
첫째 시문詩文에서는
그 글의 제목을 정해주는 것이며
둘째 논리학logic에서는
어떤 주장을 가진 하나의 판단 내용을
언어와 기호와 형식 따위로 나타낸 것이다

그래도 용어 자체가 어렵다고?
그럼 이렇게 생각하면 어떨까 싶네
'나는 지금 글을 쓰고 있다'
여기서 나는 누구이고
그 '나'와 함께 '내'가 쓰는 글은
어떤 관계에 놓인 어떤 내용의 글일까
글이라면 분명 글의 내용이 있을 것이고
어떤 주제로 무엇을 쓰는지가 있겠지
그에 앞서 글의 형식이 있을 것이고 말야
시든 산문이든 어떤 형식이 있고
한 마디로 압축하여 보여 줄
어떤 제목이 있을 거 아니냐고

이게 그냥 명제다
그 가운데 제1의 명제는

분명 '나는 누구인가?'이다
나는 누구인가의 그 '나'를 둘러싸고 있는
제2, 제3의 명제에 앞서는 게 있는데
바로 '나는 누구인가?'일 것이다.
물론 어디에도 '나는 누구인가?'라는 것을
제1 명제로 명명한 사람은 아직 없다
그냥 내 생각이 '나는 누구인가?'에
초점이 맞추어져 있는 까닭이다

그래, 나는 누구인가?
나는 과연 어디에서 왔으며
지금 어디를 향해 어디쯤 가고 있는가?
나 자신의 소종래所從來를 생각하면
으레 그 생각 주변에 부모님이 떠오른다
어떤 틀에 박힌 종교적 세계를 떠나
생물학적 세계에서 생각해 볼 때
거기에 '나'라고 하는 존재는
분명 내가 여기 있게 된 동기가 있다
그 첫 동기가 다름 아닌 나의 부모님이다

'만약 아버지가 없었다면'과 함께
'만약 어머니가 없었다면'이라는 가정은

가정으로서도 결코 성립될 수 없다
어떻게 가언명제로 나를 내세우면서
'아버지 어머니가 없었다면'이란
전혀 불가능한 가정이 있을 수 있겠느냐다
창조주로서 신을 긍정하는 종교
비록 그런 종교를 믿는다 하더라도
'만약 부모님이 없었다면'이라는 가정은
어떤 경우도 성립될 수 없는 명제다

그가 '하나님 아버지'를 찾든
또는 '하나님 어머니'를 찾든지 간에
생물학적 아버지와 어머니를 부정한 채
자신의 존재를 인정할 수는 없다
물론, 자신을 생물학적 존재가 아닌
그야말로 몸과 마음이 완벽한
하나님의 아들 딸이라면 명제는 가능하다
왜냐하면 그는 눈에 보이는 몸이 아닌
하나님의 정신 세포로 된 몸이기 때문이다

따라서 그렇게 되었을 때
그는 인간이 섭취할 음식을 먹지 않고도
인간이 호흡하는 산소가 없더라도

그리하여 한 달이고 두서너 달이고
또는 몇 해, 몇십 년, 몇백 년까지라도
물 한 모금 마시지 않고 살 수 있을 것이다
왜냐하면 그는 하나님이 낳은 몸이니까

내가 천학비재淺學菲才라서인지는 모르나
세상에 태어난 뒤 이 시간에 이르기까지
전지전능全知全能한 하나님께서
마실 물이 마땅치 않아서
드실 음식이 없어서
호흡할 산소가 부족하기 때문에
고생하신다는 말을 들어본 적이 없다
왜냐하면 창조주 하나님의 몸은
비록 그의 모습대로 인간을 빚었으나
다만 모습만 그대로 가져왔을 뿐
당신 몸을 이룬 소재를 쓰지 않은
인간과는 전혀 다른 몸이시기 때문이다

메르스MERS를 비롯하여
세균과 작은 미생물 하나를 못 이겨
이토록 엄청난 고생을 하고 있는 것이
따지고 보면 하나님이 낳으셨다고는 하나

하나님이 지니신 생물학적 DNA를
100조 개 중 하나도 물려주지 않은 까닭이다
사람과 낙타는 이종異種이고
사람과 하나님은 분명 동종同種이다
한결같이 하나님의 피조물이기는 하나
사람만은 하나님의 형상대로 빚었다니까

낙타 침에 서식하는 메르스가
사람에게 매우 치명적이라 하는 것은
사람과 낙타는 종種이 다른 까닭이다
형태가 같다면 분명 같은 종種일 것이다
같은 종이라면 모습만이 아니라
몸을 이루고 있는 소재도 같을 것이다
그런데 사람의 소재는 하나님과는 다르다
육신의 몸에 담긴 사람의 정신세계와
스마트폰에 담긴 어플의 세계처럼
내용은 비록 같을지 모르나
분명 소재는 같지 않다

그렇다고 내가 소유한 내 스마트폰이
내 아들이고 내 딸이지는 않다
또한 내 스마트폰이

4차 산업세계를 주도하고는 있으나
스마트폰이 나를 아버지로 생각지 않고
어떤 경우도 나를 어머니로 생각지 않는다
이는 매우 중요한 얘기다
결코 그럴 일이야 없겠지만
소위《부모은중경》의 '부모'를 놓고
내 스마트폰과 나와의 관계처럼
그렇게 생각하지 않기를 바라는 마음이다

누가 뭐래도《부모은중경》의 부모는
나를 몸소 낳으시고
나를 건강하게 기르시고
나를 올바르게 가르치신 분이며
내게 똑같은 유전인자를 전해주신 분이다
어떤 경우도 부모은중경의 부모는
마치 하느님과 사람치럼
소재와 함께 소재의 본질인 DNA가
전혀 다른 관계와는 분명 다르다는 것이다

나는 다시 제1 명제로 돌아간다
'그래, 그렇다면 나는 과연 누구인가?'

[아침에 피었다가 저녁에 지는 나팔꽃은
제행무상 법칙인가 제법무아 존재인가?]

경제經題 1

불설대보부모은중경
佛說大報父母恩重經

경제經題란 한 마디로 경전 이름이다
일반적으로 경전經典이라면
성인의 말씀經을 기록典한 것이다
그런데 그 기록들을 살펴보면
인간으로서 걸어갈經 이정표典들이다
'길 경經' '법 전典'으로 새기듯
'로드맵road map' 이상도 이하도 아니다

이 '불설대보부모은중경'은
이 경의 본디 이름으로 알려져 있다
이를 줄여 '대보부모은중경'이라 하고
더 줄여 '부모은중경'이라 하며
왕창 줄여 '은중경'이라 한다

이 '불설대보부모은중경'을
한자로는 '佛說大報父母恩重經'이며

옮기면 아마 아래와 같을 것이다
'부처님佛께서 말씀說하신
크大게 갚아報야 할
아버지父 어머니母 은혜恩의
지중重함을 담은 경經'이 될 것이다
번역이 너무 딱딱하지 않느냐고 하겠지

첫째 불설佛說은 부처님 말씀이다
부처님이라면 어떤 부처님일까
어떤 부처님이냐니
부처님이면 다 같은 부처님이지
부처님 종류가 여럿이라도 된다는 말인가
으레 '부처'라는 말은 보통명사로서
'깨달은覺 자者'를 일컫는 말이다

깨달았다면 대관절 뭘 깨달았을까
마음을 깨달았다는 것일까
몸을 깨달았다는 것일까
아니면 삶을 깨달았다는 것일까
삶과 몸과 마음을 죄다 깨달은 걸까
너무 근원적인 질문에
역시 너무 근원적 대답이기에

따로 더 연구할 것이 없을 듯싶다

불佛은 범어梵語Sanskrit로
붓다Buddha의 소리옮김音譯이다
이를 뜻으로 옮기면 '깨달은覺 분者'이다
따라서 깨달음이라고 한다면
무엇을 깨달았느냐다
한 마디로 대답은 간단하다
'참眞 다스림理'을 깨달은 분이다
참 다스림이라면 명사가 아니다
그동안 진리가 명사名詞인 줄 알았는데
형용사와 부사와 동사가 한 데 뒤섞여 있다

깨달을 각覺, 깰 교/견줄 교覺 자는
7획으로 된 볼 견見 부수에 총 20획이며
꼴形과 소리聲로 이루어진 문자文字다
여기에 담긴 뜻으로는
깨달음, 깨닫다, 깨우치다 외에
드러내다, 밝히다, 나타나다, 터득하다
높고 크다, 곧다, 바르다, 앞서 깨달은 자
거리, 별의 이름이기도 하다
게다가 부처 경지를 가리키며

또는 완전한 인식을 뜻하기도 한다

또 다른 뜻으로는
'깰 교覺 자'로 새긴다
여기에는 자동사 '잠에서 깨다'와 함께
타동사 '잠을 깨우다'가 들어 있고
어떠한 차이가 있는지 알기 위해
서로 대어 보고 견줄 때 쓰이기도 한다
이때는 '견줄 교覺' 자로 새긴다

각覺은 각覚의 본자本字로서
뜻을 나타내는 부수 볼 견見 자와 더불어
소릿값을 나타내는 글자 배울 학學의
생략형 학→각𦥯이 만나 생겨났다
배움學이란 드러냄見이다
밑바닥底邊에 있던 그 어떤 것을
매우 명확見하게 만들어감이다
그리하여 배운 것이
점차 확실해지다
마침내 깨닫다
눈이 뜨이다로 발전해간다

앞의 깨달을 각覺 자와
같거나 비슷한 뜻을 가진 한자로는
깨달을 오悟 자를 비롯하여
깨달을 성惺 자가 있고
깨달을 경/동경할 경憬 자와
느낄 감/한할 감感 자가 있으며
깨우칠 경/경계할 경警 자가 있는가 하면
잠 깰 오寤 자도 명함을 내밀고 있다

여기서 말씀하는 부처님은
역사적 인물 서가모니부처님이다
세간 이름이 실달다悉達多였던
석가족의 거룩한 성자 서가모니불이다
워낙에 이름 있는 분이기에
전기傳記biographic는 생략한다
바로 이분께서 설하신 크게 갚아야 할
부모님 은혜의 중함을 담은 귀한 경전이다

길이는 비록 금강경의 65% 정도이고
불설아미타경의 1.7배에 해당하며
반야심경의 14배이긴 하지만
생명 존재에 관한 경전이기 때문에

이 '불설대보부모은중경'은 매우 소중하다

일화 하나 덧붙인다
지금으로부터 꼭 42년 전 가을 이맘때
하루는 도량을 거닐고 있는데
스승 고암 큰스님께서 손짓해 부르셨다
해인사 용탑선원 조실祖室에서다
나는 두 손을 앞에 모은 채 다가갔다
큰스님께서 책 한 권을 내보이셨는데
지금 기억을 더듬어 생각해 보니
분명 용주사판 《부모은중경》이었다

"자네, 이게 무슨 경인지 아는가?"
나는 스승의 물음에 곧바로 답을 올렸다
"네, 큰스님. '부모은중경'입니다."
"그래, 이 경전이 그 유명한 은중경이다."
"아! 네 큰스님!"
"다들 이 경을 위경僞經이라고들 하지."
나는 그 당시 처음 접하는 말씀이라
스승을 향해 곧바로 되물었다
"위경이라면 진짜가 아니란 말씀인가요?"
"그렇다네. 우리 부처님께서

몸소 설하신 경전이 아니라
나중에 만들어진 경이란 뜻이지."
"아, 네."

"그런데 자네 그거 아는가?"
나는 놀라면서 조용히 여쭈었다
"무슨 말씀이신지요, 큰스님!"
"원치 않았는데 세상에 나온 게 진경이라면
세상이 간절히 원해서 나온 게 위경이지."
나는 스승님 말씀을 이해할 듯싶었다
위경일수록 시대와 사회 환경이
그의 출현을 간절히 원했다는 말씀이다
"그래서 이 경은 더욱 값진 거라네."

대한불교조계종정을 역임하신
나의 거룩한 스승 고암 큰스님께서
내게 건네신 '용주사판 부모은중경'은
어쩌다 내 손을 훌쩍 떠나갔지만
스승님 말씀을 나는 아직 기억하고 있다
나는 이 '부모은중경' 해설을 통해
나를 이끌어주신 스승님 은혜를 갚고 싶다

세상이, 세상사람들이 간절히 원해서
세상에 그 모습을 드러낸 위경,
자연스레 잉태하여 낳은 아이가 아닌
정말 간절히 간절히 또 간절히 원해서
결국 시험관아기로 태어난 아기
아! 그 또한 얼마나 고귀한 생명일까
위경이라 하여 함부로 무시할 게 아니다
그만큼 사회가 그의 출현을 원했다는 것
'불설대보부모은중경'은 바로 그런 경이다

장마철 자연스레 쏟아지는 비와
가뭄에 기우제로 오는 비에는
어떤 차이가 있는 것일까?

경제經題 2

불설대보부모은중경
佛說大報父母恩重經

갚음報은 '메아리의 법칙'이다
소리를 지르거나
소리를 내면
반드시 두 가지 상황으로 갈린다
첫째는 그 소리를 매질媒質이 흡수하여
발생한 곳으로 되돌려보내지 않음이고
둘째는 그 소리가 어떤 사물에 부딪쳐
발생한 곳으로 되돌아오게 하는데
이를 우리는 메아리라 한다

여기서 메아리의 첫째 반응反應을 놓고
우리는 발생한 곳으로부터
완벽하게 멀어져갈 뿐
다시 되돌아오지 않는다고 하겠지만
반드시 모두 그런 것은 아니다
나와 상대가 앉아 이야기를 나눌 때

내가 내 음성을 되들을 수 있음은
내 소리가 곧 매질에 부딪치는 까닭이다

이는 허공을 가득 채운 것이
바로 매질인 까닭이다
그러나 보통 공기 중 분자로 생각하겠지만
이 매질은 반드시 기체만이 아니다
액체나 고체도 매질에 해당하는데
분자와 분자 사이가 촘촘할수록
더 빨리 더 멀리 전달하는 기능이 있다
허공에서의 소리 전달 속도는
곧 음속音速은 초속 340m 정도다

그러나 물속에서는 이의 4배에 해당하는
초속 1,400미터를 훌쩍 뛰어넘으며
돌이나 쇠붙이는 공기나 물보다
더 빨리 더 멀리까지 소리를 전달하는데
이는 매질의 굳기와 정비례한다
가령 무른 쇠가 초당 5,000미터 정도라면
매우 단단한 쇠는 이들 무른 쇠보다
더 멀리 더 빨리 소리를 전달한다
따라서 내가 내 목소리를

바깥 매질을 통해 듣기보다는
골전도骨傳導를 통해 듣는 게 더 빠르고
훨씬 더 정확하게 들리게 되어 있다

이는 바깥의 푸석푸석한 공기보다는
내 머리뼈가 훨씬 더 단단하기 때문이다
아무튼 메아리의 법칙 속에는
되돌림의 반응이 있다
메아리의 법칙은 내게서 나가
다시 내게로 되돌아오는 현상을 가리킨다
이를 다른 방향에서 생각할 필요가 있다
곧 내게 전해져 온 소리는
내게 부딪치는 것으로 끝나지 않고
처음 소리가 발생한 곳으로 되돌아간다

그렇다고 소리 전체가 메아리가 되어
발생처로 고스란히 되돌아가지는 않는다
소리가 처음 발생하기 전에는
어느 하나의 소유로서 끝나고 말지만
일단 매질을 움직여 메아리가 되면
폐쇄 회로 법칙이 아니고서는
이는 공공의 소유가 될 가능성이 높다

그래서 한 번 뱉은 말은 주워 담을 수 없고
내 개인의 것이 아닌 공공의 것이 된다

한자의 갚을 보報 자를 놓고 보면
흙土이라는 자연이 매개媒介다
내가 바라보는 흙土과
상대가 바라보는 흙土 사이를
세로로 된 두 개의 막대가 잇고 있다
이 흙과 흙 사이를 잇고 있는 세로 막대는
주고받는 자연土의 일상적 법칙이며
이 주고받음이 조화를 이룰 때
행복幸은 항상 가까이及 있다고 본다

행복幸福의 다행할 행幸 자의 짜임새며
다행할 행幸과 미칠 급及이 만나
마침내 갚을 보報 자를 만들고 있다
하여 행복이란 스스로 느낌이지만
서로 함께 만들어가는 퍼블릭 시스템이다
어떤 것도 다 마찬가지이지만
특히 참眞과 착함善과 아름다움美은
서로 손잡고 함께 만들어갈 때
그 유지 시간은 더욱더 오래가고

그 퍼짐의 공간은 더욱더 넓어져간다

몸月 가까이及 있는 게 옷服이라면
조화후 가까이及 있는 게 갚음報이다
내가 먼저 선을 베풀었다면
반드시 그에 따라 선이 돌아오고
내가 만일 먼저 나쁜 짓을 자행했다면
반드시 그에 대한 대가가 되돌아오는 게
바로 인과응보因果應報의 법칙이다
여기서 나의 '메아리의 법칙'이란
인과응보를 메아리로 바꾸었을 뿐이다

바로 이 메아리의 법칙에서
인륜의 큰 길 효孝가 제외될 수는 없다
그러므로 효와 관련된 갚음은
작은 갚음이 아니라 매우 큰 갚음이다
사실 효孝에 크고 작음이 있을까
효를 과연 형용사로 표현할 수 있을까
높다 깊다
넓다 크다
굵다 길다
오래다 따위 형용사로 표현될 수 없다

그러나 그나마 표현할 수 있는 게
이런 형용사이기에 '큰大 갚음報'이다

그래서 부모님 은혜는
하늘보다 높고
호수보다 깊고
바다보다 넓고
우주보다 크고
밧줄보다 굵고
강물보다 길고
세월보다 더 오래다

그렇다면 효孝가 무엇일까
우리가 알고 있는 사전적 의미일까
효심 filial piety[devotion]일까
헌신 filialduty일까
복종 obedience to parents일까
자식이 그의 부모님을 잘 모시는 것이
일차적인 효孝의 가치요
지금까지 효의 전통이라 한다면
4차 산업 사회에 접어든 오늘날의 효는
본디 자전字典적 의미로 돌아가야 한다

본디 자전적 의미라니
그렇다면 효도 효孝 자에 담긴 의미에
또 다른 새로운 해석이라도 있단 말인가
당연히 효도 효孝 자에 담긴 뜻은
지금까지 우리가 알고 있는
자녀子가 부모님耂을 머리에 인
그런 모습으로만 해석해서는 안 된다
부모님耂은 반드시 위에 있고
자녀子는 반드시 그 아래에 선 채
모든 무거운 짐을 다 지고 있는 게 아니다

4차 산업 사회로 접어들면서
가장 큰 문제로 대두擡頭되는 것이
인구 증가의 절벽 현상이다
어느 순간 거의 절벽에 가까울 정도로
우리 사회는 혼자 사는 것을 즐기며
결혼을 하더라도 아이를 낳지 않으려는
또 자녀를 낳더라도 하나에서 그치다 보니
형제니 남매니 자매니 하는
일상적인 단어가 점점 사라지고
고모 이모 백부 숙부 등 촌수가 없어져간다

이 때 우리 사회에서 필요한 것은
자녀가 어버이를 섬겨야 하는
일반 패밀리 시스템 효의 강요보다
이를 사회적 시스템으로 바꿔가야만 한다
다시 말해 부모父와 자식子이 아니라
어르신父과 젊은이子어야 한다
어르신들이 젊은이 위에 있고
젊은이가 어르신 아래에 있는 게 아니라
어르신과 젊은이가 함께 걷고
함께 만들어가는 사회이어야 할 것이다

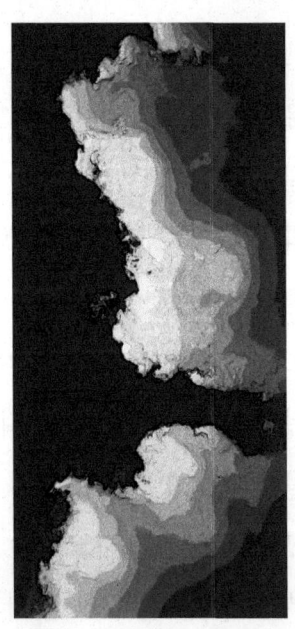

[가을하늘 구름이 참 자유롭다]

경제經題 3

불설대보부모은중경
佛說大報父母恩重經

'핑퐁 부모乒乓父母'란 말이 있다
영어 표기를 빌리기에 '핑퐁 부모'이지만
핑퐁이란 말의 최초 발생지이자
스포츠 탁구의 발생지 중국어를 빌리면
병乒은 물건 부딪치는 병/핑 자이고
병乓도 물건 부딪치는 병/팡 자다
따라서 핑팡ping-pang으로 읽어야 한다
영어 핑퐁ping-pong은 핑팡의 음사다
탁구공이 이리 핑~저리 팡~ 튄다는 데서
중국 탁구의 역사와 그 궤를 같이한다

한데 우리는 중국어 현지 발음이 아닌
음사된 영어 발음을 가져와 핑퐁이라 한다
소위 '핑퐁 부모ping-pong parents'란
아빠 엄마가 이혼한 뒤 둘 사이를
자녀들이 오가게끔 하는 그런 부모다

부모 입장에서는 그리 대수롭지 않겠으나
자녀들 입장에서는 좀 불행하다
하지만 먼 훗날 자녀들 입장 때문에
맞지 않는 부부 관계를 이어갈 수는 없다

아무튼 이혼한 이들 자녀가
아빠는 이쪽, 다른 여자에게서 만나고
엄마는 저쪽, 딴 남자에게서 만난다는 것은
분명 그리 유쾌한 것은 아닐 듯싶다
그와 같이 나를 낳아주신 아버지는
나를 손수 길러주신 어머니 옆에서 찾고
마찬가지로 나를 기르신 어머니는
역시 날 낳으신 아버지 곁에서 찾는 것이
마땅하지 않느냐는 게 곧 나의 생각이다

나는 내 나이 서른여덟에
나를 낳아주신 아버지가 돌아가시고
쉰두 살 되던 해에 어머니가 돌아가셨다
얘기가 옆길로 새지만 새는 김에 덧붙인다
이른바 '돌아가시다'란 순수 우리말은
실實은 불교용어에서 온 말이다
스님네 죽음을 입적入寂이라 하고

또는 원적圓寂이라 하며
어떤 경우 열반涅槃이라고도 한다

이와 같은 말을 재가불자에게는
더러 원적으로 쓰기도 하지만
순수 우리말로 '돌아가시다'로 표현한다
그런데 이 말이 왜 나왔느냐 하면
내가 아프리카에서 만난 벗이 몇 있는데
한 사람은 4년 전에 세상을 떠났고
또 한 사람은 이태 전에 갔다
그리고 엊그제 또 한 사람이 갔다
그러자 상주喪主가 아버지 주소록에서
내 전화번호를 보고는 내게 부고를 보냈다

아버지께서 소천召天하셨는데
오늘 10시에 발인이라는 내용이었다
"아! 이 친구도 그예 소천하고 말았구나!"
나의 장탄식을 옆에서 지켜보던
한 젊은 친구가 내게 물었다
"스님, 소천이 뭐예요?"
내가 그 친구를 돌아보며 답했다
"하나님 부름을 받으셨다는 뜻입니다."

"그럼 기독교에서 쓰는 말인가요?"
"그렇다고 봐야겠지요 아마!"

넘어진 자리에서 쉬어간다고 내쳐 물었다
"스님네 죽음을 입적이라 하고
또는 열반하셨다고들 하는데
일반 재가자들의 죽음을 뭐라 합니까?
그리고 천주교에서는 뭐라 하는지요?"
나는 문득 이태석 신부를 떠올렸다
쉰도 안 된 한참 일 할 나이에
하느님의 부름으로 '선종善終'하였다
"재가불자의 죽음은 돌아가셨다 하고
가톨릭에서는 선종이라 하지요."

방금 한문으로 표기한 것처럼
선종은 삶을 '잘 마감'했다는 뜻이고
우리가 가장 많이 쓰는 돌아가셨다는 말은
온 곳으로 되돌아감을 뜻하는 말이다
여기에 '윤회 문화輪廻文化'가 깃들어 있다
온 곳이 있기에 되돌아갈 곳이 있고
왔기에 '돌아간다'는 표현을 쓰는 것이다
단지 '돌아가셨다'라는 표현처럼

삶을 마감한 뒤 완료형으로 쓰고 있는데
실제로는 삶 속에서 계속 돌아가고 있다

다시 말해서 인간의 생애란 '꼬리를 삼키는 자'
곧 우로보로스처럼 끊임없이 이어져 있다
한 생명으로 태어나 죽음에 이르기까지
죽은 뒤 다시 다른 삶으로 이어가는
그 모든 과정이 무한대無限大infinity다
반드시 죽음 뒤에만 윤회하는 게 아니라
우리가 살아있다 생각하고 있는
그 모든 삶 모든 과정 속에서
함께 윤회하며 동시에 돌아가고 있다

나는 언제나 양력으로 추모제를 올린다
1990년 양력 7월 20일 이후로
오늘날에 이르기까지 매년 그맘 때
일요일로 앞당겨 아버지 추모제를 올리고
2004년 양력 5월 22일 이후로
지금까지 늘 어머니 추모제를 일요일에 모셨다
어차피 기일이란 '추모追慕'의 성격이기에
반드시 그날이 아니라 해도 상관없다
그런데 내가 하고 싶은 얘기는 딴 데 있다

나는 아버지 추모제 때에
언제나 어머니 위패를 함께 모시고
어머니 추모제를 모실 때에도
한 위패에 두 분의 이름을 함께 올린다
그러면서 늘 고맙게 느끼는 것은
나를 낳아주신 아버지 곁에
역시 나를 낳아주신 어머니가 계심이고
내 생모 위패에 내 생부가 함께 계심이다
내 아버지 옆에 다른 여인의 이름이
내 생모 옆에 다른 남자 이름이 아닌
두 분 다 내 생부 생모라는 게 참 감사하다

다시 원래 주제로 돌아가 보자
핑퐁 부모에는 두 가지 의미가 있는데
첫째는 양육권을 서로 차지하려 함이고
둘째는 아이를 서로 맡지 않으려는 것이다
첫째 상황이라면 그나마 다행이지만
둘째 상황이라면 참 많이도 슬플 것이다
모든 구기종목이 다 그러하지만
탁구卓球ping-pong 경기를 보면
내게 온 공을 상대에게로 밀치는 것이다
하여 핑퐁 부모도 둘째 상황이 맞다고 본다

가령 첫째 상황일 경우
아빠가 자녀 양육권을 가져올 때는
헤어진 부인에게 양육비를 요청하지 않으나
엄마가 자녀 양육권을 가져올 경우에는
헤어진 남편에게 자녀 양육비를 청구한다
아무튼 자녀는 거저 크는 게 아니고
도움 없이 절로 자라는 게 아니다
교육 문제에 관해서는 두말할 것도 없다
자녀 생계와 교육은 더없이 소중하다
만약 경제력이 따라주지 않는다면
기를 수 없고 가르칠 수 없는 게 사실이다

자식을 사이에 두고 서로 밀치거나
양육비 관계로 법정 다툼을 하는 것을 보면
핑퐁 부모 입장에 선 당사자들 마음이
얼마나 참담할지 짐작할 수 있을 듯싶다
나도 참 느닷없고 황당한 사람이다
세상에! 부모은중경 첫머리에서
그것도 본문도 아닌 경전의 제목經題 풀이에서
핑퐁 부모乒乓父母를 들먹이니 말이다
그러나 문화는 대체적大體的으로 흐른다

이 땅에는 많은 부모가
오로지 자녀를 위해 헌신하고 있다
자녀가 없을 때는 없는 대로 무관심하다가
일단 자녀가 생기면 자녀에게 올인all-in한다
'헬리콥터 패런츠helicopter parents'다
오죽하면 과보호 학부모를 가리켜
'헬리콥터 부모'라고까지 표현할까 싶다

부모는 처음부터 아버지와 어머니
둘로 나뉘어진 '섞임複雜 말語'이 아니다
본디 그냥 하나의 단어單語다
단어란 글자 그대로 '홑말'이다
'어버이'가 홑말이듯이 단지 하나일 뿐이다
아버지 옆에는 어머니가 따르고
어머니 옆에는 아버지가 따르는데
천자문에서는 부창부수夫唱婦隨라 한다
부창부수는 '부르면 답하다'의 의미이지만
남편夫과 아내婦가 '하나'라는 뜻이다

그렇다
부모父母는
둘 아닌 하나다

[우로보로스 뱀 반지와 무한대 이미지]

송강松江 정철鄭澈(1536~1593)선생의
훈민가訓民歌 중 '자효子孝'에
유명한 시조가 한 수 있다

어버이 살아신제 섬길일란 다하여라
지나간 후면 애닯다 어이하리
평생에 고쳐 못할 일 이뿐인가 하노라

경제經題 4

불설대보부모은중경
佛說大報父母恩重經

부모님에 대한 은혜는
자식에 대한 사랑과 차별받고 있다
이를 가장 잘 표현한 노랫말이
이른바 《명심보감》 부록의 '팔반가'다
'팔반가八反歌'는 무슨 의미일까
여덟八 가지 반성反에 관한 노래歌다
여기 나의 '사사오송四四五頌 노랫말'과
명심보감 부록 원문을 함께 싣는다

팔반가 제1수
어린아이 투정하고 앙탈부려도
마음속에 흔쾌하게 받아들이며
어버이가 성내시고 노여워하면
속으로는 좋지않게 여기고있네

제자식이 하는짓은 좋게여기고
어버이가 하시는일 싫게여기니
자식들과 어버이를 대하는마음
어찌하여 이다지도 다를수있나

오늘내가 그대에게 권고하노니
어버이의 꾸지람을 만나게되면
또한다시 모름지기 어버이로서
자기자식 대하듯이 그렇게보라

原文
幼兒或詈我 我心覺歡喜
父母嗔怒我 我心反不甘
一喜歡而一不甘
待兒待父心何懸
勸君今日逢親怒
也應將親作兒看
明心寶鑑 附錄 [八反歌第壹首]

팔반가 제2수
자녀들이 하는말은 일천마디나
언제든지 싫지않게 다받아주며

어버이는 어쩌다가 한마디하면
쓸데없이 잔소리만 많다고하네

쓸데없는 잔소리가 결코아니요
어버이는 근심되어 그런것일뿐
검은머리 하얗도록 기나긴세월
그동안에 익혀온게 여간많은가

내가이제 그대에게 권고하노니
노인말씀 공경하여 높이받들고
젖내나는 입으로써 하는말들과
길다거니 짧다거니 다투지말라

原文

兒曹出千言 君聽常不厭
父母一開口 便道多閑管
非閑管 親掛牽
皓首白頭多暗鍊
勸君敬奉老人言
莫教乳口爭長短
明心寶鑑 附錄 [八反歌第貳首]

팔반가 제3수
어린아이 똥과오줌 더러운것은
마음속에 거리낌이 전혀없으며
늙은부모 침과콧물 흘리게되면
더럽다고 싫어하며 멀리한다네

그대지금 여섯자나 되는그몸이
어디에서 왔는가를 생각해보라
아버지의 정기하고 어머니의피
지금바로 너의몸이 그것이니라

내가이제 그대에게 권고하노니
어르신을 모시는데 공경다하라
젊었을때 그대위해 어버이께선
뼈와근육 다닳도록 애쓰셨나니

原文
幼兒屎糞穢 君心無厭忌
老親涕唾零 反有憎嫌意
六尺軀 來何處
父情母血成汝體
勸君敬待老來人

壯時爲爾筋骨蔽
明心寶鑑 附錄 [八反歌第參首]

팔반가 제4수
그대보니 이른새벽 가게에들어
떡을사고 과자사고 사탕을사되
부모님께 드린다는 그런말보다
아이에게 준다는말 많이한다지

어버이는 맛도보지 않으셨는데
아이들은 어느새에 배가부르니
자식마음 제아무리 좋다하여도
부모마음 좋아함에 견줄수있나

내가이제 그대에게 권고하노니
떡을살때 이왕이면 넉넉히사서
어버이를 모셔가며 마음다하라
천년만년 사시는게 아니잖는가

原文
看君晨入市 買餠又買餻
少聞供父母 多說供兒曹

親未啖 兒先飽
子心不比親心好
勸君多出買餠錢
供養白頭光陰少
明心寶鑑 附錄 [八反歌第肆首]

팔반가 제5수
시내들어 여기저기 약방에가면
아이에게 좋은약은 너무많은데
어르신을 위한약은 별로없으니
어찌하여 두가지로 보고있는가

공교롭게 같은시기 아이병들고
어버이도 또한다시 병드셨을때
아이병을 고치는게 소중하지만
어버이도 못지않게 아프시리라

넓적다리 살을베어 드린다해도
알고보면 이도또한 어버이의살
내가이제 그대에게 권고하노니
계실적에 하루라도 효를다하라

原文
市間賣藥肆 惟有肥兒丸
未有壯親者 何故兩班看
兒亦病 親亦病
醫兒不比醫親症
割股還是親的肉
勸君極保雙親命
明心寶鑑 附錄 [八反歌第伍首]

팔반가 제6수
부귀하면 부모봉양 하기쉬우나
어버이는 언제든지 미안한마음
가난하면 애키우기 어렵다지만
자식들은 배고픔과 추위모른다

부모로서 자식생각 한가지마음
부모님을 모시는데 두가지의길
자식들을 위하는일 중요하지만
어버이를 모시는일 가벼이말라

내가이제 그대에게 권고하노니
아이들을 기르듯이 양친모시되

집안살림 넉넉하지 못한까닭에
봉양하기 어렵다고 미루지말라

原文
富貴養親易 親常有未安
貧賤養兒難 兒不受飢寒
一條心 兩條路
爲兒終不如爲父
勸君兩親如養兒
凡事莫推家不富
明心寶鑑 附錄 [八反歌第陸首]

팔반가 제7수
어버이는 모셔봤자 두분뿐인데
끊임없이 동기간에 서로미루고
자기자식 키움에는 열명이라도
모든자식 자기혼자 맡으려하네

제아이가 배부른지 따스한지는
부모로서 언제든지 자주물으나
어버이가 시장한지 춥지않은지
마음에도 안중에도 아예없어라

내가이제 그대에게 권고하노니
어버이를 모시는데 힘을다하라
양친께서 입으시고 드실것들을
애당초에 그대에게 뺏기셨나니

原文
養親只二人 常與兄弟爭
養兒雖十人 君皆獨自任
兒飽暖 親常問
父母饑寒不在心
勸君養親須竭力
當初衣食被君侵
明心寶鑑 附錄 [八反歌第柒首]

팔반가 제8수
어버이의 그대사랑 십분이지만
그은혜에 대해서는 관심이없고
제아이의 효성에는 일분이라도
그이름을 드러내려 안간힘쓰네

어버이를 대함에는 그리어둡고
제아이를 대함에는 그리밝으니

자식키운 어버이의 그같은마음
한번이나 마음속에 둔적이있나

내가이제 그대에게 권고하노니
아이효도 지나치게 의지하는가
그대자신 어버이의 자식이면서
또한다시 자식들의 어버이라네

原文
親有十分慈 君不念其恩
兒有一分孝 君就揚其明
待親暗 待兒明
誰識高堂養子心
勸君漫信兒曹孝
兒曹親子在君身
明心寶鑑 附錄 [八反歌第捌首]

경제經題 5

불설대보부모은중경
佛說大報父母恩重經

대관절 경經이 뭘까
성자의 글과 말씀을 담은 글 경經 자
또는 역사를 지닌 지날 경經 자로 새기는
경經이 도대체 무엇이냐 말이다
불설佛說은 부처님 말씀이고
대보大報는 큰 갚음이며
부모父母는 아버지 어머니고
은중恩重은 부모님 은혜의 중함이다
이미 부처님 말씀이 완벽하다
그런데 제목 끝에 다시 경을 붙이면
앞의 불설佛說에 대한 군더더기가 된다

육하원칙六何原則이란 게 있다
역사 기사나 보도 기사 따위 문장을 쓸 때
필히 지켜야 하는 기본적 원칙이다
첫째 누가

둘째 언제
셋째 어디서
넷째 무엇을
다섯째 어떻게
여섯째 왜 라고 하는
여섯 가지가 갖추어져야 함이다
그런데 이미 육하원칙이 이루어졌다

다시 말해 불설佛說에서
부처님佛이 주어主語가 되고
크게大 갚아報야 한다는 형용사가
어떤 당위성을 드러내고 있다
은혜를 베푼 대상으로 부모父母님이 있고
이분들이 끼친 은혜恩의 중衆함이
목적어가 되어 있다고 했을 때
이를 말씀說한 동사까지 제대로 짜여 있다
그런데 다시 뒤에다 경經을 붙이다니

불설대보부모은중경은
경전 이름이 짧은 데서 긴 데로
그 형태가 점점 바뀌어갔다고 보인다
본디 《금강반야바라밀경》이

《금강반야경》으로 1차 줄어들고
나중에 《금강경》으로 2차 줄어들며
《대방광원각수다라요의경》이
《대방광원각경》으로 줄어들었다가
《원각경》으로 다시 줆과 방향이 다르다

또한 《대방광불화엄경》이
간단하게 《화엄경》으로 줄어들고
《묘법연화경》이 《법화경》으로 줄어들며
《대불정여래밀인수증요의제보살만행수능엄경》이
《수능엄경》과 《능엄경》으로 줆과 상반된다
그러니까 이 《불설대보부모은중경》은
처음에는 그냥 《은중경》이었다가
은혜의 주체가 누구인가를 집어넣어
《부모은중경》이 되었다고 보인다

물론 나는 고문헌 학자도 아니고
서지학에 관심을 가진 학자도 아니다
그냥 내 생각에 그랬을 것이란 추측이다
따라서 부모은중경으로 불러오다
다시 부모 앞에 형용사를 얹어
크게 갚아야 한다는 뜻으로

대보부모은중경이 되었으며
더 많은 시간이 흐른 뒤
불교학자들의 위경론이 대두되면서
경전 이름 맨 앞에 다시 불설을 얹었다

잘라斷 말할言 것까지는 없더라도
이《불설대보부모은중경》은
이처럼 짧고 간단한 경전 이름에서
점차 길고 복잡한 이름으로 발전하였다
나는 나의 57권째 책에 해당하는
민족사의《아미타경을 읽는 즐거움》에서
이른바《아미타경》앞에 불설을 얹어
《불설아미타경》이라 한 경제를 해설할 때
불설佛說 두 글자가 군더더기가 아니라
반드시 필요했기 때문이라고 하였다

그 뒤 59권째 책 올제olje의《금강경》과
60권째 책 도반의《반야심경 여행》
61권째 책
하늘북의《발원문으로 읽는 천수경》에서는
불설이란 접두어가 없기 때문에
이런 해설을 생략한다

집필하다 잠시 쉬는 《불설범망경》과
지금 쓰는 이 《불설대보부모은중경》은
역시 '불설'이 경전 머리에 놓이는 까닭에
불설에 대한 해설을 또 할 수밖에 없다
불설이 경제 머리에 놓인 것을 두고
비불설非佛說이기 때문에 얹었다고 한다
불설이 아닌 것을 불설로 강조하고자
경의 제목 위에 불설을 얹으면
으레 불설이 될 수밖에 없다는 논리이다

그런데 정말 그럴까
그렇다면 성서에서의 '예수 가라사대'는
실제 예수님 말씀이 아니란 뜻일까
논어에서 수없이 등장하는 '자왈子曰'은
공자님子 말씀曰이 아니기에 얹은 것일까
어떤 책이나 글에 글쓴이를 올린 것은
그게 그의 글이 아니라는 뜻일까
나의 이 말이 억측이라도 좋다
나는 나의 논리에 가능성을 둘 뿐
내 논리가 실제와 다르더라도 상관 없다

부처님이 몸소 말씀하지 않았다 하더라도

내용 중에 부처님이 뭇 중생들에게
필히 말씀하셨을 거라 보여지는 게 있다
이때 이는 비록 불설이 아니더라도
후세 사람들의 필요에 의해 만들어진
'비설의즉非說意卽'의 경전이 될 것이다
다시 말해서 부처님의 즉설은 아니나
담긴 뜻은 부처님 마음을 담은 경전이다

지날 경/글 경經 자의 자해字解를 보자
글 경經 자는 꼴形소리聲문자다
약자 글 경経의 본자로서
실사변糸 부수에 총 13획이다
이 글자에 담긴 뜻은 '지나다'를 비롯하여
목매다, 다스리다 따위 움직씨가 있고
글, 경서經書, 날, 날실, 불경佛經과
길, 법法, 도리道理를 포함하여
땅의 가장자리를 가리키기도 한다

단어가 지닌 뜻을 확대해석하면
기독교의 주기도문主祈禱文을 비롯하여
판수가 외는 기도문 따위가 있다
또한 불교의 주문과 진언과

다라니 따위가 있는데 이를 경이라 한다
실타래 뜻을 나타내는 실 사糸와
소릿값에 해당하는 줄기 경巠이 만나
옷감을 짜는 데 있어 날실이 되고
씨실을 뜻하는 씨 위緯와 조화를 이룬다

《불설대보부모은중경》은 크게 세 단락이다
첫째 편 서분序分이 있고
둘째 편 정종분正宗分이 있으며
셋째 편 유통분流通分이 있다
서분이란 서분緖分과 같은 말로
사건의 실마리에 해당하고
정종분이란 드러내야 할
종지宗旨를 바르고 온전하게 드러냄이며
유통분은 유통을 당부한다는 뜻이다
모든 불경은 이 세 가지 짜임새로 되어 있다

서분은 간략하게 총 1장으로 끝나지만
정종분은 모두 4장 10절로 되어 있다
제1장에 총 3절이 있고
제2장에 총 2절이 있으며
제3장에 총 2절이 있고

제4장에 총 3절이 있다
정종분은 경전의 95%를 차지하는데
모든 경전이 다 비슷하기는 하지만
바로 이 불설대보부모은중경이 그러하다
서분과 유통분은 모임의 장소와 체계
끝나고 난 뒤 뒷풀이에 불과하다

유통분은 3장으로 되어 있으되
여기에 절節은 따로 없다
내용으로 보아서는 3장이 아니라
3절로 했더라면 더 어울렸을 듯싶은데
3절이 아닌 3장으로 격을 높여
독자로 하여금 어리둥절하게 만든다
나의 지적은 유통본의 길이 때문이 아니다
장 아닌 절이 훨씬 이해하기 쉬운 까닭이다
편, 장, 절 이름은 그때그때 밝힐 생각이다

이 불설대보부모은중경 판본版本은
유조柔兆[병] 집서執徐[진](1796년 정조20)
중하仲夏[한여름] 처음 목판에 새겨開印
화산花山[화성] 용주사龍珠寺에 소장한
1. 은중경 변상도 變相圖 7쪽

2. 은중경 과판科判[목차] 2쪽

3. 은중경 본문 22쪽

총31쪽으로 이루어진 한문 경전이다

불설대보부모은중경 과판
佛說大報父母恩重經科判

나는 앞서 과판科判을 '목차'라고 풀었다
하나 정확한 풀이로서 보기는 어렵다
목차目次는 과목의 차례이기는 하나
과판이 과목의 차례일 수는 없다
어떤 줄거리나 개요를 뜻하는
시놉틱synoptic 정도라면 또 모를까
목차에는 책 내용이 정리되어 있다
책 이름으로 다 드러내지 못하는 것을
적어도 목차에서는 충분히 드러낼 수 있다

수필이나 수상隨想의 경우는
한 꼭지 한 꼭지 써 나가다 보면
마침내 한 권의 책이 된다
그러나 소설을 쓸 경우에는 좀 다르다
전체 내용과 흐름을 미리부터 구상하고
구상한 대로 써나가기 마련이다
하나 소설조차도 가끔 여행 현상을 따른다
여행 현상이라면 무엇을 가리키는 것일까

여행의 묘미는 샛길에 있기 때문일까

일반적으로 해외여행이라면
주관하는 여행사에서 기획을 하고
그 기획에 따라 움직인다
항공편과 숙박 식당을 예약하고
현지 가이드와 미리 일정을 조정한다
쇼핑의 즐거움도 빼놓을 수 없다
같은 명소라도 어떻게 느끼게 할 것인지
여행사에서 제대로 계획을 세우더라도
여럿이 움직이다 보면 틀어질 수 있다

그런데 개인 여행은 전혀 다르다
쥴리아 로버츠가 주연한
'먹고 기도하고 사랑하라'에서처럼
여행은 계획대로만 되어지지는 않는다
여행자로서의 삶 그 자체가 곧 여행이니까
따라서 미리 계획된 여행길에서
느닷없이 샛길로 빠진다거나
샛길에서 또다시 샛길로 빠지기도 한다
그러면서 거기서 여행의 맛을 느낀다
사람사람人이 살아生가는 인생의 맛처럼

그래서 미리 주제를 정하고
주제에서 가능하다면 벗어나지 않은 채
그와 관련된 자료들을 모으고
모은 자료를 하나하나 분석하고
제 의견을 곁들여 글을 쓰기도 하지만
그러나 전체적 흐름이 무난하다면
한 권의 책이 다 이루어진 뒤에
목차는 나중에 뽑을 수도 있다
불교 경전이 다 그런 것은 아니지만
글이 먼저 있었고 거기에 목차를 붙였다

조계종 소의경전인 금강경만 하더라도
고려대장경에 들어가면 목차가 없다
처음부터 끝까지 그냥 하나로 이어진다
여기 32분으로 과판科判을 친 사람은
중국 양나라 무제의 아들이었던
20대 중반의 소명태자昭明太子(501-531)였다
그의 과판이 붙기 전까지 금강경은
그냥 하나의 굽이굽이 흐르는 강물이었다
과판이 없다 해서 강이 흐르지 않거나
뭐 그런 현상은 일어나지 않는다
다만 강의 위치가 어디인가를 모를 뿐이다

이 '불설대보부모은중경'도
목차는 분명 나중에 생긴 것이다
경은 하나의 사건을 쭈욱 설명했을 뿐인데
이를 나중에 이해를 돕기 위하여
어느 후학이 과판을 붙였을 것이다
하여 과판에 모든 것을 걸 필요는 없다
가령 농사를 지어 소출所出이 나오면
그게 양이 얼마든 상관이 없다
자기 땅에서 난 자기 소출이라면 말이다
그러나 산출량에 따른 구실을 내고
주인과 소작이 나누고 하려면
이를 잴 수밖에 없다
그게 과科의 뜻이고 판判의 뜻이다

과목 과科 자는 벼화변禾 부수部首에
벼의 양을 잴 수 있는 말 두斗를 놓으므로써
'뜻모음會意 문자'로 간주되고 있다
이 글자 과목 과科 자에 들어 있는 뜻은
과목 외에 과정이라든가
품등品等을 비롯하여
초목을 세는 단위로 그루
법, 법률, 조문, 죄, 형벌, 과거

민머리, 배우의 동작
구멍, 또는 웅덩이와 함께
세금을 매기다, 무성하다 따위다

첫째, 과科는 일정한 표준을 세워서 가른
생물 분류학의 종을 나타내는 말이며
때에 따라 접미어로도 쓰인다
생물 분류학의 한 단위로서는
속屬 위와 목目 아래에 위치한다
속屬과 목目 사이에
더러 아과亞科를 두는데
대개는 접미어로 많이들 쓰고 있다

둘째, 과科는 앞서 이미 언급한 것처럼
곡물禾 양식을 말斗로 헤아린다는 뜻에서
조목이나 과목의 뜻으로 풀이된다
과科는 곡식禾을 되斗는 데서
물품을 분류하다
조사하다의 뜻이다
곡물을 말로 되어 나누다
정도, 품등, 과목 등을 뜻하기도 한다

판단할 판/판결할 판判 자는
부수가 선칼도방刂이며 총 7획이다
판단하다
판결하다
가르다
나누다
구별하다
떨어지다
흩어지다
맡다를 포함하여
판단, 한쪽, 반쪽, 판, 인쇄판, 활판 따위와
문체文體의 한 가지로 쓰이기도 한다

또는 판版과 같은 뜻으로서
책이나 상품
종이의 길이와 넓이
규격을 나타내는 말이다
나눌 반/판牉 자와 통하는 글자로서
뜻을 나타내는 칼, 베다 따위와
자르다의 뜻인 선칼도방刂＝刀과
둘로 나눔을 뜻하는 절반의 반半을
소릿값으로 나타내는 것으로 이루어졌다

다시 말해 칼로 물건을 잘라
절반으로 나누는 것을 반이라 했는데
이 판判 자에도 그와 같은 뜻이 들어있다
아주 먼 옛날에는
증문證文을 판서判書라고 하여
서로 나누어 가지고 있다가
나중에 때가 무르익으면 맞추어 보고
서로를 확인하는 일을 판判이라 하였다
또는 하나를 둘로 나누는 일도
둘을 하나로 맞추는 일도 모두 판判이다

그럼 이제 목차에 해당하는
부모은중경 과판을 한번 얽어 볼까
참고로 이 과판은 누구의 솜씨인지 잘 모른다
때歲는 정조20(1796)년 병진년 한여름
경판을 만들開判고 찍印어 보관藏한
화산華城 용주사 판본을 따른다

제1편 서분/初序分
제1장 기원정사/祈園精舍

*'제1장 기원정사'는 판본에는 없다
이해를 돕기 위해 내가 넣은 것이다

제2편 정종분/正宗分
제1장 보은인연/報恩因緣三
  제1절 여래정례/如來頂禮
  제2절 불인숙세/佛認宿世
  제3절 이분문답/二分問答

제2장 역진은애/歷陳恩愛二
  제1절 미월구로/彌月劬勞
  제2절 십게찬송/十偈讚頌

제3장 광설업난/廣說業難二
  제1절 지수제건/指數諸愆
  제2절 원유팔종/援喩八種

제4장 과보현응/果報顯應三
  제1절 계발참수/啓發懺修
  제2절 아비타고/阿鼻墮苦
  제3절 상계쾌락/上界快樂

제3편 유통분/流通分三
	제1장 팔부서원/八部誓願
	제2장 불시경명/佛示經名
	제3장 인천봉지/人天奉持

제4편
	제1 보부모은진언(報父母恩眞言)
	제2 왕생진언(往生眞言)
	제3 개인(開印)

제1편 서분

제1장 기원정사

총지비구 아난다는 이와같이 들었노라
거룩하신 부처님이 사위국의 왕사성중
기원정사 머무실때 삼만팔천 비구들과
여러보살 마하살과 모두함께 하시니라

꼭 30년 전 이맘때
종로 대각사에 머물면서
헤이케모노가타리平家物語를 구해
정말이지 독서삼매에 들었다
당시는 번역본을 찾지 못해
일본 원시로 읽느라 쌩고생을 했지만
8권으로 된 전질全帙을 읽고 나서
정말 깊은 감동을 받았다
지금도 잊혀지지 않는
'기원정사 종소리'를 여기 다시 소개한다

헤이케 이야기 권 제1
제1구 기원정사
기원정사祈園精舍 종소리

제행무상諸行無常 울림이여!
사라쌍수沙羅双樹의 꽃 빛깔이여!
성자필쇠盛者必衰의 이치를 드러낸다
교만한 자도 오래가지 못하고
강한 자도 마침내는 멸망하나니
단지 봄날 밤 꿈결이며
그저 바람 앞의 티끌과 같아라

平家物語 巻第一
第一句 祇園精舎ぎおんしょうじゃ
祇園精舎の鐘の声

諸行無常のひびきあり
沙羅双樹の花の色
盛者必衰のことわりをあらはす
おごれる者も久しからず
たけき者もつひには滅びぬ
ただ春の夜の夢のごとし
ひとへに風のまへの塵におなじ

헤이케 이야기 – 헤이케 모노가타리

'모든 역사는 현대사다'라고 하는
크로체의 선언이 있어서가 아니라
생명의 삶은 언제나 오늘이라는 것이다
'오늘'에는 '올all'이 배어 있다
'오늘' 속에는 '온百'이 깃들어 있다
따라서 '오늘'은 '온'을에서 가져온 말이다
이 '온'을 '온갖'을 '온갖 것'을에는
일차적으로는 시간성이 들어 있으며
덤으로 공간성까지 함께 한다

이들 시간과 공간 속에서
일어나起고 사라진滅 숱한 역사가
배경복사背景輻射로 고스란히 남아 있다
인류의 스승 서가모니 부처님께서
역사적 인물로 이 땅에 살다 가신 것은
되돌이보면 분명 씨마득한 옛날이다
올해가 불기 2562년이라고 한다면
여기에 석존釋尊의 생애 80세를 보탰을 때
2642년이라는 더욱더 장구한 시간이다

우리가 '불설대보부모은중경'의
살아 꿈틀대는 역사를 바로 이해하려면

내가 2600년 전 그때로 돌아가서
함께 느끼는 공감각共感覺이어야 한다
공감각synesthesia이란 게 뭘까
눈眼根이든
귀耳根든
코鼻根든
혀舌根든
피부身根든
의식意根이든
어떤 하나의 감각기관感覺器管이
다른 영역의 감각을 불러일으키는 것이다

눈으로 빛이나 생김새는 물론
눈으로 소리를 듣고
눈으로 냄새를 맡고
눈으로 맛을 보고
나아가 눈으로 촉감을 느낀다
이와 마찬가지로
귀로 소리를 듣는 것은 물론
모습과 냄새와 맛을 느끼고
촉감까지 느낀다고 하는 것이
어려울 듯싶지만 가능하다는 것이다

이를 이미 우리 불교에서는
보살의 공능과 이름으로 표현하고 있다
관세음보살의 '관세음觀世音'에서다
분명 '보다'라는 동사는 빛이 대상이지
결코 소리가 대상일 수는 없다
그럼에도 불구하고 관세음보살은
세상世의 소리音를 관찰觀한다고 한다
관세음보살의 관세음을 공감각으로 바꾸면
보살의 이름이 이처럼 불릴 수도 있다

지금까지의 관례에 따라
으레 관세음보살觀世音菩薩이 되고
세상의 소리를 코로서 맡는
후세음보살嗅世音菩薩이 되고
세상의 소리를 혀로 맛보는
미세음보살味世音菩薩이 되고
세상의 소리를 피부로 느끼는
촉세음보살觸世音菩薩이 되고
세상의 소리를 뜻으로 아는
의세음보살意世音菩薩이 되고
소리를 듣는 귀의 기능을 되살려
청세음보살聽世音菩薩이 될 수도 있다

말씀의 종교로 알려진 기독교와는 달리
불교는 들음聞을 중시하는 종교다
아난다가 부처님 말씀을 들어 기억했다가
우리에게 전하는 게 장한 것은 맞다
그렇기 때문에 '태초에 말씀이 있었다'는
서구 기독교의 가르침과는 달리
불교는 여시아문如是我聞으로 시작한다
설하는 종교와 듣는 종교는 다르다
분명 틀린 게 아니고 다르다
틀렸다면 이는 정오正誤의 문제다
올바름과 그르침이란 매우 미묘한 세계다

하나 아무리 아난다가 많이 듣고
이를 후세에 전하는 데 기여했다 해도
부처님의 가르침을 대하는
너, 나, 그, 그리고 우리가
빛깔을 보觀지 못하고
소리를 듣聽지 못하고
향기를 맡嗅지 못하고
진리를 맛味보지 못하고
사물을 느끼觸지 못하고
생각을 이해法하지 못한다면 어찌 될까

그러므로 내 자신이 아난다가 되어야 한다

바로 그렇기 때문에 공감각 현상이
세상을 살아가는 데는 때로 필요하다
이 공감각 현상을 열반경에서는 표현한다
이른바 '선타바仙陀婆 이야기'이다
시종이었던 선타바는 영리했다
가령 주인이 "선타바야!" 하고 부르면
주인의 목소리로 무엇을 요구하는지 알아
때로 양치할 소금을 가져 오고
어떤 때는 외출할 말을 대령하였으며
또 어떤 때는 물을 가지고 달려왔다
단지 "선타바야!"란 부름 하나만으로

기수급고독원祇樹給孤獨園에서
첫 자와 끝 자를 따 '기원祇園'이라 하고
여기에 사찰의 뜻 정사精舍를 붙여
기원정사祇園精舍로 부르게 된 것이다
처음부터 기타祇태자 숲樹이었는데
급고독給孤獨 장자의 동산園이 되었다
절을 짓기 위해 황금을 덮으면서
부동산 명의가 급고독장자에게로 넘어갔고

마침내 거기에 장중한 절精舍을 지었다

그런데 이를 자세히 들여다보면 기원정사는
사위국舍衛國 왕사성王舍城에 있다
사위국은 이른바 나라 이름이고
왕사성은 수도首都 이름이다
이 사위국 왕사성 도시 중심지로부터
그리 멀지도 가깝지도 않은 곳에
급고독 장자가 기타 태자와 손을 잡고
절을 지어 부처님과 비구들에게 올렸다
부처님은 이 기원정사가 생긴 이래
생애의 많은 시간을 여기서 보내셨다

이 기원정사는 약 1,200명 남짓의
많은 비구들이 생활할 수 있는 큰 절이다
따라서 금강경에서는 비구 1,250명이
이 기원정사에서 생활했다고 전한다
그런데 이 부모은중경에서는
함께하는 비구가 38,000명이란다
상주 대중의 30배에 달하는 인원이다
38,000명이 살아가는 넓은 곳에
1,250명이 살아가는 것은 가능하겠으나

1,250명이 살기 적당한 시설에
38,000명이 살아가는 것은 으레 무리다

나는 이미 21년 8개월이 훌쩍 지난
1997년 1월 초 인도와 네팔을 여행하였다
불교방송 해외성지 순례팀을 인솔하여
부처님의 성지를 두루 탐방했는데
그때 본 기원정사 터는 지금도 생생하다
함께 간 한 부동산학과 교수에게
기원정사에 대해 물었더니
"약 1,500명까지는 수용이 가능하다"며
불교 경전 말씀이 들어맞는다고 했다

서가모니 부처님 재세시 인도 사회와
우리나라 고구려, 백제, 신라와
통일신라를 거쳐 고려조에 이르기까지
우리나라 큰 사원은 대부분이 대학이었다
그러므로 인도 기원정사를 비롯하여
죽림정사 등 대가람이 모두 다 학교였다
그렇다 하더라도 비구 38,000명은
기원정사에서 축제를 벌이는 게 아니라면
상수대중으로서는 지나치게 많은 편이다

여기에 보살마하살이 함께했다 하는데
보살마하살들은 분명 외부인사다
비구 수가 38,000명이라면
타지에서 온 보살 대중들도 그에 상응한다
38,000명 비구가 대학 정원이라면
보살마하살은 부처님 강의를 들으러 온
그냥 청강생聽講生이었을 수도 있고
신도나 재가불자로 보는 게 맞을 것이다
묘법연화경을 설한 영취산 기슭보다
평지에 지어진 고층빌딩이니만큼
그래도 이 정도면 슬그머니 넘어갈 만하다

제2편 정종분

제1장 보은인연

제1절 여래정례 1

언제인가 하룻날은 우리스승 세존께서
대중들을 거느리고 남쪽으로 가시다가
한무더기 마른뼈가 뒹구는걸 보시고는
오체투지 몸을던져 마른뼈에 절하시매

정종분正宗分은 간단하다
서분序分이 introduction이고
유통분流通分이 conclusion이듯
정종분은 본론이며 본문인 셈이다
정종분은 올바른正 종지宗 편分이다
길이로는 서분이 사언절 1꼭지고
유통분이 사언절 3꼭지인 데 비하여
정종분은 자그마치 사언절 131꼭지다
은중십게恩重十偈 제목까지 합하면
사언절 번역으로 141꼭지나 된다

매일 사언절 한 꼭지씩을 강의할 때
경제經題까지 19꼭지를 보탠다면
대략 170일이 걸리는 대장정이다
서분은 이미 한 번으로 끝났고
앞으로 141일에 걸쳐 정종분을 강설하고
유통분은 열흘 정도로 끝맺을 생각이다
서분과 유통분이 사언절 4꼭지인데
정종분은 사언절 141꼭지이다
오늘은 이처럼 서분과 유통분의
35배 길이의 정종분 첫 강의인 셈이다

그래서 더욱 설렌다
가슴이 한없이 벅차오른다
나는 이 '불설대보부모은중경' 강의를
나의 은법사이신 고암 대종사께 바친다
올해가 우리 고암 큰스님 열반 30주기다
1988년 세수 만 89세(1899~1988)로
고요의 세계인 열반에 드시기 전까지
당신 생각은 오로지 '부모은중경'이셨다
나는 스님의 은혜를 갚기 위해서라도
이 '부모은중경'만큼은 꼭 강의하고 싶었다

그렇다면 우리 고암 큰스님께서는
왜 그리 '부모은중경'을 중히 여기셨을까
몇 가지 추측해볼 수 있는 단서는 있다
이미 89년 말부터 '월간 불광佛光'에
만 4년 48회에 걸쳐 글을 실은 적이 있다
코너는 '우바이 만세 여성불자 만세'였는데
그때 실은 글 중(불광219) 고암 큰스님과
큰스님이 있기까지 호념하신 이가 있었다
금강경 제2분 '선현기청善現起請'에
'선호념제보살善護念諸菩薩'하시듯
큰스님의 어머니 정원행 보살님이 계셨다

어쩌면 고암 큰스님께서는
어머니 은혜를 늘 생각하셨을 것이다
어찌 그게 고암 큰스님뿐이셨을까
서가모니 부처님은 으레 말할 것도 없고
역대 조사 천하 종사가 어머니를 생각했다
왜냐하면 어머니는 보호막이었으니
이 지구상에 극히 일부를 제외하고는
자식의 보호막이 되지 않은 부모는 없다
극히 일부라는 데는 정신적으로
또는 주변 환경 때문에 그럴 뿐이지
본디 자식을 돌보지 않으려는 부모는 없다

나는 부모의 역할을 생각할 때면
밴 앨런 벨트Van Állen bèlt가 떠오른다
지구를 둘러싼 '밴 앨런 벨트'의 역할이란
아무리 강조하더라도 지나침이 없다
또는 밴 앨런 레이어Van Állen làyer라 하는데
태양으로부터 나오는 유해 전자를 막는
정말 더없이 소중한 지구 보호막이다
우리는 지구를 보호하는 것으로
곧잘 대기권을 들먹이곤 한다
으레 대기권이 없으면 지구는 위험하다

발가벗긴 채 고스란히 태양풍에 노출된다

지구를 보호하는 것은 지구를 둘러싼
대기와 오존을 들 수도 있고
끊임없이 감싸고 도는 자기장도 있다
그러나 미국 물리학자 밴 앨런 박사가
1958년 발견한 방사능radiation 벨트는
그의 이름을 따 명명하기는 하였으나
이 벨트가 없다면 지구 생명은 살 수가 없다
벨트에는 두 가지 벨트가 있는데
지표면으로 650~10,000km 사이가
일반적으로 내부 벨트에 해당하고
14,000~58,000km사이에 있는 벨트는
외부 벨트인 것으로 알려졌다

차단막이 이처럼 겹겹이기 때문에
가장 빠르고 강력한 전자들마저도
이들 차단막을 뚫기는 그리 쉬운 게 아니다
사람들은 일반적으로 땅에 집착한다
그래서 서울 노른자위에 땅을 갖고 있고
수도권에 많은 부동산이 있다며
은근히 땅 자랑을 늘어놓곤 있지만

아무리 땅이 소중하다 하더라도
그 땅을 감싼 공기와 보호대가 없다면
이들 땅은 아무짝에도 쓸모가 없게 된다

부모님은 바로 엄청난 태양풍으로부터
안전하게 지구를 지키고 보호하는
밴 앨런 벨트와 같은 분이고
자외선에 노출됨을 막아주는 오존층이고
지구를 살기 적당한 기온으로 유지시키는
대기와 같고 자기장 등과 같은 분이다
인간이 비록 대단한 존재라 하더라도
우주로부터 보호받지 못한다면
우리는 단 한 순간도 살아있을 수 없다

큰스님은 부모은중경 말씀을 자주 하셨다
그리고 오로지 《금강경》이셨다
부모은중경과 금강경을 떠나서
자비 제일 고암 스님을 떠올릴 수는 없다
게다가 '이뭣꼬?' 화두를 놓지 않으셨고
계율은 언제나 '범망경 보살계'셨다
부모님 은혜를 늘 은중경으로 추천하셨다
나는 '은중경' 하면 늘 우리 스님을

'고암스님' 하면 항상 은중경을 떠올린다

앞서 우리는 목차에서 보았듯이
정종분은 모두 4장章으로 되어 있다
그 가운데 첫째가 보은인연報恩因緣이다
이 보은인연에 모두 3절節이 있는데
첫째가 곧 여래정례如來頂禮다
진여如로부터 오신來 분께서
이마頂를 땅에 붙여 큰절禮하신 것이다
이처럼 여래는 진여如로부터 가去고
진여如를 바탕으로 머물坐고
진여如를 바탕으로 눕臥지 않는가

저 유명한 《금강경》에서는
같을 여如 자를 같을 약若 자로 바꿔
약거若去 약래若來 약좌若坐와 더불어
약와若臥라고까지 표현하고 있다
간 듯若去 ; 如去
온 듯若來 ; 如來
앉은 듯若坐 ; 如坐
누운 듯若臥 ; 如臥이다
파도가 일어나고 파도가 소멸하더라도

이는 바닷물이 일어나고 소멸함이듯
앉으나 누우나 오나 가나 다 진여일 뿐이다

물리학자들은 늘 얘기하지만
세상의 짜임새와 바탕은 두 가지다
하나는 원자原子라는 알갱이粒子이고
다른 하나는 파동波動이다
알갱이가 인因에 해당한다고 했을 때
파동은 다름 아닌 연緣으로 본다
그런데 실로 알갱이因와 끈緣은 같다
이를 질료인因과 보조연緣으로 보지만
파도가 바닷물을 떠나지 않듯이
질료인 없는 보조연이란 있을 수가 없다

얘기가 점점 어려워지고 있다
뛰어난 학자는 어려운 말도 쉽게 하고
모자라는 이는 쉬운 얘기도 어렵게 한다
아무리 생각해도 나는 모자라는 게 맞다
아무튼 이처럼 은혜恩를 갚음報에도
바탕因이 있고 이를 잇는 역할緣이 있다
길을 떠날 때는 세존世尊이셨는데
정작 뼈무더기에 절하신 분은 여래如來다

앞서 서분의 삶의 모습을 기억하면
거기서는 세존도 여래도 아닌 불佛이셨다

이 짧은 문장에 세 번 호칭이 바뀐다
부처佛에서 세존世尊으로
세존에서 다시 여래로 점입漸入한다
부처도 세존도 그리고 여래도
다 여래의 열 가지 호칭에 들어간다
이들 열 가지 덕호 외에 얼마든 더 있는데
모니牟尼, 도사導師, 대사大師 등과
대선大仙, 전지자全知者, 목우牧牛
태양太陽, 사자獅子 등과
일체지一切智/사르바즈나sarvajna
복전福田punya-ksetra 따위다

아래는 여래의 열 가지 덕호德號다

01. 여래如來tathagata
02. 응공應供arhat
03. 정변지正遍知samyaksamuddha
04. 명행족明行足vidyacarana-samanna
05. 선서善逝sugata
06. 세간해世間解lokavid

07. 무상사無上士anuttara, purusa

08. 조어장부調御丈夫:purusa damya sarathi

09. 천인사天人師sasta devamanusyanam

10. 세존世尊buddha-bhagavat

+a. 불佛buddha

열 가지 호칭 가운데 불佛은 총칭이다

그래서 나는 이 불佛을 +a로 표기하였다

갈퀴 속 도라면
– 동봉

울 어무이
울 아부지
열 손가락은
언제 보아도 갈퀴였다

집 안팎을 치우고
정돈하고 쓸고 닦고
닦고 쓸고 정돈하고 치우고
게다가 농사 지으랴
자식들 키우랴
가르치랴

도라면兜羅綿보다
더 고운 손가락이었다던데
어무이 손은 갈퀴다
그런 갈퀴를
정으로 부여잡은
또 다른 갈퀴 손이 있었지

법당에 올라
불전에 기도 올리며
정월 대보름 장독대에서
가을秋 저녁夕 달빛 아래서
식구들 안위부터 챙기실 때는

어무이 그 갈퀴 같은
손가락 사이로
도라면보다
더 보드랍기만 한
정情의 바람이 일었지

그런 어무이를
그윽한 눈길로 따라가던
아부지 끝내 울컥!
고마워 당신!

저 거칠어진 손에
도라면이
가득 배어있지
당신이 있어 고마워!
다 잘되면 그걸로 되었지 뭐…

제2편 정종분

제1장 보은인연

제1절 여래정례 2

아난다와 대중들이 부처님께 사뢰기를
거룩하신 세존이여 크신성자 여래께선
삼계대사 이시옵고 사생자부 이신지라
뭇생명과 뭇사람이 귀의예경 하옵거늘

대사大師는 앞에서 나왔지만
여래십호 중 자부慈父는 아직까지다
보통 삼계도사三界導師라 하는데
여기서는 대사大師로 호칭하고 있다
여래께선 삼계의 거룩大한 스승師이시고
사생四生 붙이를 사랑慈으로 거두시는
참으로 자애로운 어버이父시다
아버이父는 양친의 뜻이 깃들어있다

우리 서가모니 부처님께서는
욕계欲界 색계色界 무색계無色界라는
세 가지 종kind 세계의 큰 스승大師이시다
그리고 태로 태어난 태생胎生을 위시로
알로 태어난 난생卵生과
습기에서 태어난 습생濕生과
화학반응으로 생긴 화생化生이라는
네 가지 부류 생명의 자부慈父인 까닭에
뭇생명과 뭇사람이 귀의歸依하고
뭇사람과 뭇생명이 예경한다고 보았다

하지만 부처님께 존경의 예를 올리는 것은
이런 가시적 거룩함 때문만이 아니다

형태로는 비록 드러낼 수 없으나
은근히 느낄 수 있는 그 무엇인가가 있다
그렇다면 그 무엇인가가 무엇일까
지구상 생명체가 어디 사람뿐이겠는가
사람도 인종과 언어가 다르고
언어가 다르면 문화와 풍습이 다르고
문화와 풍습이 다르면 생각조차 다르고
더 나아가 철학과 종교가 다르다

이들 다른 철학 다른 종교
다른 문화 다른 생각
다른 풍습 다른 언어를 쓰는 사람들이
같은 지구 위에서 살아가지만
이들의 공통분모는 하고자 하는 욕구다
남들보다 더 많이 갖고 싶고
먹고 마시고 배설하고 즐기려 하고
쉬고 싶어하고 이기려 하고
높은 곳에 먼저 오르려 하고
남보다 반드시 앞서 달리려만 한다

시기와 질투가 어지러亂이 춤舞추고
생명있는 것들을 섭취하게 되고

남의 것을 훔치거나 강제로 빼앗고
거짓, 아첨, 뒷담화, 저주, 욕설이 횡행하고
걸핏하면 기물을 집어던지며 성내고
위아래 없이 달려들어 협박하고
온갖 욕구가 팽배한 욕망欲의 세계界
이들 세계의 길잡이이신 분이 부처님이다
게다가 물질色 세계界를 이끌고
비물질無色 세계界까지 이끄는 분이
다름 아닌 눈뜬 자, 행복한 자, 부처님이다

욕구의 세계가 사람만 있는 것은 아니나
일차적으로는 사람 사는 세상이다
그리고 이어서 지구상에서 살아가는
모든 생명의 종들을 통틀어 욕계라 한다
불교 교설에서는 이들 욕구의 세계를
육도六道에서 찾는데 육도는 좀 복잡하다
육도는 아래로부터 더듬어 오르면
지옥, 아귀, 축생, 아수라, 인간, 하늘이며
이 하늘에서 다시 욕망계를 비롯하여
물질계와 비물질계로 크게 나뉜다

따라서 하늘을 제외한 다섯 세계

곧 인간, 아수라, 축생, 아귀, 지옥 따위는
아예 삼계三界에 들어가지도 않는다
삼계는 오직 하늘 나라에 국한된다
하늘 나라는 모두 28개 층으로 되어 있는데
지구로부터 밖으로 나아간다면
지구에서 가장 가까운 쪽에 욕계가 있고
욕계 밖으로 소위 물질계色界가 있으며
물질계 그 밖으로 비물질계無色界가 있다
곧 욕계, 색계, 무색계 등 28개 하늘이다

아무튼 삼계는 불교 우주관에서
삼천대천세계와 함께 자주 거론된다
이들 쓰임새를 보면 무척 재미가 있는데
이를테면 삼천대천세계에 대해서는
광활한 세상을 비교급으로 가져와서 쓰고
삼계는 중생 세간을 표현할 때 쓴다
곧 삼계는 중생과 부처를 가르는
하나의 기준선이 되고 있다
부처님이 삼계의 도사導師라면
중생들의 큰 스승이요 인도자란 뜻이다

지옥 아귀 축생으로부터

아수라 인간 하늘 등 여섯六 길道과
하늘天 길道에서 다시
욕망의 세계 여섯 하늘과
물질의 세계 열여덟 하늘과
비물질의 세계 네 하늘에 이르기까지
모두 윤회라는 테두리 안에 있는 세계다
부처는 곧 이들 세계를 벗어난 이다
벗어났으나 이곳 중생들을 교화하기 위해
짐짓 중생 모습으로 다시 찾아와
낱낱이 윤회 세계를 벗어나도록 이끄신다

부처님께 귀의하고 공경하는 것이
사생四生의 자부慈父이기 때문이라 한다
삼계도사三界導師는 삼계의 안내자다
안내자는 나그네나 또는 여행자들을
그냥 친절하게 안내하고 설명하면 족하다
물론 가이드의 역할은 여행 기간 내내
위험과 사고로부터의 예방도 책임을 진다
하나 어버이가 자식들을 보살피는
그러한 정情과 사랑까지는 없어도 좋다

사생자부四生慈父는 어떤 분인가

모든 생명을 자식처럼 사랑하는 분이다
그가 어떤 생명의 부류에 속하든
생명을 지녔다는 그 자체만으로도
충분히 부처님 사랑을 받을 자격이 있다
이를 에둘러 말하지 않고 바로 말하면
부처님 사랑은 늘 생명에게 우선적이다
동물계 곤충계 균계뿐만 아니라
부처님 사랑은 식물계에까지 균등하다

이런 얘기를 하면 엉뚱한 질문이 들어온다
"그렇다면 가령 폭우와 함께 큰물이 나서
뱀과 사람이 함께 떠내려 갈 때
부처님은 누구를 먼저 구하실까요?"
이런 질문은 질문 자체가 성립되지 않는다
비록 생명에 대한 사랑이 균등하다 해도
평등 속에는 꼭 차별이 있게 마련이다
가장 못되고 가장 모자라는 사람과
가장 영리하고 너무 귀여운 생쥐가
동시에 어려움에 처해 있다면
사생자부 부처님은 으레 사람이 우선이다

부처의 중생 사랑이 뭇 생명에게

고르게 적용되고 있음을 표현함일 뿐
사람과 뱀, 사람과 쥐를 비롯하여
사람과 곤충이라든가
사람과 애완견이라든가
사람과 사람 밖의 그 어떤 다른 생명체도
생명의 가치를 놓고 비교할 수는 없다
사실 부처는 하늘天 땅地과 같다
느닷없이 부처를 하늘 땅에 견주다니
코너에 몰리니 할말이 궁한 거 아니냐겠지

《주역周易》〈계사전繫辭傳〉에 보면
'천지대덕왈생天地大德曰生'이라 하였다
천지天地의 위대大한 덕德이란 생生이다
사람을 비롯하여 천지간 온갖 생명들은
서로 으르렁거리며 싸우고
서로 먹거나 먹히는 게 일상이지만
천지란 끊임없는 생生으로 덕을 삼는다
그리하여 생은 다시 생을 낳고
그 생은 다시 생을 낳아
끊임없는 생生의 연속이다
반드시 사멸死滅을 내재시킨 채 말이다

에너지 보존의 법칙에서 보았을 때
분명 그럴 일은 있을 수 없지만
생과 멸이 밸런스를 맞추지 못한다면
소각되지 않는 쓰레기처럼 늘어날 것이다
부처님의 사랑은 천지의 큰 덕처럼
언제나 생을 드러내顯고 사멸을 숨긴隱다
나의 이 비유와 인용구 속에는
앞의 답변을 변명하려는 게 아니다
실제로 부처님의 덕은 생生이고 사랑이다
바로 그러한 부처님이시니
중생들이 귀의하고 예경할 수 밖에…

제2편 정종분

제1장 보은인연

제2절 불인숙세

어찌하여 마른뼈에 예배하시 옵나이까
부처님이 아난에게 자상하게 말씀하되
네가비록 나에게는 매우귀한 제자이고
집을나와 입문한지 꽤나오래 되었지만

아는것에 대해서는 그리넓지 못하구나
이한더미 마른뼈가 혹은나의 앞세상의
조상이나 부모님의 뼈일수가 있으므로
내가지금 이와같이 예배하는 것이니라

(1)

아! 크신 사랑 관세음보살이시여
죽음死은 미라mummy歹로 변함ㄴ이나이다
어느ㅡ 순간夕 바뀐ㄴ 모습을 보임이나이다
미라는 죽은 몸에서 습기가 빠지고
썩지 않은 채 보존된 시체를 가리키나이다
우리나라 매장문화埋葬文化에서는
쉽게 발견될 수 있는 상태이오나
예법상 시신을 마구 다룰 수 없기에
미라를 중요하게 여기지 않았을 뿐이나이다

크신 사랑 관세음보살이시여
영어 미라mummy는 엄마를 뜻하나이다
우리말에 '배'를 얘기하면
배나무의 열매 '배'를 비롯하여
사람이나 동물, 곤충의 '배'가 있사오며
사람이나 짐을 싣는 물 위의 '배'가 있나이다
이처럼 마른 시체 마미mummy와
엄마 마미mummy가 같은 철자라 하여
반드시 같은 뜻이 있는 것은 아닌 줄 아나이다

하오나 관세음보살마하살이시여!

죽음死이란 마른 뼈歺로의 바뀜匕이옵고
마른 뼈mummy에 든 부모의 DNA는
남은 자녀의 DNA로 연결되어 있사옵니다
따라서 사람人間이 죽는다는 것은
자신의 본래 DNA로 돌아감이나이다
어머니mummy에게 돌아감이고
마른 뼈mummy의 본질로 돌아감이며
본디 떠나왔던 세계로 되돌아감이나이다

사랑이 크옵신 관세음보살이시여
미라의 어원은 mummy가 아니나이다
그러하나이다
관세음보살마하살이시여
언어별로 표기가 조금씩 다르옵니다만
미라는 포르투갈어 미라mirra에서 온 말로
지금까지 '미라'로 알려져 왔사옵니다
이것이 일본어 표기 ミイラ의 영향을 받아
우리도 '미이라'로 표현하기에 이르렀나이다

사랑이 크옵신 관세음보살이시여
이를 중국에서는 '木乃伊'로 표기하고
무나이이munaiyi로 발음하고 있사옵니다

영어에서는 우리말과 마찬가지로
죽음을 '떠남departure'이라고도 하나이다
죽음死은 온 곳mummy으로 되돌아감ㄴ이며
죽음은 뼈mummy로의 환원ㄴ이나이다
흙 물 불 바람의 네 가지 요소가
각기 왔던 곳으로 되돌아가고 나면
남는 것은 몸이 아니라 정신이고 혼이나이다

사랑이 크옵신 관세음보살이시여
몸body은 뼈歹로 변화ㄴ한다 하더라도
몸과 함께하던 정신/혼soul은 어찌 되겠나이까
변하는 것은 다 질량質量mass이 있사옵니다
질quality과 양quantity을 가지고 있나이다
가톨릭에서 올리는 미사Mass가 아니라
부피와 무게를 지닌 매스mass이나이다
몸은 질량을 갖고 있으므로 변하지만
정신은 질량이 없기에 변하지 않사옵니다

사랑이 크옵신 관세음보살이시여
질량이 없다면 마침내 변화가 없고
변화가 없다면 결국에 나고 죽음이 없나이다
나고 죽음이 없는 정신/넋soul에 대해

두려워할 나고 죽음이 없다 하오면
나고 죽음이 있는 몸body은
단지 모습을 바꿀 뿐 생멸이 없나이다
옛 어느 선사는 죽음 앞에서 일갈하였나이다

"베어라! 그대여!
그대가 원하는 목을 주리라
그대는 내 목을 베거니와
내게는 바람을 가르는
칼날이 지나갈 따름이니라!"

사랑이 크옵신 관세음보살이시여
죽음이라는 명제名題에 있어서
'나쁜 죽음'이 없사옵고
'아름다운 죽음'도 없사옵나이다
웃으면서 죽고
제 명에 죽고
편안하게 죽고
행복하게 죽으면 고종명考終命이나이다
오복 중 마지막인 고종명이나이다
이를 아름다운 죽음이라 하겠나이다

사랑이 크옵신 관세음보살이시여

나라를 위해 죽고

사회를 위해 죽고

남을 위해 죽고

신앙을 위해 죽는 것을 아름답다 하오나

고종명이 아니라면 아름다울 것이 없나이다

진정 아름다운 죽음이라면

전쟁이 일어나지 않아야 하고

사회가 혼탁하지 않아야 하고

종교가 탄압당하지 않아야 하고

뜻밖의 사고가 일지 않음이 아름다움이나이다

사랑이 크옵신 관세음보살이시여

졸지에 죽고

과음으로 죽고

굶어 죽고

남의 손에 맞아 죽고

독충에게 쏘여 죽고

개에게 물려 죽고

소에게 받쳐 죽고

맹수에게 물려 죽고

악어와 상어에게 물려 죽고

말에서 떨어져 죽음이 슬픈 죽음이나이다
마약으로 죽고
젊은 나이에 죽고
추위에 얼어 죽고
화재로 타 죽고
물에 빠져 죽고
차량 선박 비행기 등 교통사고로 죽고
암 고혈압 심근경색 당뇨로 죽고
태풍 지진 벼락 전기 홍수 따위로 죽고
이름 모를 질병으로 죽음은 슬픈 죽음이나이다

사랑이 크옵신 관세음보살이시여
가장 아픈 죽음은 '자살自殺'이나이다
인간은 대략 100조 개 세포의 구성체이나이다
죽음의 직접 원인이 남에게 있지 않고
자신에게 있는 자살suicide이라 하오면
100조 개 세포를 무참하게 죽임이 되니이다
세계 인구 70억의 1만 5천 배에 달하는
100조 개 세포 생명을 스스로 빼앗는 것이므로
자살은 참으로 '슬프고 아픈 죽음'이나이다

대비주의 본존 관세음보살이시여

대비주를 외고 천수경을 지송하오면
'슬픈 죽음'과 '아픈 죽음'을 불러오지 않나이다
슬픈 죽음과 아픈 죽음을 초래하지 않으면
갈 곳이 이미 완벽하게 정해져 있사옵니다
하늘에 태어나고 극락에 태어나나이다
슬픈 죽음과 아픈 죽음을 겪지 않고
아름다운 죽음을 맞을 수 있다면
앉아坐 죽고脫 서서立 죽을亡 수 있사옵니다

대비주의 본존 관세음보살이시여
대비주를 지송하는 공덕으로
삶과 죽음으로부터 자유로워지이다
온갖 집착과 탐진치 삼독으로부터 벗어나
대자유 대해탈에 이르게 하옵소서
앉아 죽고 서서 죽음이 자유롭게 하소서
매미가 허물을 벗듯이 자연스러워지게 하소서

(2)

욕계 색계 무색계의 큰 스승이시고
사생四生의 자상한 어버이신
우리 서가모니 부처님께서
어찌하여 마른 뼈에 절을 하셨을까
여기에는 중요한 메타포隱喩가 있다
메타포metaphor라니 그게 뭘까
오늘날 스님들이 귀기울여야 할 문제다
다름 아닌 상相에 관한 내용이다
우리 부처님은 상이 없으신 게 아니라
상이란 상은 다 초월하신 분이다

부처님은 당신 마음 어디에도
상이란 게 전혀 없다
세三 세계界의 안내자요
네四 생명生부류의 자부慈父이신
이른바 '부처'라는 상조차도 전혀 없다
아직 살아계신 부모님도 아니요
눈에 선한 친부모님도 아니며
어느 전생인가는 모르나
어느 생인가의 부모일 수도 있다는
단지 그 가능성 하나만으로

마른 뼈에 넙쭉 큰절을 하신 것이다

나는 어려서 이렇게 배웠다
만일 스님들이 출가하여
머리를 깎고 가사를 걸쳤다면
오로지 단 세 곳을 제외하고는
세상 어디에도 머리 숙일 곳이 없다고
세 곳이라니 거기가 어디일까
첫째는 부처님이요
둘째는 경전이며
셋째는 선지식이다
오직 삼보만이 있을 뿐이다
출가 수행자는 오직 삼보에게만
머리를 숙이고 오체투지할 따름이다

《사문불경왕자론》이 있다
한문으로는 沙門不敬王者論이다
서기 404년, 동진東晋의 혜원 화상이
사문은 왕을 공경하지 않는다는 논문으로
비록 가까이서 왕과 황제를 보더라도
일어나 돈수頓首하지 않고
계상稽顙하지 않는다는 얘기다

하물며 돈수에 재배까지 할 것이며
혹은 북향사배北向四拜까지 할 것이랴

그런데 하물며 제후에게 절할 것이며
대부大夫에게 자신을 낮출 것이며
고을 원이나 아전에게
또는 벼슬아치들에게
아무데서나 그저 굽신댈 것인가
그러나 절할 곳이 있다
사문 아니라 아라한이라도
최상의 경지 아라한이 아니라
삼계도사 사생자부 부처님일지라도
오히려 백성에게는 예를 갖추고
부모에게는 예를 갖추어야 한다는 것이다

스님들은 출가를 하고 나면
자기를 낳아준 부모에게 절하지 않는다
계를 받고 가사를 받아 수할 때
마지막 인사를 올린 까닭에
비록 낳아주신 부모를 만나더라도
일어나 맞이하지 아니하고
또한 큰절하지 말라고 가르친다

이는 교만을 가르치는 게 아니다
수행자는 당당하라는것이다

부처님은 모든 걸 떠나셨다
고귀한 태자의 자리도
한 나라의 최고 책임자 왕위도
왕보다 소중한 아내와 자식도 떠나셨다
그런 분을 스승으로 모신
이른바 출가자들이
세간처럼 벼슬자리를 탐내고
벼슬이 높은 이들에게 절을 하겠는가
그러고 보니 스님들이 절을 안 할 때가 있다

수행에 몰입해 있을 때다
공양 때나
보청을 하거나
예불을 모시거나
경전을 읽거나
참선, 좌선, 명상 중이거나
크고 작은 변을 보거나
더 나아가 목욕할 때는
주지 스님이나

또는 방장스님이 다가오더라도
일어나 절하지 않고
예를 갖추지 않아도 된다

왜냐하면 그 모두가
결국 수행이기도 하거니와
상황이 좀 그런 경우도 있지 않은가
서로 발가벗은 채
거기서 예를 갖출 것이며
똥 누다 말고 절하고
오줌 누다 말고 절 하겠는가

(3)

부처님佛이 인정認한
숙세宿世는 어떤 뜻이 담겼을까
이를 잘 숙宿 자로 풀까
묵을 숙宿 자로 풀까
그도 저도 아니면
아예 별자리 수宿 자로 풀까
잘 숙, 묵을 숙, 별자리 수 자 가운데
어떻게 풀면 좋을까 싶다
의미가 많이 달라지는 까닭이다

잘 숙, 묵을 숙은 같으면서 다르다
일정한 곳에서 나그네로 머물다
잠 자다의 원형동사가 '자다' 이듯이
'자다'를 다른 말로 '묵다'로 표현한다
'묵다' 의 또 다른 표현은
일정한 때를 지나 오래된 상태며
밭이나 논 따위를 경작耕作하지 않은 채
그대로 남겨 둠을 묵다로 얘기한다
'묵다'라는 동사를 형용사 '묵'으로 바꾸고
뒤에 명사 논이나 밭을 붙여
묵논, 묵밭, 묵정밭 따위로 부르기도 한다

아무튼 숙세란 오래된 과거다
묵고 묵어 여러 번 거친 전생 기간을
우리는 보통 숙세宿世라 한다
부처님이 인정한 숙세라면
윤회輪廻의 긍정적 인생관이고
또한 세계관이기도 하다
불교는 윤회의 가르침이다
시간에는 직선의 시간이 있고
동일한 고리를 도는 순환 시간이 있는데
헤겔의 변증법에서 얘기하듯이
윤회는 과거에서 미래로 쭉 가기만 하는
직선세계관이 아닌 순환세계관이다

그렇다고 뫼비우스의 띠처럼
동일한 길을 계속 반복하듯 보이지만
어떤 경우도 100% 같지는 않다
우리는 순환의 세계관을 얘기할 때
끊임없이 순환하는 계절을 들고 있으나
이를테면 올해 10월 1일과
지난해 10월 1일이 다르고
다가올 해 10월 1일이 다를 것이다
이렇게 생각하는 나는 같은 사람이다

한데 정말 1년 전 내가 나일까
한 해 뒤 내가 과연 오늘의 나일까

지난해 오늘의 나와
올해 오늘의 내가 하나라면
으레 다가올 내년의 나도 같은 나다
그러나 내 몸만 늙는 게 아니고
내 세포만 번갈아들며 바뀌는 게 아니라
나의 생각조차도 끊임없이 변한다
그런데 이를 과연 같다고 할 수 있을까
인간을 비롯하여 모든 것은 살아있으면서
살아가는 동안 윤회를 거듭한다
윤회에 일기一期 윤회가 있다면
찰나刹那 윤회도 있다

일기생 일기멸一期生一期滅이 있다면
찰나생 찰나멸刹那生刹那滅이 있다
분단 생사分段生死가 있다면
분단 윤회가 있을 것이고
변역 생사變易生死가 있다면
변역 윤회도 있을 것이다
이들 생멸/생사 과정을 돌고돌아 윤회다

아무리 윤회를 부정하더라도
이처럼 나를 포함하여 우리 곁에
윤회 현상은 상존常存한다

윤회하는 주체가 과연 무엇일까
정신이 윤회하는가
육신이 윤회하는가
잠재의식이 윤회하는가
마나식이 윤회하는가
아니면 아뢰야식이 윤회하는가

《부모은중경》은 윤회를 긍정한다
그것도 얼핏 스치고 지나는 게 아니라
뼈를 두고 전생의 부모였거나
또는 한없는 과거 어느 생에 있어서의
부모 뼈일 수 있다고 내다본다
이 말씀 속에는 인언이라는 것이
같은 시간 속 수평적 관계만이 아니라
다른 시간 속 수평적 관계가 숨어 있으며
같은 수평 공간에서 시간을 달리하고
다른 수평 공간에서 시간을 함께하기도 한다

낱말 숙세宿世에 담긴 뜻을 한번 볼까
잘 숙, 묵을 숙, 별자리 수宿 자는
갓머리宀 부수에 총 11획이다
담긴 뜻은 잠자다
숙박하다 외에
묵다
오래되다
나이 많다
한 해 묵다
지키다
숙위하다
안심시키다
찾아 구하다
크다
재계하다
몸과 마음을 깨끗이 하다 따위가 있다

명사로는 숙직
당직當直
숙소
여관
잠든 새

미리
사전에
본디
평소
전부터
여러해살이의
크게 따위와
별자리 수 자로 새길 경우
염소자리, 큰곰자리처럼 별자리와
별 성星 자와 묶어 성수星宿라 하는데
이는 모든 '별자리 별들'의 총칭이다

꼴形소리聲문자다
뜻을 나타내는 갓머리⌒ 부수와
소릿값에 해당하는 우두머리 백佰이
서로 만나 이루어진 글자가 잠잘 숙이다
우두머리 백 자는
핥을 첨㐭 자에서 왔는데
이 또한 이부자리의 뜻으로 쓰는
깔개 석席 자가 변한 모양이다
일백 백, 또는 우두머리 백佰 자는
나그네가 숙소를 정하다

묵다
묵어가다
오래되다의 뜻이다

인간 세/대 세世 자는
한 일一 부수에 총 5획으로 되어 있다
담긴 뜻으로는 '인간'을 비롯하여
일생, 생애, 한평생, 때가 있고
대, 세대, 세간, 세상 일반
시대, 시기, 백 년, 맏이가 있다
성姓의 하나가 있는가 하면
여러 대에 걸친
대대로 전해오는
대대로 사귐이 있는
대를 잇다 따위의 뜻이 담겨 있다

단어 뜻풀이로는
지질 시대 구분의 한 단위이며
기紀를 잘게 나눈 것이며
일부 국가 왕조의 역사며
임금 순위를 나타내는 말로
대代와 이세二世를 가리키는 말이다

인간 세世 자는 뜻모음會意 문자다
인간 세卋 자의 본자本字로서
본디 세 개의 열 십十 자를
옆으로 이어卅 삼십 년을 가리킨다
한 세대를 대략 30년으로 치는 까닭에
인간 세 자는 세대를 뜻한다
참고로 열 스물 서른 마흔을 표기한
글자들을 살펴보면 아래처럼 좀 재미있다

열 십十, 열 십拾, 열 사람 십什
스물 입卄, 스물 입廿, 스물 입廾
서른 삽卅, 서른 세卋, 서른 세世
마흔 십卌 자 따위가 있다
게다가 천 십쒀 자는
열十을 두 제곱夕하여
일천一千으로 표현하고 있다

(4)

테이프tape에 담긴
고암 큰스님의 보살계 법문을
지금은 들을 수가 없다
왜냐하면 테이프를 재생시킬
테이프 플레이어가 없는 까닭이다
지금은 승용차에도 tape재생장치가 없어
콤팩트 디스크(CD)로 들어야 한다
그런데 그것도 이젠 옛날 얘기다
지금은 USB에 저장해 두었다가
플레이어에 꽂고 듣는다던가
아예 그때그때 스마트폰에 들어간다

스마트폰 동영상 어플
유튜브에 들어가 제목을 치면
비슷한 이름의 동영상들이 나오고
거기서 원하는 프로그램을 선택해 누른다
그리고 듣고 싶은 법문을 들으면 된다
하긴 손가락으로 터치하여
듣고 싶은 노래나 법문을 찾는다면
그 또한 지나간 옛날 방식이다
지금은 말로 해도 된다

"고암 큰스님 보살계 법문 찾아 줘"

말 한마디에 스마트폰은
곧바로 해당 프로그램을 찾아낸다
만일 해당 프로그램이 없으면
말로 했기 때문에 말로 답이 되돌아온다
"해당 프로그램을 찾을 수 없습니다."
"그럼 유튜브 말고 딴 데서 찾아 줘."
수퍼컴에 저장되어 있지 않다면
그야 처음부터 입력되어 있지 않기에
으레 찾을 수 없다 하겠지만 말이다

전 세계 어디 누군가가
고암 큰스님 보살계 법문을 올려 놓았다면
당연히 스마트폰은 찾아낸다
그리고 "들려줘"라는 지시기 없이도
으레 재생시켜 주게 마련이다
이처럼 단말기 스마트폰은
프로그램을 찾을 때
다시 듣기라던가
또는 다시 보기가 있어서
굳이 다운로드로 받아 둘 필요가 없다

다운 받으려면 용량을 차지하니까

이들 듣고 싶은 법문이나
듣고 싶은 노래가 윤회하고 있다
몸을 바꿔가며 윤회한다
처음에는 tape 모습이었다가
그 다음에 CD 모습으로 몸을 바꾸고
다시 다음생에는 MP3로 몸을 받는다
MP3가 USB로 윤회하더니
마침내 홀로그램보다 더 투명한
희한한 몸을 받아 환생한다
어디 음성프로그램뿐이겠는가
동영상으로 그 몸을 확 바꾸기도 한다

이게 뭘까
바로 고암 큰스님 보살계 법문이다
보살계 법문의 윤회과정이다
여기 윤회하는 과정에서
일인일과一因一果로 끝나는 것은 없다
아예 없다기보다는 그냥 거의 없다
하나의 씨앗因이 고스란히 열매果로
몸을 바꾸는 일은 없다는 얘기다

예를 들어 볍씨가 하나 있는데
이것이 볍씨 자루에서 나와
촉촉한 땅에 떨어지면
싹 틔울 가능성이 높아진다

두루 알다시피 볍씨는 마른 땅이 아닌
물이 고여있는 촉촉한 땅이어야 한다
아니면 비록 마른 땅이라 하더라도
그 볍씨가 말라 없어지기 전에
좀 비가 넉넉히 내려
볍씨를 촉촉한 땅으로 밀고 갔을 때
거기서 볍씨는 싹을 틔울 것이다
그러나 중요한 것은
비록 물이 고인 곳으로 옮겨졌다 해도
어느 순간 물이 빠지고 말라버리면
싹을 틔울 수 없을 것이다

쌀 미米 자를 파자破字하면
팔십팔八十八이 되는데
여든여덟 번 손길이 가야 된다는 뜻이다
이는 1인因 88연緣 1과果일 것이다
다시 말해서 하나의 씨앗因이

여든여덟 가지 중간의 도움緣을 받아
마침내 하나의 열매果로 변신한다
이와 같이 어떤 씨앗이 썩어
하나의 열매가 되기까지는
여러 필연과 우연이란 도움이 필요하다

우리가 윤회를 얘기할 때면
때로 귤화위지橘化爲枳를 생각한다
이 귤화위지를 같은 뜻 다른 말로는
남귤북지南橘北枳라고도 한다
환경의 중요성을 담은 글이다
회남 귤이 회북에서는 탱자가 되고
강남 귤이 강북에서는 탱자가 된다
이를테면 어떤 갓난아기가
미국이나 유럽 어느 가정에 입양되어
거기서 자라면 으레 영어를 배운다

그가 한국 태생의 아기이건
중국 태생의 아기이건
영어 문화 속에서 자라는 까닭에
으레 영어로 말하고
영어로 노래하고

영어 책을 읽고
영어 문화가 몸에 밴다
이는 앞의 tape 윤회와 달리
표현의 윤회라고 할까
테이프 윤회는 몸은 비록 바뀌나
정신 세계는 그대로인데
언어 윤회는 몸은 그대로인데
이른바 표현의 세계가 다르게 나타난다

따라서 윤회라고 하는 것을
정신이 윤회하는가
육신이 윤회하는가
정신 일부가 환경을 따르는가
육신이 환경에 적응하며 달라지는가
과연 어디서 어디까지를
삼사라, 곧 윤회라 일컬을 것이냐다
티벳의 달라이라마 환생을 놓고
현재 달라이라마의 전생은 누구였고
오늘날 달라이라마가 죽게 되면
다시 새로운 라마로 몸 받아 온다고 한다

이를 가능하다고 할까

있을 수 없는 불가능이라 할까
아무튼 세상은 하나로 단정지을 수 없다
술을 빚는데 반드시 요구되는
밀로 만든 발효재 누룩麴과 함께
찐 쌀을 말려 만든 고두밥蘖에
적당한 물과 온도가 만나 술이 익는다
아무튼 고두밥인 얼蘖과
누룩인 국麴이
나중에 술이 되는 데도
여러 가지 도움緣이 없다면
향기로운 술은 쉽게 빚어지지 않는다

하긴 영국의 생명공학자이자 세균학자
알렉산더 플레밍(1881~1955)이
실수로 발견한 페니실린처럼
인간의 지능과 달리
자연적으로 얻어지는
새로운 결과로서의 과정도 있다
사실 윤회입장에서 보면 모두가 윤회다
항균물질 리소자임lysozyme과
푸른 곰팡이Penicillium notatum에서
페니실린이 생겨날 줄 어찌 알았을까

윤회를 다른 말로는 변화라 한다
물론 이 말은 내가 처음 하는 말이다
제행무상諸行無常의 법칙과
제법무아諸法無我의 원리를 떠나
이른바 변화變化를 얘기하고
윤회輪廻를 얘기한다는 게 가능할까
윤회는 범어梵語 삼사라samsara이며
영어로 트랜스마이그레이션transmigration이다
소위 영혼의 전생轉生인 셈이다
이 점에서는 테이프 윤회와 동일하다

사실 테이프가 윤회하는 게 아니다
테이프에 담긴 고암 큰스님 보살계 법문이
상황에 따라 테이프 몸뚱어리에서
콤팩트 디스크로 몸을 바꾸고
CD몸에서 MP3로 몸을 바꾸고
MP3에서 다시 USB로 몸을 바꾼다
물론 몸이 바뀔 뿐 내용은 그대로이다
이게 우리가 말하는
영혼과 육신의 윤회 중에서
영혼의 윤회에 해당한다고 하겠다
이러한 영혼의 윤회 과정에서

제행무상은 말할 것도 없이
만일 제법무아가 되지 않는다면
아我가 자기 동일성同一性인
아이덴티티identity를 너무 내세우면서
다른 몸 받기를 거부할 수도 있다
그렇게 되었을 때 문제가 있다
자아를 비우지 않는다고 했을 때
어떤 경우도 영혼의 윤회는
설사 고사를 지낸다 해도 불가능하다

그럴 일이야 없겠지만
가령 고암 큰스님 보살계 법문이
처음 테이프 몸으로 태어나 존재하다가
중간의 여러 가지 몸을 생략한 채
시나브로 USB를 만나면서
USB를 몸으로 맞길 거부한다면
그때 그 영혼의 강한 거부를 무시한 채
강제로 받아들이게 압박할 것인가
전생transmigration은 쉽지 않을 것이다
하지만 제법무아의 원리로 인해
소프트웨어는 하드웨어를 받아들인다
다른 말로 소프트웨어는 하드웨어에 깃든다

윤회輪廻!
자동차 바퀴輪 회전廻은
그렇게 많이 구르지만
끝내 자동차를 벗어나지 않는다
다만 바퀴만이 구를 뿐이다
바퀴 위에 올라 앉은
바디body와 섀시chassis는
항상 그 자리에 있을 뿐 꼼짝도 않는다
위치 에너지는 마냥 한가로운데
운동 에너지 저만 홀로 바쁘다
마치 청산은 늘 그대로인데
물안개만 저 홀로 바쁘듯이 말이다

제2편 정종분

제1장 보은인연

제3절 이분문답 1

부처님이 아난에게 계속하여 이르시되
너는이제 여기있는 한무더기 마른뼈를
남자뼈와 여자뼈로 하나하나 나눠보라
어떤것이 남자이고 어느것이 여자인지

아난다여 아난다여 총지비구 아난다여
다문제일 아난다여 분명하게 알지니라
남자뼈는 희면서도 뼈무게가 무거웁고
여자뼈는 검으면서 무게또한 가볍니라

아난다가 부처님께 다시한번 여쭈오되
거룩하신 세존이여 남자들은 세상에서
큰옷입고 띠두르고 신발신고 사모쓰고
그와같이 장식하매 남자인줄 알겠삽고

여자들도 마찬가지 세상에서 살아갈때

연지찍고 분바르고 난초사향 몸에지녀
가지가지 장신구로 화려하게 꾸미기에
여인들의 몸인줄을 또한알수 있나이다

거룩하신 세존이여 죽은뒤의 백골들은
여기있는 이들처럼 어슷비슷 하온지라
남자여자 구별하여 알아볼수 없나이다
저희들이 어찌하면 인지할수 있나이까

(1)

지구를 의지하여 살아가는
온갖 생명의 종種Species/kinds은
크게 두 가지로 나뉜다
그것이 직립보행을 하는 사람이든
하늘을 나는 깃 동물 새든
바닷속을 헤엄치고
호수에서 강에서 노니는
비늘 동물 물고기든
하늘 땅 숲 나무 등걸 어디서나
발견되는 곤충도 달랑 두 가지뿐이다

다시 말해서 큰 동물로부터
아주 작고 섬세한 미생물에 이르고
모기 파리 진드기 따위에 이르기까지
자웅雌雄both sexes이 있다
하여 우리가 기억하는 것도 두 가지다
20년 50년 전 스친 인연에서도
그의 이름도 그의 소속도
심지어 그의 얼굴도
전혀 기억나지 않으나
그가 여자였는지

그가 남자였는지는 또렷이 기억한다
금강경 제3 '대승정종분'에서
아홉 부류로 중생을 나누고
스웨덴 식물학자 카를 폰 린네가
동물류 식물류 균류로 나눈 뒤
다시 계문강목과속종으로 세분화했으나
어느 쪽도 자웅을 논하지는 않았다
그런데 이《불설대보부모은중경》은
마른 뼈를 놓고 자웅을 논한다
세상에 이런 멋진 경전이 다 있나 싶다

근대 의학계를 중심으로
물리학物理學을 접목시켜
방사능 동위원소를 측정치로 삼아
어떤 사물이나 사건에 담긴
시간성을 정확하게 판단해내는데
이는 모든 사물에 남아 있는
동위원소 반감기로써 판별해낼 수 있다
그런데 이런 과학이 발달하기 전
이미 인도에서는
단지 빛깔과 무게만으로
남자와 여자의 뼈를 구분하고 있다

죽은 지 오래된 사람의 뼈枯骨를
남자뼈, 여자뼈로
구분할 수 있다고 한다면
다른 생명계에서의 암수 구별도
뼈 하나만으로 쉽게 알 수 있을 것이다
어찌 보면 《부모은중경》을 통해
골상학을 연구하게 되고
관상학이 발달하게 된 것이다
요즘은 어떤 뼈라도 그 뼈를 놓고
사람과 사람 이외의 뼈를 구분할 수 있다

나아가 그나 또는 그녀의 직업이
무엇이었는지까지 알 수 있고
뼈에 담긴 DNA를 통하여
어느 누구의 핏줄인지까지 알 수 있다
아무튼 《불설대보부모은중경》에서는
남자 뼈와 여자 뼈를 이렇게 판별하고 있다

남자 뼈는 희면서도 뼈 무게가 무거웁고
여자 뼈는 검으면서 무게 또한 가볍니라

남자 뼈는 희고 무겁고

여자 뼈는 검고 가볍다
무엇 때문에 남자 뼈는 희고 무거우며
여자 뼈는 검고 또한 가벼운가를
매우 적절한 비유를 들어 펼치고 있다
경전 말씀이 과연 맞는 말일까
요즘은 골상학으로도
이미 남녀는 물론
그들의 라이프 스타일과
어떤 신분이었는지까지 알 수 있다

경전에서는 또 이렇게 말씀한다

아난다가 부처님께 다시한번 여쭈오되
거룩하신 세존이여 남자들은 세상에서
큰옷입고 띠두르고 신발신고 사모쓰고
그와같이 장식하매 남자인줄 알겠삽고

여자들도 마찬가지 세상에서 살아갈때
연지찍고 분바르고 난초사향 몸에지녀
가지가지 장신구로 화려하게 꾸미기에
여인들의 몸인줄을 또한알수 있나이다

사실 살아있는 사람을 두고
남녀를 구별하는 것은
그가 어떤 옷을 입고 있느냐도 있지만
목소리를 통해 구별할 수 있고
가슴과 엉덩이를 보고
남녀를 쉽게 구별할 수도 있다
하나 요즘은 단지 엉덩이와
또는 가슴만으로는 모를 수도 있다
만일 남장한 여자나
또는 여장한 남자일 경우
생각보다 구별이 어려울 수도 있다

미리 앞당겨 얘기한다면
이 《불설대보부모은중경》 말씀은
용불용설用不用說의 뿌리일 수도 있다
장바티스트 라마르크가 제안한
진화생물학 이론인 이른바 용불용설은
영어로 Lamarckism이며
Lamarckian inheritance고
theory of use and disuse로 표현된다
지금은 이 이론이 적용되지 않는데
획득 형질은 유전되지 않는 까닭이다

그러나 현대 진화 이론에서
이들 이론이 받아들여지지 않는다 해서
아주 틀린 게 아니라는 주장도 있다
박물학자 《종의 기원》의 찰스 다윈과
생물학자 프랜시스 골턴의 할아버지인
이래즈머스 다윈Erasmus Darwi과
라마르크의 용불용설이
나름대로 설득력을 지니고 있다
그렇다면 이 《부모은중경》에서 주장하는
생전의 라이프 스타일만 가지고도
남녀 뼈가 구별될 수 있다

만일 이 설이 받아들여지지 않는다면
38억 년 전 시작된 원핵 세포
또는 단핵 세포로부터의
진화설이 부정되고
생명의 최초 역사가
바다에서 시작되었다는 설도
전혀 근거가 없어져버리고 만다
결국 창조주를 내세우고
논리를 떠나 창조설로 되돌아가
과학이 종교에 복속되는 결과를 낳는다

그렇다고 나는 창조설을 주장하는
기독교를 무턱대고 부정하는 게 아니다
창조설을 내세우는 종교의 가르침은
그것이 종교로서는 얼마든 가능하겠지만
과학으로서는 좀 어울리지 않는다
마찬가지로 첨단 과학의 발달로 인해
광활한 우주로 발을 내딛는
그런 현상까지 이르렀다고 해서
종교가 지닌 신앙까지 부정할 수는 없다
종교는 도덕을 중시重視하고
과학은 논리를 중시하는 까닭이다

물론 종교라고 해서
모두가 창조설을 얘기하지는 않는다
불교의 경우 인연설을 얘기한다
불교는 인연설이기 때문에
창조론과 진화론을 놓고 본다면
창조론보다 진화론 쪽에 손을 들고 있다
그렇다면 라마르크의 용불용설은
어디에 근거를 두었을까
꼭 종교를 따를 것까지는 없겠지만
굳이 종교와 연결시키려 한다면

불교에 더 가깝다고 할 수 있을 것이다

이제《부모은중경》가르침이
점차 흥미진진한 세계로 들어갈 것이다
부모은중경과 진화론의 만남
용불용설과 부모은중경의 만남은
내용으로 보아 매우 가까운 인연이다
남자 뼈 여자 뼈를 참구하고
전생으로 거슬러 올라갈 것도 없다
바로 이 뼈의 연구를 통해
죽은 자의 전생을 알아내고
현재와 미래까지 내다볼 수 있는
그런 세계로 이어나갈 수 있을 것이다

아래 사진은 사람의 손등을 찍은 것이다
열린 공간에서 양해를 구하고
스마트폰 카메라를 들이댔는데
픽쳐picture에 응해 주신 분에게 감사한다
이는 이를테면 사진으로 보는
오늘날《부모은중경》이라고나 할까
여기 이 피부 사진 한 장에서
성별性別sex을 비롯하여

연령과 직업 따위를 구별할 수 있을까?

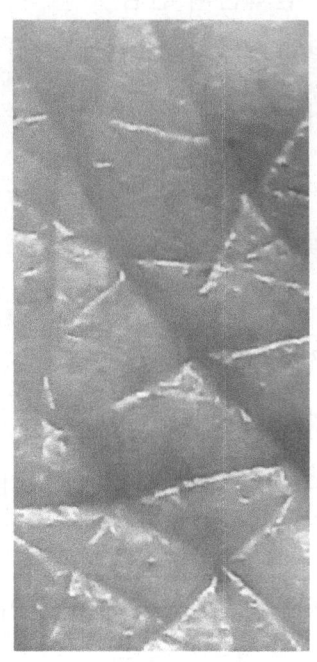

(2)

자전에 찾아 보니
뼈 골骨 자를 부수로 한 글자가
자체 부수를 포함하여 81자나 된다
갓난아기 때 450개 뼈가
어른이 되면 206개로 줄어드는데
설사 성인 뼈라 하더라도
한자漢字 자전字典의 81자로는
뼈 이름을 모두 다 표현할 수 없다

이들 81글자의 표현에서
뼈를 총체적으로 대표하는 글자가
다들 짐작하겠지만 뼈 골骨 자다
뼈 골骨 부수의 나머지 80한자들은
몸의 어느 한 부분을 표현한다
그런데 특히 재미있는 것은
뼈 골骨 자 부수의 글자들은
79자가 모두 왼쪽에 부수를 달고 있다
단 한 글자 작을 마麿 자만이 예외다

한자 부수에서 이처럼
한쪽 변으로만 치우친 글자는 드물다

이를테면 계집 여女 자가 부수일 때
부수가 왼쪽에 변으로 붙은
비로소 시始, 같을 여如 자라든가
아래에 놓인 모양 자姿 자와
나란히 놓인 송사할 난奻 자 따위가 있다
이렇게 630여 자에 이르는데
위아래로 좌우로 부수가 함께한다

그러나 알고 보면 오른쪽에도
뼈 골骨 자를 단 글자들이 꽤 있는데
이를테면 미끄러울 활滑 자를 비롯하여
팔 골搰, 짐승이름 골䯇, 무릎병 골瘟
심난할 골愲 자 따위다
이들은 부수가 뼈 골骨이 아니라
삼수변氵 재방변扌 말마변馬
심방변忄 병질엄疒 처럼
뼈 골骨 부수가 아닌 다른 부수다

아무튼 뼈 골骨 자는 뼈의 총칭이고
뼈 골骨 부수의 다른 한자들은
개별적 뼈의 세부 표현이다
이를테면 아래와 같다

종지뼈 빈髌
머리뼈 로髗
울대뼈 우骬
방둥이뼈 과髁
넓적다리뼈 광骯
어깻죽지뼈 박髆
머리뼈가 높은 모양 암髻 자 따위다

마른뼈에 절하는 부처님 마음心은
도덕적 본성인 그의 불성性에서였을까
아니면 시나브로 어머니가 생각나
충동적으로 드러난 감정情이었을까
이왕 말 나온 김에 옆길로 새 볼까 싶다
마음 심心을 부수로 하는 글자라든가
또는 심방변忄 부수의 글자들이
자전에는 자그마치 232자나 나온다
이 또한 앞의 뼈 골骨 자와 마찬가지로
부수가 다르면서
심心이나 심忄이 드러난 것은
예외로 친 상태에서 얘기하는 것이다

하루는 젊은 수좌가 찾아왔다

나이는 20대 초반 아니면 중반으로
삭발에 먹물 옷 입은 걸 빼고는
방탄소년단 멤버로 착각할 정도였다
느닷없이 웬 방탄소년단이냐고?
그만큼 잘생긴 외모를 지녔다는 뜻이다
메라비언의 법칙이 적용된 것일까
한눈에 이 미소년 수좌가 맘에 들었다
그가 정중히 삼배를 하고는 입을 열었다

"큰스님, 한 말씀 여쭐 게 있습니다."
말의 알갱이가 구슬이다
말을 꾸리는 단어 하나하나가
단어를 구성하는 발음 하나하나가
깨끗하고 정갈하기 그지없다
대통을 통과한 맑고 신선한 물방울이
수각에 고인 물 위로 떨어지는 듯
소리가 통! 통! 통! 참 맑다
내가 답했다
"그래, 자네는 어떤 게 궁금하신가?"

"네, 큰스님. 불교공부를 하다 보니
마음心과 성性과 정情이 궁금합니다

이들 셋이 같은가요, 다른가요?"
나는 젊은 수좌의 질문을 받는 동안에도
생각은 그의 질문 밖에 있었다
조각 같은 외모와
구슬 같은 음성과
질문하는 내용이
서로 한데 어울려 조화롭게 돌아갔다
거기 메라비언의 법칙은 없었다

젊은 수좌가 질문을 던진 뒤
내 답이 돌아오길 기다리고 있었다
내 시선은 그에게 고정되었다
그가 약간 높은 톤으로 입을 열었다
"큰스님!"
그제서야 정신이 돌아온 나는
그러나 태연하게 답했다
"물이고 물이며 묽일세"
그가 당황한 듯 내게 다시 질문했다
"큰스님, 물이고 물이며 물이라시면?"
완벽하게 평정을 되찾은 나는
"그렇다네, 답은 물이고 물이며 물이지."

그가 궁금한지 다시 물었다
"큰스님, 물을 여쭌 것이 아니고
마음心과 성性과 정情을 여쭈었습니다
불교는 마음법心法을 얘기합니다
그리고 견성見性처럼 성性을 내세우고
다정多情처럼 정情을 얘기합니다
그런데 이들을 어떻게 구분해야 할지
머리가 둔한 제게는 어렵습니다
큰스님께서 풀어주십시오."

"하여 내가 '물이고 물이며 물이라' 했지"
그가 나를 주시하고 있었다
나는 젊은 수좌의 몰입이 좋았다
차근차근 심성정心性情을 설명하였다
마음도 성도 정도 다 마음이라네
이를 구태여 구분한다면 뭐라고 할까
산골물 강물 바닷물이 다 물이니
마음은 이 모두를 물이라 함과 같은 꼴이다
그리고 성과 정은 산골물과 강물이다
또는 개울물과 바닷물이다

마음에는 진여와 생멸이 있다

여기서 성性은 진여이고
정情은 생멸에 해당한다
이 둘을 모두 포함한 이름이 심心이다
따라서 마음이란 때로 잔잔하고
때로 엄청난 쓰나미를 일으키곤 한다
차이는 있으나 유학/성리학에서는
이를 두 가지로 표현하는데
사단四端과 칠정七情이 그것이다

사단이란 두루 알다시피
단端은 실마리, 또는 표피의 뜻으로
사람 마음에서 우러나는 참한 품성이다
여기 네 가지가 있기에 사단이다
인仁이 측은히 여기는 마음으로 드러나듯
의義가 부끄러움을 아는 마음으로
예禮가 사양할 줄 아는 마음으로
지知가 옳고 그름을 앎으로 표현된다
이처럼 인의예지 사단은
본디 설명으로 표현될 수 없으나
측은히 여기는 마음 따위로 드러난다

칠정이란 일곱 가지 감정이다

첫째는 기쁨喜이고
둘째는 분노怒고
셋째는 아낌愛이고
넷째는 좋아함樂이고
다섯째는 슬픔哀이고
여섯째는 미움憎이고
일곱째는 욕구欲다
곧 희노애요애증욕喜怒愛樂哀憎欲이다
보통 희노애락애증욕이라 읽는데
즐거울 락樂 자는 '좋아할 요'로 읽는다

여기에 미울 증憎 자 대신
추할 오/미워할 오惡 자로 대치하여
'희노애요애오욕'으로 읽기도 한다
불교에서 말하는 불성佛性의 '성'과
현성見性의 '성'도 같은 맥락에서 본다
'현성'이 아니라 견성見性이라며
더러 고쳐주는 분들도 있으나
나는 늘 얘기지만
성품은 타동사로 보는 게 아니라
저절로 드러난다 하여 자동사로 푼다

불을 켜 어둠을 밝히면
어둠으로 인해 보이지 않던 사물이
저절로 그 모습을 드러내듯이
마음心을 덮고 있던
감정의 어둠情을 걷어내면
진가性는 자연스레 모습을 드러낸다
심心과 성性과 정情의 관계를
차분한 표정으로 듣던 젊은 수좌가
고마움의 눈물을 보이며
다시 일어나 삼배를 하더니 말했다
"큰스님, 감사합니다."

[사진은 종묘공원 앞에서 찍은 낮달]

(3)

삶生life과 죽음死death은
가장 가까우면서도 가장 먼 관계다
가깝다면 어느 정도일까
마지막 숨breath이 멈추기 전까지
기쁨과 슬픔, 울고 웃는 삶의 모든 과정을
함께했기에 가까울 수밖에 없다
가장 멀다면 얼마나 멀까
들이마신 숨 내쉬지 못하고
난 숨이 거기서 멎음과 동시에
삶과 죽음은 완벽히 갈라지는 까닭이다

나는 아주 가끔은
의식하고 있는 상태에서
내 손가락을 하나씩 움직여 본다
아! 생각대로 움직여진다
엄지손가락에서
집게손가락을 거쳐
가운뎃손가락과 넷째손가락으로
마침내 새끼손가락에 이르기까지
그러다가 새끼손가락에서
다시 엄지손가락으로 왔다갔다 한다

생각보다 자연스럽다
손가락 하나 폈다 굽혔다 하고
번갈아가면서 꼼지락거려 보지만
움직이는 데 구애를 받지 않는다
내 뇌신경으로부터의 지시와
그 지시를 받아 움직이는 말초 신경이
아직은 살아있다는 반증이다
살아있다는 게 신비롭지 않은가

바지 입고, 허리띠 매고
서양洋 버선襪 신고
까만 구두 신고
하늘색 와이셔츠에
넥타이tie까지 맸으니
셀러리맨으로서는 완벽하다
누가 봐도 젠틀맨gentleman이다
당연히 살아있는 모습이다
이는 너무나도 당연한 신비로움이다
바깥으로부터 산소를 들이마신 뒤
심장과 두뇌를 비롯하여
온몸 구석구석 흘러보내는 것을 보라
몸속을 돌아다니며

타고 남은 이산화탄소를 뱉어 놓는
저 숨결breathing을 보라
어찌하여 위에서는 breath라 하더니
같은 숨인데 여기서는 breathing이냐고?
브레쓰는 이름씨면서 움직씨지만
브레씽은 그대로 현재진행형 동사다
살아있다고 하는 그 자체가
현재진행형인 까닭이다

아무리 짚어보고 또 짚어봐도
생각대로 손가락을 움직일 수 있음이
그렇게 신비로울 수가 없다
발가락을 움직여 보면
역시 생각만큼 꼼지락거린다
65kg 몸무게가 작은 게 아니다
몸을 잘 못 가누는 이들을
눕히고 앉히고 일으키는 게 쉽던가?
그런데 생각 먹은 대로 눕고
일어나 앉고 두 발로 걸어다니고
참으로 신기로운 일이다

이거 말고 더 큰 기적이 있는가

하늘을 시속 840km로 날고
땅 위를 시속 108km로 달리고
물 위와 물속을 시속 30kt로 이동한다
아하! 비행기로 날고
승용차로 달리고
크루즈로, 잠수함으로
원하는 데를 가는 게 무슨 기적이냐고?
첨단 과학을 동원하든 안 하든
인간의 생각을 현실에서 펼친다면
그거 말고 무슨 기적을 바라는가 말이다

배가 고프면 으레 식당을 찾고
목이 마르면 저절로 물병을 집어든다
날씨가 추우면 몸을 움츠려
살갗으로 하여금 주름지게 만들어
몸 안쪽으로부터 열을 덜 빼앗기게 하고
기온이 올라가면 옷을 벗어던지고
온몸의 땀구멍을 열어 열을 방출한다
저절로 이루어지는 현상이다
이 자연스러움 말고 무슨 기적이 있으랴

나는 나옹(懶翁)(1320~1376)스님의

630년 후배 태옹怠翁이다
아프리카에 있을 때 붙인 자호自號다
그들이 한국말을 알아듣지 못하여
아이들idle이란 아프리칸 별명을
기포起泡Kipoo에 이어 하나 더 붙였지만
워낙에 천성天性이 게으르다 보니
그저 시간만 나면 쉬고 잠자는 게 일이다
내가 이런 말을 하면 되묻곤 한다
게으른데 어떻게 60여 권 책을 냈느냐고

나는 늘 그때마다 웃으면서 답한다
나는 내가 무슨 특별한 글을 쓰고
이를 책으로 만드는 게 아니라
불보살님의 원력과
스승님과 도반들의 힘과
나를 믿어주는 시주님들 사랑이 모여
글자를 집자하고 문장을 이어가고
마침내 한 권 한 권 책으로 탄생한다고
아무튼 나처럼 게으른 사람도
때로 느끼는 환희와 행복이 있다
곤하면 졸음으로 긴장을 이완시킴이다

죽은 자가 피곤을 느끼겠는가
죽은 녀석이 기쁨을 느끼며
과연 '행복하다'는 단어를 알 수 있을까
마른 뼈는 죽은 자에게나 있다
살아있는 자에게 마른 뼈란 본디 없다
살아있는 자는 뼈가 보이지 않는다
왜냐하면 '살'이 덮고 있으니까
살의 거죽이 이른바 살갗인데
살과 살갗은 살아있는 자에게나 있다
따라서 '살아있다'는 '살'이 있다는 뜻이다

살이 있기에 살아있음이고
하여 살아있음은 곧 살이 있음이다
살이 있는 자는 살갗이 감싸고
살을 감싼 살갗을 갖고 있는 이는
살아 꿈틀대는 삶이라는 것이 느껴진다
삶이 있는 이에게는 사랑이 있고
사랑이 있는 자가 다른 말로 사람이다
부처님께서 마른 뼈를 보고
큰절五體投地로 절을 하셨다면
산 자와 죽은 자가 같은 시간대에
동일한 공간에서 서로 조우遭遇함이다

그러기에 나는 늘 얘기한다
살과 삶과 살갗과 사람과 사랑과
산山과 섬島까지도 어근이 '살'이라고
살이 있는 자에게는 사랑이 있으나
살이 없는 마른 뼈는 사랑이란 것이 없다
사랑이 없는 자가 있으랴만
만일 사람이 사랑이 없다면 귀신이다
다름 아닌 돌아간歸 몸身이다
어디로 돌아간 몸일까
무정無情의 물物로 돌아간 몸이다
귀신鬼神이 아닌 귀신歸身이다

다시 본 주제로 돌아가 보자
삶과 죽음의 차이는 매우 간단하다
숨이 드나들면 살아있음이고
숨이 멎으면 죽음이다
살갗이 뼈를 감추고 있으면 삶이고
뼈가 몸 밖으로 튀어나오면 죽음이다
죽은 자는 생각대로 몸이 움직이지 않으나
살아있는 자는 생각대로 몸이 움직인다
눈을 떴다 감았다 할 수 있는 행복
나는 이 행복마저 사랑한다

항암제 복용과 함께
찾아온 불청객 콧물감기가 불편하다
코를 간질거리다가 주르르
콧물로 흘러내리게 되면
흥하고 풀어야 할까
아니면 그냥 훅 들이마실까
약간 세게 풀면 빨간 코피가 묻어나고
살짝 풀면 시원하지가 않다
고민할 수 있는 행복이 내게는 있다
왜냐하면 난 아직 살아있으니까

콧구멍에서 흘러내리는 액체가
말간 콧물인지
빨간 코피인지
코를 푸는 그 순간에
이미 느낌으로 알 수 있는 것도
숨이 멎으면 전혀 가능하지 않겠지!
아! 그래서 난 지금 행복하다
이 모든 과정을
몸소 보고 느낄 수 있으니까
은중경 강설을 이렇게 쓸 수 있으니까

[산 식물과 산 식물을 살리는 거름]

(4)

앞서 삶生life과 죽음死death을 놓고
삶의 소중함에 대해 얘기했다
그렇다면 삶은 그처럼 소중한데
죽음은 삶에 비해 실로 가치가 없는 걸까
정말 죽음은 몰가치沒價値한 것일까
명예를 위해 목숨을 던져버린다든가
종교를 위해 순교를 한다든가
또는 다른 그 무엇 때문만이 아니다
그냥 삶의 가치와 죽음의 가치를
같은 테이블에 놓고 생각해 보자는 것이다

같은 테이블에 올려놓기 위해서는
죽음死과 삶生에 대하여
옛사람들은 어떻게 생각했는지
이른바 죽음과 삶이라고 하는
두 가지 단어單語word를
같은 자리에 함께 올려놓을 필요가 있다
우선은 죽을사변歹을 중심으로 한
몇 가지 단어들을 살펴보고
날생변生을 중심으로 이루어진
한자 단어들을 살펴봄도 좋을 것이다

죽을사변歹을 우선 보자
죽을 사死 자는 죽을사변歹에
변화化를 나타내는 비수 비匕 자다
가령 죽을 사死 자가 죽음의 대명사라면
이 글자 밖의 단어들은 다 고유명사다
담긴 뜻은 '죽다'를 비롯하여
생기生氣가 없다, 활동력이 없다
죽이다, 다하다, 목숨을 걸다 따위다
물론 지루할 수도 있겠지만
죽을사변歹과 관련된 한자들을
한 번 뒤져서 오픈된 테이블에 올린다

(1)죽을 몰, 자를 문歿/殁/殇/斫 자는
모두 죽을사변歹이다
담긴 뜻은 '죽다'를 비롯하여
몰沒하다, 끝내다, 끝나다
떨어지다, 해가 지다
숨다, 은거하다
천천히 하는 모양 따위가 있고
자를 문歿으로 새길 경우
베다, 자르다의 뜻으로 풀이된다

(2)죽을사변歹의 죽을 운殞/殞 자는
죽다, 또는 훼손하다 따위와
떨어지다, 추락하다, '떨어뜨리다'이다
(3)죽을사변歹의 죽을 경殌 자는
총 11획이며 '죽다'의 뜻이다
(4)따라죽을 순殉 자는 죽을사변歹에
따라죽다, 순사하다, 순장殉葬하다
목숨을 바치다, 따르다, 추구하다 탐하다
경영하다, 돌다, 순행巡行하다와
순장할 사람 따위의 뜻이다

(5)일찍 죽을 상殤/殤 자는
두말할 것도 없이 죽을사변歹이며
일찍 죽다, 어려서 죽다의 뜻이 들어 있다
(6)일찍 죽을 요殀 자도 죽을사변歹이다
일찍 죽다, 또는 죽이다의 뜻이다
(7)주려 죽을 표殍 자는 죽을사변歹이며
주려 죽다, 굶주려 죽다와 함께
주려 죽는 주검을 뜻한다
(8)굶어 죽을 근殣도 죽을사변歹인데
굶어 죽다, 묻다, 시체를 파묻다
뵙다, 찾아보다 따위 뜻이 들어 있다

(9)말라 죽을 고殆 자는

역시 죽을사변歹으로 말라 죽다

말라서 죽다, 재앙災殃의 뜻이 담겨 있다

(10)시들어 죽을 의殪 자는

당연히 죽을사변歹이며

새김대로 '시들어 죽다'를 뜻한다

(11)죽으려 하는 모양 승殊 자는

보나마나 죽을사변歹이며

새김처럼 죽으려 하는 모양을 뜻한다

(12)죽어가는 모양 벽殯 자는

이 또한 으레 죽을사변歹이다

죽어가는 모양, 살 발린 뼈의 뜻이다

(13)죽어 쓸쓸할 막嗼도 죽을사변歹이다

새김처럼 죽어 쓸쓸하다의 뜻이다

(14)죽어가는 모양 력/역殲 자도

죽을사변歹이며 담긴 뜻은

다하다, 죽어가는 모양 따위이다

(15)죽은 것 랑/낭㫰 자도

결국은 죽을사변歹이며

새김의 뜻처럼 죽은 것을 가리킨다

(16)사람이 죽은 모양 완殟 자도
부수가 죽을사변歹이며 담긴 뜻은
'사람이 죽은 모양', '아주 죽다'이다

(17)죽을 폐毙 자와 (18)죽을 폐斃 자는
이처럼 두 개의 다른 글자다
재미있는 것은 둘 다
죽을사변歹일 듯싶은데
죽을 폐毙 자는 견줄비比 부수고
이 죽을 폐斃 자는 등글월문攵 부수다
글자는 약간 다르나 담긴 뜻은 같다
곧 죽다, 넘어져 죽다, 자빠지다와 함께
넘어지다, 엎어지다 따위이다

죽을사변歹과 다른 개념으로서
날생生 부수를 바로 예서 살펴보려 한다
이 두 부수部首를 한 자리에 놓고
비교해 봄도 나름대로 꽤 괜찮을 듯싶다
(1)날 생生 자는 날생生 부수 그 자체다
담긴 뜻은 나다, 낳다, 살다, 기르다
서투르다, 싱싱하다, 만들다 따위 동사와
백성百姓, 삶, 사람, 날것, 겹칭과

생명의 뜻으로도 쓰이고 있다

(2)날이 갤 청睅 자는 날생生 부수며
갤 청晴 자와 같이 쓰인다
날씨가 활짝 개었다의 뜻이다
(3)모이는 모양 신甡 자도
날생生 부수와 소릿값이 같은 생生이며
모이는 모양, 많은 모양의 뜻이다
(4)낳을 산產/産 자도 날생生 부수로
낳다, 나다, 태어나다, 자라다, 생기다
일어나다, 생산하다 등 동사와
출생, 재산, 자산, 생업, 산물 등과
가축을 가리키기도 한다

(5)생질 생甥　자도
날생生 부수로서
자매의 아들인 생질과
딸의 남편 사위를 이르는 말이다
날생生 부수가 왼쪽 오른쪽 가운데
어느 쪽에 붙더라도 뜻은 똑같다
(6)깨어날 소, 긁어모을 소甦 자는
날생生 부수에 깨어나다, 잠이 깨다

소생蘇生하다, 소생甦生하다, 되살아나다
살다, 긁어모으다, 가득 차다 따위다

(7)꽃 유姎/쬱 자도 날생生 부수로
꽃, 꽃술, 장식裝飾을 가리키고 있다
유빈蕤賓, 동양 음악 십이율의 다섯째 음
백합과의 여러해살이풀 둥글래다
꽃이 피다, 꽃이 축 늘어지다, 많다
돼지가 새끼를 많이 낳다 따위 뜻이다
(8)여럿 삼甡 자는 날생生 부수며
여럿, 많다의 뜻이 담겨 있고
(9)생 생甥 자는 생生 자 셋이 모였다
자전의 풀이는 자세하지 않으나
그냥 짐작만으로 이해할 수 있을 듯싶다

사실 이들 단어들을 이해하려면
그냥 훈訓이나 하고 독讀할 뿐만 아니라
한 자 한 자 파자해서 분석했을 때
죽음死과 삶生이라는 한자 단어에 담긴
역사와 문화와 철학을 이해하고
그 속에서 죽음의 세계를 이해할 것이다
인간이 살아가는 평범한 삶과 역사와

창조하고 계승하는 문화를
만약 제대로 연구하려면
우선은 언어를 이해할 필요가 있다

[삶과 죽음이 어쩌면 벽돌 사진과 같을 듯]

제2편 정종분

제1장 보은인연

제3절 이분문답 2

부처님이 이르시되 그가만일 남자라면
저세상에 있을적에 설법듣고 경전외고
부처님전 예배하고 염불공덕 닦았기에
남자뼈는 그와같이 희고또한 무거우며

그가만일 여자라면 사람으로 있을적에
혼인하여 가정이뤄 자녀낳아 양육하되
여자로서 임신하여 아이한번 낳을때에
서말서되 진한피를 흘리기도 했느니라

아들딸을 젖을먹여 키워가는 과정에서
자그마치 여덟섬에 다시또한 너말되는
사랑담긴 어미젖을 자식에게 먹였나니
그러기에 여자뼈는 검고또한 가볍니라

아난다가 말씀듣고 어머니를 생각하매

비수로써 저미는듯 그마음이 아린지라
눈물흘려 울먹이며 부처님께 여쭙기를
어머니의 크신은덕 어찌갚사 오리이까

여기 《불설부모은중경》은
추측기사推測記事의 대표적 경전이다
추측기사는 speculative article로써
하나의 news story로 볼 수도 있다
부모은중경은 문학 장르가 매우 독특하다
추측推測은 한자의 뜻이 지닌 대로
'미루어 헤아리다'로 풀 수 있다
가까운 예를 들어 먼 것을 헤아리고
먼 것을 예로 들어 가까운 것을 헤아린다

문학에 '추리推理'라는 말은
나름대로 좀 들어본 편이지만
추측은 처음이라 하는 이도 있을 것이다
일事의 이치理를 미루어서 생각함과
이미 아는 사실을 전제로 하여
미루어 다른 사실事實을 알아냄을
우리는 보통 추리라고 얘기한다
또한 추리推理하는 힘이 추리력이고
가언적 삼단논법으로 추리함을
가언 추리假言推理라 한다

이밖에 한정 추리限定推理를 비롯하여

유비 추리類比推理/유추類推
간접 추리間接推理
연결 추리連結推理
삼단 추리三段推理
선언적 추리選言的推理
선언적 삼단 추리選言的三段推理와
추리 소설推理小說 등이 있는데
추리 소설은 흥미의 중심을
범죄, 수사, 추리에 두는 소설이다
비슷한 장르에 탐정 소설 따위가 있다

그런데 추리란 본디 우리말이 아니고
일본어에서 영향을 받았다고 한다
그렇다면 우리말은 무엇일까
말할 것도 없이 추측이다
추측을 영어로는 뭐라 표현할까
컨젝츄어conjecture고
슈마이스surmise며
서포지션supposition이고
프레섬션presumption이다
인퍼런스inference고
스펙큘래이션speculation이다

담긴 뜻은 대동소이大同小異하다

밀 추推 자의 의미소는 하나다
그러나 소릿값은 '추'와 '퇴' 두 가지다
그런 까닭에 밀 퇴推 자로도 새긴다
둘 다 부수는 재방변扌이다
손 수手 자와 재방변扌은 같은 글자다
손 수手 자는 그림象形문자인데
재방변扌 역시 틀림없는 그림문자다
둘 다 다섯 손가락을 활짝 편 모습이다
다만 손 수手 자 손가락에 비해
재방변扌 손가락이 짧아 보일 따름이다

밀 추推 자에 담긴 뜻은
밀다, 밀어젖히다
옮다, 변천하다
천거하다, 추천하다
넓히다, 확충하다
헤아리다, 추측하다
받들다, 공경하여 받들다
꾸미지 않다
꾸짖다, 꼬집다

따지다, 힐난하다 따위와
매우 왕성盛한 모양의 뜻이다

'밀다推'라는 동사는 분명 위와 같지만
이는 대부분 손으로 밀침 따위다
이를 정신적으로 애기할 때는
이 '밀다'에는 공간의 이동성과 함께
반드시 시간성時間性이 내재되어 있다
사물이 아닌 정신과 관련되었을 때
'밀다'는 '미루다'란 옷으로 갈아입는다
따라서 '밀다'가 하드hard하다면
'미루다'는 소프트soft하게 느껴진다

밀 추推 자는 재방변扌 의미소意味素와
소릿값 글자인 새 추隹 자가 만나
하나로 이루어진 글자다
새 추隹는 본디 새의 뜻이었으나
언젠가 나무 방망이 추椎로 변하고
송곳 추錐 자로 변신하더니
마침내 치다, 때리다, 두드리다
노크knock하다 등으로 자리잡는다
또한 밀 추推 자는 '손으로 밀다'에서

나중에 옮기다, 되집다 따위와
짐작하다 등으로 그 뜻이 변천하였다

추측의 두 번째 글자 헤아릴 측測 자다
헤아릴 측測 자는 삼수변氵부수에
법칙 칙則 자가 소릿값이다
총 12획으로 여기에 담긴 뜻은
헤아리다, 자로 재다, 자에 의해 재어지다
맑다, 알다 따위로 새겨지고 있다
본디 물氵깊이를 재다則의 뜻이었으나
나중에 '헤아리다'의 뜻으로 쓰인다
간자로 헤아릴 측測 자가 있고
같은 뜻을 가진 한자로 여러 자가 있다

같은 뜻 다른 글자同意異字로
헤아릴 삼勘
헤아릴 탁/법도 도/살 택度
헤아릴 촌忖
헤아릴 규揆
헤아릴 료/요料
헤아릴 량/양量 자 등이 있고
모양이 비슷한 한자로

법칙 칙/곧 즉則 자와
나아가서는 곁 측側 자 따위가 있다

이《부모은중경》은 추측 문학이다
범죄나 수사를 통해
추리해나가는 탐정소설이나
또는 추리소설은 아니라 하더라도
마른 뼈 한 무더기를 놓고
이들 마른 뼈의 주인공을 탐색한다
전생에서 전생으로 더 오랜 전생으로
그렇게 추구하고 또 추측해 들어가면서
숙세에서의 남녀의 삶을 들추어낸다
단지 마른 뼈 한 무더기로 말이다

이 추측 속에 과거 전생에서의
남자들의 의상과 직장이 이야기되고
여성들의 옷매무새와 아름다움의 추구와
가정을 이루고 자녀를 낳아 기르는
삶의 스타일이 하나하나 드러나고 있다
마른枯 뼈骨 한 무더기에서
복 짓기 좋은 남성 우월의 풍습과 함께
여성들의 팍팍한 살림살이가

하나도 남김없이 고스란히 발견된다

여성의 뼈와 남성의 뼈가
왜 한쪽은 검고 다른 한쪽은 흰지
왜 같은 부피를 놓고 어떤 뼈는 가볍고
또 어떤 뼈는 무거운지를 잘 밝히고 있다
이들 뼈를 남성 뼈냐 여성 뼈냐로
가리고 있음이 맞는지는 잘 모른다
이를테면 부처님 말씀이
요즘 현대 의학에 의해 밝혀진 바와
전혀 다른 방향으로 설명되고 있을 수 있다
그야 시간을 두고 밝혀나가면 된다

중요한 것은 마른 뼈 한 무더기에서
이처럼 추측 시스템에 의지하여
전생에서의 인간 생활을 밝혀나감이
재미있고 시사하는 바가 크다는 것이다
스토리텔링을 이끌어내기 위하여
거룩한 성자 서가모니 부처님이
오체투지로 땅에 엎드려 큰절을 올린다
마른 뼈 한 무더기 앞에서 말이다
이 경전에서 말씀하시고자 하는 내용이

바로 부처님의 이 몸짓 하나 속에
완벽하게 갈무리되어 있다

이른바 《대방광불화엄경》이
저 조반니 보카치오(1313~1375)의
대표작인 《데카메론Decameron》처럼
액자구조의 경전이고 문학이라 한다면
여기 《불설부모은중경》 말씀은
방금 앞에서 얘기했듯이
분명 추측 구조의 경전이고
추측 구조의 문학이라 부를 만하다
그리고 본생담本生譚과 달리
추측 과학 경전이고 생물학 경전이다

(1)

재세在世는 어떻게 풀이할까
'기포의 새벽 편지'에서 나는
'저세상에 있을 때에'라고 풀이했었는데
아무도 지적해주는 이가 없었다
그룹과 개인 카카오톡에서도 없었지만
몇 개 밴드band에서도 없었고
페이스북Face book에서도 없었다
어찌하여 아무 말도 없었을까
내가 워낙 받아치기를 잘 하니까
'그냥 넘어가 보자. 뭐 답이 있겠지' 했을까

재세在世나
재세시在世時나
재세지시在世之時나
글자가 한 자씩 늘어갈 뿐
뜻은 그다지 크게 변하지 않는다
이는 그냥 '세상에 있을 때'로 새긴다
그래야 하는데 얼토당토 않게
'저세상에 있을 때'라니 이는 말도 안 된다
그렇다면 지금까지 우리가 표현하는
이세상과 저세상은 어떻게 다를까

아무래도 이세상은
공간과 사물의 지시 대명사
'이'가 앞에 놓였으니 이곳일 테고
저세상은 '저'가 앞에 놓였으니
우리가 살고 있는 이세상과 전혀 다른
이곳으로부터 다소 좀 떨어진 곳일 게다
아니면 세상은 분명 이세상인데
우리가 그냥 다른 곳이라 여기는 것일까
아무튼 이세상과 저세상은
공간 차이이거나 시간 차이일 것이다

재세의 '재'는 있을 재在 자로서
있을 존存 자와 쌍둥이로 따라다니는데
너무 당연한 것으로 받아들인다
그래서 왜 그리 당연하냐고 물으면
존存이나 재在, 한 글자로 표현하기에는
아무래도 뭔가 부족한 듯하여
같은 뜻을 지닌 두 글자를
나란히 놓은 게 아니냐고 하곤 한다
전혀 틀린 답이라고는 하지 않겠지만
여기에는 매우 물리학적 명제가 들어 있다

존재存在라는 단어에 종교학이거나
철학, 생물학이라면 모르겠으나
뜬금없이 웬 물리학이냐고 할 것이다
사람人은 반드시 하늘一을 머리에 이고
자식子으로 이어가기에 존存이고
역시 인간人은 하늘一을 머리에 이고
땅土 위에 존재하기에 재在다
여기서 자식이란 대를 잇기에 시간이고
땅이란 글자 그대로 넓이이기에 공간이다
다시 말해서 시간으로서의 존存과
공간으로서의 재在가 함께 표현된다

아무튼《불설부모은중경》에서는
재세在世, 또는 재세지시在世之時라 하여
인간 세世 자를 놓고 있는데
세상世上은 곧 인간世의 터전上이다
태어나 늙어가고 병들어 죽어가는 과정이
어느 하나 빠뜨리지 않고 다 담겨 있다
태어나는 과정을 생략하고
늙고 병들고 죽음만이 있겠는가
태어나 죽음에 이르기까지
늙음과 질병을 생략할 수 있겠는가

따라서 재세란 인간으로서 삶이요
재세지시란 곧 인간 세상에서 살 때다
이를테면 마른 뼈를 놓고 볼 때
그 마른 뼈는 살아있는 존재가 아니다
마른 뼈에는 이미 죽음이 담겨 있다
죽은 자는 말이 없다고들 하지만
으레 말만 없는 게 아니라
보지 못하고
듣지 못하고
먹지 못한다
느끼지도 못하고
냄새도 맡지 못하고
마침내 생각조차 할 수 없는 게 죽은 자다

이를테면 전원이 나간 컴퓨터요
방전된 스마트폰이다
연료가 완전히 바닥난 탈것이고 기계다
거대한 물체를 들 수 있는 크레인도
배터리가 방전되고 연료가 떨어지면
개미 새끼 한 마리도 들지 못한다
삶과 죽음의 차이는 이처럼 격이 크다
같은 시간 같은 공간 내에서

마른 뼈를 바라보며 절을 올리는
부처님과 그의 제자들은 살아있는 이다

그러므로 이 뼈의 전생 주인공이
남자인지 여자인지 추측할 수가 있다
그러나 같은 시간 같은 공간에 함께하면서
마른 뼈는 자신을 바라보며
어떤 거룩한 성자가
오체투지로 큰절을 하고
전생을 추측하는 그와 그의 제자들이
누구인지 전혀 인식하지 못한다
전원이 끊기고 연료가 고갈되고
배터리가 방전된 도구처럼 알지 못한다
그렇다고 마른뼈에 DNA조차 지워졌을까

결코 그렇게 쉬 단정지을 수 없다
컴퓨터에 전원이 연결되지 않았을 뿐
프로그램까지 망가진 건 아니다
스마트폰이 방전되어 그럴 뿐이지
충전이 시작되면 스마트폰은 작동한다
어플까지 사라진 건 아닌 까닭이다
전원이 들어오고 연료가 충분하다면

수천 톤짜리 점보 여객기가
제 몸무게 만큼의 짐을 실은 채
음속音速Mach1으로 하늘을 난다

마찬가지로 마른 뼈에는
그의 모든 DNA가 고스란히 담겨있다
부처님 재세시에는 마른 뼈를 보고
빛깔과 무게로서 남녀를 추측하였으나
오늘날에는 과학의 힘을 빌린다
그리하여 그가, 또는 그녀가
전생에 인간으로 있을 때
어떤 신분이었고 누구의 집안이며
어떤 일에 종사하다 몇 살에 죽었는지
낱낱이 추측하고 짚어낼 수가 있다

다시 본 주제로 되돌아가자
이세상과 저세상은 어떤 차이가 있을까
이세상은 산 사람이 사는 세상이고
저세상은 죽은 자만이 사는 세상일까
앞서 언급한 것처럼 이세상과 저세상은
시간적으로 다른 세상일까
아니면 공간적으로 다른 세상일까

이 글을 읽는 분들은 생각할 것이다
왜 '이세상'과 '저세상'을 붙여 쓰느냐고
'이 세상' '저 세상'처럼 띄어쓰기가 없다고

이는 이승과 저승처럼 고유명사다
띄어쓰기가 전혀 불가능하기 때문이다
이승과 저승에서의 '승'은 '세상'의 뜻이다
이는 이제, 저제를 비롯하여
어제, 그제, 엊그제 등에서 시간을 보듯
이승 저승의 '승'에는 공간성이 들어있다
결국 존재存在라는 단어 하나에도
시간存성과 공간在성이 담기듯
삶과 죽음에도 시공간은 늘 함께하고 있다

'기포의 새벽 편지'에 나간
《불설부모은중경》 사언절 옮김에서
'서세상에 있을 적에'는 오역誤譯이다
원문이 '재세지시在世之時'였으니
'이세상에 있을 적에'정도로 풀었더라면
아주 좋았을 것인데 말이다
이야기話하는 이者가 부처님이셨고
그는 이야기 당시 이세상에 살아계셨다

그렇다면 마른 뼈가 있는 세상은
부처님이 머무는 세상이었으니
바로 '이세상에 있을 적에'가 맞는 말이다

나는 내게 묻는다
내가 사는 세상이 이승, 이세상일까
숨 쉬고, 듣고, 이야기하고
냄새 맡고, 맛을 즐기고
닿음을 느끼고
나와 남을 가리고
남녀노소男女老少를 가리고
파계破戒 지계持戒를 가리고
부처佛와 중생生을 가리고
진실眞과 거짓夋을 가리고
하이클래스高와 서민底을 가리고
불교와 불교 밖 종교를 가리고
아름다움과 추함을 가리는 게 이세상일까

내게 던지는 착어着語다
"할, 할!喝又喝!"
"못난 녀석咄咄!"

(2)

이왕 내친 김에
이승과 저승에 관하여
조금만 더 생각해 볼까 싶다

한국불교역사문화기념관에서
고암대종사 열반 30주기
추모 세미나가 있었다.
거기서 문득 일화가 떠올랐다
우리 고암 큰스님께서
미국으로 떠나시기 얼마 전이었으니
아마 1987년 이맘때였으리라

용성조사 창건도량인 서울 종로 대각사
대각성전에서 법을 설하신 뒤
마당으로 내려가셔서
도량道場을 포행 중이셨다
내가 반 발짝 뒤따르며 여쭈었다
"큰스님, 여쭙고 싶은 게 있습니다."
"응, 어서 물으시게."
큰스님께서는 계속 걸으셨다
"큰스님, 이승과 저승이 다른가요?"

옆에 눈길도 주지 않으신 채 답하셨다
"사람, 싱겁긴! 그게 그리 궁금하시던가?"
"네, 큰스님"
"눈 감으면 저승이고 눈 뜨면 이승이지"
내가 놀라며 여쭈었다
"그게 무슨 말씀이신지?"

큰스님께서 말을 이으셨다
"눈을 감아 보시게
아무것도 안 보이지?
그게 바로 저승이야
눈을 떠 보시게
모든 게 다 보이지?
그게 곧 이승이라네 아시겠는가?"

내가 혼자 중얼거렸다
"오감이 닫힌 곳이 저승이고
오감이 열린 곳이 이승이다"

내 중얼거림을 알아들으셨는지
큰스님께서 돌아보시며 빙그레 웃으셨다

(3)

경전의 펼쳐지는 과정이 빠르다
진양조장단으로 나가다가
중모리장단은 그냥 건너뛰더니
중중모리장단에는 눈길 한 번 안 준다
그리고 어느 결에
자진모리장단으로 이어지나 했는데
이제는 휘모리장단이다
경전의 전개가 이에 이르도록
지루한 곳이라고는 단 한 곳도 없다

글을 쓰는 작가는
때로 한없이 늘어지지만
빠를 때는 사정없이 건너뛴다
드라마, 소설, 연극이 갖는 절제의 미다
어쩌면 《부모은중경》을 편찬한 자도
이런 절제의 미를 아는 이였을 것이다
경전이 시작되면서 여기까지는
숨 쉴 겨를도 주지 않은 채
그냥 단숨에 달려왔다

그가 만일 남자라고 한다면

이세상에 있을 적에
부처님 계신 데 나아가 설법 듣고
또는 부처님의 경전을 외거나
부처님 전에 예배를 올리고
때로 염불을 닦아 공덕을 쌓는다
그런 남자는 죽어서도 그 뼈가
그처럼 희고 또한 무겁다고 말씀하신다

자, 여기서 그냥 넘길 수 없는 게 있다
이세상에 있을 때라면
이는 죽은 자의 전생이 맞다
여기 토를 달 일은 없다
그런데 부처님 계신 데 나아가
설법說法을 들었다 하시니
그렇다면 그 부처님은 어느 부처일까
서가모니 부처님 말씀으로는
당신을 두고 하신 말씀은 아니다

여기서 부처님은 보통명사가 된다
'서가모니불'이라든가
연등불燃燈佛이라든가
하는 어떤 고유의 부처님이 아니라

박사니 교수니 성자니 부처니 하듯이
어쩌면 그냥 보통명사일 것이다
서가모니 부처님께서 설하신
《대보부모은중경》에서의 그 부처님은
고유명사가 아닌 보통명사일까

"너 소식 들었어?"
"무슨 소식?"
"요즘 아무개 부처님이
거 어디라더라, 무슨 광장이었는데
부모님 은혜에 대해 특강이 있으시다네"
"그래? 그럼 우리 강의 들으러 갈까."
이처럼 부처가 고유명사가 아닌
보통명사이었을 수도 있다
마치 그리스도Christ 이전의
'예수Jesus'라는 이름이
철수나 영희처럼 흔한 이름이었듯이

마른 뼈의 주인공이 전생에
서가모니 부처님이 계신 곳에 와서
부처님의 법문을 몸소 듣고
말씀을 마음에 담아 되뇌었을 수 있다

그러면서 부처님을 생각하며
얼마든지 공덕을 닦았을 수도 있다
그러나 그때 그 서가모니 부처님은
《부모은중경》을 설하신 서가모니부처님과
'동호이불同號異佛'일 수도 있다
곧 이름만 같을 뿐 다른 부처님이다

부처님 경전을 읽으며
때로 엉뚱한 생각을 할 때가 행복하다
마른 뼈를 놓고 펼쳐지는
부처님의 추측의 논리 전개와
그 추측의 논리 전개를 다시 추측해가는
나의 이러한 엉뚱한 생각이 겹쳐
추측 문학의 한 장르인
《부모은중경》 읽는 재미를 보탠다

(4)

어버이날이면 어김없이 불렸으며
방송을 통해 널리 알려진
가정가요家庭歌謠 '어머니 마음'은
1930년대 작사 작곡된 한국의 가곡이다
시인 양주동梁柱東 선생의 시에 감동한
작곡가 이흥렬 선생이 곡을 붙였다

어머니 마음
양주동

1절
나실 제 괴로움 다 잊으시고
기를 제 밤낮으로 애쓰는 마음
진 자리 마른 자리 갈아 뉘시며
손발이 다 닳도록 고생하시네
하늘 아래 그 무엇이 넓다 하리오
어머님의 희생은 가이없어라

2절
어려선 안고 업고 얼려 주시고
자라선 문 기대어 기다리는 마음

앓을사 그릇될사 자식 생각에
고우시던 이마 위에 주름이 가득
땅 위에 그 무엇이 높다 하리오
어머님의 정성은 지극하여라

3절
사람의 마음 속엔 온 가지 소원
어머님의 마음속엔 오직 한 가지
아낌없이 일생을 자식 위하여
살과 뼈를 깎아서 바치는 마음
이 땅에 그 무엇이 거룩하리오
어머님의 사랑은 그지없어라

(5)

그리운 무릎베개

새벽 도량석 소리가 은은하다
목탁 소리 갈피 따라
촘촘히 박히는 그리움
시나브로 어머니 무릎이다

학업을 그만둔 게 아니라
단지 등교登校를 접고
농사일에 뛰어든
열세 살 어린 나이
생일이 늦어 만 열한 살

화전火田 일구다 말고
힘들다 치면
한달음에 집으로 뛰어들어와
어머니 무릎을 빌렸다

부엌일 하시다 말고
젖은 손
치맛자락에

쓱쓱 문지르신 뒤
부엌 한 녘에 앉으시어
내게 무릎베개를 허락하신다
난 쌔근쌔근 잠이 든다

뚝!
뚝!
뚝!

누운 이마 위로 떨어지는
굵직굵직한 물방울
한恨의 무게
아픔의 무게
사랑의 무게가 담긴
어머니의 무거운 눈물이다

나는 어머니 눈물의 의미를 안다
한참 공부해야 할 나이
가르침의 길
배움의 길은 끊기고
화전 일구어가며
농사일이라니

내게 무릎을 내어주신
너무 아름다운 여인
눈물이 참 무거우셨던 어머니
오늘 새벽
울컥 떠오르는
깊은 어머니 내음새
포근한 무릎베개가 또 그립다

(6)
삼두삼승三斗三勝
서 말 서 되

말 두斗 자는
말斗을 뜻하니
액체 한 말은 18리터요
되 승勝 자는
되升를 가리키니
액체 한 되는 1.8리터다
요즘은 20리터 2리터로 쓴다

《부모은중경》에서
아기 한 번 낳을 때마다
산모가 흘린 피가
서 말 서 되라 하신 것을 놓고
'그렇게나 많이!'하면서
놀라고들 있다

좁은 산도를 통해
여섯 근斤, 3.5킬로그램의
아기를 낳는 것도

참으로 신기한 일이지만
서 말 서 되 피를 흘리고도
살아남은 산모가 그리 장할 수 없다

특히 재미있는 것은
논 답畓 자가
우리나라 한자이듯이
이 말 두斗 자도 국자國字다
중국에는 없는 우리나라 글자다

그리고 또
여기 되 승勝 자는
이길 승勝이지 되 승升이 아니다
그럼, 말을 가리키는 두斗와
되를 가리키는 승勝이
두승斗升의 오식誤植일까

잘못 친誤打게 아니라
잘못 심었誤植다니
'오식'이란 이 말도
혹 '오타'의 미스프린트 아닐까
오타와 오식이란 단어에도

식자문화植字文化의
시대를 달리하는 역사가 있다

말 두斗 자가
우리나라에서 만든 한자이듯
되 승勝 자는
되 승升 자에서
소릿값만을 빌렸을 뿐이다

아무튼
아무튼이다
흘린 피 '서 말 서 되'는
과장법에 따른 언어일 뿐
실제 이를 낱낱이 계산하려 든다면
계산이 채 끝나기도 전에
숨을 거둘지 모른다

사람 몸에서
서 말 서 되는 접어두고
서 되 서 홉 피가 한꺼번에 빠져나가도
과다출혈過多出血로 인하여
생명을 유지하기 어렵다

하지만 내 어머니는
나를 낳으실 때
진짜로 서 말 서 되 피를 흘리셨다
내가 내 두 눈으로
똑똑히 보았으니까!

[내 태어날 때 시야인듯, 여객기 창문]

(7)

팔곡사두八斛四斗
여덟 섬 너 말

한 아기가 세상에 태어나면서
젖을 뗄 때까지 먹는 엄마의 젖 양이
여덟 섬 너 말이나 된다고 한다

제1 인류
베르나르 베르베르의 소설
《제3 인류》에 의하면
지금으로부터 8천 년 전 지구 인류는
평균 키가 17미터에 달했다
멀대처럼 키만 컸을까
이것이 제1 인류다

제2 인류
평균키가 17미터라면
그에 따른 몸무게도 달랐을 터
그러던 것이 어느 날인가 그냥 확 줄었다
오늘날 인류의 키는 얼마나 될까
10분의 1인 170센티미터다

이게 제2 인류다

제3 인류
앞으로 인류는 언제인가
소스라치게 놀랄 일이 분명 있을 것이다
지금의 평균 신장 170센티미터가
다시 10분의 1로 사정없이 줄어
겨우 17센티미터가 될 것이다
키가 10분의 1이라고 하여
몸무게까지 10분의 1은 아니겠지
이게 제3 인류다

서가모니 부처님은
베르나르 베르베르보다 앞서
제1인류의 모습을 보셨을 것이다
베르나르가 깊은 동굴 속 인류 뼈에서
제1 인류를 미루어 보았듯이
부처님은 길가에 나뒹구는 마른 뼈에서
역시 제1 인류를 찾아내셨을 것이다
역사만 되풀이되는 게 아니라
다중 우주에서 같은 시간을 살아가는
다른 체격의 도플갱어를 발견한 것이다

서가모니 부처님께서 가라사대
산모가 아기 한 번 낳을 때마다
서 말 서 되 피를 흘렸고
아기가 젖을 뗄 때까지 먹는 양이
여덟 섬 너 말이라시니

여덟 섬 너 말이면
그 양이 어느 정도나 될까
한 섬斛은 스무 말들이를 얘기하며
문화에 따라 열닷 말들이 그릇이라 한다
요즘은 온세계 도량형度量衡이
국제기구에 따라 통일되어 있으나
옛날에는 나라와 지역과 부족에 따라
도량형 문화가 들쑥날쑥이었다

아무튼 여덟 섬이라면
20리터×20말×8섬=3,200리터다
게다가 너 말이라면
20리터×4말=80리터나 된다
엄마젖 3,280리터를 먹는 아이
그런 아이가 어떤 아이일까가 아니라
한 사람에게서 그 많은 젖이 나온다는 게

실로 신기한 일일 수밖에

어쩌면 제1인류는
갓난 아기가 젖을 뗄 때까지
여덟 섬 너 말八斛四斗,
곧 3,280리터 모유를 먹었을 것이다
제2인류 아기들이라면 10년 양식인데
이렇게 억지 해석을 하면서도
개운한 맛을 느낄 수 없다
글쎄, 왜 그럴까?

앞으로 머지않은 세상에서
이른바 '제3인류'는 탄생할 것이다
고갈되어가는 지구 자원에 대처하기 위해
스스로 그 키를 오늘날의 10분 1인
17센티미터로 줄일 것이라니

공교롭게도
지구를 죽이는 자와
나아가 지구를 살리는 자가
유類를 달리하는 같은 인류라는 게
생각하면 생각할수록 뭔가

사색의 깊은 맛이 느껴지지 않는가

땅에서
넘어진 자
끝내
땅을 짚고
일어선다더니

아!
그렇다면
제3인류가 희망일까?

제2편 정종분

제2장 오랜 은혜 너른 사랑

제1절 열 달 고생 1

부처님이 아난에게 고구정녕 이르시길
아난다여 너는이제 자세하게 들을지라
너로인해 말하리니 어머니가 잉태하면
열달동안 그고통이 말할수가 없느니라

(1)

"실례지만 올해 연세가 몇이세요?"
"예순 여섯인데, 66이오"
"그게 한국나이세요?"
"한국 사람이 으레 한국 나이를 쓰지"
"그럼 생신은 언제시고요?"
"음력으로 동짓달 스무이틀인데"
"아이구 많이 늦으시구나
게다가 양력도 아닌 음력이시니."

우리나라에서는 두 가지 나이를 쓴다
하나는 '우리나라 나이'이고
다른 하나는 '만' 나이이다.
우리나라 나이는 태어난 해를 말하니
그게 정월생이든 섣달생이든
태어나면서 곧바로 한 살이 된다
그런데 '만' 나이는 좀 다르다
아직 생일이 돌아오지 않았으니
예순 여섯이 아니라 고작 예순 넷이다

만으로 치는 나이는
태어나 첫돌이 돌아오기 전에는

한 살도 못 되는 빵살이다
그래서 첫돌이 지나야 한 살이고
생일이 지나야 비로소 나이를 더한다
'나이'에 숨은 이야기가 있다
본디 '나이'라는 말은
'낳이'라는 명사에서 비롯되었고
이 '낳이'는 타동사 '낳다'와
자동사 '태어나다'에서 온 순우리말이다

따라서 '나이'라는 단어 속에는
어머니가 '나를 낳으신 해'의 뜻과
동시에 내가 '태어난 해'가 깃들어 있다
그런데 만으로 치는 '만 나이'는
진작 세상에 태어났다 하더라도
첫돌이 되기 전에는 나이라는 것이 없다
하물며 모태에서 자란 기간이겠는가
모태에서 성상한 기간이 열 달이다
이 또한 만으로 따지면
아홉 달이 채 안 되는 264일 안팎이다

일설에는 280일이라고도 한다
이를 열 달이라 치는 것도

음력으로 계산할 때만이 가능하다
음력으로 아홉 달은 262~263일이고
264일을 넘어서면 열 달에서
하루 이틀이 앞뒤로 살짝 걸리기에
으레 아홉 달이 아닌 열 달이다
옛날과 요즘은 모태 체류 기간이 다르다
옛날에는 영양이 불균형하고
그와 함께 태중 아기의 발육이 더딘 까닭에
모태에서 하루이틀 더 있을 수 있었다

그러나 요즘은 사정이 다르다
아기의 성장 발육이 워낙 빠르다 보니
모태에서 좀 더 머물 수가 없다
따지고 보면 요즘이 빠른 게 아니라
옛날이 그만큼 더뎠다는 얘기다
양력을 쓰는 시대에서는
태중 기간을 열 달로 치지 않는다
그래서 태중에서는 주일週日로 계산한다
이를테면 8주라든가 12주라든가
만삭이 되면 37주에서 38주 사이다
또는 40주로 얘기하기도 한다
칠삭동이든, 팔삭동이든

열 달을 꽉 채웠든
아기는 모태에서의 삶이 중요하다
《불설대보부모은중경》에서는
효경처럼 효도를 내세우지 않는다
효경에서의 효도는 이 세상에 태어난 뒤
부모와 자식의 관계 설정에서 시작된다
그런데 부모은중경은 보은을 이야기한다
효도 이전에 은혜가 먼저다

생일生日에는 두 가지 뜻이 있는데
첫째는 드러난 생일生日 개념이고
둘째는 숨은 생신生辰 개념이다
드러난 생일은 모태에서 벗어난 날이고
숨은 생신은 모태에 착상된 때다
생일보다 생신이 윗개념이다
그래서 요즘은 윗개념을 나이에 붙여
나이가 많은 사람에게는 생신이고
동료나 아랫사람에게는 생일이라 한다

생신 개념은 이처럼
모태 내에 착상되던 때辰를 중히 여긴다
하여 합궁合宮날을 따로 받기도 했다

세상에 태어난生 날日 못지 않게
모태에 착상生한 때辰가 중요하다
나는 착상着床이란 말도
본디 착생着生에서 왔다고 생각한다
곧 '모태 착상'은 '모태 착생'이라고
태중에서의 열 달 동안은
산모에게도 아기에게도 매우 소중하다

나는 그런 면에서
우리나라에만 있는 '한국 나이'가
'만나이' 못잖게 매우 소중하다고 본다
학교에서는 태어난 연도를 반영하여
양력으로 같은 해에 태어났으면
1월 1일생이든 12월 31일생이든 간에
같은 나이로 대해 주니
아이들이 동료의식을 쉽게 느낀다
그나마 얼마나 다행인지 모른다
그런데 그것이 노인 우대 연령에서는
다시 만으로 돌아가고 만다

공원 입장료에서부터
공공기관에서

또한 지하철에서는
같은 해라도 같은 나이로 치지 않는다
만으로 65세가 되어야 예우하니
아이에게 쓰는 정책이 다르고
어르신에게 대하는 정책이 다르다

나는 오늘도 보은의 기도를 올린다

보은의 기도

– 동봉 –

어머니 고맙습니다
아버지 함께 고맙습니다
열 달 동안 얼마나 마음 졸이셨습니까
혹여 아기가 잘못 되지는 않을까
태중에서도 건강한 아기로서 자라길
어머니의 간절한 기도가
아버지의 든든한 믿음이
오늘 저를 저로 있게 하셨나이다
어머니 아버지, 가슴에 새기겠나이다
크신 은혜 넉넉한 사랑
오래 오래 마음에 간직하오리이다
아버지 어머니 정말 고맙습니다

(2)

알 품는 닭
스무하루 내내
꼼짝도 하지 않는다
알이 병아리로 부화한다

어머니
새 생명을 밴다
무릇 38주 앞뒤
나타난 기적이 신비롭다

역대조사歷代祖師
천하종사天下宗師
화두를 품는다

결가부좌한 채
스무하루를 훌쩍 지나고
38주를 다 채우도록
화두를 품는다

중생이
부처 되지 못함을

망상 탓으로 돌리려는가
업보에 미루려는가

어미 닭의 정진에 미치지 못함일까
어머니 사랑에 이르지 못함일까
미월구로彌月劬勞
'열 달 고행'이 오늘 화두다

(3)

역진은애歷陳恩愛!
기나긴 시간이 곧 역歷이라 한다면
드넓은 공간은 그대로가 진陳이다
진陳이 공간宇space 세계라면
역歷은 시간宙time 세계다
일상적인 언어 속에도
늘 시공간은 함께하기 마련이다
시공간은 분리될 수가 없기 때문이다
'세계世界'라는 짧은 단어에도
시간世과 공간界이 함께 들어있다

역진은애는 오랜 은혜 너른 사랑으로
《부모은중경》에서 돋보이는 목차目次다
우주 역사까지는 아니더라도
지구 역사만을 놓고 볼 때
465억 년은 매우 장구한 시간이다
물론 지구 초기에는 생명체가 없었으니까
태양계와 지구 탄생 시기로부터
85억 년을 달려 내려온 38억 년 전
지구상에 원핵생물이 생기기 시작했으니

지구 생명의 역사가 무릇 38억 년이나
인간의 역사는 그리 오래지 않다
기껏해야 700만 년 안팎이다
오늘날 호모 사피엔스 역사가 아니다
사실 사피엔스 역사가 아니라 해서
이들이 인류 출현과 무관한 것이 아니다
그늘陰로든 빛陽으로든
또는 빛과 그늘을 떠나서든
이들이 영향을 준 건 사실이기 때문이다

인간의 역사가 700만 년일지라도
만일 38억 년 전으로부터
생명 활동이 아예 없었다고 가정한다면
인류는 생겨나지 않았을 것이다
이처럼 과거 무한한 시간에 걸쳐
비슷한 생명의 업業을 지어온 까닭에
결국 사람의 몸을 받을 수 있었다
그러면서 사람人과 사람人이 만나
크고 작은 집단間을 만들어온 것이다

이처럼 인간人間이란
하나하나 개체人도 소중하지만

더 중요한 것은 서로가 서로를 지켜주고
서로 보호막이 되어 살아온 관계
이른바 인터inter로서의 간間이 중요하다
인간을 사회적social 동물이라 함은
바로 이 간間의 활동 때문이다
일반 다른 생명들에게서도
공동 사회community가 주가 되는데
하물며 사람과 사람 사이이겠는가

이들 모두를 가능케 하는 게 간間이다
간間 중에서도 원형질原形質은
오감으로 느낄 수 있는 공간空間과
비록 느낄 수는 없지만 너무나도 당연한
시간時間이 함께하기에 가능하다
챕터명 역진은애歷陳恩愛의 '역진歷陳'이
이처럼 소중하게 다가오는 것도
바로 이 시간성과 공간성 때문이다

700만 년 인류 역사가 있었기에
오늘날 호모사피엔스라는
지혜로운 인간이 생기게 되었고
38억 년간의 생명 역사가 있었기에

인류 역사가 가능했으며
46.5억 년의 지구 역사와 함께
태양계 탄생 역사가 있었기 때문에
결국 생명 역사가 가능하였다
이렇게 계속 거슬러 올라가게 되면
결국 137억 년이라는 우주 역사로부터
인간의 생명활동을 생각할 수밖에 없다

우리는 시간을 느낄 때
공간 유무와 상관없이 시간은 존재한다고
얼마든 고집할 수 있을 것이다
그러나 공간성에서 보면 그렇지 않다
시간 없는 공간이 불가능하듯
결국은 공간을 배제한 시간도
있을 수 없다는 데 도달하게 마련이다

그렇게 보았을 때 인간의 80년 생애가
80년이라는 시간에 불과하지만
그 낱낱 생명 속에는 137억 년이라는
장구한 우주의 시간이 담겨 있다
다시 말해 인간은 80년 생애가 아니다
137억 년 생애를 이어온 것이다

역진은애의 '역歷'에는 이처럼
장구한 시간의 역사가 고스란히 담겨 있다

역歷의 세계는 시간성이니 그렇다 보고
진陳의 공간성을 예로 들면
거기에는 또 어떤 세계가 들어 있을까
우주에는 엄청난 물질계가 있다
이들을 우리는 별이라 부른다
이 별들 속에 우리 지구가 포함된다
물론 비물질의 세계
암흑물질의 세계
암흑에너지 세계를 합한 것에 견주면
우주 내 별들의 세계는 고작 1.4% 정도다

아무튼 수십조數十兆billions를
다시 수십조로 곱하더라도
우주 천체天體를 다 헤아릴 수는 없다
여기서 내가 말하는 우주 천체는
물질로 이루어진 별들 세계다
이들 별들 세계를 죄다 파악할 수는 없다
고작 1.4%라 해도 워낙 많기 때문이다
그럼 우주 너비는 어느 정도나 될까

물리학자들의 견해가 약간씩 다르나
여러 가지 설을 종합해 보면
자그만치 300억 광년에 이른다고 한다

결국 이를 의도하고 붙였든
아니면 그냥 한 번 붙인 말이든
이 '역진은애歷陳恩愛'란 챕터 이름에는
이처럼 소중한 시간 세계와 함께
공간과 그 공간을 점유한
물질, 비물질, 암흑물질과 더불어
에너지, 암흑에너지까지 죄다 들어있다

이렇게 따지지 않더라도
내가 이 세상에 태어나 살아가게 된 게
부모님의 은혜恩와 사랑愛이었는데
이를 하나하나 살펴봄으로써
부모님 은혜가 이토록 엄청났는가
인식을 새롭게 하게 된다
이렇게 놓고 보니 어떤가!
'역진은애歷陳恩愛'가 대단하지 않은가

오감으로 느끼는 이 땅과 함께

별들의 세계
물질의 세계
공간의 세계가
오감으로 느낄 수 없는
하늘의 세계 시간의 세계를
참으로 역歷하고 진陳한
부모님 은혜에 견주었다고 하는 게
또한 실로 멋지지 않은가
앞으로 역歷과 진陳에 얽힌
은혜恩와 사랑愛의 세부적 이야기
'미월 구로彌月劬勞' 화두를
더불어 고민하면서 함께 풀어 가보자

쉬어가기
거룩한 스승이시여!
[고암대종사 제30주기에 부쳐]
은법제자 동봉

고암

고암

고암이시여!

하마 오늘로 30주기인데

거룩한 열반에 잘 드셨나이까!

혹여

찌꺼기를 남긴

그냥 죽음이셨나이까

생각의 찌꺼기마저

말끔하게 비워낸

텅 빈 열반은 아니셨나이까

고암

고암

고암이시여!

돌이켜 생각해 보니

당신은 나의 스승이 아니십니다

스승으로서의 흔적이
미세먼지 만큼도
내게는 남아있지 않으니
고암 대종사시여!
당신은 나의 스승이 아니십니다

고암
고암
고암이시여!
당신은
당신께서는
저희 스승이 아니십니다

당신께서는 저희에게
티끌은 고사하고
한 생각마저도
남기지 않으셨나니
저희 스승도 아니시나이다
성성惺惺하시고 적적寂寂하시니
당신께서는 뭇생명의 스승이시나이다

스승이시여!
거룩한 스승이시여!
당신은 해인海印이십니다
고요한 바다海는
그대로 비출印 뿐이나이다
자리를 뜬 것에게는
집착을 보이지 아니하시니
당신은 해인 거울이시나이다

고암
고암
고암이시여!
'사자상승師資相承'이라셨나요?
스승師과 제자資가
서로相 잇承는
본질의 계승법이지요

1979년 3월 5일
총무원 청사 종정실에서
법을 주시매 법을 받았사오나
당신께서는 제게
주신 법이 한 점도 없사옵고

제가 당신에게서
받은 법이 그림자도 없사오니
법이 본디 비어 있는 까닭이나이까

1988년 음력 9월 보름날
거룩한 大적광寂光에 드시오니
당신은 이제 적寂이시나이까
당신은 광光이시나이까
적寂은 그늘陰이옵고
광光은 그대로 빛光이온데
빛도 그늘도 모두 떠나셨나이까

어즈버!
40년 전에는
큰 스승이 어린 제자에게
틀 없는 無型 바탕質을 전하셨기에
제자로서 받은 게 없사옵더니
이제 제자가 스승에게
틀 있는 有型 법法으로 돌려드리오니
받으실 게 쏠쏠하실 것이나이다

그림자 자취影迹마저 떠나신

고암
고암
고암이시여!
거룩한 스승이시여!
뭇생명의 스승이시여!

이 제자의
틀 있는 법을
어떻게 받으시겠나이까?

잠시良久 뒤
스승에게 드리는
제자의 전법게이나이다

가을 국화는 저리 노랗고
무서리霜降는 이리 하얗나이다

- 무서리霜降 절후에 종로 대각사 봉환재에서 -

(4)

말하는 이가 있기에 듣는 자가 있고
듣는 자가 있기에 말하는 이가 있다
듣는 자 없이 홀로 지껄인다면
이를 '혼잣말'이라 하고
아무도 얘기하는 이가 없는데
홀로 귀만 기울이고 있다면
그 또한 정상적인 사람은 아닐 것이다

어떤 사건이 있기 위해서는
반드시 주객主客이 있어야 하고
그 주객은 장소에 따라 바뀌게 마련이다
내 집에서는 내가 주인이고
날 찾아온 사람이 손님이 되지만
내가 그의 회사를 방문하면
나는 으레 손님이 되고
그는 그날 그때 주인이 된다
따라서 주인과 객은 장소 따라 바뀐다

한 번 주인은 영원히 주인일 수 없듯
한 번 손님은 영원히 손님일 수가 없다
부처님께서 말씀하실 때

부처님이 설주說主가 되셨다면
부처님 설법을 듣는 제자들은
으레 청객聽客이 되게 마련이다
그래서 '제청제청諦聽諦聽'이 재밌다
부처님이 스스로 설주가 되시니
아난다서껀 제자들은 으레 청객이 된다

부처님의 '제청諦聽'이란 말씀에는
두 가지 동사가 함께 들어 있다
첫째는 차분히 말씀하심諦이고
둘째는 다소곳이 들음聽이다
문門 틈에 귀耳를 대고 듣는 것을
들을 문聞 자로 표현했다면
귀耳에 맡겨王 덕스럽게 들음이
들을 청聽 자가 지닌 뜻이다

어찌하여《불설대보부모은중경》에서는
말씀說과 들음聞을 세우지 않고
'제諦'와 '청聽'을 들어
내가 이제 분명히 얘기諦할 테니
아난다는 잘 들으聽라 하신 것일까
여기에는 철학이 담겨 있다

부처님께서 아난과 대중들에게
숙제를 주시며 연구하게 하심이다
숙제를 풀려면 살펴諦 들어聽야 한다
그렇지 않고는 이들 마른 뼈에서
전생의 남녀조차 구분하기 어려울 것이다

부처님은 아난다에게 힘을 실어주신다
그 말씀이 '오금위여분별해설'이다
원문으로는 '吾今爲汝分別解說'로서
'내 이제 너를 위해 분별하고 해설하리라'
한 번 생각해 보라
서가모니 부처님으로부터
이 한 마디를 들음이 얼마나 기쁜 일이랴
아! 부처님께서 설하시는 음성을
직접 들을 수 있다는 이 커다란 행복이여!
아예 2,600년 전으로 돌아갈까 보다
가서 부처님 회상에 참여해 볼까

입 있는 자 말諦하고
귀 있는 자 듣聽는다
황제帝의 언어言로 설諦하고
제왕王의 귀耳를 열어 덕悳을 쌓는다

그러기에 이를 잘諦 들으聽라 했다
말하는 입은 단지 하나밖에 없는데
남의 얘기를 들을 수 있는 귀는 두 개다
말이란 스스로에게 기쁜說 일이고
듣는 이들에게도 기쁨說을 주는 일이다
두 귀耳를 문門틈에 찰싹 붙여 다 들음이다

대덕 스님을 청하여 여는 법회法會를
법문法門이라고도 하지만
다른 말로 '설법說法'이라 한다
설법이란 '법을 설하다'의 뜻이다
다른 뜻으로 해석한다면 열법說法이다
설법이 아니라 '열법'이라 읽을 때
설법의 본뜻이 담긴다고 할 수 있다
법法이란 말로 설명될 수 있는 게 아니다
말로 설명될 수 있는 그 무엇이라면
이는 깊은 마음의 세계가 아니다

그러므로 설법說法은 열법說法이다
얘기說가 아닌 기쁘說게 느낌이다
기쁨說을 느끼는 법法이야말로
으뜸가는 '아뇩다라삼먁삼보리법'이다

'법의 기쁨'을 주기 위하여 설법하고
스스로 기쁨을 느끼는 법이기에
열법說法이라 할 수 있다
부처님은 아난에게 자신있게 권하신다
'잘諦 듣聽고 자세諦히 들으聽라'고
설諦하니 들으聽라는 말씀이다

기쁨說을 느끼는 법法이다
참으로 황홀하지 않을 수 없다
오금위여분별해설吾今爲汝分別解說을
'내 이제 너를 위해 분별하고 해설하리라'로
종래의 해석대로 풀어도 좋지만
'내吾 이제今 동기爲를 너汝로 삼아
이 이치를 분석分하고 특별別하게 하고
분명하게 풀解어 기쁘說게 하리라'한다면
또 다른 맛을 느낄 수 있을 것이다

아난다는 거룩한 부처님으로부터
최상의 믿음을 받는다
세상을 살면서
누군가에게 아낌愛을 받고
누군가에게 신뢰信를 받는다면

그보다 더 큰 행복이 또 있겠는가
여자는 자기를 아끼愛는 사람을 위해
자신의 모든 것을 다 바치지만
남자는 자기를 알아주는 이를 위해
그 목숨까지 다 던진다고 하는데
아난다는 바로 부처님으로부터
그토록 엄청난 신뢰를 받는 것이다

난 내가 아난처럼 설법 장소에서
부처님으로부터 이런 말씀을 들었다면
아마 그날 하루만이 아니라
영원히 기쁨說 속에서 살아갈法 듯싶다

제2편 정종분

제2장 오랜 은혜 너른 사랑

제1절 열 달 고생 2

어머니가 잉태한지 첫달넉주 동안에는
풀잎위의 이슬인듯 위태하기 그지없네
아침이면 그기운이 보존할듯 싶다가도
저녁이면 어느하나 장담할수 없느니라

이른새벽 맺힌이슬 방울방울 영롱하나
한낮이면 햇살받아 시나브로 사라지듯
모태내에 아기집에 착상했다 하더라도
여러가지 변수많아 조심해야 하느니라

(1)

임신 초기라고 하면
보통 첫 주에서 4주까지다
이때 일어나는 증상으로 몇 가지가 있다
물론 이러한 증상이 없는 사람도 있다
이들 몇 가지 임신 초기 증상들을
주별로 적어 보면 아래와 같다

임신 1주 차
1. 생리를 하지 않는다
2. 체온이 오르고 감기 증상이 보인다
3. 화장실에 자주 가는 편이다
4. 쉽게 피로감을 느낀다

임신 2주 차
1. 적은 양의 피가 보인다
2. 가슴이 딱딱하게 느껴진다
3. 기초 체온이 오른다

임신 3주 차
1. 기초 체온이 고온을 유지한다
2. 가벼운 입덧이 있다

3. 유두 빛깔이 짙어진다
4. 감정에 기복起伏이 생긴다
5. 피로감을 자주 느끼고 잠이 많다
6. 질膣 분비물이 증가한다

임신 4주 차
1. 아랫배 통증이 있다
2. 가벼운 입덧을 하기도 한다
3. 소변이 자주 마렵고 변비가 생긴다
4. 착상혈이 보이는 경우가 있다

나는 앞서 언급하였다
'일인一因 다연多緣 이과異果'라고
하나의 인因이 여러 가지 연緣을 거쳐
전혀 엉뚱異한 결과를 맺을 수 있다
이를테면 호인호과好因好果요
오인오과惡因惡果로 알고 있다
좋은 원인이 좋은 결과를 가져오고
안 좋은 원인이 안 좋은 결과를 가져온다고
불교 기초 교리에서도 얘기하고 있다
물론 이 말은 포괄적이다

그런데 원인과 결과 사이에는
상상을 초월하는 변수가 내재해 있다
이들을 나는 연緣이라 얘기한다
비록 좋은 인의 씨를 뿌렸다고 하더라도
반드시 좋은 열매로 이어지지는 않는다
내 대답은 1차적으로는 '그렇다'이지만
그러나 2차적 대답은 '아니다'이다
중간 변수가 워낙에 다양한 까닭이다
한두 가지 예로 이해를 돕고자 한다

첫째, 농사를 지을 때와 같다
김씨는 파종기播種期를 놓치지 않고
제때 논에 물을 가두었다가
논 갈고 써레질하여 못자리를 하였다
불규칙한 날씨가 일기도 했지만
이앙기가 되어 모내기까지 잘 마쳤다
김씨는 매일 새벽 일어나자마자
논물을 돌아보는 게 일과였다
돌아본다고 달라질 게 있겠느냐 하겠지만
논에 물이 잘 들어가는지 살피는 것은
매일 끼니를 거르지 않는 것처럼 중요하다

그렇게 두서너 주가 지나자
제법 벼포기가 굵어졌고
문전옥답이라 논이 기름지기도 했지만
거름을 충분히 주기도 하였고
논매기를 통해 잡초를 말끔히 제거했다
몇 달 뒤 벼가 패기 시작하고
그때까지 비도 제때제때 잘 내렸다
바람도 거칠지 않아 다행이었다
무엇보다 일조량이 충분하여
풍년은 보나마나 따 놓은 당상이었다

그런데 웬걸, 8월이 지나고
9월로 접어들자 불청객이 찾아왔다
느닷없이 폭우를 동반한 태풍이 불어왔다
눈곱만큼도 반갑지 않은 손님이다
하지만 자연재해라고 하는 것은
아무리 피하고 싶더라도 쉽지가 않다
그래도 다행인 것은
옆의 박씨네 배미는 초토화가 되었는데
어찌 된 게 김씨네 논 만큼은 비켜갔다
'용왕님, 풍백우사님 감사합니다'며
천지 자연에 기도를 올렸다

여기까지 오는데 몇 번 고비가 있었으나
그래도 무사히 잘 넘겼다
박씨네 논과 분명히 붙어있는 논인데
논두렁 하나를 사이에 두고
한쪽 논은 태풍에 다 휩쓸려갔는데
김씨네 논만 전혀 피해를 입지 않았다
주위에서는 많이 부러워들 했으나
한편으로 은근히 모진 말이 나돌곤 하였다
9월 말에서 10월 초로 접어들자
수확을 준비해야 했다

그리고 무난히 수확을 거두었다
그런데 문제는 그 뒤부터다
전국을 휩쓴 태풍으로 농사를 망치자
정부에서는 외국으로부터
엄청난 양의 농산물을 수입했다
비록 논농사를 잘 지었다 하더라도
폭락한 쌀값으로는 인건비도 못 건지는
뜻밖의 상황이 벌어진 것이다

일반적으로 농사가 풍년이 들면
농산물 가격이 폭락하기 마련인데

다들 농사를 망쳤는데도
농산물 가격의 하락을 가져온 것은
외국으로부터의 엄청난 수입 때문이었다
농사에도 여러 가지 변수가 있다
이들 변수의 조건들을 다 갖춘다 해도
마지막에 가서 수입 때문에 엉망이 되니
해도해도 너무하다는 생각이다

한 고귀한 생명이 세상에 태어나기까지
태내에서 얼마나 많은 변수가 있을까
임산부를 비롯하여 온 가족의
지극한 사랑과 조심스러움이 필요하다
함부로 아무것이나 섭취할 수 없고
감기약 하나 제대로 쓸 수 없다
운동도 적당히 해야겠지만
되도록 과격한 운동은 피해야 한다
태교에는 생각의 세계
마음의 정화도 반드시 중요한 몫이다

'미월구로彌月劬勞'가 실감난다
단 한순간도 조심하지 않으면 안 된다
갑자기 스트레스를 받거나

공포를 일으키거나
따돌림을 당하거나
또는 무관심하거나
과다한 업무도 되도록 피해야 한다
무엇보다 가족의 사랑과 배려가 중요하다
평범한 스트레스 열 가지보다
가까운 가족의 한 가지 스트레스가
더욱 커다란 영향을 미친다고 알려져 있다

(2)

어머니와 아양阿孃이란 표현은
같은 말일까 다른 말일까
얘기하자면 사실 많이 생소한 말이다
부모님의 은혜 가운데서
어머니 은혜를 다루고 있는 까닭에
나도 '어머니'로 풀기는 했으나
이는 객관적으로 불리는 호칭이다
아양의 '아阿'는 접두어로서
특별한 뜻을 가지고 있지는 않다
그러나 양孃 자 한 자를 놓기보다는
접두어를 두면 훨씬 부드럽게 느껴진다

우리가 보통 여성들에게 쓰는 호칭에
아씨, 애기씨, 아가씨가 있다
아가씨는 접두어 '아'와
부부를 나타내는 '가시버시'에서
남자의 뜻 '버시'를 살짝 뺀 뒤
여자의 뜻인 '가시'만을 가져온 다음
접두어 '아'를 덧붙여 '아가시'가 되었다
이 '아가시'가 자연스레 '아가씨'로 불린다
물론 '애기씨'나 '아씨'도 원형은

'아가시'에서 비롯된 말이다

아양阿孃에서 '양孃' 자는
'어머니 양'으로 새기기도 하지만
일반적으로는 '아가씨 양孃' 자가 맞다
강원도 동해안에 위치한 도시로
서산 동해西山東海의 양양襄陽이 있는데
서쪽으로 우뚝 선 작은 금강산과
동쪽으로 펼쳐진 드넓은 동해 바다가
한눈에 들어오는 아름다운 도시다
강릉이나 속초도 아름답기는 하지만
양양襄陽이 주는 볕의 아름다움은
또 다른 세상을 느끼게 한다

이 양양襄陽의 앞 양襄 자가 도울 양이고
뒤에 놓인 목적어 양陽은 볕 양이다
곧이곧대로 풀면 '볕을 돕는 도시'다
태양 그 자체만을 놓고 볼 때는
매우 강하게 느껴질 것이다
이 강한 볕을 부드럽게 도와주는 게
바로 도울 양襄 자의 역할이다
그래서일까, 양양의 바닷가에 서면

그렇게 햇살이 부드럽게 느껴질 수가 없다

북쪽의 '줌 풀 도시' 속초시束草市가
설악산의 명소 울산바위와 함께
바다 높이로 자연스레 누워있는데
이 '줌 풀 도시' 속초시가
[속초는 양치 식물 '속새'에서 유래]
100년 전만 하더라도 양양군이었다
양양이 그만큼 너른廣 고을域에 속했다
양양 남쪽으로는 주문진을 끌어안은
옛 하슬라 도시 강릉이 있는데
강원도에서 강릉을 빼고
지역을 자랑한다는 것은 절반의 자랑이다

이름부터 예쁜
아무튼 양양襄陽은
볕이 부드러운 도시로 정평이 나 있다
의상조사가 양양 바닷가에서
관세음보살의 자비 기운을 느낀 뒤
관음도량을 세울 정도였으니
낙산사, 홍련암이 모두 관음도량이다
조선의 개국공신 하륜과 조준이

도담道談을 나눈 하조대도 양양에 있다
아무튼 이 도울 양襄 자에 여성을 뜻하는
계집녀女 자를 살그머니 가져다 붙여
어여쁜 '아가씨 양孃' 자를 만들어 놓았다
이 아가씨란 말의 어원에서 보듯
가시는 미혼의 젊은 여성을 가리킨다

나중에 '버시'를 만나 부부가 되어
'가시버시'로 불리게 되는데
이는 마치 영어의 '룰루랄라'와 같다
매력적인 여성을 룰루lulu라 하고
건들거리는 녀석을 랄라lala라 한다
약간 시골티 나는 촌스러운 녀석과
매력적인 아가씨가 만남이 곧 룰루랄라다
이 룰루랄라의 원조가 누구일까
당연히 우리의 '가시버시'다

아양阿孃은 '어머니'의 뜻이지만
객관화시켜 여성, 임산부의 뜻이다
그러니까 새로운 새댁
임산부가 임신한 지 두 달이 되고
또 석 달이 되면 그 몸의 변화와 함께

태중에서는 아기가 어떻게 자라는지
부모은중경에서는 매우 간략하게 짚는다
임신 제5주 차에서 제8주 차를
두 달째라 하고 아기 상태를 설명하되
엉겨있는 우유처럼 흰색이라고 한다

설명으로 보아 부족한 면이 있긴 하지만
어쩌면 부처님께서 출가하시기 전
베다Veda에서 얻은 지식일 수도 있다
그리고 임신 9주 차에서 12주 차를
임신 3개월 곧 '석 달'째라 한다
우리는 우리말의 셈씨數詞를 표현할 때
'석 달'을 '세 달'이라고들 한다
셈씨 뒤에 초성 'ㄷ'이나 'ㅈ'이 올 경우
앞의 셋이나 넷은 '석' 또는 '넉'을 쓴다
술 석 잔, 넉 잔, 고사리 석 단, 넉 단처럼
석 달, 넉 달로 써야 맞는 표현이다

어머니가 임신한 지 석 달째가 되면
엉겨있는 우유에서 엉킨 피로
아기의 성장 과정을 다르게 표현한다
열 달이 다 차서 태어난 아기도

보통 '핏덩이'라 표현하는데
두 달, 석 달밖에 지나지 않았으니
으레 엉킨 피와 같다고 얘기할 수 있다
어쩌면 핏덩이란 말의 시원始源이
이《부모은중경》일 수도 있지 않을까

제9주 차에서 제12주 차
그러니까 임신 석 달째에 접어들면
엉긴 우유인 듯 흰 빛깔이던 생명체가
엉킨 피처럼 붉은 빛깔로 바뀐다
경전에서는 짧은 표현이겠으나
그 속에 들어 있는 내용은
생각보다 매우 섬세하리라 본다
그리고 또 한 가지《부모은중경》표현에서
두 달을 양개월兩箇月이라 하고
석 달을 삼개월三箇月이라 기록하고 있다

우리가 쓰는 셈씨數詞로서의
한 달, 두 달, 석 달, 넉 달 따위를
다르게 표현할 경우 '개월'이라 쓰고 있다
1개월, 2개월, 3개월, 4개월 등이다
그런데 여기서 중요한 것은

두 번째에 해당하는 '양개월'이다
'개월'의 뜻은 이미 다들 알고 있으므로
다시 더 설명할 게 없겠으나
2개월을 양개월로 표현한 것은
중국어의 영향을 받았다는 증거다

중국어에서는 어떤 이름씨名詞 앞에
'둘'이라는 셈씨를 놓을 경우
이二보다 양兩이라는 셈씨를 쓴다
물론 대체로 셈씨 뒤에는 개箇를 놓아
이거一箇, 양거兩箇, 싼거三箇 따위로
자연스럽게 쓰고 또 발음하는데
심지어는 두 사람 세 사람을 얘기할 때도
양거렌兩箇人, 싼거렌三箇人이라 한다
우리나라에서 한 사람 두 사람이 아니라
사람 한 개 사람 두 개 등으로 표현하면
아마 몰매를 맞을 수도 있을 것이다

이《부모은중경》에서는 분명
'둘째 달'을 '양개월'로 쓰고 있다
우리나라에서는 잘 쓰지 않는 표현이다
그렇다면 이《부모은중경》을

처음 집필한 분이나 또는 편집자가
아예 초고草稿를 쓸 때 그렇게 썼거나
아니면 원고를 교정하는 과정에서
중국어 표현으로 수정했을 수도 있다
부모은중경을 읽는 맛이 그래서 참으로 좋다

결혼하면서 자연스레 생긴 자녀가
예를 들어 부처님 진경眞經에 해당한다면
혼인한 지 10년, 20년이 지나도록
어찌된 게 아기 소식이 없어 고민하다
불보살님 전에 간절히 기도하고
기도 끝에 늦게 얻은 자녀라고 한다면
그 아이가 얼마나 소중할까 싶다
이《부모은중경》을 비롯한 위경僞經들은
중생들의 간절한 바람에서 생긴 경전이다
아! 멋진《불설대보부모은중경》이여!

제2편 정종분

제2장 오랜 은혜 너른 사랑

제1절 열 달 고생 3

어머니가 임신한지 넉달째로 접어들면
시나브로 사람모습 갖춰지게 마련이고
어머니가 임신한지 다섯달이 되어가면
태내에서 다섯포태 어엿하게 생겨나니

어엿하게 자리잡는 다섯포태 모습이란
가장먼저 머리포가 첫번째로 생겨나고
팔꿈치를 합하므로 머리포와 셋이되며
두무릎을 더하여서 다섯포가 되느니라

(1)

임신 13주에서 16주 사이
넉 달째 초기로 접어들면
태아의 크기는 어느 정도나 될까
기록에 따르면 20g~40g 정도라 한다
넉 달 초기면 20g 안팎이 되고
넉 달이 꽉 차면 40g 정도라는 얘기다
나는 구약을 신화로 받아들일 뿐
생물학이나 과학으로 생각하지 않는다
그러나 비록 그렇다 하더라도
신이 인간을 흙으로 빚어 만들 때
몇 살 크기로 만들었을까 싶다

처음부터 청년 모습으로 만들었다면
태중의 모든 아기는 신의 작품과는
전혀 다른 모습일 테니 말이다
하나님이 사람을 만들 때
자신들의 모습으로 만들었다 한다
만약 13주에서 16주 차
넉달 태아의 모습으로 만들었다면
하나님도 20g에서 40g 정도일 것이다
참 작은 하나님이 되겠지

아예 자궁에 처음 착상할 때 모습이라면
그야말로 세각가細刻家가 쌀 한 톨에
반야심경 전문을 한문으로 새김처럼
벌어진 입을 담을 수 없는 솜씨일 것이다
아니 그보다 훨씬 뛰어난 솜씨다
쌀 한 톨 겉면에 반야심경 전체 내용을
한자로 새기는 것 쯤이야 기능을 익힌다면
세각가는 아기가 아니니 가능할 것이다

하지만 착상할 때 그 모습 크기의 하나님이
당신의 크기와 모습대로 만든다는 게
그 섬세한 인간 생명이라면
이를 두고 어찌 감탄하지 않겠는가 싶다
여기서 나의 '생명'이란 단어는
정신과 육체가 온전함을 가리킨다
육신은 정교한데 정신이 별 볼 일 없거나
정신은 멀쩡한데 육신이 문제가 있다 치면
이를 완벽하다고 할 수는 없을 것이다

한로축괴漢露逐塊요
사자교인獅子咬人이라
개는 흙덩이를 던지면 흙덩이를 쫓는데

사자는 흙덩이 던진 사람을 향해 달려든다
내가 지금 이런 얘기를 하는 것이
구약 성서의 말씀만 따라가는
이른바 '한로축괴'가 될지
아니면 성서의 문제점을 물고 늘어지는
'사자교인'이 될지는 내 소관이 아니다
내가 나를 판단할 수는 없으니까 말이다

비록 사자교인이 못 되고
한로축괴가 되는 한이 있다 하더라도
문제는 분명 던지고 가야 한다
세상에는 나처럼 생각하는 이들도 있으나
차마 종교라는 특수한 문제 때문에
말하지 않고 덮는 경우가 있다
나도 수행자고 종교인이지만
종교가 뭐 그렇게 대단한 것인가
문제의식을 갖고 접근하면 안 되는 일인가

하나님은 전능하시니까
인간의 상황 상황에 따라 알맞게 변신하는
소위 '변신의 대가'라 할 수 있을 것이다
갓 착상한 아기에게는 그 아기 크기와

그 아기의 정신 상태로 나타나
그 아기에게 어울리게 만들어가고
여기서처럼 넉 달째로 접어들 정도라면
넉 달 아기의 모습으로 나타난 뒤
그 아기를 만들었다는 얘기다

어! 이는 관음경에 나오는 보문시현인데~

이렇게 저렇게 꿰어 맞추어 보아도
구약은 뭔가 맞지 않는 것 같고
저렇게 이렇게 꿰어 맞추어 보더라도
역시 신이 자신들 모습대로 만들었다는 게
영 맞아떨어지지가 않는다
나는 구약을 평가절하하는 것이 아니다
그냥 궁금해서 그런 것뿐이다
그래서 나는 나의 57권째 저서인
《아마타경을 읽는 즐거움》(182쪽)에서
진정한 창조론자는 불교라고 설파하였다

《부모은중경》에서는 말씀하신다
어머니가 임신한 지 넉달째로 접어들면
시나브로 사람 모습 갖춰지게 마련이고 라고

阿孃四箇月懷胎稍作人形

모태母胎umbilical cord 내에서
아기는 쑥쑥 자라고 있다
처음 난자를 만날 때 정자의 크기는
인간의 세포 중 가장 작아 0.055mm며
머리 크기는 0.005mm 정도다

이때 하나님이 개입했다면
하나님 크기도 정자와 같았을 것이다
그래야 자신의 모습대로 만든 게 되니까
성서학자에게 구체적으로 물었더니
하나님들의 모습으로 인간을 만드셨다는
구약 말씀이야 읽고 들어 잘 알지만
스님의 질문을 이렇게 받고 보니
그에 대해 깊이 있게 생각해 본 적이
아직까지는 없었던 듯싶다고 대답했다

초작인형稍作人形이다
점점稍 되어作가는 사람人 모습形이다
이 말에는 무슨 뜻이 담겨 있을까
애초에 완벽한 모습을 드러내지 않고
시간과 환경과 조건에 따라

점차 갖추어진다는 진화이론의 모습이다
창조라고 하면 창조되었을 때
바로 그 모습으로 평생 갖고 가야 한다
단 시간과 풍화작용에 따라 변하는 것이야
으레 감내하지 않으면 안 되겠지만 말이다

그러나 어떤 경우라 하더라도
치밀하고 섬세하게 만들어가려 한다면
반드시 설계도가 있어야 한다
그런데 하나님은 전능하셔서일까
애초부터 설계도 없이 창조하고 계신다
나는 지금 '삼성 갤럭시 노트8'로
글을 쓰고 있는데 이 갤럭시 노트8은
지난해 9월에 구입한 모델이다
그런데 여기서 매우 중요한 게 있다
이들 동일 모델은 크기도 성능도 같다

같은 갤럭시 노트8 제품이
어떤 것은 크고 어떤 것은 작으며
어떤 것은 길고 어떤 것은 짧으며
어떤 것은 좁고 어떤 것은 넓으며
어떤 것은 아날로그 시스템이고

어떤 것은 디지털 시스템이지 않다
만약 크기나 길이나 무게나 넓이 따위가
조금이라도 다르다고 한다면
이는 동일 제품이 아니라
제품 코드가 다르다고 봐야 할 것이다

그런데 하나님이 만들었다는
이를테면 사람의 모습은 모두 동일할까
키도 동일하고 몸무게도 동일하며
웃는 모습도 목소리도 다 같을까
피부도 모두 같아야 할 것이고
애기의 모습과 음성은 둘째 치고라도
전 세계 인구가 다 똑같아야
하나님의 동일한 작품이 아니겠느냐다
안 그렇다면 하나님은 유일신이 아니라
사람 수만큼 각기 다른 신이 있는 셈이다

어떤 하나님은 스포츠를 즐기고
어떤 하나님은 골프를 즐기며
어떤 하나님은 경제력이 뛰어나고
어떤 하나님은 수학 물리학에 뛰어나다
어떤 하나님은 요리를 즐기고

어떤 하나님은 나처럼 글쓰기를 즐기고
어떤 하나님은 참선하기를 좋아하고
어떤 하나님은 감투를 좋아해서
때로 도의원 국회의원이 되고
때로 대통령이 되어 권력을 휘두른다

아무튼 넉 달에 접어든 애기 하나님이
당신 모습으로 애기를 키우고
당신도 아기의 성장 따라 함께 커간다
그렇다 하나님도 분명 성장하신다
하나님도 사람의 죽음 따라
죽음을 향해 함께 걸으실 것이다
0.005mm 머리와 0.055mm 몸 크기가
넉 달째 접어든 아기의 모습으로
귀엽고 사랑스러운 하나님 모습이
오버랩overlap되어 떠오른다

(2)

고무풍선을 처음 불어본 게
국민(초등)학교 1학년 가을이었다
빨간 풍선 노란 풍선 파란 풍선
색깔도 참 다양했는데
평소 학교 앞 구멍가게에서
풍선을 팔고는 있었으나
내게는 그럴 여유가 주어지지 않았다
그렇게 오며 가며 아이들이
풍선 부는 것을 부러워하기 여섯 달
마침내 내게도 풍선 불 기회가 다가왔다

강원도 횡성군 갑천면 하대리
둘러보면 보이는 건 오직 산 뿐이고
고개를 한껏 뒤로 젖히고 보아야
포근하게 덮어주는 하늘이 거기 있다
내가 태어난 하대리 아홉사리는
나로 하여금 아홉 살이 된 뒤
비로소 학교에 들어가게 했으니
그래서 마을 이름이 아홉사리였을 것이다
이는 내가 지어서 하는 말이 아니다
내가 왜 동네 이름이 아홉 살이냐니까

어머니가 웃으시며 답하신 것이다

그해가 단기4294(1961)년이다
집에서는 가정 형편 때문에
학교를 보낼 수 없었고
학교에서는 취학아동을 찾아
여러 차례 가정 방문을 했다고 한다
아무튼 아홉 살 그것도 한 달 늦게
국민학교에 들어갔는데 그냥 신이 났다
이렇게 신나는 데 왜 학교를 안 보냈을까
그때만 해도 이해가 잘 되지 않았는데
지천명知天命에 올라서서야 알았다

그해 가을운동회 때였다
한 녘에서는 피리를 불고
다른 편에서는 나팔을 불고
또 다른 편에서는 드럼을 치고 있었다
깨갱~깽깽~ 깨갱 깽깽 꽹과리도 등장했다
전교생이 250명 정도였는데
1학년 어린이가 60명을 넘었다
지금은 갑천초등학교 금성분교로서
전교생이 30명 미만으로 알고 있으나

아무튼 그때는 대단한 학교였다

학교 앞 고무풍선 파는 가게가
그날은 학교 마당으로 가게째 이동했다
어머니가 내 손을 이끄셨다
어머니 손이 참 고왔다
이렇게 고운 손을 지닌 분이 내 어머니
나는 하늘에 대고 소리치고 싶었다
보아라! 우리 어머니 손이 이렇게 예쁘다!
하긴 내 나이 그때 아홉 살이었으니
어머니 나이도 꼭 마흔 살이셨고
으레 피부가 고울 수밖에 없었을 테지만

어머니가 말씀하셨다
"네 마음대로 몇 개든지 고르렴!"
정작 그렇게 갖고 싶고 불고 싶었던
고무풍선 앞에서 마음대로 고르라시니
그냥 뭔가 두려웠다.
어머니 생각이 두려웠다
"어무이, 딱 하나만 고르면 안 돼요?"
어머니가 내 손을 두 손으로 감싸 쥐시며
"그래 네 생각에 맡길 테다."

어머닌 내 손을 감싸 쥔 당신 손에
두서너 번 살짝 힘을 주어 안심시키셨다
어머니 진한 사랑이 손으로 전해왔다
나는 고무풍선을 불었다
처음에는 터질세라 조심조심 불었다
그러면서 더 크게 불고픈 욕심이 생겼다
나는 풍선을 아주 크게 부풀렸고
내 풍선 부는 모습을 보시며
어머니도 한껏 마음으로 동참하셨다

그렇게 그렇게 계속 커지더니
어느 순간 턱 하고 터졌다
어머니 표정을 살피자
어머니가 엄지 손가락을 세워 보이셨다
그리고는 얼른 고무풍선을 내주셨다
내가 모르는 사이 몇 개 더 사신 듯싶었다
부풀리기 전 고무풍선은 납짝했다
억지로 열고 보면 속이 비어 있겠지만
손에 들린 아직은 불지 않은 고무풍선은
풍선 내면과 내면이 맞닿아 있을 것이다
그러니 말은 비어 있지만
실제로는 비어 있는 게 아니다

난 어렸을 때 불지 않은 고무풍선을 보며
그날 많은 생각에 잠겼고
그 후로 고무풍선을 사 본 적이 없지만
고무풍선만 생각나면 분 풍선과
불지 않은 풍선을 떠올리며
엉뚱한 세계로 나를 이끌고 갔다

난자와 정자의 크기는 1,800대 1이다
다시 말해서 하나의 난자 안에
정자가 1,800마리 정도 들어가야 꽉 찬다
그런데 그 큰 난자에 정자가 들어가면
남은 공간이 아주 넓어 자유로울 것 같다
그런데 정말 그렇게 텅텅 비었을까
결론부터 얘기하면 전혀 여유롭지가 않다
왜냐하면 난자는 플라스틱이나
단단한 물질로 된 알이 아닌 까닭이다

그러니까 하나의 난자 속에는
한 마리 정자가 들어가도 꽉 차고
1,800마리 정자가 다 들어가도 꽉 찬다
그렇게 해서 정자를 받아들인 난자가
자궁/모태에 착상하게 되었을 때

출산 직전의 아기까지 감당하는 자궁이니
무척 널찍하리라 생각할 수 있지만
반드시 꼭 그런 것만은 아니다
모태는 고정형이 아니라 수축형이다
그때그때 수축과 이완 시스템이 자유롭다

아기가 작으면 작은 대로 포근히 감싸주고
아기가 크면 큰 대로 다 수용해준다
고무풍선은 조금 불면 조금 부풀어지고
계속 불면 계속 팽창하기 마련이다
그러나 고무풍선은 이완에 한계가 있다
팽창에 팽창을 거듭하다가
어느 임계점을 넘어서게 되면
더 이상 지탱하지 못하고 터져버린다
이는 스프링의 한계성과 동일한 원리다

스프링도 압축은 나름대로 괜찮지만
이를 양쪽에서 계속 잡아당겨
임계점을 벗어나게 되면
더 이상 스프링으로 되돌아가지 않는다
왜냐하면 임계점을 벗어난 까닭이다
모태에서 아기가 38주를 넘기고

39주 40주 이상 계속 머물고 싶더라도
엄마의 애기子 집宮에 한계가 있다
자궁의 이완과 팽창에도 임계점이 있다

아기는 운신의 폭이 점점 좁아지고
산모는 더 이상 아기를 담고 있을 수 없다
이 두 가지 임계점이 하나로 만날 때
아기는 바깥 너른 세상을 향해 나오려 하고
엄마는 넓은 세상으로 내보내려 한다
끝까지 서로 버티면 엄마의 자궁이
임계점을 벗어난 스프링처럼 망가지고
아기는 좁은 모태내에서 질식사할 것이다

그러나 아직은 걱정할 게 없다
이제 겨우 임신 다섯 달로 접어들어
아기 키가 15-20cm 안팎이고
몸무게가 고작 300g 정도에 불과하니까
그런데 《부모은중경》에서는 말씀하신다
머리를 비롯하여 두 팔과 두 다리 등
아기가 사람으로서의 모습을 갖추었다고
다섯 달이면 17주에서 20주 차니
어엿한 아기 모습을 볼 수 있을 것이다

제2편 정종분

제2장 오랜 은혜 너른 사랑

제1절 열 달 고생 4

어머니가 임신한지 여섯달이 되어가면
태중아기 모태에서 여섯정이 열리나니
여섯정이 무엇인가 눈이첫째 정기이고
귀가둘째 정기이며 코가셋째 정기이고

입이넷째 정기이며 다섯째는 혀의정기
여섯째는 뜻정기라 모두합해 육정이니
눈과귀와 코와입과 혀와뜻이 갖춰지면
바야흐로 몸과마음 구족되는 것이니라

(1)

임신 다섯 달째
머리가 생기고
두 팔이 생기고
두 무릎이 생겼다면
줄기세포로서 자격이 있을까 없을까

임신 여섯 달째
눈 둘
귀 둘
코 하나, 그러나 콧구멍은 둘
입 하나
혀 하나
뜻은 몇 개?

가장 중요한 뜻意은 얘기하면서
이 뜻이 형성되기 위해
반드시 거치는 게 몸身인데
그럼 다섯 달째 열거한
머리와 두 팔과 두 무릎은 모두
몸이 아니었던가 보다

어제 '기포의 새벽 편지'에서는
하나님들께서
당신들의 모습대로
사람을 빚었다는 창세기 말씀을 들어
고개가 갸웃거려지는 정곡을
콕콕 찔러가며 건드렸는데
오늘은 《부모은중경》의 자체 모순을
또 이렇게 열거해야 하니
나도 참 문제가 크긴 큰 작자인가 보다

육정六精이
곧 육근六根이다
한데 육근에는 몸身이 있는데
입口은 들어있지 않다
그런데 여기 육정에서는
입口은 있는데 오히려 몸身이 없다

그게 왜 그러냐 하면
태중胎中에서는
닿는觸 게 없는 까닭에
몸身의 느낌覺을 말하지 않고
맛味覺에 대해서는

혀舌가 버젓이 있기 때문에
따로 입口을 내세우지 않았다 한다

위 두 단락段落은
《부모은중경》 각주脚注다
육근에는 입口 대신 몸身이 있고
육정에는 몸 대신 입을 둔 게
태중에서는 가라사대
촉감觸感이 없기 때문이란다

차라리
임신 다섯 달째
다섯五 가지 기본 골격胞을
아예 말씀하시지 말던지
여섯 달째 접어들어
눈, 귀, 코, 입, 혀, 뜻을 두면서
몸 빼 먹은 얘기를 이렇게 주로 달디니
아예 각주를 달지 말던지
쯧쯧

그래도 나는 좋다
구약 창세기의

인간 창조의 비논리처럼
이 《부모은중경》에도 비논리가 있어
나처럼 빈둥빈둥
할 일 없는 작자들에게
할 일이 주어지지 않느냐는 거지 ㅎㅎ

오늘은 화요일火曜日이다
타오르는 불꽃火이
어둠을 비추曜는
그런 날日이
바로 화요일이다
'화사하게 웃는 날'이다

추구推句 한 소절 여기 싣는다

동심화의나洞深花意懶
산첩수성유山疊水聲幽
골 깊으니 꽃 마음이 게으르고
산 겹치니 물 소리가 그윽하다

(2)

모태母胎 내에서
다섯 달째
접어들자
갖춘

생각하는 머리頭
감싸안는 왼팔左臂
어루만지는 오른팔右臂
내딛는 왼발左膝
받쳐주는 오른발右膝

하나하나 만들기는
내가 만들었는지 모르겠으나
원 재료는 한결같이
부모님이 주신 것이지

여섯 달째는
사물을 보는 눈眼精과
소리를 듣는 귀耳精와
냄새 맡는 코鼻精와
말하는 입口精과

맛보는 혀舌精와
판단하는 뜻意精이 갖추어졌으니

앞으로
열심히 읽고 보고
제대로 듣고 느끼고
숨 쉬고 냄새 맡고
침묵도 좋지만
대화도 실컷 나누어야지
먹을 것 마실 것 맛도 보고
멋진 아이디어 만들어 보아야지

살갗이 아직이니
으레 터럭이 있을 수 없겠지
신체발부身體髮膚라고 했던가
뭐, 일곱 달이 되고
여덟 달이 되면
머리카락毛髮이 생기고
살갗皮膚과 함께 털도 돋겠지

머리카락이 생기면
가장 먼저

어머니에게
머리 손질을 부탁할까

마침내
살갗이
온몸을 감싸면
내 예쁜 알몸으로
어머니 양수 안에서
마음껏 수영을 즐겨볼까

입이 생기고
귀가 뚫렸으니
멋지게 노래 한 곡 부를까

손발이 생겼으니
복싱을 할까
골프를 할까
야구를 할까
축구를 할까
피겨를 할까

어머니는 그러시겠지

"이봐이봐, 이 녀석 또 발길질이네!"

[시들어가는 꽃에서 만물상이]

제2편 정종분

제2장 오랜 은혜 너른 사랑

제1절 열 달 고생 5

어머니가 임신한지 일곱달이 되어가면
모태중에 있는아기 어머니의 배내에서
삼백육십 뼈마디가 시나브로 갖춰지고
팔만사천 배내털이 생겨나게 되느니라

(1)

왜 단순하게 뼈骨라고 하지 않고
뼈마디骨節/關節라 했을까?
뼈는 홀로 있는 것이 아니라
마디를 통해 연결된 까닭에 뼈마디다
경전에서 뼈마디가 360개라 했는데
전혀 틀린 말이 아니다
어른이 되었을 때가 아니라면
갓 태어난 아기일지라도 300여 개에서
350개 정도 뼈마디라 하겠지

하지만 25주 차에서 28주 차 아기
일곱 달 정도 아기라면 360 골절이 맞다
배내에서는 360 뼈마디였던 것이
태어날 때쯤에는 350개 정도로
태어나서 얼마 안 되어
300여 개 뼈마디로 줄다가
어린이에서 점차 청소년이 되고
마침내 완전한 어른이 되면
뼈마디는 206개로 줄어든다고 한다

《금강경》 법회인유분法會因由分이

아침에 일어나 옷을 갖춰입고
사위성에 들어가 탁발하고
다들 돌아와 공양하고
손발 씻고 자리에 앉는 데서라면
이《부모은중경》법회인유분은
뼈를 비롯始源으로 삼는다
길가에 나뒹구는 몇 개 뼈무더기에서
《부모은중경》이야기는 시작된다

남자 뼈였을까?
여자 뼈였을까?
남자 뼈라면 어떻게 비칠까
여자 뼈라면 어떻게 보일까
빛깔은 검을까 흴까
무게는 무거울까 가벼울까
만약 뼈가 무겁다면
그 까닭이 과연 무엇이며
가볍다면 어찌하여 그리 가벼울까?

서가모니 부처님께서는
2,600년이 훌쩍 지난 오늘날
지구의 페니스penis 여기 한반도에서

당신의 후학인 내 해설을 기다릴 것도 없이
아주 상세하게 말씀하셨다
빛깔이 검고 무거운 뼈가 있고
빛깔이 희고 가벼운 뼈가 있다고 하신다
햇볕에 오래 노출되어서가 아니라
빛깔이나 무게는 살아있을 때
그 뼈의 주인공이 누구였느냐에 따라
다를 수밖에 없다고 하신다

한데 죽은 지 오래된 뼈
길가에 나뒹구는 하얀白 뼈骨라면
그냥 뼈라고 하면 될 것을
왜 뼈마디骨節라고 마디를 붙였을까
뼈와 뼈마디는 같은가 다른가
결론부터 얘기하면 다르다
이를테면 뼈는 그냥 '사람'이고
뼈마디는 사람人+사이間라 할 수 있다
한 개체로서의 사람이 아니라
사회성을 지닌 어울림의 인간이다

뼈는 뼈 하나하나로는
그 가치가 그리 대단하지 않다

반드시 뼈와 뼈 사이에 마디로 이어질 때
바야흐로 뼈는 제 역할을 다한다
머리뼈가 무릇 23개라고 한다
이는 성인의 머리뼈이고
아기나 배내아기는 그 수가 더 많다
23개의 뼈가 따로따로 떨어져 있다면
머리뼈 안에 있는 뇌를 보호할 수 있을까
당연히 보호 기능을 상실한다

양쪽 다리뼈를 합하여
62개라고 하는데
그들 뼈에 마디가 없다면
다시 말해 이어지지 않는 뼈라고 했을 때
그 다리로 걸을 수 있을까
마디 없는 다리로 축구를 하고
마디 없는 다리로 페달을 밟을 수 있을까
관절 없는 다리로 춤출 수 있을까
관절 없는 다리로 태권도는 불가능하겠지?

양팔, 양손, 열 손가락에는
64개의 뼈마디가 자리하고 있다
발보다 2개가 더 많으니

한쪽에 하나씩이 더 많은 편인가 보다
아무튼 발보다는 손의 쓰임새가
훨씬 더 많고 더 정교하다 보니
그래서 팔뼈가 다리뼈보다 많을 것이다
손가락뼈 한 마디라도 문제가 있으면
우선 숟가락 젓가락 잡는 데도
분명 불편을 느낄 것이다

몸속 장기를 보호하기 위해
갈비뼈가 좌우 양쪽으로 12개씩 있다
성서 얘기를 들어 남자는 여자보다
갈비뼈 하나가 적을 것이라 하나
이는 구약성서 이야기일 뿐
누구도 이 말을 믿는 사람은 없다고 본다
아무튼 24개의 갈비뼈는 사람마다 다 있다
갈비뼈가 없다고 생각해 본 적 있는가
그냥 무심코 지내기는 했겠지

사람의 뼈에서
소중하지 않은 게 있으랴만
목뼈頸椎 7개
등뼈脊椎 12개

허리뼈腰椎 5개
엉치뼈 1개
꼬리뼈 1개 등
26개의 척추뼈는
자세를 잡아주는 데도 한몫을 한다
허리뼈를 다치면 하반신을 못 쓰고
등뼈를 다치면 상반신도 못 쓴다
목뼈를 다치면 손가락도 움직이지 못한다

골반뼈가 들고 일어난다
머리뼈
갈비뼈
다리뼈
팔뼈
등마루뼈 따위는 모두 다 호명하면서
왜 골반뼈에는 무관심하느냐며 난리다
골반은 뱃속 내장 기관을 싸고 있다
그런데 남자 골반은 좁고 높은 데 비해
여자 골반은 낮고 넓다
여자가 태아를 품을 수 있는 것도
골반이 넓은 덕분이다

사람은 뼈가 보이지 않는다
굳이 보인다면 뼈의 사촌 격四寸格인
치아齒牙와 손톱 발톱 정도다
척추동물은 철저히 뼈를 감추고 있다
무엇으로 감싸고 있을까
근육과 살갗皮膚이다
말하자면 겉으로는 부드러운데
안은 강한 외유내강형外柔內剛形이다
그런데 조개를 비롯한 갑각류는
껍질이 단단한 반면 속살이 부드럽다
내유외강형內柔外剛形이다

(2)

8만4천 배내털이 뭘까
살갗에 나는 솜털이 아니다
머리에 나는 머리카락을 가리킨다
머리카락 숫자는 9만~12만 올 정도다
숱이 많은 경우 12만 올이지만
적을 경우 9만 올 미만이다
머리카락은 모태에서 태어난 뒤
서서히 그 숫자를 더한다
생후 첫돌을 맞이할 때쯤이면
까만 머리카락이 전체를 덮는다

여기 《부모은중경》에서
털오라기를 얘기하지 않고
8만 4천 털구멍毛孔을 들고 있다
털오라기 숫자와 털구멍 숫자가
반드시 일치해야 하는 것은 아니지만
일반적으로는 털오라기 수가 적은 편이다
살면서 중간에 빠지기도 하지만
아예 처음부터 나지 않는 경우도 있다
머리숱이란 유전적일 수도 있고
후천적일 수도 있다

보看고 지나過치지 말아야 할 것은
머리카락도 아니고
터럭도 아니다
속으로 깊숙이 털 뿌리를 내리고
겉으로 털 싹을 돋아나게 할
털구멍이 어디 있는가다
다름 아닌 살갗이다
착상 후 일곱 달이 되면
360개 뼈마디도 생길 것이고
8만 4천 털구멍도 생겨나겠지만
다른 현상은 살갗皮膚이 생김이다

거북선이 비록 잘 건조된 군함이지만
거북선 겉으로 두드러진
무쇠 돌기가 없다면
거북선의 가치는 반감할 것이다
이 무쇠 돌기들이 어디에 박혀 있는가
거북선 피부에 해당하는 덮개다
이 덮개가 내부의 군사들을 보호하고
밖으로 어떤 배라도 치받아
산산이 부숴버리는 기능을 지니고 있다

우리 몸 어느 것인들
소중하지 않은 게 있으랴만
뼈 못지않게 살갗은 중하고 또 중하다
살 안으로 360개 뼈마디가 있고
겉으로 8만 4천 털이 나더라도
살갗(살 겉) 없이 지탱할 수 있을까
사람에게 있어서 내골외피內骨外皮는
내골외모內骨外毛만큼이나 중하다
머리에 있는 모공이 8만 4천 개라면
몸 전체로는 100만 모공을 훌쩍 넘는다

피부가 생기면 동시에 모공도 생기고
모공이 생기면 터럭도 돋는다
배내에서는 머리카락 정도이던 것이
태어난 뒤 머리숱도 많아지고
온몸에 뽀송뽀송 솜털이 자란다
이 솜털은 소년 소녀 모두 다 자라지만
두드러지는 것은 소년들이다
사춘기思春期를 지나며
겨드랑이를 비롯하여
콧수염 턱수염이 자라면서
샅에도 제법 까만 털이 자라난다

겨드랑이와 콧구멍과 샅의 터럭은
남녀 다 자라지만 차이는 있다
젊어 왕성할 때의 남자들은
팔 다리 손등 발등 발가락에 이르기까지
새까맣게 털이 자라는 까닭에
누구 털이 더 실한가를 놓고
서로 자랑질을 하곤 한다
해인사 있을 무렵 강주를 맡으셨던
보광 큰스님께서는 30대 중반이셨고
우리는 대개 20대 중반이었다

내가 스물다섯 살 경반 때다
관음전 툇마루에 앉아
강주스님과 우리 제자들 몇몇은
맨발인 상태에서 서로 털 자랑을 하였다
보광 큰스님의 엄지발가락은
길쭉한 털이 숭숭 솟아나
우리 제자들을 부럽게 만들었다
나도 털이 적은 편은 아니었다고 보는데
보광 강주스님에겐 비길 수가 없었다
수컷들 자랑이 뻔하지 않을까?

수컷들 자랑이라 하니까
다들 긴장할 수도 있을 것이다
열린 공간에서 웬 샅 얘기냐 하겠지만
샅이란 기본적으로 두 다리 사이이고
틈새를 가리키는 순우리말이다
우리가 쓰는 말에 '샅샅이'가 있는데
이 '샅샅이'가 어디를 가리키는가
가랑이 사이 '샅'의 중복어 '샅샅'에다가
명사 접미어 '이'를 붙여 샅샅이가 되었다

살피기 불편한 샅과 샅 사이까지도
꼼꼼히 살핀다는 뜻에서
'샅샅이'라는 말이 생겨났는데
샅샅이의 '샅'은 일상에서 곧잘 쓰면서
여기서 거론하는 '샅'이 문제가 되겠는가
같은 말인데도 우리말로 쓰면
비속어라고 하여 문제를 삼으면서
영어나 한자를 빌려 쓰면
어느 누구도 자연스럽게 받아들인다
이를테면 똥과 대변이라든가
오줌과 소변을 놓고도 그러하다

나도 30대 40대 중후반까지는
목욕탕에 가도 정강이는 물론이려니와
발목까지 제법 까만 편이었는데
50대로 들어서고 60을 훌쩍 넘긴 뒤
60대 후반에 들어선 지금은
목욕탕에 가면 70대분들과 같아진다
다리털이란 털은 거의 다 빠지고
온통 뽀얀 정강이들의 집합인 듯싶다
신체발부 수지부모 불감훼상 효지시야
身體髮膚受之父母不敢毀傷孝之始也
인데 솔직히 훼상하고 싶어 훼상한 게 아니다

시간과 세월이라는 엄청난 폭군이
내 다리털을 강제로 뽑아갔고
내 겨털을 거의 다 뽑아갔다
까맣기만 하던 수염도 하얗게 만들었다
젊을 때는 가슴에도 약간의 털이 있었고
배꼽에도 기다란 털오라기가
특수한 형태로 까실거리곤 했는데
지금은 자랑할 게 전혀 없다
이런 빌어먹을 놈의 세월같으니라고

털이 없더라도 모공은 그대로일 것이다
배내 모공으로 돌아와 있을 것이다
다만 임신 일곱 달째가 되면
키는 35cm 정도에
몸무게體重는 1kg을 넘을 것이니
지금 내 몸무게에 비하면 67대 1이고
키는 4.7대 1에 해당하니까
모공 숫자도 분명 차이는 있겠지만
아무튼 점점 배내 시절로 돌아가는 듯싶다
'벤자민 버튼의 시계는 거꾸로 간다'는 게
이런 털구멍에서는 맞아떨어진다

그럼에도 불구하고 늦게까지 남아
뇌를 보호하는 머리카락과
눈을 보호하는 눈썹과
미세 먼지를 걸러내는 코털과
적에게 목을 보이지 않는 턱수염과
걷거나 달릴 때 심한 마찰로부터
겨드랑이를 지키는 겨털과
성性을 보호하는 거웃에 이르기까지
이들 털구멍과 함께 털의 역할은
그만큼 그 부위가 매우 소중한 까닭이다

사람에게서는 많이 퇴화했지만
100만여 올이 넘는 털이
온몸에 나는 것은
첫째 살갗을 보호하려 함이고
둘째 추위와 더위를 조절하려 함이며
셋째 남에게 멋지고 예쁘게 보이려 함이고
넷째 부끄러움을 감추려 함이며
다섯째 생명을 보호하려 함이라 본다
내 이 말이 틀렸다면 이는 나의 무지다
아무튼 살갗과 함께 털에게 고맙다

[식물에도 털이 있어 스스로를 보호한다]

제2편 정종분

제2장 오랜 은혜 너른 사랑

제1절 열 달 고생 6

어머니가 잉태한지 여덟달이 되어가면
감정이며 의지이며 앎과지혜 생겨나고
눈과귀와 코와입과 요도에서 항문까지
아홉개의 구멍들이 점점뚜렷 하느니라

이즉돈오理卽頓悟 승오병소乘悟倂消
사비돈제事非頓除 인차제진因次第盡
이치로 보면 한눈에 다 보인다
앉은 자리서 깨닫는다
그런 깨달음을 바탕으로 하여
마침내 소화시킬 수 있다
그러나 현실은 그렇지 않다
단박에 이루어지는 게 아니다
모든 사건은 시간을 필요로 한다
소요된 시간만큼 천천히 진행된다

윗글은《수능엄경首楞嚴經》말씀이다
정자와 난자가 만나는 순간부터
모태 내에 자리를 잡고
태어나기까지 38주 264일 동안
아기는 난태습화의 사생을 거친다
난생卵生 태생胎生 습생濕生 화생化生
네四 가지 삶生을 빠짐없이 거친다
보통은 생명의 탄생 과정을 구분하여
사생四生이라고들 알고 있다

《금강경》제3 '대승정종분大乘正宗分'의

구류중생九類衆生이 그것이다
그런데 여기《불설대보부모은중경》에서는
태중에 있는 동안 난생에서부터
태생, 습생, 화생을 모두 거친다
생물학적 견지에서 보면
모든 생명은 민물이나
또는 바다魚類에서 시작한다
그리하여 바다와 육지를 갈마드는
이른바 양서류兩棲類를 거치고
육지로 올라와 파충류爬虫類가 된다

파충류에서 일부는 조류鳥類가 되고
일부는 포유류哺乳類로 갈리는데
인간은 젖 먹여 기르는 포유류에 속한다
아무튼 모태 내에서 38주 동안에
여러 종류의 변화신變化身을 거듭하면서
마침내 온전한 사람으로 태어난다
물론 그렇다고 하여 태내에서
아기가 물고기가 되었다가
파충류로 변신했다가
조류가 되었다가 하는 것은 아니다

다양한 종種 스테이species stay를 통해
인간은 엄청난 지식을 축적한다
비록 짧은 순간이나마
다른 생명계를 경험하는 '종 스테이'
만일 모태 내母胎內에서의
이러한 종 스테이가 없었다면
인간은 '만물의 영장' 자리에서
진작 아웃되었을 것이다

다섯 달째는 머리와
두 팔 두 다리가 발달하고
여섯 달째는 눈 귀 코 입 혀 뜻이 생기며
일곱 달째는 뼈와 모공이 만들어진다
여덟 달에 접어들면서
뜻意과 슬기智까지 뚜렷해지고
얼굴의 일곱 개 감관 구멍과
허리 아래 두 배설기관이 뚜렷해진다

뜻意과 슬기智를
하나로 묶는 '의지意智'
그런 쓰임말用語은
아직까지는 사전에 올라있지 않지만

여기 《부모은중경》에서는
이 '의지'를 말씀하신다

뜻意과 슬기智는 이란성 쌍둥이다
같은 아버지 같은 어머니를 인연으로
같은 시간대에 태내에 머물다가
같은 날 같은 시간에 세상에 태어났다
하지만 성性sex을 달리하는 오누이다
이처럼 비록 성은 달리하나
뜻과 슬기는 아주 가까운 사이다

그렇다면 뜻意은 어떤 것이고
슬기智는 뜻과 무엇이 어떻게 다를까
이렇게 비유를 들면 좀 어떨까 모르겠다
이 둘은 물과 파도의 관계다
물이 만일 슬기라면 파도는 뜻이다
파도는 드러난 모습이고
물은 모습을 드러내지 않는다
그렇다고 물이 없는 게 아니고
모든 것이 다 파도인 것도 아니다
파도와 물은 두 모습이면서 결국 하나다

바다는 단 한순간도
물결波濤을 잠재운 적 없다
파도 없는 바다는 바다라 할 수 없다
파도에 높낮이와 강약強弱은 있을지언정
완벽하게 파도를 잠재운 적은 없다
따라서 눈에 보이는 것은 파도다
그런데 파도의 본질이 뭘까
말할 것도 없이 바다 그 자체다
뜻과 슬기도 이와 같다
어떤 뜻도 슬기의 드러난 모습이다

모태에 든 지 여덟 달째 접어들면서
아홉九 가지 기관竅이 자란다
아홉 가지 기관器官이란
앞의 뜻意과 슬기智가 표현되는 곳이다
생각 세계가 자유롭게 드나들고
슬기가 자연스레 표출되는 곳이다
요도와 항문은 으레 다른 기관으로서
몸 안에 쌓인 소화물을 배설하는 곳이다
모든 생명은 먹는 것 못잖게
반드시 배설하지 않으면 안 된다

섭취하는 가짓수는 매우 다양하지만
배설하는 종목은 단지 둘 뿐이다
하나는 소변이고 다른 하나는 대변이다
섭취한 것이 육류거나 어류거나
또는 산채, 야채, 과일이라 하더라도
배설물은 오직 두 가지 종류다
커피가 커피 그대로 배설되지 않고
쌀밥이 쌀밥 그대로 배설되지는 않는다
사람뿐만 아니라 모든 생명은
섭취물을 완벽하게 소화시켜 배설한다

일부 영양소를 에너지로 남겨둔 채다
영양소가 에너지로 남는데
이들 에너지가 없으면
손가락 하나 움직일 수 없다
비록 많은 양이 밖으로 배설되더라도
그 음식물에서 취하는 영양으로
생명을 유지해나간다
마치 다 타버릴 연료이지만
이들 연료가 에너지로 바뀌는 까닭에
갖가지 탈것과 또는 도구들이 움직이듯이

'먹는 만큼 배설하라'
이를 뛰어넘는 명언은 없다
들어오는 수입income 만큼이나
반드시 지출expenditure하라
이보다 더 좋은 수행은 없다
따라서 얼굴에 있는 일곱 구멍이
오직 챙기려는 중생의 시스템이라면
허리 아래 앞뒤 두 구멍은
오직 내놓으려는 보살의 시스템이다
이른바 중생 구멍과 보살 구멍이랄까

보살 구멍과 중생 구멍
중생 구멍과 보살 구멍
그런데 구멍보다는 시스템이 더 좋겠다
보살 시스템과 중생 시스템
중생 시스템과 보살 시스템

그러고 보니 꽤 재미있는 신조어다
중생 시스템 없는 보살 시스템이 없듯이
보살 없는 중생도 있을 수 없다
섭취하는 행위 없이 어찌 내놓을 거며
내놓지 못하는데 어찌 먹기만 하겠는가

모태에 자리를 잡은 뒤 여덟 달만에
이와 같이 훌륭한 시스템에 이르렀으니
만약 아홉 달째로 접어든다면
어떤 경지까지 갖출지 꽤나 궁금하다

제2편 정종분

제2장 오랜 은혜 너른 사랑

제1절 열 달 고생 7

어머니가 잉태한지 아홉달이 되어가면
태중아기 태내에서 먹을거리 찾게되니
복숭아와 배와마늘 과일들은 아니먹고
다만오직 오곡만을 먹으려고 하느니라

어머니의 장부들을 너는알고 있었느냐
아래향한 생장에다 위로향한 숙장사이
산이하나 솟았는데 그이름이 세가지라
수미산이 첫째이름 모양새가 그러하고

둘째이름 업산이니 원인이고 근간이며
셋째이름 혈산이니 핏덩어리 다름없네
이산한번 무너지면 어린태아 입안으로
엉긴피가 한꺼번에 흘러들어 가느니라

(1)

선택의 역사는 태내에서 시작되었다
어떤 음식을 먹을 것이며
어떤 옷을 입을 것이며
어떤 곳에 살 것인지
모태에서 선택하는 법을 배웠다
주는 대로 먹고
시키는 대로 하는 게 아니라
마음에 들지 않으면
거부할 수 있음을 자궁에서 배웠다

하지만 자궁은 한계limitation가 있다
대형 마트나 백화점에 가면
다양한 제품들이 진열되어 있다
먹을 것 씹을 것 마실 것을 비롯하여
입을 것 신을 것 덮을 것 두를 것이 있고
갖고 놀 장난감이 헤아릴 수 없다
자궁 내에서 선호도 1위가
시대에 따라 달라지게 마련이다
태아들은 무엇을 가장 갖고 싶어할까

태아들을 상대로 설문조사(?)를 했더니

첫째도 스마트폰이고
둘째도 스마트폰이며
셋째도 스마트폰이다
그런데 넷째가 가상현실VR이다
먹고 마시고 즐기는 것만이 아니다
스마트폰 하나가 4차 산업의 키워드다
스마트폰으로 모든 게 연결된다
"하이, 빅스비 메뉴 좀 열거해 봐."
스마트폰 똑똑한 비서 빅스비가 답한다

"어떤 메뉴로 하실까요?
첫째 한식이 있고
둘째 양식이 있고
셋째 중식이 있고
넷째 일식이 있습니다
그리고 다섯째 기타가 있습니다
몇 번째를 선택하시겠습니까?"
우물쭈물하다가 시간이 지나버리면
친절한 비서 빅스비는 다시 요청한다
어떤 경우도 짜증을 내지 않는다

"첫째 둘째 셋째 따위를

키보드에서 직접 찍으셔도 좋고
말씀해 주셔도 좋습니다
자, 몇 번을 선택하시겠습니까?
한식으로 할까요, 중식으로 할까요?"
그렇다고 해서 태중의 아기가
모유 외에 다른 것을 선택할 수 있을까
비타민vitamin의 산실인 과일일까
탄수화물carbohydrate의 보고 오곡일까
태중에서는 선택이 불가능하다

그래서 넷째 VR이다
버츄얼 리얼리티virtual reality
가상현실이 대안이라고 생각한다
겨우 아홉 달에 접어든 태아가 VR을?
4차산업시대 태교는 일찍 시작된다
세상에 태어난 뒤 교육은 이미 늦다고 본다
특히 우리나라 엄마들의 교육열은
태교라고 해서 무심할 수 없다
옛날 우리 선조들이 실천한 태교법
그 방법을 새롭게 하는 것이다

《부모은중경》에서는

태아가 음식을 가리려고 한다
복숭아, 배, 마늘, 과자 종류는 피하고
쌀, 보리, 콩, 조, 기장 등 오곡을 원하는데
산모로서 어떻게 해야 할까
쉽게 답할 수 있는 게 아니다
그런데 방향을 바꾸어
태내 아기와 더불어
산모와 가족들 마음만 맞으면
태교로서 얼마든 풀어가리라 본다

이를테면 태중의 아홉 달 아기가
스마트폰을 원한다고 해서
이를 태내 자궁에 넣어줄 수는 없다
물론 스마트폰 이외의 가상현실 장치를
태아에게 전달해 줄 수도 없다
비좁은 골방에서
자동차 내에서
좁은 사무실에서도
VR을 통해 대형 스크린으로
스포츠를 관람하고 NGC 다큐를 보듯
태아와의 생각 교류를 만들어갈 수 있다

이런 얘기를 하게 되면 대뜸 내게
'불교를 전하는 스님 맞느냐?'고 하겠지
스님으로서 《부모은중경》을 강의하는 게
맞기는 맞느냐며 얘기들을 할 것이다
서가모니 부처님 재세시在世時에
불모佛母였던 마야부인께서
싯다르타를 밴 뒤 실시한 태교가 있고
어린 학동들의 교재 《소학小學》에서는
맨 앞부분에 〈열녀전〉 말씀을 빌려
태교 이야기를 하나씩 펼쳐나가고 있다
매우 훌륭한 태교라고 생각한다

그런 정도라면 모르겠으나
세상에 이런 태교도 있느냐 하겠지만
이미 많은 신혼부부들을 비롯하여
장래 멋진 엄마 아빠를 꿈꾸는 젊은이들은
나름대로 내 생각보다 더 앞서서
그런 태교를 생각하고 있을 수 있다
아기에게 어떤 영양소가 넘치고
어떤 영양소가 부족한지
태내에서부터 편식하려는 아기들을
어떻게 하면 제대로 이끌지 생각할 것이다

사실 모태에 처음 착상했을 때부터
임신 29주~32주 차
여덟 달에 이르기까지
자라나는 태중 아기에게
영양이 공급되지 않는 것은 아니다
만약 그런 시스템이 없었다면
여덟 달이란 긴 시간을 무사히 지나
아홉 달로 접어들 수는 없었을 것이다
임신 33주~36주 차
아홉 달에 들어서면서
태아가 음식을 가리려 한다는 것은
이미 아기가 그만큼 성장했다는 증표다

임산부는 더 말할 것도 없이
아기 아빠를 비롯하여
산부인과 의사와 가까운 가족들이
지혜를 모아 아기의 건강을
하나하나 꼼꼼히 챙겨가야만 한다
《부모은중경》에서 아기의 식성을 얘기함은
아기의 식성을 설명하는 것만으로
경전의 할 일이 모두 끝나는 게 아니다
이러한 경우 부처님의 이 말씀이

생명을 연구하는 생물학 입장에서나
의학적으로 맞는지도 깊이 생각해야 한다

태어난 뒤의 건강은 매우 중요하다
그러나 태아의 건강은 더없이 소중하다
'세 살 버릇 여든까지 간다'고 한다
태아 건강은 세 살부터가 아니다
이보다 훨씬 앞선다
나는 감히 말한다
아기의 제대로 된 태교와
태아 건강의 바로미터barometer
영양營養nutrition 만큼은
아무리 강조하더라도
결코 지나치지 않다고 말이다

임산부가 임신 후 아홉 달에 집어드니
태아가 기호嗜好taste를 가린다
《부모은중경》을 읽어 본 분들도
이 소중한 대목을 그냥 무심코들 넘긴다
《부모은중경》을 강의하면서
우리 불자님들을 만나게 되면
먼저 《부모은중경》을 읽었는가를 묻고

이어 태아의 기호에 대해서 묻는다
33주에 접어든 태아unborn baby가
기호를 가리는데 어떻게 생각하느냐고
그런데 돌아오는 답이 참 재미있다

많은 분들이 앞으로
내가 여러분과 함께 공부할
열 가지 은혜에 대해서는 잘들 아는데
이 '열 달 고생彌月劬勞'가운데
특히 이 부분 태아의 기호는
깊이 생각해 보지 않았다고들 한다
심지어 《부모은중경》 번역본을 내고
강의본을 낸 스님들과
나아가서는 불교학자들마저도
이 문제는 거의 대수롭지 않게 여긴다

모태 중 삶이 없었더라면
인간이 만물의 영장일 수 있었을까
진작 아웃되었을 것이다
모든 생명의 역사를
짧은 순간에 두루 체험한
종種 스테이species stay라고

신조어까지 만들어가면서 얘기했듯이
태아의 기호는 너무너무 중요한 대목이다

(2)

아무래도 인체학이나
해부학을 깊이 연구해야 할 듯싶다
자전은 물론 사전에도 올라있지 않은
생장生藏과 숙장熟藏은 당연한 과제이고
생장에 속한 염통心臟이며
간肝臟과 지라脾臟 허파肺臟까지
하나하나 꼼꼼히 살펴보고
숙장에 속한 창자臟로서
밥통胃臟을 비롯하여
오줌보膀胱까지 연구해야 할 듯싶다

생장生藏의 장藏은
오장 장臟 자와 같은 말이다
물론 숙장熟藏의 '장'도 마찬가지다
그럼 생장은 무엇이고
숙장은 무엇일까
생장의 생生이 설 생生 자이기에
직역하면 '익지 않은 장기'다
익지 않았다면 끓는 물에 익히거나
뜨거운 불에 구울 때 그 익지 않음일까
이는 전혀 그런 뜻이 아니다

설 생生 자의 뜻은 '설다' '서툴다'이다
아직 완전히 익숙하지 않음이다
심장, 간, 지라, 허파 등
분명 소화기능의 장기이면서
아직은 완벽하게 소화되기 이전의
음식물을 받아들인다고 해서 생장이다
정말 그럴까는 나중에 다시 논하기로 하자
이에 비해 뒤에 나오는 숙장熟臟은
글자 그대로 익을 숙熟 오장 장臟이다

숙장은 익은 장기다
1차 소화가 다 끝난 음식물을
받아들여 완벽하게 소화시킨다 하여
익은熟 장기腸 숙장熟藏이다
이들 숙장에는 밥통胃을 비롯하여
작은창자小腸 큰창자大腸 곧은창자直腸
똥구멍肛門까지를 일컫는다
재미있는 장기가 있다
이들 생장과 숙장 사이에
엄청난 산 하나가 떡 버티고 있다
이 산 얘기는 말미에 살펴보기로 한다

몸속의 내장들로서는
식도와 기관이 있고
그 아래 허파肺가 있으며
간이 있고 간 밑에 쓸개가 있으며
쓸개 밑으로 밥통胃이 있다
'밥통'이란 순우리말이 오히려 낯설고
위胃라는 말이 훨씬 더 자연스럽다
밥통 밑에 다시 이자pancreas가 있고
작은창자가 6~7m나 이어져 있으며
밖으로 큰창자가 둘러 있고
곧은창자로, 그리고 항문으로 이어진다

심장 위로 오른쪽에 대동맥이 있고
왼쪽에는 대정맥이 있다
대동맥은 심장에서 혈액을 싣고
몸의 각 부분으로 나누며
사용된 혈액은 정맥 혈관을 통해
심장으로 다시 되돌아오는데
이 역할을 바로 대정맥이 담당하고 있다
심장 아래 우산 꼴 횡격막橫膈膜이 있고
그 아래로 지라, 이자, 콩팥이 있고
오줌관과 오줌보膀胱로 이어진다

허파라고도 불리는 폐肺lung는
산소酸素oxygen를 들이마시고
이산화탄소二酸化炭素를 내보내는데
갓난아기는 분당 약 40회 정도고
어른은 분당 약 20회 정도다
그렇다면 배내 아기는
1분에 몇 번 정도 호흡을 할까
어른은 1분 동안 마시는 공기량이
약 8리터인데 비해 어린이는 10리터다
이는 공기의 양일뿐이고 산소는 또 다르다

사람이 음식을 섭취하면
항문에 이르기까지 얼마나 걸릴까
입에서 잘게 씹은 음식물은
1분 뒤 밥통胃stomach으로 가고
4시간 뒤에는 작은창자로 간다
그리하여 8시간 뒤에는 큰장자로 가고
이 큰장자에서 빠르면 12시간
늦어도 24시간 뒤면 항문으로 간다
그렇다면 밥통이 숙장에 속한다는 말은
스스로 모순을 불러오는 논리라고 본다

작은창자는 인체의 화학자다
지방+이자액/리파아제=지방산 글리세롤
탄수화물+이자액/아밀라아제=포도당
단백질+이자액/트립신=아미노산
이처럼 이자액에 들어있는 소화효소들은
음식물 속에 들어있는
지방脂肪adipose과
탄수화물炭水化物carbohydrate
단백질蛋白質protein을
글리세롤 포도당 아미노산 등
다른 것으로 바꾸는 역할을 하고 있다

다시 한번 차분히 정리해 볼까
일반적으로 영양소라고 하면
단백질 탄수화물 지방이라는 삼대 요소와
이들의 변형인 아미노산, 포도당과
지방산 글리세롤을 들 수 있다
입에서 시작해서 항문에 이르기까지
각 소화기관에서 음식물이
소화되고 흡수되는 과정을 살핀다
입안에서는 침이 탄수화물을 포도당으로
위액은 단백질을 아미노산으로 바꾼다

포도당과 아미노산이
모세 혈관에 흡수되어 간으로 들어가면
간은 독성 물질을 낱낱이 분해하고
간 밑의 쓸개즙은 물에 안 녹는
지방의 흡수를 돕는다
췌장의 이자액은 지방을 비롯하여
단백질과 탄수화물의 소화를 돕는다
림프관으로 들어온 지방산과 글리세롤은
온몸으로 운반되어 에너지가 되고
나머지는 다시 지방과 만나
살갗皮膚 밑에 차곡차곡 쌓인다

작은창자의 장액腸液은
단백질과 더불어
탄수화물 지방을 완전히 소화시키고
작은창자 융털에서 영양소를 흡수한다
이에 비해 큰장자는 물을 흡수하고
물이 흡수된 음식물 찌꺼기는
점차 굳으면서 몽실몽실한 똥이 된다
그리고 이들 똥은 곧은창자를 통하고
항문 괄약근의 도움을 받아
몸 밖으로 새로운 윤회 여행을 이어간다

항문 괄약근이 얼마나 중요할까
괄약근에 문제가 생기면
변을 참지 못해
계속 질질 흐를 것이다
우리가 보통 똥이니 오줌이니 하는데
이는 항문이나 요도를 통해
몸 밖으로 나온 뒤 붙는 이름이고
체내에 있을 때는 똥 오줌이 아니다
항문 괄약근은 너무 소중해
이루 말로 다 표현하기가 어렵다

《부모은중경》에서는 느닷없이
산山mountain 얘기를 들고 나온다
생장과 숙장 사이에 있다는 산山 하나
미니어처miniature 수미산을 닮았다 하여
첫째 수미산須彌山이라 부르고
뭇 중생의 동기源因가 된다 하여
둘째 업산業山이라 부르며
아직은 온통 '핏덩어리'이기에
'셋째 혈산血山'이라 부른다는 것이다

이른바 부른다는 것은

주민등록상 이름이 아니라
그냥 그렇게 많이 불린다는 것이다
따라서 이들 세 이름은 단지 호號일 뿐이다
불교에는 삼반물三般物이 있다
첫째 그늘이 안 지는 땅이요
둘째 메아리가 안 울리는 산골이며
셋째 뿌리 없는 나무無根樹다
이 세 가지를 일컫는 말이 삼반물이다

이처럼 이 산에
세 가지 호三般名字가 붙는데
수미산, 업산, 혈산이다
호적에 오른 이름名이 아니다
명名이 문어체라면
호號는 구어체라 할 수 있다
그만큼 일반적으로 많이 알려진 게 호다
그렇다면 그 산은 어떤 산일까
경전 내용을 분석해 보면
태아를 산에 비유했다고 보인다
태아가 곧 수미산이고 업산이고 혈산이다

제2장 오랜 은혜 너른 사랑
제1절 열 달 고생 8

어머니가 잉태한지 십개월에 접어들면
바야흐로 모태에서 벗어나려 꿈틀대니
효성스런 녀석이면 두손모아 합장하고
어머니의 여린살을 다치잖게 하거니와

다섯가지 거스르는 못된녀석 이라하면
열달동안 머물렀던 고마움을 등진채로
어머니의 자궁벽을 마구마구 찢어놓아
표현할수 없는고통 느끼게끔 하느니라

손으로는 심장이며 간장까지 쥐어뜯고
다리로는 어머니의 엉덩뼈를 걷어차매
일천비수 꽂아대듯 일만송곳 찔러대듯
어머니의 아픔이란 말로할수 없느니라

이와같이 갖가지로 온갖고를 겪으면서
낳아주신 부모마음 어찌말로 표현할까
열가지의 중한은혜 다시위에 더있나니
크고넓고 높고깊은 어버이의 은혜니라

(1)

바야흐로 열 달이다
임신 38주 차 264일을 전후하여
임산부는 '몸풀기'를 준비한다
그리하여 41주 차 285일까지는
대부분 몸풀기를 마친다고 볼 수 있다
바야흐로 해산 통증解産痛症의 시작이다
물론 이들 통증은 누구나 다 겪는
일반적인 '해산 통증'이기에
경전 말씀의 다섯 가지五 거슬림逆과는
전혀 상관이 없는 통증일 뿐이다

낳느냐
태어나느냐
낳음은 산모 입장이고
태어남은 아기 입장이다
어느 쪽에서 보더라도 해산은
해산 그 자체가 제2 윤회의 시작이다
하나의 생명을 자궁 밖으로 밀어내고
모태 밖으로 빠져나간다는 것은
그리하여 엄마와 아기의 몸이
시공을 달리한다는 것은

아무리 생각하고 또 생각해도
참으로 지난至難한 일이 아닐 수 없다

생각해 보라
아무리 산모의 골반이
남성 골반에 비해 낮고 넓더라도
3.5kg 아기가 통과하는 게 쉬운 일이겠는가
좁은 산도를 쉽게 빠져나가겠느냐다
아니면 어미 거북이가 알을 낳듯이
그렇게 단숨에 낳겠느냐다
그래서 그런 말이 있다
"세상 일이 아무리 어렵다 한들
애 낳는 것보다 더 힘들겠느냐?"고

출산出産이란 말을 많이들 쓰는데
어원을 따져 들어가 보니
이는 일본어日本語에서 온 말이다
그래서 요즘은 출산이란 말을
해산이란 말로 순화해서 표현하고 있다
출산出産은 '낳다出'라는 타동사와
역시 '낳다産'라는 타동사의 복합이다
이에 비해 해산解産의 '해解'는

같은 타동사라 하더라도 성격이 다르다
'풀다解'는 해체와 분리와 별리의 뜻이다

이를테면 소牛를 잡는 이는
소의 뼈角에서 살을 발림刀이다
뿔角은 뼈가 아닌데 왜 뼈라고 했는가
소과의 동물들은 소를 비롯하여
양, 산양, 사슴과 심지어 버팔로까지
유일하게 몸 안에 있을 뼈 일부가
밖으로 돌출된 매우 독특한 동물들이다
보통 초식 동물들이 육식동물로부터
자신을 보호하기 위해 자연 선택된 것이다

풀 해解 자에 들어있는 뜻은
소의 해체를 의미하지만
이를 해산에 적용할 경우에는
앞서 보았듯이 엄마로부터의 분리이다
처음으로 정자와 난자가 만나
생명활동을 시작하면서
해산 전까지는 모자 한 몸母子一體이었다
이제 그간의 삶을 마무리하고
제2 윤회의 삶을 시작하는 것이다

태내에서 38주~41주 차의 삶이
한 생의 전체 과정이었다고 가정한다면
모태를 벗어나는 것은
인간으로서의 삶을 마감하고
저승으로 가는 것과 같은 패턴이라 본다
모태 내에서 열 달 동안의 변화 과정이
태어난 뒤 80년~90년 삶보다
훨씬 다이나믹한 과정이었다 할 것이다
정자 세포 하나와 난자 세포 하나가
한 장소에서 만나 겨우 열 달 동안에
몇조 배가 늘어났다면 이해할 수 있을까

세포 수만 늘어난 게 아니라
자궁에 착상할 때의 몸무게에 비해
해산할 때는 거의 3조 배다
오히려 세상에 태어난 사람들의 변화는
태중 기간의 100배를 더 살더라도
그렇게 엄청난 변화를 겪지는 않는다
아무튼 해산은 힘든 과정이다
해산을 다른 말로는 '분만分娩'이라 한다
분만의 '분分'은 앞서 보았듯이
엄마와 아기의 분리고 별리며 해체다

그리고 '만娩'은 '낳을 만'자인데
'암女 토끼兔 새끼 낳다娩'에서 온 말이다
따라서 처음에는 동물에게만 썼는데
언제부터인가 사람에게도 쓰는
그런 용어로 자리매김했다
분만에는 크게 3가지가 있는데
첫째 자연분만natural birth이고
둘째 제왕절개Caesarean operation며
셋째 수중분만water birth이다
어느 것이 좋은지는 답할 수가 없다

나는 《부모은중경》을 접하며
특히 이 대목에서 깊은 생각에 잠긴다
앞의 '효순지남孝順之男'이라는
차별적인 용어도 마음에 들지 않는데
뒤의 '오역지자五逆之子'라는 말은
단 한순간도 생각하고 싶지 않다
효순하는 아기와
다섯 가지 거슬림은
완벽히 다른 상대적 개념이다
효순이야 좋은 말이니 상관없다
하지만 문제는 '오역五逆'이란 단어다

오역은 '오역죄五逆罪'의 준말로서
(1) 아버지를 죽인 죄
(2) 어머니를 죽인 죄
(3) 스승을 죽인 죄
(4) 화합 승가를 깨뜨린 죄
(5) 부처님 몸에 피를 낸 죄를 가리킨다
여기서 '스승을 죽인 죄'는
'아라한을 죽인 죄'로 기록되어 있는데
아라한이란 연기법을 깨달은 성자다
나는 이를 스승이라고 표현했다

설에 따르면 오역죄를 지었을 때
무간지옥에 떨어진다고 한다
갓 태어나는 순수한 '아기보살'에게
오역죄의 굴레를 씌운다는 게 말이 될까
결론부터 얘기하면 옳지 않다
불교나 기독교나 또는 이슬람이나
'협박의 논조'가 다같이 문제라면 문제다
위경僞經이든 진경眞經이든
경 내용을 고칠 수는 없다
이렇게 강의를 통해 뜻을 펼치거나
주석注釋으로 생각을 표현할 수는 있다

나는 감히 말씀드린다
'어떤 아기에게도 오역죄란 없다
이를 사실화시키려 한다면
이게 다름 아닌 혹세무민惑世誣民이다'
혹세무민은 4가지 바라이죄 가운데
네 번째 망어중죄妄語重罪다
이를테면《부모은중경》이
망어중죄를 짓고 있는 셈이다
중세 기독교나 불교에서는
가능한 교리였겠지만 지금은 아니다
특히 아기에 관한 것이기에 혹세무민이다

오역죄를 지을 아기라서
입으로는 엄마의 자궁벽을 씹어대고
손으로는 엄마의 심장과 간을 쥐어뜯으며
다리로는 엄마의 엉덩뼈를 걷어차는 등
여러 가지 폭력을 휘둘러가며
일천 개의 비수를 꽂아대고
일만 개 송곳으로 찌르듯 한다고 한다
이는 오역죄를 지을 아기라서가 아니라
낳는 엄마의 해산고解産苦만큼이나
태어나는 아기의 고통도 크다는 방증이다

좁디좁은 산도産道를 통해
숨 막힐 듯 갑갑한 자궁을 벗어나려는
아기 몸부림이 산모에게 전해짐이다
곰곰이 한 번 생각해 보라
아기도 얼마나 힘이 들고 갑갑하면
그토록 용을 쓰고 몸부림치겠느냐 말이다
칭찬은 아름다움으로 만들어가나
비난은 씻지 못할 죄인으로 만들어간다
엄마나 고모나 혹 이모로부터
'넌 엄마를 참 힘들게 했지'라는 말을 듣고
우연히 이 경經의 대목을 보게 된다면
그의 기분이 어떠할 것 같은가?

나는 엄마들에게 고한다
제발 자녀들을 두고
'너 내 뱃속에서 나온 애 맞기는 맞아?'
'너 태어날 때 참 못되게 굴었지'
'내가 널 얼마나 힘들게 낳았는데 응?'
'내가 널 그렇게 키웠느냐'는 등
이런 공치사 따위는 정말 안 했으면 싶다

아무리 자식이 힘들게 한다 하더라도

그것도 갓난아기 때 얘기라면
첫째도 사랑의 눈길로
둘째도 사랑의 손길로
셋째도 사랑의 언어였으면 싶다

(2)

열 달 동안
내게 제공해 주신
어머니母 태胎
포근한 자궁子宮
마음껏 자라고
마음껏 휘저으며 놀았지

'유유십은猶有十恩'이라니
이리 아름다운 말이
세상에 또 있을까

모태에 들면서부터
모태를 벗어나
세상에
모습을
드러내기까지
하나에서 열까지
오로지 고마움이었지

자궁을 벗어날 무렵
그토록 어머니를

힘들고 아프게 만들었지만
오히려 어머니는 그 자식에게
베푸실 사랑이
아직도 열 가지란다

'유유십은'이라니
아직도 열 가지 은혜만일까
열 가지 은혜가
제곱으로 번져나가
1백 가지가 되고
1백 가지가
다시 제곱이 되어
1만 가지 은혜가 되고

1만의 1만은
1억으로 커지니
10의 8제곱 自乘이라

1억의 1억은
1경一京이니
10의 16제곱이고
1경의 1경은

곧 1구一溝로서
무릇 10의 32제곱이라네

아! 아!
머리가 아파오기 시작한다
하지만 말이다
어머니 은혜 얘기니까
슬그머니 빠지려 하지 말고
그래, 몇초 동안만이라도
시간을 주면 안 될까

1구의 1구는
1불가사의一不可思義이니
무릇 10의 64제곱이다

1항하사一恒河沙가
10의 52제곱이니
10의 64제곱이면
항하사 수數의 1조 배다
우리가 쓰는 '백억 항하사'의
백 배가 1조 항하사다

어머니 은혜가
여기 불가사의에서 끝날까
불가사의가
다시 1만으로 곱해지면
1무량대수一無量大數가 되니
10의 68제곱이다

아무렴,
아무렴이지
어머니 은혜는 무량대수지
아직도 남은 게
열 가지 은혜가 아니라
어머니 은혜는
아직 무량대수가 남았다

아니다
아니다
어머니 은혜는 골백이다

골백의 골이 뭘까
구글google이다
구글은

구글은
10의 100제곱이라나
10의 1억제곱이라나

구글의 순우리말이 골백이다
어머니 은혜가
열 가지나 남았다니
어머니 은혜 이야기는
아직 시작도 하지 않았는데

제2편 정종분

제2장 오랜 은혜 너른 사랑

제2절 노랫말 10수

제1수 회탐수호은

어머니의 크신은혜 첫번째로 말한다면
임신하여 아기집에 품어주신 은혜이니

여러겁을 내려오며 인연또한 깊고깊어
이번생에 다시와서 모태내에 의탁했네
개월수가 차가면서 오장육부 생겨나고
일곱달을 지나면서 여섯정기 열렸도다

불룩솟은 아랫배가 산악처럼 무거웁고
움직이고 멈출때에 찬바람이 겁이나니
비단옷이 있건마는 입어본적 언제런가
단장하는 거울에는 먼지만이 쌓여가네

'열 달 고생彌月劬勞'에서
하나하나 피력한 어머니 은혜를
한 수로 묶은 게 '회탐수호은'이다
그러므로 '회탐수호은'은
더 설명할 것이 없다

그런데 정말 그럴까
방금 첫돌 된 손녀가 다가와
무릎에 안기며 '하부지'라 불렀는데
그렇게 반가울 수 없더니
30초도 채 안 되어
다시 부르는 '하부지' 한 마디
아! 어쩌면 그리도 정겹고 귀여울까

하루에도 수십 번 수백 번씩
뒤뚱거리면서 다가와
품에 안기는 손자 녀석이
왜 그리 매번 새롭고 사랑스러울까
손자 사랑에 푹 빠진
한 거사님을 보며
생각에 잠긴다

《부모은중경》 '회탐수호은'도
펼칠 때마다
읽을 때마다
이렇게 늘 새로우면 안 될까

1925년 권상노 저작겸 발행자로
조선불교중앙교무원에서 펴낸
'은듕경恩重經' 찬불가
'회탐수호은懷耽守護恩'은
모친이 아이를 배어서
지키고 호위해 주시는
소중한 은혜를 노래한 작품이다
참고자료로 여기 싣는다

[찬불가 제일 회탐수호은]

제2편 정종분

제2장 오랜 은혜 너른 사랑

제2절 노랫말 10수

제2수 임산수고은

어머니의 크신은혜 두번째로 말한다면
갓난아기 낳으실때 고통받은 은혜이니

배냇속에 아기배어 열달퍼뜩 다가오니
해산날이 언제일까 불안하기 그지없네
아침마다 기운없기 중병든이 다름없고
한낮이면 정신줄을 놓은이와 흡사하네

두렵고도 겁난마음 표현하기 어려워라
근심섞인 눈물만이 작은가슴 가득하네
불안한맘 머금은채 친족에게 말하기를
이러다가 내가혹시 죽는것은 아니겠지

해산을 앞둔 임산부의 마음은
생각보다 복잡하다
어떻게 복잡할까
한 마디로 불안감이다
큰 일을 앞두고 일어나는 불안감
그런 불안감과는 전혀 다른
임산부만이 느끼는 게 있다고 한다
먼 길을 떠날 때 옛사람들은
반드시 자숙하고 경계하였다

음식을 조심하고
잠자리를 정갈하게 하고
몸으로 짓는 여러 가지 행동과
입으로 뱉는 언어와
생각마저도 조심하고 또 조심했다
하물며 하나의 생명체가
자신을 닮은 또 다른 하나의 분신을
제 몸으로부터 내놓음에 있어서
불안감이 없다면
오히려 그게 이상하지 않을까

나의 '기포의 새벽 편지'가

어느새 1,400회 가까이 이르렀고
새벽 편지를 쓰기 한 해 전에도
전체 몇 주 정도를 빼고는
거의 매일 글을 쓰다시피 했다
그렇다면 1,700여 회 넘게 쓰는 글이다
그럼에도 불구不拘하고
나도 글이 완성되기 전까지는
단 한 번도 불안감이 일지 않은 날이 없다

사실 글이야 마음에 안 들면
계속해서 고치고 고쳐가며 쓰면 된다
그러나 아기를 낳는 것은 전혀 다르다
내 속으로 낳는 내 아이라지만
아기가 태어나기까지는
설령 마음에 안 든다고 하여
원고 수정하듯 고쳐가며 낳을 수는 없다
그러니 으레 불안할 수밖에 없다
여기 《불설대보부모은중경》에서는
산모가 자신의 안위를 생각한다지만
어디 불안감이 꼭 자신의 안위뿐일까?

해산의 고통에 대해서는

이미 '열 달 고생'에서 설명하였다
거기서도 겉으로 드러내지는 않았지만
마음속에서 일어나는 불안감을
은근히 표현하고는 있었다
따라서 '제1수 회탐수호은'과
'제2수 임산수고은'에 대해서는
더 이상 설명할 이유를 느끼지 않는다
그렇다고 그냥 어물쩍 넘어갈까

어제 '기포의 새벽 편지'에서는
'회탐수호은'을 설렁설렁 넘기더니
오늘 기포의 새벽 편지도
또 어정어정 넘어가려고 한다며
내게 질책을 보낼 분이 있을 것이다
내 글은 SNS상에 올리는 글로는
상당히 긴 편에 속한다
'200자 원고지'로 옮길 경우
매일 20매에서 25매 분량은 된다

'200자 원고지' 얘기를 하면
더러 요즘 젊은이들은
그 길이를 잘 가늠하기 어렵다고 한다

오히려 그 보다는 A4용지로
몇 장이란 말이 더 이해하기 쉽단다
손으로 쓰는 글이 아니라
컴퓨터에 글을 쓰기 때문이다
스마트폰이 내 손에 들어오면서부터
나도 그 많은 양의 글들을
손이나 컴퓨터로 쓰지 않는다
스마트폰에서 써서 올리고 또 보낸다

사실 A4용지라고 하는 것이
반드시 글의 정량이 될 수는 없다
왜냐하면 글을 쓸 때
몇 포인트 크기로 쓸 것인가
산문체로 A4용지를 빼곡히 채울 것인가
시를 쓰듯이 왼쪽 정렬에 운문으로
절반 정도만 채울 것인가 따위에 따라
A4용지 수가 늘 수도 줄 수도 있다
칸으로 이루어진 원고지와는 다르다
게다가 A4용지를 채우는 법과
원고지를 채우는 법은
작문에서부터 이미 그 길을 달리한다
아무튼 긴 글에 익숙한 분들이

글이 짧아지면 걱정부터 앞서시나 보다
지난 여름 담도암 선고를 받고
6월 중순에는 끝내 수술을 하고
어느새 다섯 달이 가까워지면서
나름대로 항암제를 복용하고는 있지만
그보다 훨씬 더 소중한 약을
나는 매일 매순간 복용하고 있다
바로 페이스북서껀
밴드, 단톡, 개인톡에 이르기까지
보내주는 분들의 '마음의 명약'이다

어디 몸이 더 많이 아픈 거는 아닌지
식사는 꼬박꼬박 잘 챙기는지
수행자라며 계 좀 지킨다고
암환자에게는 반드시 필요한 영양소
단백질마저 멀리하는 건 아닌지
이런저런 마음을 소재로 빚은
세상에 흔치 않는 명약을 내게 보내온다
이렇게 고마운 분들이 지천인데
어찌 수행을 게을리할까 싶다

수행修行이란 게 뭘까

사전적 의미에서 더듬어 보면
행실과 학문과 기예를 닦음이며
깨달음을 얻기 위해
특정한 종교 행위를 하고
부처님의 가르침을 실천하며
불도佛道를 닦는 데 힘씀을 가리킨다
관능적인 욕구를 금하고
정신과 육체를 단련함으로써
정신의 정화를 바탕으로 하여
신불神佛과의 합일合一을 얻으려는
일체 종교적 행위를 다 수행이라고 한다

그런데 나의 수행 논리는 다르다
'수행'의 닦을 수修 자와 다닐 행行 자
어디에도 종교의 의미는 들어있지 않다
오히려 종교 의미의 초월이야말로
진정한 종교요 수행일 것이다
나의 수행의 논리는 매우 간단하다
마음을 가지런修히 함이고
육신을 차분行하게 움직임이다
이런 거 말고 다른 수행이 있다면
그는 그냥 덧붙인 말에 지나지 않는다

제2편 정종분

제2장 오랜 은혜 너른 사랑

제2절 노랫말 10수

제3수 생자망우은

어머니의 크신은혜 세번째로 말한다면
아기낳고 한숨돌려 근심잊은 은혜이니

자애로운 어머니가 그대몸을 낳으실때
오장육부 찢기는듯 연한살을 에이는듯
몸과마음 한가지로 정신줄이 끊어지고
흘리신피 너무많아 양을잡은 모습이라

갓난아기 건강하다 위로말씀 들으시매
반갑고도 기쁜마음 평소보다 배가하고
기쁜마음 쉬자마자 산후통증 다시도져
통절하고 아린아픔 심장까지 사무치네

사람 삶人生을 나눈다면
두 단락段落paragraph이다
첫째는 자궁 안에서의 삶이고
둘째는 자궁 밖으로 나온 뒤 삶이다
자궁 안에서의 삶이 40주
곧 280일 안팎이라고 한다면
자궁 밖의 삶은 대략 30,000일
평균 나이 82세 정도다

체류한 시간으로 따진다면
자궁에서의 삶이 밖에서의 삶에 비해
겨우 108분의 1에 지나지 않는다
그러나 변화 과정을 논한다면
자궁 안 삶이 자궁 밖 삶에 견주어
$108 \times 108 \times 108 \times 108 \times 108$배 만큼이나
엄청난 변화를 거쳤다고 할 것이다
삶의 형태는 변화가 근간이니까

생자生子는 어머니 입장에서다
낳을 생生 자는 동사가 맞으나
아들 자子 자는 주어가 아니라 목적어다
곧 아이子를 낳生는 것이다

영어나 중국어에서는 상상 밖이나
주어가 생략된 문장이다
우리말은 주어가 없어도 잘 통한다
누가 아기를 낳을까
주어가 엄마니 엄마가 낳는다

'엄마가 아이를 낳다'라는 글이다
그런데 만일 '생자生子'를
'자생子生'으로 바꾸면 어찌될까
문장에 담긴 의미는 180° 달라진다
엄마가 아기를 낳는 게 아니라
아기가 몸소 엄마의 자궁을 벗어나
산도를 통하여 세상으로 나가는 것이다
세상에 나가는 게 아니라
세상으로 나오는 것이라고?
아무튼 스스로 자궁을 벗어난 것이다

자궁은 어머니에게 있는 집이다
여성을 '우먼woman'이라 표기함도
자궁womb 지닌 사람man에서
무음 b를 탈락시키고
중복되는 m을 하나로 묶었다

그리하여 자궁을 지닌 사람이 되었다
우리말로는 '애기주 집웅'인데
이 자궁을 뜻하는 영어 Womb과
무덤을 뜻하는 Tomb은
앞의 첫글자를 달리할 뿐이다

이를 바탕으로 나온 말이
'요람Womb에서 무덤Tomb까지'다.
첫 글자는 대문자로 써야 제맛이다
소문자로 w와 t를 놓으면
자궁womb은 여전히 제맛을 지니는데
무덤tomb이 무덤 같지가 않다
비석의 이미지로는 t보다 T가 더 좋다
아무튼 엄마 자궁에서의 삶이
자궁 밖에서의 삶에 비해
체류 기간이 턱없이 짧기는 짧다

이제 그 삶을 마감하고
세상에서의 삶을 시작할 것이다
산모는 산모대로 불안하기 짝이 없고
아기는 아기대로 불안감과 더불어
새로운 세상에 대한 설렘이 있다

요즘은 산부인과에 가면
초음파를 통해 아기의 움직임은 물론
아기의 건강과 이상의 유무
심지어 아기의 성별까지 알 수 있다

태어날 아기가 딸이면 어떻고
아들이면 어떨까 싶기도 하겠지만
위로 내리 아들만 낳은 집안에서는
이번에는 예쁜 딸을 낳고도 싶을 것이고
위로 내리 딸만 낳은 엄마는
이번에는 잘생긴 아들을 바랄 것이다
그러나 그렇다고 그게 뜻대로 될까
글을 올리기 전 고치고 또 다듬듯이
아기를 그렇게 마음먹은 대로
이렇게 저렇게 수정해가며 낳을까

옛날 남아선호男兒選好 문화에서
결과를 알 수 없는 산모는
엄청난 스트레스에 직면했을 것이다
'내가 이거 애 낳다가 죽는 거 아닐까' 라는
산고보다 더 엄청난 통증이 있다면
알 수 없는 결과 때문이라고 생각한다

고명딸을 낳고 싶은데,
이번에는 꼭 아들이어야 하는데,
혹여라도 잘못된 아기는 아니었으면
하는 불안감은 으레 따라오기 마련이다

이런 상태에서 아기를 낳았다
아기는 매우 건강하다
이를 첫울음이 증명해준다
건강한 아기가 태어난 뒤에야
아들이면 어떻고 딸이면 또 어떨까
삼 가르고 탯줄을 자르고 목욕시키고
심호흡을 하고 난 산모는
바야흐로 평화로운 세상으로 빠져든다
'생자망우生子忘憂'는 산모의 마음 상태다
이를 일컬어 은혜라 할 수는 없다

바로 낳는 순산順産이든
거꾸로 낳는 난산難産이든
인공이 아닌 자연분만自然分娩이든
통증을 더는 수중분만水中分娩이든
제왕절개帝王切開를 통한
인공분만人工分娩이든 간에

일단 아기를 낳고 나면
불안감은 급히 줄어들고 평화가 깃든다
그렇게 해서 얻은 평화忘憂가
솔직히 은혜일 수는 없다

그래도 경전에서는
셋째 은혜를 '생자망우은'이라 한다
아기 낳을 때 그 고통과 함께
온갖 불안감을 떨쳐버린
산모의 마음 세계가 은혜일 수는 있다
그럴 일이야 만에 하나도 없겠지만
아기 낳은 통증과 불안과 스트레스를
갓 태어난 아기에게 마구 풀어버린다면
이를 당하는 아기 입장에서는
생각만 해도 여간 두려운 게 아닐 것이다
그러니 '생자망우은'이 맞기는 맞다

어떤 산모woman in childbed도
아기 낳을 때 겪은 그 고통을
엄청난 양의 흘린 피를
산후에 이어지는 온갖 통증을
갓난아기에게 돌려달라는 이는 없다

연한 살을 에듯
오장육부가 찢어지는 듯
아기 낳다가 정신 줄을 놓든
산후통증이 다시 도져 힘들더라도
'내 아픔 돌려다오'를 외치는 엄마는 없다

'생자망우은生子忘憂恩'에서
결코 그냥 넘어갈 수 없는 은혜가 있다
아기에게 돌리는 고마움이다
왜냐하면 아기를 낳는 산모만큼이나
자궁을 벗어나 제2의 삶의 터전
세상에 그 모습을 처음 드러내기까지
아기도 똑같이 산고産苦가 아닌
그야말로 '쌩고생生苦'을 겪은 것이다
산모는 이렇게 아기에게 감사할 일이다

생자망우발원문/기도문

아가야,
예쁜 아가야,
사랑하는 아가야!

태어나느라 참 고생이 많았구나
보석보다 더욱더 소중한
나의 아가로
우리의 아가로
이 세상에 정말 잘 왔生어!
넌 참으로 소중한 생명子이란다
나와 너와 그리고 우리 모두에게
평화忘憂를 가져다恩 주어서 고맙구나
아가야 사랑한다
사랑한다 아가야
우리 곁에 잘 온生 아가子야
너는 사랑과 평화忘憂의 씨앗恩이란다
사랑과 기쁨
슬기와 건강
그리고 행복이
늘 너와 우리에게 함께하리라
아가야! 사랑한다
많이 많이 사랑한다 아가야!

- 우리에 대한 너의 사랑만큼이나
너를 사랑하는 너의 엄마 아빠가 -

제2편 정종분

제2장 오랜 은혜 너른 사랑

제2절 노랫말 10수

제4수 연고토감은

어머니의 크신은혜 네번째로 말한다면
입에쓴건 삼키시고 단것으로 주신은혜

어버이의 크신은혜 깊고또한 무거워라
아끼시고 사랑하심 잊은적이 없으시네
달콤한건 뱉으시어 드시는바 없으시고
쓴음식은 삼키시되 표정하나 변함없네

사랑함이 중하시니 정을참기 어려웁고
은혜로움 깊으시니 연민함이 곱절이다
다만오직 바라는건 아기배를 불림이라
자모께선 배고픔을 마다하지 않으시네

아홉씨 갈래, 씨 가림/9품사九品詞

1. 이름씨/임씨/명사名詞
2. 대이름씨/대명사代名詞
3. 셈씨/수사數詞
4. 토씨/조사助詞
5. 움직씨/동사動詞
6. 그림씨, 어떻씨, 얻씨/형용사形容詞
7. 매김씨, 어떤씨, 언씨/관형사冠形詞
8. 어찌씨/부사副詞
9. 느낌씨/감탄사感歎詞

영어에는 8품사가 있는데 아래와 같다
1. a noun명사
2. a pronoun대명사
3. a verb동사
4. an adjective형용사
5. an adverb부사
6. an exclamation감탄사
7. a preposition전치사前置詞
8. a conjunction접속사接續詞

우리말에 없는 전치사와 접속사가 있다

셈씨數詞a numeral

토씨助詞a postposition

매김씨冠形詞a pre-noun

우리말에는 있는 수사, 조사, 관형사가

어찌하여 영어에는 없고

영어에 있는 전치사 접속사가

어떻게 하여 우리말에는 없을까

이게 《부모은중경》과 무슨 상관일까

같은 문장 '연고토감은'을 두고

어떻게 발음하느냐를 위해서다

어떤 이는 '연고토감은'이 아니라

'인고토감은'이 맞다고 하고

어떤 이는 지금까지

'연고토감은'으로 읽어왔으니

관습상 '연고토감은'이 맞을 것이라 한다

언어는 문화文化의 척도尺度이니

관습慣習을 무시할 수는 없을 것이다

'咽'은 3가지 새김이 있는데

첫째는 '목구멍 인咽'이고

둘째는 '목멜 열咽'이며

셋째는 '삼킬 연咽'이다

'목구멍'은 으레 이름씨고
'목메다'는 그림씨, 또는 그림움직씨며
'삼키다'는 움직씨이기 때문에
어떻게 새기고 발음하느냐에 따라서
그에 담긴 뜻이 확연히 달라지게 마련이다
'목메다'는 어찌씨로 읽히기도 한다
요즘은 '무슨씨' '무슨씨' 하는 우리말이
명사名詞니 동사動詞니 하는 말로
'한자의 한글 표기'로 되돌아갔다

씨가림은 한 때 많이 쓰던 우리말 품사다
그림씨形容詞와 어찌씨副詞도
마찬가지로 많이 쓰곤 했는데
언제부터인가 기억은 잘 나지 않으나
아쉽게도 사전에서 유의어로만 남아있다
은중경 '연고토감은咽꿈吐甘恩'을
일반적으로 '목구멍 인咽'으로 새길 것인가
특별하게 '목멜 열咽'로 새길 것인가
관습 따라 '삼킬 연咽'으로 새길 것인가

이름씨 '목구멍 인咽' 자로 새기면
'인고토감은'이 될 것이고

그림움직씨 '목멜 열咽' 자로 새기면
족보에 없는 '열고토감은'이 되고
움직씨 '삼킬 연咽' 자로 새기면
은중경의 '연고토감은'으로 읽게 된다
만일 움직씨 '삼킬 연'으로 읽으면
'괴로울 고苦'가 목적어가 되는 까닭에
자연스레 '연咽'이라는 움직씨로 읽힌다

그러나 '인고토감은'으로 읽으면
인咽은 '목구멍 인'이기에 주어가 되고
주어가 되면 뒤에 따르는 '고苦'는
목적어에서 술어로 자리가 바뀌게 된다
그때는 '쓴 것'이라는 음식의 맛이
목이 '아프다' '따갑다' '괴롭다'와 같이
전혀 다른 뜻으로 풀이가 되고
'토감吐甘'도 '단 것을 뱉다'에서
완벽하게 다른 뜻으로 바뀌게 마련이다

따라서 지금까지 평소 많이 알려진
'목구멍 인咽' 자로 읽기보다는
전체 문맥과 잘 어울리는
'삼킬 연咽' 자로 읽는 게 옳다고 본다

목인咽이 아프꿈苦게 토해토吐낸 단甘 것보다
'쓴꿈苦 것은 삼키咽고 단甘 것은 뱉토吐는' 게
이 글이 담고 있는 문장의 뜻이듯
한자를 읽을 때도 그리 읽어야만 한다
어려운 한자 읽기에서 되려 맛이 느껴진다

아마 요즘 이런 글을 접하면
무엇보다 위생을 먼저 들고 나올 것이다
젖먹이 때는 모유나 분유를 먹이고
이유기離乳期에는 이유식을 먹이고
이유식이 끝나면 끝나는 대로
반고형半固形 음식을 먹이면 되는데
왜 입 안의 음식을 뱉어 먹이는가
가령 달콤하고 맛있는甘 게 있으면
처음부터 아기에게 먹이면 되지 않겠는가

지천으로 널린 게 먹고 마실 것들인데
엄마는 왜 맛없는꿈苦 음식만을 찾고
먹다가 맛있으면 얼른 뱉어두었다가
아이가 배고플 때를 기다려 먹일 것인가
입 안에는 700여 가지 세균이 있다
치태齒苔 dental plaque 1g 속에

1,000억 마리 세균이 산다는 걸 아는가
입 안에는 1조 마리 세균이 우글거리는데
씹던 것을 숟가락에 그대로 뱉어
아기에게 준다는 것이 과연 괜찮을까

그러나 어떤 의사들은 얘기한다
사랑이 듬뿍 담긴 엄마의 에너지는
이들 세균을 이로운 균으로 바꿔준다고
인간의 몸은 온통 세포 집합체이고
세포와 세균은 사촌쯤 된다고
그리하여 세균이라 하면 나쁘게 생각하고
세포라 하면 신비롭게 여기고 있는데
세포가 곧 세균이고 세균이 곧 세포란다

맞는 말인지 모르겠는데
물론 세포 속에 자리한 DNA와
세균과 관련된 바이러스는
사실 엄청난 차이를 이루기는 하지만
그래도 '연고토감咽菇吐甘' 해석은
종전과 다르게 바뀔 필요가 있다

아기에게 먹이고 싶은 것은

먹을거리, 마실 거리도 있겠지만
엄마 아빠의 사랑을 뛰어넘는 것은 없다
사람이 사람을 사랑할 줄 알고
사람이 사람을 보듬을 줄 아는
넉넉한 마음을 갖도록 길들임이다
옛날, 얼마나 먹고 살기가 힘들었으면
아이 입에 밥 들어감을 으뜸으로 쳤을까

'연고토감咽苦吐甘'
'맛없는 것은 어머니가 삼키고
맛있는 것은 뱉어 자식에게 먹이다'
앞으로 이런 일이 절대 일어나서는 안 된다
가령 이와 같은 상황을 만들어간다면
그들에게는 엄마 자격도 없고
으레 아빠 자격도 없다
아내와 자식을 비롯하여
소중한 가족을 굶기는 일은
어떤 경우도 결코 정당화될 수 없다
따라서 '연고토감은'은 교체되어야 한다

'부모은중경'의 열 가지 은혜 중에서
제1수 회탐수호은懷躭守護恩,

제2수 임산수고은臨産受苦恩,
제3수 생자망우은生子忘憂恩은
생활경제와는 전혀 무관한 은혜이지만
제4수 연고토감은咽苦吐甘恩은
경제와 직결된 바로미터barometer다
쓴 것은 삼키고 단것은 뱉어 먹이는
그런 엄마 아빠의 행동은 은혜가 아니다

경제적으로 넉넉하고
삶이 활기차고 슬기로우며
온 가족이 행복과 기쁨을 자아내고
늘 잔잔한 이야기가 있고
화사한 웃음이 있고
깊은 사색이 있고
철학이 있고
문화가 있고
역사가 있고
하여 참으로 알찬 가족
그런 은혜로운 가족의 삶이
이 은중경 열 가지 은혜 항목에
시나브로 새롭게 들어가야 한다고 본다

제2편 정종분

제2장 오랜 은혜 너른 사랑

제2절 노랫말10수

제5수 회건취습은

어머니의 크신은혜 다섯째로 말한다면
마른데는 아기뉘고 젖은데에 드신은혜

어머니의 당신몸은 백번천번 젖더라도
아기일랑 어느때나 마른데에 뉘시옵고
양쪽젖을 번갈아서 아기배를 불리시며
찬바람을 쐬일새라 소매로서 가리시네

어린아기 돌보느라 깊은잠을 한번자랴
둥개둥개 두리둥개 안아주고 달래시네
아기만약 편하다면 무엇인들 사양하며
어머니의 몸과마음 피곤한들 어떠하리

이른바 뽀송뽀송함乾과
척척함濕은 같은 세계 다른 모습이다
사람은 누구나 척척한 곳보다는
뽀송뽀송한 곳을 찾는다
양수로 가득한 자궁 내에서
삭막하지 않게 살아온 까닭에
축축하고 척척함이 더 익숙할 듯싶으나
아기도 젖은 자리는 싫어한다
어쩌면 열 달 동안 살아왔기에
뽀송뽀송한 곳을 좋아할지도 모른다

똑같은 똥糞 오줌일지라도
몸 안에 있을 때는 오물汚物이 아니나
일단 몸 밖으로 배설된 뒤에는
보기 싫고
만지기 싫고
냄새 맡기 싫은
오물이 되어있음은 사실이다
그런 까닭에 아기는 이미
자기 똥오줌으로 척척하지만
그런 자리에 있는 것이 싫다

아기가 싫어하는 것을 어떻게 알까
첫째 표정이 다르고
둘째 울음소리가 다르다
표정이 다르다는 것은
잘 놀고 잘 웃다가 얼굴이 빨개지고
때로 표정이 굳어지기도 하는데
이는 응가할 때 힘을 주기에
얼굴이 빨개지는 것이며
척척함 때문에 표정이 굳어진다
울음소리가 다르다는 것은
아기 욕구가 그만큼 다양하다는 것이다

아기를 이미 여럿 낳은 엄마는
아기 울음소리를 듣는 것만으로도
젖을 달라는 것인지
졸리다는 것인지
똥오줌이 마렵다는 것인지
기저귀를 갈아달라는 것인지
아니면 같이 놀아달라는 것인지
새로운 공포에 접해있다는 것인지
충분히 알아듣고 느낄 수 있다고 한다
그런데 초보 엄마는 그게 그리 쉽지가 않다

첫아이나 둘째 아이일 경우
거의 엄마들은 울음소리만으로는
아기의 요구사항을 모른다
그래서 아기가 울 때
아기 입가에 손가락을 갖다 대면
젖 달라는 아기는 손가락이 닿는 대로
고개를 돌려 손가락을 빨려고 한다
소위 배가 고프다는 신호다
똥오줌을 눈 아기는 계속 울기만 한다
그때 기저귀를 살짝 만져보면
열十中에 여덟아홉八九은 질퍽하다

아기 언어는 울음 그 자체로써 구분한다
'옴唵'은 그 빛이 희고 순수하며
하늘이 처음 열리는 소리며
명상과 축복의 소리며
지혜와 자긍심의 소리며
정토淨土를 지향하는 소리다
하지만 아기 울음 언어는 이 '옴'에 앞선다

고고지성으로 낸 첫울음은
단순하게 응애응애였다

응애응애는 모든 아기의 공통어다
중국 아기 울음이 다르고
미국 아기 울음이 다르고
러시아 일본 아기 울음이 다르며
우리나라 아기들 울음이 다르지 않다

응애응애에서 시작된 이응[ㅇ]이
미음[ㅁ]받침으로 발전한다
그리하여 '엄'을 토하고
동시에 '맘'을 토해내게 된다
엄에서 토씨 '아'가 붙어 '엄마'가 되고
맘에서 토씨 '아' 또는 '이'가 붙어
'맘마mamma'가 되고
때로 '마미mammy'가 된다
맘마는 영어로 엄마다
중국어도 마마mama는 엄마다
우리말로 맘마는 밥이며 먹을 것이다

아기 울음은 크게 여섯 가지 정도인데
첫째 배가 고플 때 울음이 있고
둘째 졸릴 때 울음이 있으며
셋째 척척할 때 울음과

넷째 외로울 때 울음이 있다
다섯째 몸에 통증이 있을 때 울음이고
여섯째 공포 때문에 우는 울음이다
이를 거꾸로부터 살펴보면
여섯째는 낯가릴 때 두려워서 운다

나처럼 위로 머리카락이 없고
수염이 더부룩한 얼굴이 다가오면
아기는 두려움에 자지러진다
눈을 다른 곳으로 돌리지 않으며
상대방과의 거리를 정확하게 판단한다
이른바 '도주거리逃走距離' 때문이다
모든 생명에게는 두려움이 있다
이를 도주거리flight distance라 한다
아기는 낯선 얼굴이 멀어지면
언제 그랬냐는 듯 바로 울음을 멈춘다

다섯째는 통증으로 우는 아기다
날카로운 비명과 함께 길고 높게 운다
열이 나거나 복통이 있거나
날카로운 것에 긁히거나 했을 때다
넷째는 혼자 있거나 외로울 때 우는데

잠에서 깨어나 주변에 아무도 없으면
낮고 작게 울며 칭얼대기 시작한다
엄마 아빠를 비롯하여 가족들이
옆에서 관심 갖고 놀아줌이 명약明藥이다
셋째는 '회건취습은'에서 다룰 명제다

둘째는 졸릴 때 재워달라며 우는 것이다
칭얼대는 것이 외로울 때와 비슷하나
눈물 없는 울음으로 '마른 울음'이다
눈을 감았다 뜨기를 여러 번 반복하고
주먹으로 눈 주변을 자주 문지르며
머리를 엄마 가슴에 깊이 박는다
첫째는 배고파 울 때 울음인데
이는 앞의 5연에서 잠시 언급하였다

다시 오늘의 명제 '회건취습은'이다
아기 엄마는 자기가 몸소 낳은
소중한 자기 아기의 똥오줌이기에
더럽다는 느낌에 선행하는 사랑이 있다
따라서 손으로 만질 수도 있다
그러나 아기의 표정은 복합적이다
몸속에 계속해서 담아둘 게 아니었기에

오줌 누고 똥을 누었을 때는
기분 좋고 생기 도는 그런 표정이다

그러나 시간이 흐르면서
스스로 척척함과 불편함이 더해져
가끔 이상야릇한 표정을 짓는다
그러다가 어느 순간 느닷없이 울어버린다
아기의 울음은 불편함을 호소함이다
울음의 높낮이가 매우 규칙적이고
숨을 쉴 때 울음이 간헐적으로 끊어진다
아무튼 갑작스런 울음 때문에
당황하는 초보 엄마 아빠도 있는데
이때는 우선 당황하기에 앞서
기저귀를 한 번 살펴볼 필요가 있다

기존의 기저귀를 벗긴 뒤
아기 엉덩이를 깔끔하게 닦아주고
새로운 기저귀로 갈아주면
대부분 아기는 곧잘 잠에 빠진다
왜냐하면 배설 욕구를 만족시키는 일은
섭취 욕구의 채움만큼이나
생명에게 평온을 선물하기 때문이다

그때는 어떻게 하면 좋을까
옛날과 달리 방도 침대도 여러 개다

엄마가 젖은 자리 누울 일이 없고
아기에게 마른자리 골라 뉠 일이 없다
아기에게도 위생이 중요하듯
산모에게도 엄마에게도 위생은 필수다
엄마가 병들면 아기는 누가 돌볼까
옛날 가난한 단칸방이 아니라면
엄마도 아기도 건강을 위해
뽀송뽀송한 마른자리에 눕고
반드시 마른자리에서 생활해야 한다

어떤 경우도
아기 못잖게 소중한 엄마다
또한 아기를 위해서도
엄마 스스로의 건강이 필요하다
굳이 험한 자리를 선택하고
축축하고 척척한 곳만을 찾아
스스로의 건강을 해쳐서는 안 된다

제2편 정종분

제2장 오랜 은혜 너른 사랑

제2절 노랫말10수

제6수 유포양육은

어버이의 크신은혜 여섯째로 말한다면
젖먹이고 품에안아 길러주신 은혜이니

어머니의 크신은혜 이땅에다 견주리까
아버지의 높은은덕 저하늘에 비기리까
덮어주고 실어줌이 하늘땅과 같은지라
아들딸을 사랑하는 부모마음 다를손가

두눈모두 없더라도 미워하는 마음없고
손과발이 불구라도 싫은마음 전혀없네
태중에서 길러내고 몸소낳은 자식이라
하루종일 아껴주고 또한사랑 하시도다

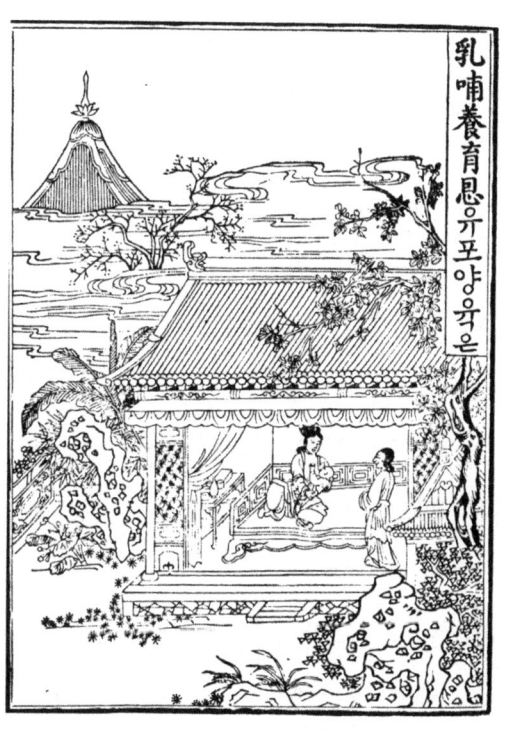

'유포양육乳哺養育'은
인간이 포유류哺乳란 방증이다
포유류란 글자 그대로 젖먹이 무리類다
척추동물문脊椎動物門이며
포유강哺乳綱에 속하는데
포유강을 달리 짐승강綱이라고도 한다
아무튼 젖먹이 동물의 총칭이 포유류다
큰뇌大腦가 아주 잘 발달하여
동물 중에서는 가장 고등高等하다

새류鳥類나 물고기류魚類는
젖을 먹여 기르지 않는다
태어나는 과정도 포유류와 다르지만
성장하는 과정에서도
새나 물고기 종류는
젖먹이라는 연결고리가 없다
그렇다고 해서 그들에게
젖꼭지까지 없는 것은 아니다
퇴화해서 거의 눈에 띄지 않을 뿐이다

'어미와 새끼가 젖으로 이어져 있다'
이를 뛰어넘는 관계성이 있을까

생각해 보라
얼마나 신비한 일인가
어미와 새끼가 자궁에서 분리되어
각자 다른 개체로 숨을 쉬면서
한 녘에서는 새끼에게 젖을 먹이고
다른 한 녘에서는 어미에게서 젖을 먹는
이처럼 젖을 주고 젖을 빠는 행위가
둘의 관계를 얼마나 가까이하고 있는지

그럼에도 불구하고
나는 젖 유乳 자를 접할 때마다
인간은 어디에서 왔으며
어떤 과정으로 이렇게 왔는지
그리고 어렸을 때 당신의 젖을 물리던
어머니 생각을 떠올리곤 한다
어려서 우리는 곧잘 이런 질문을 했고
이 질문을 묘하게 잘 피해나가는
우리 어머니들을 보면서
생명의 소종래所從來라는 게
꼭 종교적이지만은 않다는 것이다

엄마! 전 어떻게 태어났어요?

으음! 거시기 다리 밑에서 주워왔어
거시기 다리가 어딨는데요?
글쎄, 거시기 다리가 어디더라!
아들아, 어떻게 하지?
정확하게 기억이 잘 안 나네
뻥이지요 엄마?
어떻게 아들 주워온 데를 잊을 수 있어요?
뻥이라니, 아니야, 뻥 아니야
공교롭게도 너 주워올 그 무렵에는
항법장치navigation가 작동을 안 했거든

어린 동생 질문에 답하시는 엄마를 보고
옆에 있던 고3 형이 한마디 거들었다
그래, 엄마 말이 맞아
나도 그 자리에 있었는데
마침 지나가던 제비가 널 보더니
강보에 싸인 채로 입에 물고 날더라고
대관절 어디로 가나 했더니
단숨에 우리 아파트까지 날아와
아파트 현관 앞에 너를 내려놓고 갔어

형 얘기를 들으니 그럴 듯했다

문제는 제비였다
제비가 얼마나 컸으면
포대기에 싸인 아기를 입에 물고
하늘을 날았느냐는 것이다
아니면 아기가 얼마나 작았을까 싶다
꼬마 아들이 물었다
엄마 그때 전 얼마나 컸어요?
엄마를 대신해 형이 답했다
내가 보기에 아마 100g 미만이었을 걸
에이, 뻥! 내가 그렇게 작았다고?
넌 완전히 미니어처miniature였지!

아기 탄생과 관련된 설화說話 이야기는
우리나라나 서구나 비슷한 데가 있다
우리나라는 제비 오는 삼진날
아기를 낳게 해주는 신에게 빌었다
'튼실하고 건강한 아들을 낳게 하소서
세상에서 가장 예쁜 딸을 주소서
부모에게는 효도하고
형제간에는 우애가 있고
훌륭한 이름을 세상에 떨치며
나라에는 충성스런 아이를 주소서' 하고

여기에는 두 가지 설이 있는데
아기를 점지占指해 주는 신불神佛이
첫째는 제비가 오는 날 같이 오게 되면
그 신에게 아기를 직접 점지해달라 했고
둘째는 아기를 낳게 하는 신에게
미리 간절한 기도를 올리면
이 신이 제비가 오는 날
건강한 아기를 데려다 준다는 것이다
이는 젖 유乳 자 파자破字에도 담겨 있다

젖 유乳 자는 '뜻모음會意 문자'다
새 을乙 자와 미쁠 부孚 자의 조합으로서
새 을乙 자가 변으로 붙을 때는
숨을 은乚 자로 제 형태를 살짝 비튼다
그리고 미쁠 부孚 자는
믿을 부孚 자로도 새기는데
미쁘다는 말이 믿음성이 있다는 뜻이다
미쁠 부孚 자는 다시 두 글자의 조합인데
손톱[발톱]爪과 알子의 만남이다

제비乚가 알을 부화孚하기 위해서는
발톱爪으로 알子을 살그머니 끌어당겨

제 몸의 따스한 털로 알을 깔 때까지 품는다
대개 모든 조류들이 비슷하지만
제비는 일반적으로 한 해에
두 번 알을 낳고 알까기孵化를 한다
첫 번째 알까기는 알 품는 일수가
대략 19~20일 사이이며
알을 깐 뒤 3주, 약 20~21일이 지나면
둥우리와 함께 어미 곁을 떠나게 된다

두 번째로 알을 낳고 알을 까는 기간은
첫 번째에 견주어 하루씩 줄어든다
알을 품는 일수가 18~19일 정도라면
알을 깐 뒤 19~20일이 지나면
역시 둥우리와 함께 어미 곁을 떠난다
어찌하여 두 번째 산란 부화 때는
날짜가 하루씩 줄어드는지는 잘 모르나
삼짇날 온 제비는 날씨가 풀리기 전으로
그만큼 알 낳고 알 까는 날이 길지만
한여름에 알 낳고 알 까는 제비는
날씨만큼이나 줄어드는 게 아닐까 싶다

서구에서는 황새와 관련된 이야기가 있다

황새를 스토크stork라 하는데
이 스토크가 아기를 배달해준다고 한다
2016년 12월 8일 우리나라에서
성황리에 개봉된 애니메이션 영화
니컬러스 스톨러 감독의 《스토크stork》
아기를 원하는 사람이 엄마 아빠거나
형이나 누나, 또는 다른 가족이
자기 소원을 적어 우편물로 띄우면
그때 아기가 주문 생산되고
이를 황새가 배달해주는 시스템이다

우리네 아기 출산 문화에서는
'거시기 다리 밑에서 주워온 설'이 있고
한문 문화에서는 제비가 신불神佛의 명을 받아
아기를 물어다 주는 것으로 되어있다
설화에서 보면 제비는 박씨를 물어왔다
그 박씨가 우리 인류의 조상이다
고대 신라의 탄생설화에 등장하는
박혁거세 성이 박씨라면
박씨를 물어온 제비가
바가지 박씨가 아닌
한민족 인류의 조상 박씨일 수도 있다

아무튼 이 '제6수 유포양육은'은
부모님 자식 사랑의 극치다
아기가 비록 온전하지 못하더라도
그 자식을 사랑하는 엄마 아빠의 마음은
상황에 따른 아픔은 있을지언정
자식에 대한 사랑마저 준 것은 아니다

나무 부모보살 마하살
나무 부모보살 마하살
나무 엄마 아빠보살 마하살

제2편 정종분

제2장 오랜 은혜 너른 사랑

제2절 노랫말10수

제7수 세탁부정은

어머니의 크신은혜 일곱째로 말한다면
더러움을 씻어내고 세탁하신 은혜이니

지난날의 고운얼굴 꽃보다도 우아했고
고운맵시 예쁜애교 견줄수가 없었어라
어여쁘게 그린눈썹 비취버들 함께한듯
두볼에핀 보조개는 연꽃마저 주춤했지

은혜더욱 깊을수록 비취살결 빛을잃고
빨래하랴 씻기시랴 반룡손길 거칠었네
다만오직 위하는건 아들딸의 사랑이라
어머니의 연꽃얼굴 이와같이 바뀌셨네

오스트리아 정신분석학
지그문트 프로이트(1856~1939)의
오이디푸스 콤플렉스 심리 때문일까
아주 특별한 경우를 제외하고
어린 아들에게 있어서
가장 아름다운 여인이 누굴까
두말할 것 없이 그녀는 곧 엄마다
아들은 의식意識 너머 저 밑바닥에
어머니를 품는 동시에
어머니의 남자인 아버지를
경계하고 멀리하는 그런 심리가 있다

이《부모은중경》에는 기록이 없지만
어린 딸에게 있어서도
상식적으로 표현할 수 없는 게 있다
이를 카를 구스타프 융(1875~1961)의
심리학 용어를 살그머니 빌린다면
'일렉트라 콤플렉스'라 한다
가령 두서너 살 어린 딸에게
가장 멋진 남자를 고르라 한다면
열에 여덟아홉은 분명 아빠일 것이다

그래서일까
유튜브에 들어가서 보니
어떤 예쁘고 아주 어린 소녀가
닭똥보다 더 진한 눈물을 뚝뚝 떨구며
엉엉 소리내어 서럽게 흐느낀다
왜 그렇게 우느냐고 물으니까
돌아온 답이 아주 간단하다
아빠를 너무너무 사랑하여
마침내 아빠와 결혼하려 했는데
그가 이미 엄마와 결혼했기 때문이란다

어찌 된 게 내게는
오이디푸스 콤플렉스도 맞지 않고
일렉트라 콤플렉스조차도
나와는 분명 상관이 없다
왜냐하면 나는
어머니에 대한 사랑만큼
아버지에 대한 믿음과 사랑이 컸다
나는 이제까지 주로
어머니에 대한 사랑을 얘기하지만
짐짓 말하지 않을 뿐이지
아버지에 대한 내 사랑은 무한하다

나는 어머니로 인해
아버지를 미워한 적이 있었다
너무 미워 막다른 생각까지 했다
이는 어머니에 대해서도 같은 편이다
아버지가 돌아가시면서
마지막으로 어머니에게 남긴 말씀이
결국 어머니의 평생 한을 풀어
다시는 아버지 말씀을 하지 않으셨지만
그전까지 어머니는 자식들 앞에서
아버지에 대한 불만을 끝없이 토해내셨다

내 알기로
아버지는 어머니에 대해
언제나 미안한 마음이 있으셨기에
어떤 경우도 자식들 앞에서
어머니에 관한 고달픈 얘기를
아예 입에 올리지 않으셨을 수 있다
그러나 사람은 누구든
얼마만큼의 불만은 가지고 있다
하지만 아버지는 단 한 번도
숨이 멎는 그 마지막 순간까지
속에 담은 채 서운함을 뱉지 않으셨다

두 분이야 부부이시니
서로 다투기도 하고 하셨겠지만
자식들 앞에서 그것도
어머니가 없는 자리에서만큼은
어머니 험담을 하신 기억이 내게는 없다
그러나 어머니는 속상한 얘기를
우리 자식들 앞에서 자주 털어놓으셨다
나는 어머니를 진정 사랑했지만
아버지 험담을 듣는 것은 고역이었다
아! 어머니, 제발 그만하실 수는 없을까

스톡홀름 증후군Stockholm syndrome!
이 말을 사용하기에 부적절하겠지만
나는 그런 어머니와 함께하면서
오히려 어머니에게 동화同化되어 갔다
어머니의 한 서린 얘기가 싫으면서
그 한에 동화되어 가는 나 자신
나는 당시 용어는 몰랐으나
스톡홀름 증후군에 길들여져간 것이다
내가 출가를 결심하게 된 동기에
어머니에 대한 싫음과 동시에 동정이라는
이 증후군이 한몫한 건 사실이다

내가 집을 나오고 꼭 15년 넉 달 뒤
1990년 7월 20일 아버지는 돌아가셨고
그 삶과 죽음의 경계border에서
어머니의 가슴에 서린 한을
짧은 한마디로 깡그리 풀어드렸다
한 마디, 딱 한 마디였다
어머니의 멋진 남편이었다
그 얘기는 여기서는 다할 수 없지만
'남자가 그렇게 멋질 수도 있구나!' 했다

그로부터 나는 아버지를
어머니와 동일한 반열에 올린다
왜냐하면 나의 어머니 역시
멋진 남편의 꽤 괜찮은 아내였으니까
어머니의 한이 오죽 깊었으면
자식들 앞에서까지 얘길 하셨을 것이며
그녀가 얼마나 괜찮은 분이었으면
남편 먼저 보낸 뒤 열네 해를 더 사시며
한 마디도 정말 단 한 마디도
남편 흠을 입에 올리지 아니 하셨을까

'세탁부정'에서 '세탁洗濯'은

씻을 세洗 자에 씻을 탁濯 자다
대충先 빠는彡 빨래를 '세洗'라 하고
두드려濯 빠는彡 빨래를 탁濯이라 한다
대충 빠는 빨래는 비누를 쓰지 않지만
두드려 빠는 빨래는 비누는 물론
방망이질까지 곁들인다
따라서 세탁은 비눗기까지 싹 빠졌을 때
비로소 제대로 된 빨래라 할 것이다

'세탁부정'에서 '부정不淨'이란
깨끗하지 않음이거니와
가지런하게 정돈되지 않음도 부정이다
따라서 자녀의 손발을 씻기고
똥오줌을 처리하고
기저귀를 갈고
겉옷, 속옷은 두말할 것도 없고
양말洋襪과 신발을 빨고
몸의 때를 밀고 씻기는 것까지도
'세탁부정은洗濯不淨恩'에 해당하지만
내게 있어서 '세탁부정은'은
세탁과 정돈 넘어 일이다

어떤 경우도 자식들 앞에서
아내의 흠을 드러내지 않은 아버지
아버지의 한때 바람기를
속앓이로 혼자만 끙끙대지 않고
자식들 앞에서 펼치신 어머니
두 분의 이런 모습이 내게는 큰 은혜다
세탁부정에 있어서 더 큰 은혜는
아버지가 어머니 한을 풀어드림이고
맺힌 한을 다 푸신 어머니 입에서
두 번 다시 아버지 흠이 나오지 않음이다

아버지가 참으로 장하신 것은
정토淨土로 돌아가시기 10년 전부터
단 하루도 단주를 손에서 놓지 않으심이고
어머니가 실로 아름다운 것은
역시 극락으로 돌아가시기 전까지
10년간 험담 대신 염불念佛로 일관하셨다
아버지는 오른 팔꿈치를 세워 베신 채
그대로 고요寂靜 세계에 드셨고
어머니는 침대 모서리에 걸터앉아
목만 앞으로 꺾고 부처님 품에 안기셨다

아버지 어머니 두 분 모두
14년이란 꽤 오랜 시차를 두고
부창부수夫唱婦隨로 같은 길은 가시되
이처럼 '좌탈입망坐脫立亡'하셨다
앉坐아 벗脫고 서立서 죽亡는
선세蟬蛻/선퇴蟬退 노선을 택하셨다
가시는 길이 참으로 정갈하셨다면
다시 오시는 길도 반듯하시리라
길은 가는 자 오는 자에게 다 열려있듯
세탁이야말로 '길가름淨道業'이다

제2편 정종분

제2장 오랜 은혜 너른 사랑

제2절 노랫말10수

제8수 원행억념은

어버이의 크신은혜 여덟째로 말한다면
자식만일 먼길가면 걱정하신 은혜이니

죽은뒤의 사별이야 그고통이 크지마는
살아생전 생이별도 애간장을 저미도다
자식만일 집을떠나 머나먼길 가게되면
어머니의 마음또한 타향까지 함께가네

밤낮으로 여린마음 자식만을 쫓으면서
두눈에서 흘린눈물 천줄기요 만줄기라
원숭이의 새끼사랑 푸른숲에 퍼져가듯
부모님의 자식사랑 애간장을 끊는도다

죽음死이 삶의 세계와
전혀 다른 시간으로 갈라놓음別이
이른바 별리別離이고
살아가면生서 공간적으로
서로 떨어져離 있음이
구태여 말을 붙이면 생리生離다
다시 말해서 단지 눈에 띄지 않음은
별別이 아니라 이離요
삶과 죽음처럼 아예 다름은
떨어짐離이 아니고 갈라짐別이다

한문의 고장 중국어에서는
이별離別이 아니라
별리別離이지만
우리나라 문법에서는
'별리'가 아닌 '이별'이다
바로 이런 상황으로 인하여
우리말이 얼마나 멋진지를 알 수 있다
이별과 별리를 분석하면 간단하다
별別과 이離가 자리만 바꿔 앉은
이른바 '치환置換의 법칙'일 뿐이다

삶은 본디 '우여곡절迂餘曲折'이다
인간의 삶을 얼핏 되돌아보면
곧은 길을 걷는 듯싶지만
다시 보면 에돌迂고
시간의 자투리餘가 생기고
자투리를 눈여겨 보니
때로 굽曲고 때로 꺾인折다
그러면서 가장 많이 경험하는 것이
이른바 '헤어짐離'이란 삶의 상황이다

앞에서 방금 보았듯이
우迂하고
여餘하고
곡曲하고
절折하는 과정은
만남- 헤이짐- 만남- 헤어짐- 만남이라는
끊임없는 두 양상일 뿐이다
헤어짐離 속에는 만남遇이 있고
만남遇에는 헤어짐離이 깃들어 있다
헤어짐 없는 만남이 있을 수 없듯
만남 없는 헤어짐이란 없다
이것이 곧 '우리법칙遇離法則'이다

삶 속에서 만남과 헤어짐,
헤어짐과 만남이 반복되다 보면
죽음死의 갈라놓음別을 만났을 때
좀 더 초연超然해지지 않을까
마치 처음 운전석에 앉은 사람이
초보인 까닭에 떨리고 당황하다가도
운전 경험이 점점 풍부해지면서
생각보다 더 부드럽게
그리고 매우 자연스럽게
자동차를 몰아가듯이 말이다

하지만 삶生의 과정에서
헤어짐離 경험을 비록 많이 쌓더라도
죽음死이란 갈림別 앞에서는
어떤 경험도 다 쓸모가 없다
왜냐하면 살면서 쌓는
헤어짐- 만남- 헤어짐 체계와는
전혀 다른 체계system가 사별이다
비록 윤회라는 생사과정을
수없이 비슷하게 겪었다 하더라도
망각忘却이란 어플이 다 지워버렸다

중국어 문법에서는
갈림別을 통해 본유本有에서
중유中有로 존재계를 달리하지만
바로 그 달리한 존재계가
죽음 저편의 입장立場에서 보면
이승의 삶이 전생前生이 되고
저승이 곧 현생現生이 된다
죽음 뒤를 '중유'라 하는 것도
따지고 보면 이승에서 하는 말이다

중유中有라니
죽은 뒤를 놓고
왜 사유死有라 하지 않고
굳이 중유라고 할까
'중유'의 '중中'은 '사이'를 뜻한다
사이라면 어떤 사이일까
윤회輪廻라는 시스템에서라면
죽음死을 통한 갈림別과
새로운生 몸有을 받기까지
소위 사유死有와 생유生有 사이다
신조어로는 '사잇삶中有'이 될 것이다

갈림別과 헤어짐離의 뜻은 비슷하다
그러기에 생리사별生離死別을
사리생별死離生別이라 써도 되지만
아직 사리死離라 표기하지 않듯
생별生別이라고 기록하는 이도 없다
그렇다면 죽음이란 무엇이며
삶이란 또 무엇일까
질문은 간단한 듯싶은데
답은 생각보다 복잡할 수밖에 없다

우리가 지금까지 이렇게 살아왔고
지금 이렇게 살아가고 있으며
앞으로 숨이 멎는 순간까지
또 이렇게 살아가겠지만
그래도 삶이 무엇이냐고 물으면
어느 누구도 한마디로 답하기는 어렵다
왜냐하면 삶에 정칙定則이 없기 때문이다
이는 《금강경》에서도 설하지 않았던가
이른바 '무유정법無有定法'이
곧 '아뇩다라삼먁삼보리'라고 말이다

삶도 그러한데 하물며 죽음이겠는가

우리는 '사별死別'이라고 하면
'죽음死'과 '갈림別'을 따로 놓고 본다
그런데 이 둘은 하나다
마치 '삶生'에서 '헤어짐離'을
따로 떼어놓을 수 없는 이치와 같다
그렇다면 죽음死에는
오직 갈림別만이 따라붙을까
거기에 새로운 조우遭遇는 없을까

왜 없겠는가
삶生에서 헤어짐離만 있는 게 아니라
만남이 헤어짐과 늘 같은 시간
같은 장소에서 이루어지듯
죽음死에도 갈림別만 있지 않다
죽음에도 삶과 마찬가지로
새로운 조우는 계속된다
이를 윤회輪廻amsara라 하며
영어로는 로테이션rotation이다

하나의 질그릇이 만들어지기까지
흙地 물水 불火 바람風이라는
네 가지四 큰大 요소要素가 필요하듯

만약 그 질그릇이 깨지면
어떤 상황에서
무엇과 만나
어떻게 어디로 되돌아갈까
흙의 요소는 흙으로 되돌아가고
물의 요소는 물로 되돌아가고
불의 요소는 에너지로 되돌아가고
바람 요소는 대기로 되돌아갈 것이다

'원행억념遠行憶念'에 담긴 뜻은
멀 원遠, 갈 행行, 기억할 억憶, 생각 념念
'자식의 먼 길에 생각도 따른다'는 것이다
억憶에는 심방변忄과 마음 심心처럼
마음이 두 번이나 들어갔으니
생각하고 또 생각함이고
염念에도 마음心을 담긴 담았으되
이제今 밑에 딱 붙어 있으니
언제나 '지금 마음'을 벗어나지 않는다

자식이 만일 먼길을 가게 되면
부모 마음은 으레 그 자식을 따라간다
이들 입장을 바꿔놓고 얘기한다면

'살아있는 자식에게도 그러한데
하물며 앞서 간 자식이겠는가?'이다
제8수 '원행억념은'의 또 다른 뜻은
높고 깊고 넓고 큰 부모 은혜를
멀리遠 그리고 오래忆 생각憶하고
마음心을 '이제今'라는 시간念에서
단 한 순간도 벗어나지 말라는 것이다

제2편 정종분

제2장 오랜 은혜 너른 사랑

제2절 노랫말10수

제9수 위조악업은

어버이의 크신은혜 아홉째로 말한다면
자식위해 나쁜일도 짐짓하신 은혜이니

부모님의 크신은혜 강산보다 중한지라
깊은은혜 생각하니 갚기실로 어려워라
자식들의 갖은고생 대신받기 소원이니
아이들이 괴로우면 부모마음 편치않네

머나먼길 떠난다는 말씀전해 듣게되면
가는길에 잠자리와 밤과추위 걱정이라
아들딸이 잠시라도 괴로움을 받게되면
어머니의 근심걱정 사립에서 바장이네

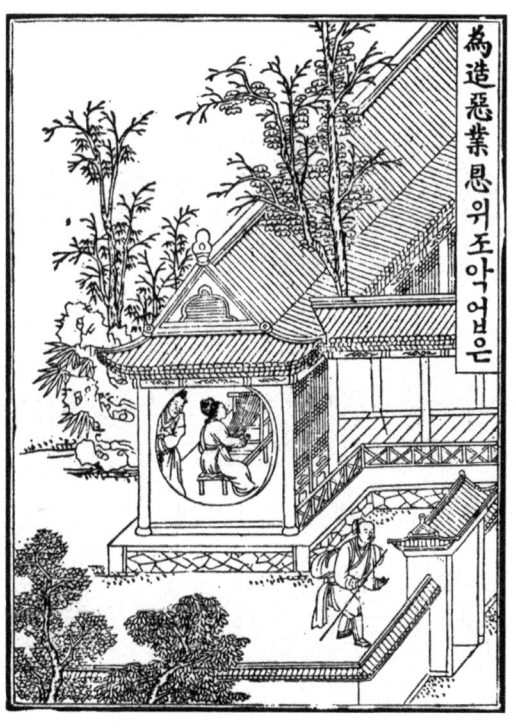

동체대비同體大悲
한몸으로 여기는 큰 슬픔이고
일체동관一體同觀
한몸으로서 동일하게 본다
이 '동체대비'야말로
불보살이 중생을 아끼는 근간이며
이 '일체동관'이야말로
불보살이 중생을 이해하는 틀이다

동체同體나 일체一體는
멀리冂까지 한一 목소리口를 내기에
우리는 이를 한가지同로 간주하고
몸身과 뼈骨가 지닌 다양豊한 기능을
멋지體고 올곧體게 사용하기에
이를 살아있는 몸이라 한다

하나一라고 하는 것은
역사를 기록함에
왼쪽 위 상고上古에서부터
오른쪽 아래 현재에 이르기까지
한 줄로 엮어간 모습을 표기한 것이며
한 줄一로 써 내려간 시간이다

또한 한쪽으로부터
다른 한쪽에 이르기까지
선線Line―으로 그려나간 공간이다

그러므로 나는 얘기한다
동체대비의 '한가지 동同' 자와
일체동관의 '한 일一' 자는
같은 시간 같은 곳에서 태어나
같은 시간 온갖 곳에서 삶을 펼치며
그러다가 언젠가는
같은 시간대
같은 공간에서
삶을 마감할 트윈스twins
곧 시공간時空間 쌍둥이라고 말이다

이 시간과 이 공간을
한데 묶어 표현한 곳이 있다
인문학의 보고《천자문千字文》중
첫 페이지 둘째 줄을 장식한
'우주홍황宇宙洪荒'이며
바로 그 우주space time인 셈이다
첫 줄이 하늘천天, 땅지地를 비롯하여

가물현玄 누를황黃이고
둘째 줄이 여기 '우주홍황'이다

불보살이 중생을 아끼는 근간과
중생들을 이해하는 틀은
이른바 '잠시'라고 하는
아주 짧고 짧은 시간과
'잠깐'이라 일컫는
지극히 작은 공간마저도
떨어질 수 없고 멀리할 수가 없다

동체와 일체에서 말씀하시는 한몸은
띄어쓰기로서의 '한 몸'이 아니라
붙여쓰기로서의 '한몸'이다
띄어쓰기 '한 몸'은
눈에 보이는 하나의 몸이지만
붙여쓰기 '한몸'은 숫자를 초월한다

분신分身이란 말이 있다
부모가 자기 자식을 표현할 때
곧잘 쓰는 말이 분신이다
남움직씨他動詞로 '나눈分 몸身'이며

제움직씨自動詞 '나뉜分 몸身'이다
부모 입장에서는 남움직씨나
자녀 입장에서는 제움직씨다

배내子宮에 있을 때는
열 달 동안 엄마와 한몸이었고
엄마 자궁을 벗어나면서
자연스럽게 나누어진 몸이 되었다
배내에 있는 동안에는
엄마의 숨으로 숨을 쉬고
엄마의 맥박으로 맥이 놀았고
엄마의 자양분을 함께 섭취하였고
엄마의 느낌을 함께 느꼈다

배내에 있을 때가
같은 몸同體 한몸一體이라면
배내를 벗어날 때
다른 몸分身 바뀐 몸化身이다
불교에서 쓰는 동체대비의 '동체'와
일체동관의 '일체' 뿌리말이
부모와 자식의 정情에서 비롯되었다
불보살님의 '동체'와 '일체'가

부모의 자식 사랑과 같다고 여기기에
살짝 빌려 쓴 말이라 나는 믿는다

위조僞造와 더불어
위조爲造는 뿌리가 같은 말인데
위조僞造는 거짓 위僞 지을 조造로
사람亻+ 생각爲이 인위僞라
인위僞적으로 만든造 것을 가리킨다
그리고 여기 위조爲造의 위爲는
'사람亻 생각'이 빠져 있다
비록 사람이 만들었다고 해도
무주상無住相으로 만든爲 것造이다

이 말이 무엇을 뜻할까
부모가 자녀를 위해 뭔가를 할 때
자녀와 자기 사이의 간극間隙이 없다
나는 사랑을 베푸는 부모이고
자녀는 나의 사랑을 받는 존재라는
이른바 '둘'이라는 생각이 없다
그런 까닭에 부모는 악업도 저지른다
'악업惡業'이라니
그게 대관절 뭘까

여기서 '악업'이라 할 때는
그냥 좀 '미운 짓惡業' 정도가 아니다
사회로부터 격리 대상이 되는
매우 '나쁜 짓惡業'까지도 포함한다
미운 짓은 '惡業'이라 쓰고
'미워할 오惡 업 업業' '오업'으로 읽고
나쁜 짓은 으레 나쁜 짓이니까
처음부터 惡業을 '악업'으로 읽는다

따라서 부모는
자녀를 위爲한 일이라면
매우 나쁜 짓惡業까지도 짓造는다
앞서 방금 얘기하였다
부모는 자식을 '나눈 몸'이라 하지만
오히려 이 나눈 몸마저 훌쩍 떠나
동일同한 몸體으로 보고
한一 몸體으로 보기에 가능하다
'보다' '여기다'라는 말은 내 말이다
이런 생각조차 초월한 이가 부모님이다

이 '위조악업은'에서
간과看過할 수 없는 게 있다

다시 말해 이 세상 어떤 부모도
처음부터 소중한 자기 자식이라 하여
대신해서 악업을 짓지는 않는다
그건 왜일까, 자칫 잘못하면
동타지옥同墮地獄할 수 있기 때문이다
따라서 슬기로운 부모는
자녀를 사랑한다는 명목하에
시도 때도 없이 악업을 짓지는 않는다

부모 마음에는 거짓이 없기에
위조僞造 아닌 위조爲造다
그러기에 매우 나쁜 짓을 짓더라도
소설fiction이 아니라 사실fact이다
나쁜 짓을 '척'으로 하지 않는다
실형實刑을 선고받고
교도소에 가고
비록 죽음을 맞는다 하더라도
자식을 위해 실제로 악업을 저지른다

악업을 저지르기에
부모님이 장하신 게 아니다
스스로 악업을 짓는다면

사회로부터 지탄을 면치 못한다
때로 자녀에게 문제가 있기도 하지만
정말 '부득이不得已inevitably' 해서
여러 가지 방법을 다 동원하였으나
도저히 어쩔 수가 없어서
자녀 대신 죄를 짓고 받기에 장하다

이 제9수 '위조악업은'이
부모님 은혜 노랫말 10수 가운데
최고 정점頂點climax이다

그리고 다시 한마디 더
부모는 자식을 위하는 까닭에
나랏법을 어기고 교도소에도 가지만
불보살은 중생을 위하여
악업을 짓고 악도에 떨어지지 않는다
부모는 자식이 큰 죄를 지으면
우선 죄를 받지 않게 하려 힘쓰나
불보살은 죄지은 중생이 죄를 받게 하되
그 속죄의 양을 줄이려 한다

제2편 정종분

제2장 오랜 은혜 너른 사랑

제2절 노랫말10수

제10수 구경연민은

어버이의 크신은혜 열번째로 말한다면
몸과마음 다하도록 사랑하는 은혜이니

부모님의 크신은혜 깊고또한 중하시고
사랑하신 그은혜여 쉬실때가 없으셔라
일어나고 앉았을때 마음서로 쫓아가고
머나또는 가까우나 뜻이또한 따라가네

나이드신 어머니는 골백살이 될지라도
팔십줄의 아들딸을 언제든지 걱정하네
부모님의 은혜사랑 끝나는날 언제일까
당신목숨 다하는날 바야흐로 끝나려나

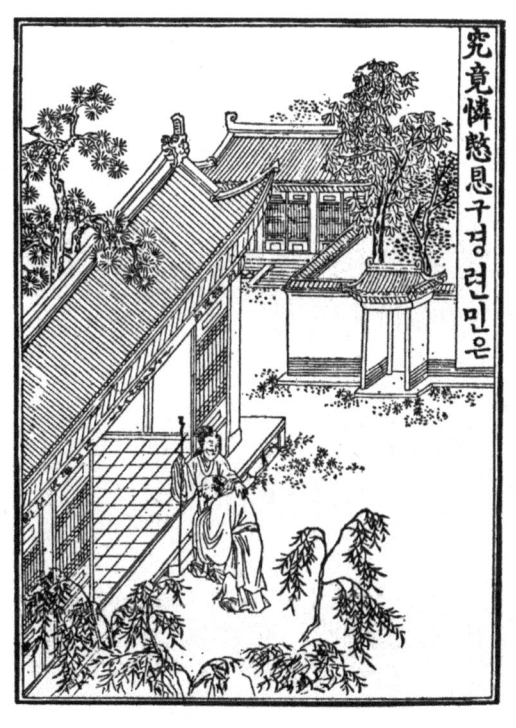

(1)

어머니 고맙습니다
당신 아기집에
열 달 동안 고이 품어주신
그 은혜 감사합니다
어머니 사랑해요

어머니 고맙습니다
사랑합니다
저 낳으실 때
고통이 심하셨지요
저도 좀 힘들었습니다
그 고통 모두 감내하시니
어머니 그 은혜 감사합니다

부모님 고맙습니다
부모님 사랑해요
저 낳으시고
기뻐하신 그 은혜에
아버지 어머니 감사합니다

부모님 고맙습니다

맛있는 것
건강에 좋은 것
먹기 좋고 부드러운 것
자식부터 먼저 챙기신
그 은혜 오래 간직하겠나이다

부모님 사랑합니다
고맙습니다
나거나 들거나
앉거나 눕거나
편한 자리 내어주시니
그 소박하신 은혜를
어찌 잊을 수 있으오리까

부모님 고맙습니다
깊이 존경합니다
젖먹이 때나
젖 뗀 뒤나
건강 챙겨주시니
부모님 감사합니다

부모님 고맙습니다

사랑합니다
더러움 씻기시고
먼지 털어주시고
잘 신기시고
잘 입혀주시니
아버지 어머니 감사합니다

부모님 고맙습니다
멀면 먼 대로
가까우면 가까운 대로
항상 염려하여 주시오니
부모님 사랑
어찌 잊겠나이까
아버지 어머니 감사합니다

부모님 고맙습니다
자식 위해서라면
궂은 일도
어려운 일도
해서는 안 될 일도
몸소 대신 지으시오니
당신의 마음 쓰심이

불보살보다 크시나이다
아버지 어머니 감사합니다

아버지 어머니 고맙습니다
존경합니다
사랑합니다
당신의 손길이 다하고
기력이 다하고
생각이 다하고
삶이 다하도록
끊임없이 베풀어주시매
아버지 어머니 감사합니다

(2)

부모 은혜에 끝究竟이 있을까
아홉九 개 구멍穴을 탐구함이 구究요
음악音의 다음 절을 향해
다시 한 걸음儿 내딛음이 경竟으로
구경究竟에 담겨있는 뜻이라고 한다면
'구경연민은'의 구경과 연결이 될까
과연 아홉 개 구멍이 무엇일까
얼굴의 일곱 개 받아들이는 구멍과
아래 앞과 뒤 두 개 배설하는 구멍이다

눈2, 귀2, 콧구멍2, 입1 일곱 구멍과
요도와 항문까지 죄다 알고 나면
인체에 대해서 거의 절반은
완벽하다고 하겠지만
구경연민은의 구경과 이어지는 말일까
쓸데없는 얘기는 접는 게 좋겠지
구경을 그냥 '마지막'으로만 이해하자

부모님 크신 은혜를
연민憐愍으로 표현함이 타당할까
불쌍히 여길 연憐 자에

슬퍼할 민愍 자인데
연민은 '사랑'의 더 깊은 표현이다
사랑 자慈 자가 사랑이라면
슬플 비悲 자는 연민이다
자慈가 긍정玆하는 마음心이라면
비悲는 부정非하는 마음心이다

부모의 자녀 사랑은
관세음보살의 사랑을 닮아 있다
한없는 긍정의 자慈의 마음과
때로 엄한 비悲의 마음을
시의적절時宜適切하게 쓰는 까닭에
대자대비大慈大悲로 표현한다
보통은 오냐오냐慈에 치우치지만
때로 회초리悲를 들기도 한다
구경연민에 어찌 오냐오냐만 있겠는가
반드시 꾸지람도 섞여 있을 것이다

부모님 은혜가
'크다'를 비롯하여
'넓다' '높다'
'깊다' '길다'처럼

그림씨形容詞로 표현될 수 있을까
처음부터 잘라斷 말言하자면
부모님 사랑은 그림씨를 초월한다
은혜를 크다 작다로 표현할 수 없듯
넓다 좁다
높다 낮다
깊다 얕다
길다 짧다 따위로는 표현이 안 된다
그러나 이런 그림씨를 떠나
부모님 은혜를 표현할 수는 더더욱 없다

《부모은중경》 원문 가운데 '쉴 헐歇' 자는
휴식休息이며 휴게休憩의 뜻이다
생명을 가진 자로 같은 척삭동물이라면
비슷한 표현으로 상황을 드러낸다
졸리渴면 하품欠하는 것이다
경전에서는 말씀하신다
'부모님 사랑은 숨 끊어지면 쉴까?'라고
그러나 부모님 사랑은 쉼이 없다
부모님 사랑은 천지자연인 까닭이다

하늘도 땅도 해도 달도

우주내 그 어떤 별 어떤 은하도
쉼이 없고 정지停止라는 게 없다
인체의 각 기관도 쉼은 없다
깨寤거나 자寐거나
서立나 앉坐으나
눕臥거나 일어나起거나
가去거나 오來거나
얘기語 중이거나 잠잠默하거나
움직動이고 고요한靜 가운데서도
쉼이 없듯 부모님 사랑에 쉼이란 없다

어버이親 마음은 자식에 대해
경전에서는 서로相 쫓逐고
서로相 따른隨다고 했는데
'쫓다'와 '따르다'에는 거리가 있다
앞서 가는 사람을 뒤쫓고
먼저 가는 사람을 따르는 까닭에
여기에는 한 발짝 늦음이 들어있다
그렇다면 어버이 마음이 한 발짝 늦을까
어버이 사랑에 그런 일은 일어나지 않는다

백세百歲 된 어머니가

팔십 먹은 자식을 아이兒로 여긴다
옛날 어린이들을 위한 서당 교과서에
이른바 《소학小學》이 있다
중국 난쏭南宋nansong의 철학자
주즈朱子zhuzi(1130~1200)의 감수로
내편內篇 4권, 외편外篇 2권 등
모두 6권으로 세상에 나왔는데
이 소학에 재미있는 이야기가 있다
70세 노인 '라오라이즈老萊子' 이야기다

얘기를 빌리면 중국 춘치우春秋 시대
추楚chu나라 현인賢人이면서
중국 24효孝 중 한 분으로
'라오라이즈'가 있었다
그는 난을 피하여
몽산 남쪽에서 농사를 지으며
늙은 부모님과 더불어 함께 살았다
70세에 색동옷을 입고
어린애처럼 장난하고
갖가지 응석을 부리면서
늙은 부모님을 위로해 드렸다고 한다

나중에 그는 자신의 이름을 따서
이른바 《라오라이즈老萊子》
15편을 지었다고 하는데
지금까지 잘 전해지는지는 모른다
혹 일설一說에 따르면
그를 《타오더징道德經》의 저자
라오즈老子와 같은 사람이라 하는데
역시 확실한 증거를 찾을 수 없다
라오즈가 추楚나라 사람인 것은 맞으나
나고 죽음 연대가 정확하지 않기 때문이다

부모님의 소중한 은혜와 사랑이
끊는다고 하여 끊어지며
잇는다고 하여 과연 이어질까
그렇다면 은혜와 사랑은 끄나풀이다
정신이고 마음인 은혜와 사랑이
눈에 보이는 끄나풀로 이루어져 있다면
끊어지거나 이어진다 하겠지만
어떻게 은혜가 끄나풀이며
부모님 사랑이 끈으로 되어 있을까
따라서 사랑과 은혜는 끊어짐 자체가 없다

끄나풀이 아니라면 어떤 소재로 되어 있을까

욕지은애단欲知恩愛斷인댄
명진시분리命盡始分離라 하고 있다

결국 주어진 목숨命이 다할盡 때
은혜恩와 사랑愛이 끊어斷지고
마침내는 나뉘分고 갈라離질 것인가
이 말씀에는 역逆으로 목숨이 다하더라도
자식을 향한 어버이의 고귀한 사랑은
끊어짐도 분명 없거나와
나뉘고 갈라짐도 없음이 숨어 있다

기좌심상축起坐心相逐이요
원근의상수遠近意相隨라 하였다
나는 이를 사언절四言節로 옮겨

일어나고 앉았을때 마음서로 쫓아가고
머나또는 가까우나 뜻이또한 따라가네
라고 했는데 마음心은 무엇이며
뜻意은 또한 어떤 것일까
일반적으로 불교에서는

마음心을 하나의 정신세계로 보고
뜻意을 육근六根 중 한 감관으로 본다
마음을 정신 세계로 보는 것은
나름대로 이해가 되지만
뜻意을 감관感官으로 본다는 게
과연 그렇게 선뜻 이해가 되느냐다
감관이란 감각기관感覺器官의 준말이다
다시 말해 감각기관과 더불어
그 작용을 막연하게 일컫는 말이다
그렇다면 육근六根이 무엇 무엇일까
여섯 가지 감각기관이라니 말이다

첫째 보는 감관 눈眼이다
둘째 듣는 감관 귀耳다
셋째 맡는 감관 코鼻다
넷째 맛의 감관 혀舌다
다섯째 접촉 감관 피부身다
여섯째 법의 감관 뜻意이다
여기서 여섯째가 뜻이란 감관인데
마음 심心 자가 소리 음音 자와 서로 만나
법의 감관 뜻 의意 자가 되었다
예서 중요한 게 법法이다

법이란 제법무아諸法無我에서 보듯
현상계를 떠나 따로 있지 않다
눈에 보이고 귀에 들리고
코에 맡아지고 혀에 맛보여지고
피부에 와닿고 뜻으로 판단되어지는
온갖 현상계가 그대로 다 법이다
뜻은 이런 사물의 구조와
사물의 존재 이유와
자못 사물의 가치에 이르기까지
올바르게 판단하는 정신적 감관이다

어떻게 풀이하든 상관 없다
자식에 대한 부모님의 마음은
자식을 쫓아가기보다 늘 함께이고
부모님의 자녀에 대한 그 자상한 뜻은
자녀를 뒤따르기보다는 언제나 함께이다
오히려 앞서가면서 길을 인도하고
먼저 달려가 주변을 살피신다
부모님의 은혜와 사랑은
이처럼 일반 상식을 뛰어넘는다
아!
참으로

감사하여라!
아버지 은혜시여!
어머니 사랑이시여!

제2편 정종분

제3장 업난을 널리 설하다

제1절 허물 지적 1

부처님이 계속해서 아난에게 이르시되
중생들을 살펴보니 겉모습은 사람이나
마음이며 행동들이 어리석고 몽매하여
부모님의 크신은덕 생각하지 못하도다

애초부터 부모에게 공경심을 내지않고
깊은은혜 저버리고 높은덕을 배반하며
어질고도 자애함은 찾아볼수 전혀없고
효도하지 아니하고 의리마저 없나니라

(1)

큰 제목이 '업난을 널리 설하다'이고
이에 딸린 작은 제목이 둘인데
첫째가 '허물 지적'이고
둘째가 '끌어온 비유 여덟 가지'다
'허물 지적'은 줄여서 푼 말이고
원문 '지수제건指數諸愆'을
있는 그대로 번역하면
'모든 허물을 세어가며 지적함'이다

어쩌면 그래서일까
'모든 허물을 세어가며 지적한 것'
이《부모은중경》전체의 38%를 넘으며
끌어온 비유 여덟 가지를 합하면
전체 경전의 48%를 차지하고도 남는다
나의 사언절 역《부모은중경》이
총 140연으로 번역되어 있는데
이 중에 '광설업난廣說業難'이 64연이다
그야말로 '광설업난'이 맞기는 맞다

큰 제목 '업난을 널리 설하다'에서
작은 제목 중 첫째인

허물을 세어 지적한 게 53연이고
이끌어온 여덟 가지 비유가 11연이다
여덟 가지 비유는 나중에 얘기하겠지만
수를 꼽아가며 지적한
여러 가지 허물들을 보면
부모 마음과 자녀들의 마음이
어쩌면 이리도 다양하고 복잡할까 싶다

'널리廣 설설說한 업난業難'을
매일 사언절 한 연씩 해설했을 때
자그마치 64일이 걸린다
빠르더라도 2019년 서툰봄立春까지다
우리 서가모니 부처님께서는
세간으로는 당신의 종제從弟이고
은계恩系로는 직계 제자이며
법계法系로는 손상좌孫上佐가 되는
아난다 존자에게 말씀하신다

그 내용이 이《부모은중경》의
하얀 눈썹인 '지수제건指數諸愆'이다
안다는 것과 실천한다는 것이
인간에게는 비록 다반사茶飯事이지만

잘못된 줄 알면서도 일이 커지면
다양한 손길을 뻗고 뻗는다
이웃에 사는 친구를 찾고
상담사를 찾아가고
조정협회를 찾아가 도움을 구하고
나중에는 부처님께 도움을 청하기도 한다

그러나 이 세상에서
자기 자신에게
가장 도움이 되는 이는 누굴까
아내도 남편도 아니고
스승도 제자도 아니며
선배도 후배도 아니고
스승도 제자도 아니다
부처님은?
부처님도 아니고
하나님은?
당연히 하나님도 아니다
가장 큰 도움이 되는 자는 제 자신이다

부처님께서는 말씀하신다
"내가 중생들을 하나하나 살펴보니

겉모습은 비록 사람이기는 하나
마음과 행동이 어리석고 또 몽매하다
그러므로 부모님의 크신 은덕을
아예 생각조차 하지 않는다"
정말 생각조차 하지 못하는 걸까
아니면 생각이 나기는 나지만
짐짓 생각이 나지 않는 체하는 것일까

'수소인품雖紹人品'이라니
사람의 드러난 겉모습을
인품人品으로 표현하심이 놀랍다
사람 인人 자야 당연하지만
물건 품品 자를 겉모습이라 하시니
상품 박스box를 아래서부터
위로 쌓아 올린 모습이 참 리얼하다
그리고 한문으로 '물건 품品' 자와
영어 form이 발음까지 비슷하지 않은가

폼form에 담긴 뜻을 살펴보면
물건의 빛깔과
질質 따위를 비롯하여
모양, 형상, 형태와

외형, 외관, 윤곽은 물론
사람 또는 물건의 겉모습으로서
몸, 인체, 몸매, 꼴에 이르기까지다
한자 물건 품品 자는
물건뿐만 아니라
사람의 성품性品까지도
'품品' 자를 쓰기에
이를 '품성 품' 자로도 새긴다

아난다에게 설한 부처님 말씀에 따르면
아버지 야爺, 어머니 양孃에게
큰 은덕이 있음을 생각하지 않음이
사람이 사람의 모습을 하고는 있으나
실제로 마음心과 행동行이
어리석愚기 때문이라 말씀하신다
게다가 몽매蒙昧함이 한몫을 담당한다
어리석을 우愚 자에 담긴 뜻이 뭘까
'긴꼬리원숭이禺' 마음心처럼
끝없이 일어나는 망상이라고나 할까

'어두울 몽蒙' '어두울 매昧'를
한 단어로 묶은 게 몽매다

어리석을 치癡와 어리석을 매呆가
둘이 나란히 만나 치매癡呆가 되듯이
몽매는 사리에 어둡다는 뜻이다
무덤冢은 위를 봉분封墳으로 덮었기에
시신이 누워있는 곳은 당연히 어둡다
게다가 풀섶艸이 위를 덮었으니
더욱더 어두울蒙 수밖에 없다

어두울 매昧 자는
햇빛日이 없는未 세상이니
으레 어두울 수밖에
풀이 우거져 덮인 어둠과
봉분에 덮인 무덤의 어두움 중복蒙
햇빛마저 비추지 않는 어둠昧
이처럼 지혜의 빛이 없고
사리事理에 어둡다면
부모님 은덕을 모를 수 있다
부모님 은덕을 모르는 게 아니라
짐짓 생각하지 않았不思다 할 것이다

짐짓 생각하지 않았다 하더라도
결과는 마찬가지다

먹지 못해서 배가 고프나
일부러 먹지 않아 배가 고프나
배고픈 것은 으레 동일하다
민법상 '결과책임結課責任'이라 한다
그러나 모르고 있었기에
부모 은덕을 생각하지 못함과
알면서도 일부러 생각하지 않는 것은
후자 쪽 업력이 더 클 수밖에 없다
왜냐하면 바로 고의성故意性 때문이다

까마귀는 비록 중생이지만
어미로부터 받은 은혜를 갚는다 하여
효조孝鳥로 잘 알려져 있다
은혜의 '은恩'은 '씨앗因 마음心'이다
사람의 씨앗이 어디서 왔을까
어버이爺孃로부터 왔다
어버이로부터 온 '뿌리 마음'이 은恩이다
'씨앗 마음'이 어려운 용어라고 한다면
'마음心의 씨앗因'은 이해가 될까
그렇다. '마음의 씨앗'이야말로 은恩이다

이 은恩이라는 마음心의 씨앗因에서

마음의 여러 가지 이미지가 나타난다
사랑愛도
미움憎도
기쁨悅도
슬픔悲도
심성心性도
감정感情도
마음心의 씨앗因은 으레 은恩이다
이 은恩이 마음의 씨앗이라면
덕德은 사방十 활짝 열려있는 공간에서
숱한 CC카메라罒가 비추더라도
곧은直 마음心을 유지하면서
차분하고 당당하게 걷는彳 것이다

덕悳은 곧은直 마음心이다
그물 망罒 자를 세우면 눈목目 자고
눈 목目 자를 눕히면 그물 망罒자다
CC카메라가 밖에서 나를 비추는
생활 속의 그물이라면
눈은 내 안에서 밖을 살피는
더없이 소중한 마음의 창이다
외부에서 나를 살피는 CC카메라와

안에서 밖을 살피는 마음의 창이
모두 마음心을 곧게直 함이다

나는 믿는다
이 《부모은중경》을 가까이하는 이는
부모님의 높고 깊은 은혜와 덕을
짐짓 외면하지 않을 것이라고
푸쉬킨은 '삶이 그대를 속일지라도
슬퍼하거나 노하지 말라' 했는데
나는 이 시를 읽노라면
마치 불교를 접하는 느낌이다
그러나 분명한 것은
삶이 사람을 속이지는 않는다
단지 속인다고 생각하는 바로 그가
그 순간 스스로 그 자신에게 속을 뿐이다

(2)

불생不生이란 말이 심상尋常치 않다
자동사自動詞로 '나지 않다'며
역시 자동사로 '생기지 않다'다
자동사는 타동사와 달리
'사람人의 함爲'이 빠져 있다
자동사란 '저절로自 움직임動'이다
육종진동六種震動 지진이 일고
시뻘건 화산이 폭발하고
폭우가 마구 쏟아진다고 했을 때
이는 사람의 힘이 가해진 게 아니다
자연 스스로의 힘에 의해 일어난 현상이다

따라서 자동사로 뭔가 일어났다면
자연현상이라 어쩔 수 없는 경우가 많다
쓰나미가 일어나 저지대를 휩쓸고
혹독한 한파로 인해
무와 배추가 얼어버렸다면
이는 사람이 한 짓이 아니기에
그냥 그대로 받아들일 수밖에 없다
그런데 만일 타동사로써 '내지 않다'라면
목적어의 내용이 무엇이냐에 따라

깊이 생각하지 않을 수 없다

이는 첫 단어 '불생不生'을 비롯하여
불효不孝와 나아가 불의不義에도
똑같이 적용되는 현상이다
오늘 풀어야 할 내용에는
목적어 앞에 '아니다' '버리다'와
심지어 '없다' '등지다'와 같이
부정否定하는 말이 6번이나 오른다
'아닐 불不' 자가 자그마치 3번이나 되고
없을 무無, 버릴 기棄, 등 배背 자가
목적어 앞에 각각 1번씩 나온다

일반적으로 긍정어肯定語가 아닌
부정어否定語 뒤에 놓인 목적어目的語는
대부분 일상에서 꼭 필요한 것들이다
삶生이 그러하듯 효孝도 그러하고
효가 그러하듯 의義도 그러하다
으레 공경恭敬이라는 개념도
삶에 있어서 너무나 소중한 덕목이다
은혜恩와 덕德과 인자仁慈 없는 사회는
상상할 수조차 없는 삭막索莫한 세상이다

경에서는 '공경심'을 내지 않는다고 한다
이 '공경심'을 눈으로 볼 수 있을까
만일 눈으로 볼 수 없다면
혹시 귀로 들을 수는 있을까
눈으로 볼 수 없고 귀로 들을 수 없다면
코로 후각을 통해 맡을 수는 있을까
앞의 두 기관器官과 마찬가지로
코로 냄새든 향기든 맡을 수 없다면
이는 물질로 이루어진 게 아니란 방증이다

눈으로 볼 수 있는 게 무엇일까
상식常識으로 알고 있기는 물질이다
하나 물질은 눈에 보이지 않는다
눈에 보이는 것은 물질이 아닌 빛깔이다
그래서 눈眼의 상대는 색色이다
불교에서는 색을 물질로 풀이하는데
보이는 빛깔의 정체가 물질인 까닭이다
이는 불교가 보이는 빛깔에서
눈에 들어오는 빛깔에 머물지 않고
빛깔 뒤에 숨어있는 물질을 본다는 뜻이다

그런 면에서 볼 때 불교 교리는

즉심卽心에만 빠진 절름발이가 아니다
불교는 즉물卽物을 곁들임으로써
마음과 물질을 두루 살핀다는 얘기다
내가 이렇게 얘기하면 다르게 반문한다
물질을 빛깔로 보았다는 것은
불교는 빛깔 뒤에 숨은 물질을 본 게 아니라
겉으로 드러난 빛깔을 보았을 뿐이라고
모든 물질은 빛깔을 지니고 있지만
이 빛깔은 물질의 본질이 아니다

만일 물질이 빛깔을 지녔다면
빛光이 없어도 스스로를 드러내야 한다
태양 빛光은 말할 것도 없고
호롱불이나 전깃불이 없더라도
그리하여 칠흙 같은 어둠 속에서도
물질 속에 이미 빛깔이 내재되어 있다면
그가 지닌 고유의 빛깔이 드러나야 한다
이를테면 칠흑 같은 어둠 속에서
붉은 사과는 고유의 붉은 빛을 드러낼까
백합은 하얀 빛깔을 드러내고
애기똥풀은 그믐밤에도 노랗게 보일까

사물은 고유의 빛깔을 지녔다고 하지만
이는 필히 외부의 밝은 빛에 의해
그가 지닌 여러 가지 빛깔에서
자기의 빛깔 하나만을 남겨 둔 채
다른 빛깔은 다 접기 때문에 그렇게 보인다
이와 같이 우리 귀에 들려오는 것은
분명 소리임에도 불구不拘하고
소리 자체에는 소리가 없다
뭐라고? 소리에 소리가 없다고?
그런데 어떻게 귀에 소리가 들릴까

소리에는 크거나 작거나
길거나 짧거나
또는 높거나 낮거나
세거나 여리거나 소리의 파波가 있다
이 파가 공기 중에 있는 분자를 건드리고
그 분자의 진동이 옆으로 퍼져간다
그리하여 마침내 겉귀를 거치고
가운데귀로 속귀로 들어와 고막을 흔든다
이 흔들린 고막이 어떠한 분석 없이
고스란히 '청신경聽神經'으로 보내면
청신경은 소리의 내용을 낱낱이 분석한다

따라서 귀에 들리는 것은
소리 그 자체가 아니라 매질媒質이다
만일 소리 속에 소리가 들어있다면
매질 없는 진공의 세계인 우주로 나아가
거기서 지른 소리에 소리가 전해져야 한다
그러나 우주에는 매질이란 분자가 없다
그리고 밖의 세계 우주가 아니라
우리 지구 자체 내에서도
소리에 소리가 본디 들어있다면
한 번 낸 소리는 그 상태가 이어져야 한다

시간의 경과와 아무런 상관없이
계속해서 같은 소리 같은 크기로 말이다
그러나 천하의 명기名器 성덕대왕신종도
파장의 여운餘韻이 7분을 넘지 않는다
소리에는 소리가 없는 까닭이다
코로 맡을 수 있는 냄새란 게 있을까
사물의 원형질인 분자分子다
공경심恭敬心이란
빛깔도 소리도 아니고
후각을 자극하는 분자도 아니다
따라서 공경은 으레 물질이 아니다

이는 공경심만이 아니다
은혜恩와 덕德과 인자仁慈를 포함하여
더 나아가 효孝와 의義에 이르기까지
분자나 파장이나 원자로 된 것이 아니다
그럼 혀로 맛을 감별할 수 있을까
피부에 와닿는 감촉으로 알 수 있을까
맛도 감촉도 비물질은 불가능하다
그래서 내린 게 딱 한 가지다
뜻으로 이해될 수 있는 이른바 법法이다
법은 물질일까 비물질일까
에너지일까 안티에너지일까
사실 에너지도 따지고 보면 물질이다

이들 여섯 가지 감관 가운데
인간의 의식意識으로서만 이해된다면
공경은 철저히 심心이고 성性이다
그러기에 공경이란 말 뒤에는
마음心을 붙여 '공경심'으로 부른다
이 공경심은 누구나 갖고 있다
마치 불성佛性처럼 본유本有의 세계다
일체중생 실유불성一切衆生悉有佛性에서
실유悉有는 선택의 세계가 아니다

비율로 한 개 두 개 따질 성질이 아니다

'다悉'라는 수사數詞는 선택을 떠난 전체다
시간적으로 있다가 문득 없어지고
없어졌다가 다시 나타나는 것도 아니다
산소와 탄소를 주고받을 수 있다면
그는 그가 어떤 생명이든 간에
분명 불성을 지니고 있다는 논리다
따라서 공경심은 불성의 다른 표현이다
불성이 인연 따라 있다 없다 하지 않듯이
공경심도 생명과 언제나 함께한다

드러난 공경恭敬은 어떤 모습일까
공경이 모습을 드러낸다고?
불성도 마음이기에 모습을 볼 수 없는데
공경이 어떻게 모습을 드러낼까
공경은 물질이 아니기에 실체가 없지만
언어와 표정과 행동으로 나타난다
마음도 또한 그와 같아 본디 실체가 없지만
우리는 곧잘 마음에 대해 얘기한다
마음이 착하느니 착하지 않느니
크니 작으니 좁으니 넓으니

심지어 마음이 젊다 늙다로도 얘기한다

애초부터 부모에게 공경심을 내지않고
깊은은혜 저버리고 높은덕을 배반하며
어질고도 자애함은 찾아볼수 전혀없고
효도하지 아니하고 의리마저 없느니라
不生恭敬 棄恩背德
無有仁慈 不孝不義
불생공경 기은배덕
무유인자 불효불의

제2편 정종분

제3장 업난을 널리 설하다

제1절 허물 지적 2

거룩하신 부처님이 계속해서 말씀하되
어머니가 아이가져 열달동안 지나면서
일어서고 앉는것이 너무나도 불편하여
무거운짐 진것같고 음식소화 되지않아

어찌보면 이는마치 장병에든 사람같고
달이차서 바야흐로 아기낳을 때가되면
잠깐동안 잘못으로 죽게되지 아니할까
조여드는 두려움과 산고속에 휩싸이며

돼지염소 잡은듯이 피가흘러 흥건하며
온갖고통 받으시고 아들딸을 낳으신뒤
쓴것일랑 삼키시고 단것만을 먹이시며
안아주고 업어주고 애를써서 기르시네

이는 허물 지적이 아니다
어디에도 자녀로서 어버이에게
효도하지 않는다거나
의롭지 못하다거나
은혜를 저버린다거나
덕德을 등진다는 얘기가 아니다
자식을 낳기까지 어머니의 걱정과
아기를 낳으실 때 고생하신 이야기이며
아기가 태어난 뒤 젖떼기까지
애쓰신 은혜와 음덕에 대한 항목이다
하여 이는 이미 노랫말 10수首에
낱낱이 고스란히 담겨있는 내용이다

그렇다면 얘기가 중복이 되는 꼴인데
구태여 더 해설할 가치가 있을까
중복重複되면 중복되는 대로
거기에는 변주變奏의 아름다움이 있다
변주란 주제에 변화를 주는 음악 장르다
variation on a theme,
주제에 다양한 변화를 줌으로써
지루할 것 같은 음악에 변화를 일으키듯
반복되는 비슷비슷한 이야기에서

새로운 느낌을 가져온다면 좋지 않은가

변주곡의 대표적인 경전이
조계종 소의경전인《금강경》이다
반복되는 아뇩다라삼먁삼보리
한두 번만 불러도 충분히 알아들을 텐데
지루할 틈 없이 계속 불러대는 수보리
아상 인상 중생상 수자상이란 주제
어디 그뿐인가
수미산과 항하사를 내세워가며
금강경 사구게를 지니는 공덕과의 비교
삼천대천세계를 가득 채우고
수미산을 칭칭 감을 정도로 두른
칠보 공덕과 금강경 독송 공덕이 펼쳐진다

끊임없이 반복되는 변화의 맛은
동일한 주제를 바탕으로 하여
선율과 리듬과 화성에 변화를 줌으로써
음악에서 싱그러운 맛을 느끼듯이
삶에 있어서도 변화는 더없이 필요하다
가령 같은 책상 하나를 두고
봄이면 동쪽 창문 쪽으로 놓고

아름다운 봄꽃과 아름다움을 교류하다가
가을이 되어 서쪽 창으로 바꾸어
붉고 노란 단풍과 얘기를 나누는 것도
좀 신선한 느낌을 가져올 수 있지 않을까

콩나물 요리를 좋아한다고 하여
같은 요리를 평생 먹기란 고역苦役이다
그러나 콩나물을 주재료로 하여
어떤 양념을 얼마만큼 넣을 것이며
어떻게 바꾸느냐에 따라 맛이 달라진다
라면 요리 하나를 놓고도
자그마치 몇백 가지나 되기에
평생 라면만 먹더라도 즐겨 먹을 수 있다
부모은중경 노랫말 10수를 중심으로
어머니의 '임산수고은'이 펼쳐진다

노랫말 10수 바로 앞에서도
엄마가 아기를 배고
당신 태내에서 그 아기를 키우고
그러면서 달이 차가며
점차 산고를 걱정하게 되고
아기 낳을 때 흘린 피는 얼마나 되고

아기 낳는 고통이 얼마나 힘들었는지가
거의 토씨 하나 바뀌지 않은 상태로
노랫말 10수에 그대로 나온다
그리고 여기 '허물 지적' 절에서는
산고의 이야기를 다시 말씀하고 있다

남자들 몇 명만 모였다 하면
군대 이야기로 시간 가는 줄 모르듯
여자들은 만나면 애기 낳고
애 키우고 어린이집에 보내고
유치원과 학교에 보내고
성적은 어떻고 하는 얘기뿐이다
만나서 실컷 얘기하다가 못다 한 얘기는
나중에 전화로 얘기하기로 하고
아쉬움을 지닌 채 자리를 뜬다
집에 돌아와 전화로 늦게까지 얘기하다가
그래도 아직 못다 한 얘기가 있다며
다시 직접 만나 얘기하기로 한다

여기에 과연 지루함이란 게 있을까
비록 같은 이야기라 할지라도
이야기 상대가 누구냐에 따라 다르고

분위기가 어떠냐에 따라 다르다
변주의 신선함도 이와 같다
노랫말 10수에서
나름대로 상세하게 표현되었는데
이제 그게 얼마나 되었다고
또 그 얘기냐 할지 모른다
그러나 다시 읽어도 싫지 않은 경전이다

……
어머니가 아이가져 열달동안 지나면서
일어서고 앉는것이 너무나도 불편하여
무거운짐 진것같고 음식소화 되지않아
어찌보면 이는마치 장병에든 사람같고

달이차서 바야흐로 아기낳을 때가되면
잠깐동안 잘못으로 죽게되지 아니할까
조여드는 두려움과 산고속에 휩싸이며
돼지염소 잡은듯이 피가흘러 흥건하며……

경전 말씀이 얼마나 시실적인가
실제 《부모은중경》에는 어려운 용어가 없다
장삼이사張三李四, 평범한 사람도

누구나 이해할 수 있는 언어다
'아이 가져 열 달 동안 지나면서'라든가
'일어서고 앉는 것이' 어려운 말일까
'너무나도 불편하여'가 까다로울까
글 모르는 이도 이해할 수 있는 말이다
'무거운 짐 진 것 같고'라든가
'음식 소화되지 않아'도 쉬운 말이다

'장병長病'이란 말이 좀 어렵지만
'장병에 효자 없다'라는 속담이 있듯
알고 보면 그다지 생소生疏한 말도 아니다
속담에 들어있다면 쉬운 말이다
그냥 읽으면 되는 글이다
《부모은중경》은 문어체가 아닌 구어체다
아기 낳는 고통, 산고産苦가 두려울까
당연히 두려울 수밖에 없다
뜸 한 방 뜨는 데도 공포가 있고
주사 한 대 맞는 데도 두려움이 있는데
어찌 아기를 낳는 일에 두려움이 없겠는가

침 맞다 죽었다는 말이나
주사 맞다 죽었다는 말이 있기는 하나

그러한 의료 사고는 그리 흔한 게 아니다
그러나 아기 낳다 죽었다는 이야기는
어른들로부터 들어온 바가 많다
똑같은 말을 들었더라도
남자들과 달리 임신한 여성들은
남의 일이 아닌 자신의 일로 받아들인다
병적 공포恐怖phobia가 아니라
한낱 막연한 두려움fear일 수도 있다

요즘은 출산 의학이 매우 발달하여
제왕절개Caesarean section라고 하는
이른바 자연분만이 아니더라도
아기를 낳는 일은 두려운 것이 아니다
혹 특수한 반응을 보이는 체질이 아니라면
반드시 마취 상태에서 수술하는 까닭에
그다지 통증을 느끼지 않고도
편안히 아이를 낳을 수가 있다고 한다
혹 '제왕절개술'은 아이를 낳는 게 아니라
산모와 아기를 분리하는 것이라며
항변하는 이들도 있을 것이다

아무튼 하나의 고귀한 생명이

태내에서 함께였던 어미의 몸과 분리되어
독립된 하나의 개체를 이룬다는 것은
아무리 강조하더라도 역시 신비롭다
그게 사람이라면 두말할 나위조차 없다
엄마와 아기의 개체 분리와 함께
하나의 탯줄로 이어져 있던 생명계가
각기 독립된 상태에서 호흡한다는 것이
지극히 신비롭게 느껴지지 않는가
출산은 우주 역사 못지않게 멋지고
태양계 역사보다도 훨씬 더 장엄스럽다

이 땅의 모든 어머니에게
공경스런敬 마음拜을 바칠 일이다
남들 다 낳는 아기라며 쉽게 말하지 말라
남들 다 낳는다는 게 맞는 말이지만
생명 하나하나는 그 자체가 소중하다
사람의 생명은 더더욱 고귀하여
이 세상 어떤 보석과도 맞바꿀 수 없다
그동안 생명을 놓고 남과 견주었다면
이제부터 그 생각을 거둘 일이다
앞으로 누구도 다른 누구와도
생명을 놓고 견주는 일은 없어야 한다

제3장 업난을 널리 설하다

제1절 허물 지적 3

손과발과 몸씻기고 기저귀를 빠실때도
어느하나 더럽다고 꺼리는일 없으시고
더운것도 참아내고 추운것도 참으시되
가지가지 고생들을 마다하지 않으시네

마른데는 골라가며 어린아이 뉘이시고
변으로써 젖은자리 어머니가 누우시며
태내에서 열달가고 낳은뒤에 이태동안
어머니는 뽀얀젖을 먹이시고 기르니라

(1)

젖을 먹이는 사람은 여자다
결코 남자가 아니다
여자면서도 젊은 여자다
결혼하지 않은 여성이 아니요
어린 소녀거나 또는 할머니가 아니다
게다가 분명 아기를 낳았으며
현재 수유 중授乳中에 있는 여자다
보통 여자女는 젖÷이 없으나
아기를 둔 엄마母는 젖÷이 있다

계집 녀女 자와 어미 모母 자는
같은 여성이기에 틀女이 같다
다만 젖÷이 있느냐 없느냐의 차이이다
여기서 젖이란 가슴이 아니라
젖을 먹일 수 있느냐 없느냐이다
이는 내가 억지로 밀어붙이는 게 아니라
한자漢字를 파자破字하였을 때
계집 녀女 어미 모母에 담긴 뜻이다
한 번 자녀에게 엄마가 되면
숨이 다할 때까지 언제나 어머니다

사람人은 태어나는 순간부터
이유기離乳期까지는 매每 때마다
반드시 엄마의 젖을 먹지 않으면 안 된다
매양 매每 자가 사람 인人 자 아래에
어미 모母 자를 놓아 표현한 게
어찌하다 보니 그렇게 된 게 아니다
여기에는 여성女으로서 어머니母와 함께
일상에서 잠시도 없어서는 안 되는
매양每이란 시간성이 만나
마침내 매양 매每 자가 된 것이다
따라서 매양은 매번, 번번이의 뜻이다

이처럼 엄마母의 젖乳은
젖 떼기 전의 아기에게 먹인다
그러나 삶이란 늘 예외가 붙좇아 따른다
젖먹이 자녀에 따른 엄마가 아니고
사랑하는 남편의 아내일 경우는
젖이 아니라 가슴이 된다
만일 젖이 젖의 기능만 갖고 있다면
'시몬과 페로'가 탄생하지 않았을 것이다
벨기에 작가 루벤스(1577~1640)는
바로크 미술의 대표적인 화가다

비가 내리는 어제 오후였다
대각사 뜰 여기저기 놓인 화분에서
화려한 꽃을 카메라에 담다가
노란 빛깔과 함께 시드는 꽃이 보였다
순간 '시몬과 페로' 작품이 클로즈업되었다
이 '시몬과 페로'는 '노인과 여인'으로
한때 외설로 오르내리膾炙던 작품이다
나중에 내용을 알고 난 뒤에는
고결한 생명에 대한 대승적 작품으로
재평가되면서 더욱 유명해진 그림이다

그림의 노인은 누구일까
푸에르토리코의 자유와 독립을 위해
독재정권에 맞서 싸운 투사 시몬이었다
정권은 이 노인을 감옥에 가두었다
그리고 먹을 것을 주지 않은 채
굶어 죽게 할 작정이었다
노인에게는 딸이 있었는데 페로라 했다
아기를 낳은 지 얼마 안 된 산모로
아버지를 면회하러 형무소에 갔으며
거기서 굶주린 아버지에게 젖을 물렸다

일설에 따르면 노인을 가둔 정권은
이 페로의 효심에 감동하여
노인 시몬을 특사로 석방했다고 한다
아무튼 루벤스의 이 그림을 두고
외설스럽다느니 뭐니 했으나
내용을 알고 난 뒤 그 말이 쏙 들어갔다
이러한 특수한 상황으로 인해
아기에게 젖을 물리느냐
가슴을 허락하느냐 하는 것은
삶에서는 민감한 일일 수밖에 없다

이 '노인과 여인'에 관한 이야기
아버지에게 젖을 물린 딸의 이야기
'시몬과 페로'의 이야기와 비슷한 설이
부처님 당시에도 분명 있었다
서가모니 부처님과 한날한시에 태어난
북인도 코살라국에 국왕이 있었다
그의 이름은 빔비사라였으며
왕비 이름은 위제히였고
태자가 하나 있었는데 아사세였다
아사세는 부처님의 종제從弟
제바달다提婆達多에게 푹 빠져 있었다

제바달다도 나름의 교단을 이끌었는데
사촌 형님從兄인 서가모니 부처님과는
언제 어디서나 대척점에 있었다
아사세 태자는 제바달다의 꾐에 빠져
왕위를 하루빨리 넘겨받기 위해
아버지 빔비사라왕을 감옥에 가두었다
누구의 면회도 허락하지 않았으나
오직 어머니 위제히에게만 허락하였다
위제히는 남편을 만나러 갈 때마다
자기 두 가슴에 꿀을 발랐다

그녀는 그 꿀을 바른 가슴에
찐 쌀가루를 묻히고 가슴을 가린 채
옥에 들어가 남편으로 하여금 핥게 하였다
생각보다 부왕이 빨리 죽지 않는 것을
수상하게 여긴 아사세 태자는
정황을 파악한 뒤 격노하며
끝내 어머니를 부왕과 격리시켰다
그러면서 어머니를 사형하도록 명했다
그러자 측근들이 모두 나서 말렸다
인류의 역사에서
아버지 시해는 있었으나

어머니를 시해한 예는 없었다는 것이다

태자는 어머니를 방면하였으나
부왕은 끝내 옥에서 굶어 죽게 하였다
남편이 아내의 가슴에 바른
꿀과 쌀가루를 핥아 먹은 역사가
시몬과 페로 그림과 겹치dissolve는 게
어쩌면 이것이 내게만 느껴지는 환상일까
딸 페로의 효심을 높이 사서
아버지 시몬을 특사로 풀어주듯
왕위라는 권력에 빠진 아사세일망정
어머니의 인간애를 높이 평가해
아버지를 방면해드릴 수는 없었을까

태내에서 열달가고 낳은뒤에 이태동안
어머니는 뽀얀젖을 먹이시고 기르니라

경전에서는 어머니가 아기에게
3년간 젖을 물린다고 했다
아기가 태어난 뒤 3년간은 긴 시간이다
보통은 생후 6~7개월이 지나면
서서히 젖뗄 때로 접어드는데

생후 3년 동안 젖을 먹이는 일은 드물다
그러므로 나는 3년 중 1년은 태내로
나머지 2년은 생후로 생각하였다

경에서는 흰피白血를 먹인다 했는데
인체에 뽀얀 빛깔의 피는 없다
백혈구를 두고 하는 말이 아니라
아기 엄마만이 지닌 젖mother's milk이다
신라 초기 불교의 순교자 이차돈은
그의 목이 잘릴 때 흰피가 솟았다고 한다
그게 엄마의 젖처럼 젖 성분이었을까
남자의 몸에서 젖이 나올까
가슴으로부터 솟는 것도 아니고
목을 자를 때 목에서 젖이 솟구쳤을까

이를 놓고 한때 일부에서는
이차돈이 트랜스젠더였을 거라고 했다
남자가 여자가 된 트랜스젠더가 아니라
여자가 남자의 몸으로 성性이 바뀐
성전환자였을 것이라고 말이다
트랜스젠더 얘기는 《법화경》 단골메뉴다
남자가 아니면 성불할 수 없다니까

그 말을 들은 용녀는 그 자리에서
바로 남자 몸으로 sex change하면서
부처가 되었다는 얘기가 있다

분명 이 '흰피白血에 관한 이야기'는
신라 이차돈의 순교에서 비롯되어
마침내 '부모은중경'으로 이어지고 있다
이는 이 고귀한 '부모은중경'이
인도India나 중국China이 아닌
조선에서 만들어진 경전이란 증거다
앞에서도 나는 누차 얘기했듯이
부처님 말씀이 확실眞한 경전經이
결혼하며 자연히 생긴 아기에 견준다면
나중에 사람亻이 만든爲 경經은
간절한 기도 끝에 얻은 아기와 같다

요즘이라고 별로 나아진 게 없지만
우리 조선 사회가 여성에 대하여
심지어 어머니에 대한 차별이
얼마나 깊고 또 심했으면
이미《효경孝經》이 있는데도 불구하고
굳이《부모은중경》을 필요로 했을까

어머니의 은혜에 관한 얘기는
단 한 마디도 없는 효경을 놓고서
어머니에 대한 그리움과 함께
누구보다 효심이 강했던 정조대왕은
명을 내려 부모은중경을 짓게 한 것이다

내가 이런 이야기를 하면
똑똑한 학자들은 아마 반박할 것이다
효경孝經 첫머리 첫 장 첫 줄에
'신체발부는 수지부모'라고 하여
부모父母가 함께 버젓이 올라가 있는데
어머니 얘기가 한 마디도 없다는 것이
말이 되느냐며 지청구할 것이다
아무튼 조선조 규방문화閨房文化에서
어머니에 대한 효를 강조한
《부모은중경》의 태동胎動 만큼은
팔만대장경 전체의 탄생보다 더 위대하다

(2)

어머니의 크고 넓은 은혜
높고 깊은 은혜를
어떻게 한두 가지로
다 표현할 수 있으랴마는
3년 동안 젖 먹여 길러주신
어머니 그 마음을 생각하다 보니
'세탁부정洗濯不淨'을 비롯하여
'불탄구로不憚劬勞'와
'인열인한忍熱忍寒'
'불사신고不思辛苦'가 들어오지 않았다

1950년 6월 25일 한국전쟁이 일어나고
서너 해가 지난 1953년 7월 27일
드디어 휴전협정이 맺어져
서로 죽이고 죽는 일은 잠시 멈췄으나
나라國와 백성民들 삶이란 게
얼마나 피폐했으랴 싶다
이때 나온 말이 바로
'굶기를 밥 먹듯 하다'였다
나도 그 무렵 태어났으니 예외일 순 없다

내가 아무리 먹고 싶다 하더라도
우선 내게 젖을 물리는
바로 내 어머니에게서부터
젖이 말라 잘 나오지 않았다고 한다
어머니에게서 젖이 잘 나오려면
뭐든지 좀 잘 드셔야 하는데
온 가족이 다들 시원치가 않으셨다
굶주림이란 반드시 서로 연결되어 있다
여기에 연쇄반응의 법칙이 적용된다

어머니 젖이 모자라면
이유식이라도 먹을 일이지
아니면 라면이나 다른 것도 많은데
굶기는 왜 굶느냐 하겠지만
그건 아기의 일이고
우선 젖을 먹일 어머니 영양이
대관절 영 말이 아니었으니
그래서 그 시대를 살아온 이들에게
가장 먼저 눈에 들어오는 것도
허기虛氣를 채우는 일이었으리라

당시 사람들 얘기를 들어보면

IF 소원이 뭐냐고 묻는다면?
뭐든 배불리 먹어보는 것이라 하였다
어쩌면 아마 그래서일 것이다
빨고 씻기고 하는 것이
쉬운 게 아니지만
어머니에게도 내게도
주린 배를 채우는 행위가
가장 먼저였을 것이다
뜨거운 것을 참고
추위를 참아냄도 좋지만
먹고 마시는 게 대수大數였을 것이다

자녀를 키우는 일이 작은 게 아니다
손발 중에 특히 손이 중요하다
아기들에게는 뭐니뭐니해도 위생이다
이것 저것 마구 만지다 보니
특히 구강기口腔期 아기들은
손이 빨리 더러워질 수밖에 없다
뭐든 손에 잡히고 만져지면
가장 먼저 입으로 가져가는
구강기 아이들에게는 특히 그렇다

구강기는 구순기口脣期로도 부른다
구강기나 구순기 모두
프로이드의 정신분석상 용어다
지그문트 프로이드(1856~1939) 박사는
인간의 성본능性本能은
생각보다 어려서부터 시작되며
발달하는 과정을 살펴보면
모태에서 갓 태어난 때로부터라 한다
너무 이른 감이 있다고 느끼는데
태내에서부터가 아닌 게
그나마 그의 학설에 믿음을 갖게 한다

지그문트 프로이드가
정신분석학의 대가인 것은 맞다
그러나 나와 같은 비전문가가 볼 때
적어도 리비도libido의 세계를
어린아기에서부터 시작한다는 것은
프로이드 박사 바로 그의 정신을
먼저 분석해볼 필요가 있다고 생각한다
아무튼 그의 정신분석학 이론은
지금까지도 그렇지만
앞으로도 영원한 고전으로 남을 것이다

그의 리비도 설을 살펴보면
입술 점막에 쾌감을 일으킨다는
생후 2살까지의 어린 아기를
구순기/구강기로 본다
한 인간으로서 일으킬 수 있는
성욕性慾의 첫 번째 단계라는 것이다
젖을 빠는 입술의 활동이
생활의 중심이 되는 시기다
나는 생각이 나지 않아 잘 모르겠는데
그때 내게 성욕이 있었을까 싶다

어쩌면 지그문트 프로이드 박사도
인간의 잠재의식을 연구하다 보니
성본능이라는 소위 리비도의 세계를
어린 아기에게까지 적용시키고
이 과정에서 어린이의 '성발달과정'을
다섯 시기로 구분했는지 모른다
지그문트 프로이드 박사의
성발달과정, 정확하게는
'성性 심리心理' 발전 단계를 싣는다

1. 구강기 oral stage 0~2세

2. 항문기 anal stage 2~4세
3. 남근기 phallic stage 4~6세
4. 잠재기 latency stage 6~12세
5. 성욕기 genital stage 12세 이후

(3)

아무튼 구순기에 든 아기들은 어떠한가?
무엇이든지 죄다 입으로 가져간다
먹고 마실 것이야 으레 말할 것도 없지만
손에 잡히는 것은 다 입으로 향한다
그러기에 아기는 위생이 문제며
아이들 놀이기구 소재가 무엇인가
반드시 살펴보아야 한다
아기들 손과 발을 자주 씻기고
응가하거나 또는 쉬한 기저귀를
때때로 자주 빨고 자주 갈아주어야 한다

'깨끗하다'는 형용사로
여기에는 3가지 뜻이 들어 있다
첫째 사물이 더럽지 않다
둘째 빛깔 따위가 흐리지 않고 맑다
셋째 가지런히 잘 정돈되어 말끔하다
세 형용사의 쓰임새가 다르다
사물이 더럽지 않다는 것은
물건 자체가 더럽지 않은 것이니
나중에라도 오염되어 있지 않음이다

빛깔 따위가 흐리지 않고 맑음은
물이나 기름 등 액체에 관한 것으로서
눈으로 보기에 지저분하지 않고
빛깔이 정갈하고 맑은 것이다
그리고 내가 강조하는 깨끗함이란
바로 세 번째에 해당하는 정리정돈이다
잘 정돈된 대형 매장이라든가
백화점에서 지저분함은 찾을 수 없다
워낙에 정돈이 잘된 까닭이다

몇 권 되지 않는 책이라도
책상이고 방바닥이고
아무렇게나 널려 있으면 지저분하다
이제 지저분함의 의미는 알 것이다
그러나 수십만 권의 책들이
도서관이나 대형서점에서
잘 정돈되어 있으면
지저분하다고 느끼는 사람은 없다
이처럼 깨끗함과 더러움은
정리정돈이 잘 되어 있느냐일 것이다

보통 '더럽다'라는 말은

일반적으로 나중에 따라붙는 형용사다
만일 사물이 선천적으로 더럽다면
아무리 깨끗하게 씻기고 간수하더라도
여전히 더러운 상태를 면할 수 없다
하나 모든 사물은 본디 깨끗하다
그러므로 때垢 빼고 광光 내면
반드시 깨끗해지는 것은 자명한 일이다
우리가 마음을 두고 성선설性善說이니
성오설性惡說이니 하는데 몸도 그러하다

마음↑ 태생生이 성性이라 한다면
성性은 마음의 본바탕이다
이 성을 놓고 착善하다 악惡하다 하는데
이때 선善은 착하다로 표현하지만
악惡은 선의 상대개념인 악이 아니라
오염되어 있다는 뜻을 넘지 않는다
만일 선에 대해 마음을 악하다고 한다면
악은 영원히 선으로 돌아올 수가 없다
따라서 '성악설'이라 하지 않고
필히 성오설性惡說로 읽고 이해해야 한다

옷에 오염물질이 배어있다고 해서

옷이 악한 게 아니고 지저분한 것이다
몸에 때가 좀 끼었다고 해서
몸이 악한 게 아니라 더러운 것이다
지저분하고 더러운 것은 빨고 씻으면
본디 깨끗한 몸과 옷으로 다시 돌아온다
따라서 '세탁부정洗濯不淨'에는
이처럼 청정과 오염의 본질이 담겨 있다
깨끗淨하지 않不으면 세탁하라
본디 깨끗한 상태로 되돌아올 것이다

'더위도 참고 추위도 참는다'고 했다
번역은 열熱을 더위라고 했으나
실제 더위보다는 뜨거움으로 푸는 게 맞다
더위는 열熱이 아니라 서暑다
더울 서暑 자는 나이 드신 노인耂이
하늘에서 내리쬐는 태양日과
땅에 반사하는 복사열日 사이에서
신음하는 상황을 표현한 글자다
뜨거울 열熱 자는 화산을 표현한 글자다
타오르灬는 지구丸 대륙坴의 열기다

부모은중경을 강의하면서

더울 서暑 자 파자가 왜 필요하며
뜨거울 열熱 자에 화산을 연결한다는 게
지면紙面의 낭비 아니냐고 할 것이다
어머니 아버지가 자식을 위해
불구덩이뿐만 아니라 더한 곳이라도
머뭇거리지 않고 바로 뛰어듦을 생각하면
지면이 아니라 더한 것이라 하더라도
나는 낭비에 낭비를 더할 것이다
부모님 은혜는 어떤 비유를 들더라도
이루 다 표현할 수가 없는 까닭이다

구로劬勞도 또한 신고辛苦도
모두 고생한다는 뜻이 들어 있지만
구로劬勞에는 모두 힘 력力 자가 있듯이
자식을 위해 기저귀 등 빨래를 하고
손발을 씻기고 목욕을 시키며
몸으로 고생하심을 뜻하는 말이다
그리고 신고辛苦에는 매운맛辛과 함께
쓴맛苦을 표현한 것으로 미루어 보아
이는 피부에 와닿는 뜨거움이고
또한 차가움이리라 여긴다

온 세계 일류 조리사는 남자라 한다
이는 남자들이 하는 말이다
그런데 세계 일류의 쿡cook이
집에서는 음식을 만들지 않는다고 한다
누가 식구들을 위해 음식을 만들까
세계 어느 나라를 가더라도
지극히 일부 가정을 제외하고는
어느 집이든 여성들이 음식을 만든다
이건 다들 알고 있는 빈틈없는 사실이다

그래서 나는 늘 얘기한다
세상의 어머니는 다 화학자化學者라고
음식 조리를 뛰어넘는 화학이 있을까
그런데 이런 부엌의 화학자들도
가족들을 위해 음식을 짓다가
가끔 잘못하여 화상을 입는 경우가 많다
그러나 그렇다고 하여 그 때문에
중간에 밥 짓는 일을 그만두지는 않는다
또는 손발이 얼어 동상을 입더라도
어머니는 음식 조리를 폐하지 않는다

시왈詩曰
부혜생아父兮生我 모혜국아母兮鞠我
애애부모哀哀父母 생아구로生我劬勞
욕보기은欲報其恩 호천망극昊天罔極
시경에 말씀하시되
아버지여 날 낳으시고
어머니여 날 기르시니
슬프고 슬퍼라 아버지 어머니여
날 낳으실제 고생이 많으셨어라
그 은혜를 갚고자 하려 하니
높은 하늘 같아 끝이 없어라 — 동봉 옮김

위 시경 글은《명심보감》'효행편'에서
고스란히 가져다 싣고 있는데
이 글을 읽다 보면 너무나 잘 알려진
조선 중기 정철 선생(1536~1593)의 시
'아버님 날 낳으시고'가 생각난다

아바님 날 나흐시고 어마님 날 기라시니
두분곳 아니면 이몸이 사라시랴
하날가탄 은덕을 어대 다혀 갑사오리

(4)

건처아와 乾處兒臥하고
습처모면 濕處母眠이라
마른 데는 아기를 뉘이시고
젖은 곳은 엄마가 쉬시나니

어머니 사랑은 과연 어디까지 퍼져가며
어머니 연민은 과연 언제까지 이어질까
이는 부피로 계산할 수 없거니와
양으로도 그 모든 것을 셀 수가 없다
크기와 길이 넓이와 높이를 가늠할 수 없다
따라서 부모님 은혜에 형용사란 없다
부모님 은혜에 구경 究竟이 있을까

구경 究竟이라니 어떤 뜻이 담겨 있을까
쉬엔짱 玄奘 번역의 '반야심경'에
'구경열반 究竟涅槃'이 있다
구마라습 번역의 '반야명주경'에도
'구경열반'은 똑같이 나온다
이왕 말이 나온 김에 얘기지만
구마라습 번역은 '반야심경'이 아니라
'마하반야바라밀대명주경'이다

쉬엔짱 번역은 반야심경이 맞다
본디 경제는 '반야바라밀다심경'이다

그리고 구마라습의 '반야명주경'은
반야 앞에 '마하摩訶' 2자가 놓여 있으나
쉬엔짱의 '반야심경'은 '마하'가 없다
중국 일본 한국 베트남 등지에서
불교도들이 읽는 '반야바라밀다심경'은
한결같이 쉬엔짱의 반야심경이다
이처럼 경전은 쉬엔짱의 반야심경인데
경전 제목에는 '반야명주경'에나 있는
'마하' 2글자를 버젓이 얹어 독송하고 있다

구마라습이 옮긴 '반야명주경'은
경제經題든 경문經文이든 문제가 없다
문제는 쉬엔짱의 '반야심경'일 뿐이다
크다는 뜻의 '마하'를 얹으면
반야심경이 지닌 뜻이 좀 더 커질까
반야심경이 좀 왜소해 보여서
경제 앞에다 없는 '마하'를 덧붙였을까
반야심경은 '크다' '작다'라는
형용사마저 뛰어넘은 멋진 경전인데

쉬엔짱 본에 없는 마하를 왜 붙이느냐다
그것도 일부 개인 견해가 아니다
대한불교조계종이라는 종단 차원에서
쉬엔짱 번역본 어디서도 찾아볼 수 없는
'마하'라는 두 자를 왜 얹었을까
게다가 눈 밝은 학자들도 분명 있을 텐데
한자 음에 겨우 토씨만 대강 붙여
조계종 '한글반야심경'이라 내놓은 것을
강 건너 불 보듯 할 수 있느냐다
부처님의 고귀한 말씀을
제대로 전달하지 못하는 업보
그 엄청난 업보를 어떻게 씻으려는가

아무튼 쉬엔짱의 '심경'이든
또는 구마라습의 '명주경'이든 간에
양쪽 다 '구경열반'이란 말씀이 실려있다
반야바라밀의 궁극은 열반이다
사실 반야바라밀의 궁극만이 아니라
수행修行의 궁극은 열반이다
열반에 담긴 뜻이 무엇일까
불도를 완전하게 이루어
일체 번뇌를 해탈한 최고의 경지

니르바나nirvana를 소리로 옮긴 말이다
다른 말로는 '멸도滅道'로 풀이한다
고집멸도苦集滅道의 '멸도'가 아니라
'멸滅이자 곧 도道'의 뜻이다
수행의 궁극이 열반이라면
부모님 은혜의 궁극은 무엇일까
자녀의 손과 발을 씻기고
기저귀를 갈고 젖을 먹이고
뜨거움과 차가움을 참아내는 것으로
부모님 은혜를 가늠할 수 있을까
부모 은혜를 갚는 데 구경이 있을까

마른 데는 골라가며 어린 아기를 뉘고
아이가 배설한 변으로 젖은 자리에
어머니가 누우시는 것으로
어머니 은혜를 다 알았다 할 수 있을까
언젠가 내가 이런 얘기를 했더니
어른들과 함께 온 한 어린이가 물었다
"스님, 그런데 있잖아요."
내가 말을 받아 되물었다
"어 그래, 있어. 뭐가 궁금할까?"

아이가 씨익 웃으며 물었다
"그게 아니고요, 스님"
내가 관심있는 표정을 짓자 말을 이었다
"아기가 오줌 똥 누는 것은 알겠는데
오줌 똥 누었더라도 기저귀를 찼잖아요
그런데 왜 자리가 젖어요?"
주위를 한 번 쓰윽 훑고는 말을 이었다
"제 동생은 오줌 똥을 쌌을 때
아빠가 동생 기저귀를 살짝 떼어내고
물티슈로 몇 번 말끔히 닦아낸 뒤
다른 기저귀로 갈아주곤 했어요."

"또 있잖아요 스님!"
나는 아이의 빈틈없는 말에 푹 빠졌다
아이 말이 그른 데가 하나 없었다
"어, 또 있어, 그래 얘기해 봐! 뭐지?"
"네, 있잖아요, 큰스님"
졸지에 '큰스님'으로 격이 높아졌다
"저희 집은 동생이 침대에서 자랐어요
이층짜리 침대로 뭘 좀 싸더라도
방바닥이 젖을 일이 없었고요
아기 침대에 엄마가 누울 수도 없었어요"

얘기 속으로 점점漸 빨려들어入가는
실로 재미있佳는 상황境이었다
"게다가 있잖아요. 큰스님!
가령 아기가 오줌 똥을 싸더라도
오줌 똥 때문에 방바닥이 젖지는 않아요
물기를 빨아들이는 진공청소기가 있어요"
아이의 얘기를 들으면서 나는
어떻게 하면 출구를 찾을까 생각했다
"그리고 아빠 엄마 방 따로 있고
제 방 제 침대 따로 있고요
동생 방도 다 따로 있어요, 큰스님!"

'진자리 마른자리 갈아뉘시며'라는 말이
분명히 맞는 말씀이기는 한데
아기가 오줌 똥 싼 젖은 자리란 없다
있더라도 그런 젖은 자리를 찾아서 눕는
특이한 성격의 어머니도 상상이 안 된다
왜 다른 방 다른 침대 놓아둔 채
아주 작은 아기 침대에 누울 것인가
따라서《부모은중경》에 쓰인 언어와 함께
아기 기르는 주변 이야기가 달라져야 한다

아기를 뉜 채 기저귀를 갈다 보면
누워 있는 남자 아기의 오줌 줄기가
얼굴을 향해 치솟는 경우가 더러 있다
이때 아빠 엄마는 아기 오줌에 대해
전혀 싫어하는 기색이 없다
그런 상황도 달게 받아들인다는 얘기다
어떤 엄마 아빠도 그런 아기에게
화를 내거나 하지는 않는다
미국이나 유럽 등 잘사는 나라나
아프리카처럼 가난한 나라에서도
공통적으로 일어날 수 있는 정황들이다

중요한 것은 예나 이제나
동양이나 서양이나
이런 육아의 정황과 무관하게
자녀를 위한 부모의 극진한 사랑이다
부모는 자녀를 위한 일이라면
아무리 힘든 일이라도
어떤 어려운 상황일지라도
거부하지 않고 죄다 달게 받아들인다
그리고 더욱 중요한 게 있다
부모는 자식의 허물을 나무라기 앞서

부모 스스로 자신들을 돌아본다는 것이다
다음에서는 육예六藝로 널리 알려진
여섯 가지 배움六學에 관해
옛날과 오늘을 비교해볼까 한다
이를테면 교과 과정curriculum 가운데
인공지능학과를 비롯하여
전자공학, 항공학, 자동차공학과
해양학, 컴퓨터학과가 없고
사물인터넷 따위 학과가 없어 그렇지
예절학을 비롯하여 음악이 있고
병법학과 체육이 있고
작문과 수학 물리학이 있다
한 번 꼼꼼히 제대로 들여다볼까 싶다

쉬어가기

참 고맙다

숨을 쉰다
내가 숨을 쉰다
숨 쉬는 내가 장하다
나를 위해 있는 산소酸素
만들어진 지가 수십억 년인데
나를 위해 그동안 준비했던 거다
참 고맙다

밤이 가고
새벽이 왔으니
지구가 돌고 있구나
나를 편히 잠들게 하고는
저 홀로 밤새 새벽을 데려왔다
이 작업을 수십억 년 동안에 걸쳐
하루도 멈추지 않은 게 날 위해서였어
참 고맙다

춥긴 춥다
그렇다고 아예

죽을 정도는 아니고
그저 적응하기 좋도록 춥다
더러 독감을 불러오기도 하는데
나를 단련시키려 그리하는 줄 안다
일 년 열두 달 365일 건너 뛴 적이 없다
참 고맙다

몸의 온도
언제나 36.5도
동일한 체온을 지닌 채
살 수 있다는 게 누구 덕일까
우리 태양을 빼 놓고는 답이 없지
1억 5천만km를 단숨에 날아온 햇살
참 고맙다

내 지금
여기에 서서
고마움을 표현한다는 게
내가 세상에 태어나기 전부터
느낌과 언어를 면면히 이어온 윗대 어른들
함께 살면서 소통할 줄 알게 하시고
생각하게 한 아버지 어머니서껀

스승님과 벗들이 있었네
참 고맙다

다시 생각해 봐도
참 고맙다
이승에 와서
이룬 게 아무것도 없는데
또 그러한 나를 위하여
저승은 나름대로 준비하고 있겠지
언제까지든 잘 살다 오라며
참 고맙다

사진 한 장
DNA가 같아설까
형제는 닮는다고 하지
유일하게도 나의 모습에서
속가의 큰형님이 느껴지는 사진이다
며칠 전 사진을 찍어 준 벗이여
그는 도대체 어떤 방법으로
내 형님의 소박한 모습을
내게서 끄집어냈지?
참 고맙다

제2편 정종분

제3장 업난을 널리 설하다

제1절 허물 지적 4

예닐곱살 접어들면 예절이며 음악이며
활쏘기와 말달리기 작문하고 셈하기며
사람도리 가르치고 스무살이 넘어가면
일자리에 힘을쓰고 시집장가 보내니라

(1)

아이를 키운다고 하는데
어떻게 키우는 게 잘 키움일까
아이는 키우는 게 아니라
기른다는 표현이 더 어울린다고 한다
그럼 아들딸을 어떻게 기르는 게
제대로 기르는 것이라 할 수 있을까
아이는 키우는 것도 기르는 것도 아니라
가르치는 것이라야 맞는 말이다
키우든 기르든 또는 가르치든
아이를 건강하게 기름이 관건이다

'아이를 기른다育兒'라는 과정을 놓고
잘 먹이고 잘 입히고 더 나아가
그림자 지지 않게 키움이 중요하지만
그러기 위해 당장 필요한 게 뭘까
육아에 재정적 지원이 필요하니
열심히 돈을 버는 것도 좋지만
아이를 돈으로만 키울까
돈 떠나 특출한 방법이 있을까
방법이 있다면 어디서부터 시작할까
이런저런 생각 끝에 육예六藝를 펼친다

육예는 육학六學이라고도 하는데
이는 여섯 가지 학과에서 붙은 이름이다
콩즈孔子 선생의 삶과 철학이라면
'저우周 왕조'에서 시작한다
중국에서 '저우왕조'는 네 시기가 있다
첫째는 1100?~256 B.C년간으로
가장 오래된 왕조에 해당한다
여기에는 뤄양洛陽의 천도를 중심으로
천도 이전을 시저우西周라 하고
천도 이후를 똥저우東周라고 부른다

둘째는 중국 남북조시대 북조를 이은
'베이저우北周(557~581)'를 가리키며
셋째는 탕까오종唐高宗의 황후
저티엔우허則天武后가 세운 나라로
열다섯 해(690~705) 만에 망한 나라다
중국 역사상 유일한 여제女帝로서
성이 '우武'씨고 이름이 '자오瞾'였는데
그녀는 제왕의 자리에 오르자
스스로를 '성센황띠聖神皇帝'라 칭했다

넷째는 중국 '우대五大' 마지막 왕조로

시조는 허후한後漢의 절도사였던
꾸어웨이郭威가 세웠으며
보통 '허우저우後周(951~960)'라 부른다

콩즈 선생은 그의 대표적 어록인
'룬위論語'에서 예禮 중심으로
음악樂을 중시하였고
병법兵法으로서
활쏘기射와 말몰이御는 물론
캘리그라피와 작문書
수학, 물리학數에
깊은 관심을 표하였는데
특히 예와 음악은 고대 '저우周'왕조의
저우원꽁周文公으로부터 기인한다

여섯 가지 학과라면 어떤 게 있을까
방금 앞에서 설명한 것인데
정리하면 아래와 같다
1) 예학禮學이고   2) 악학樂學이고
3) 사학射學이고   4) 어학御學이고
5) 서학書學이고   6) 수학數學이다

(2)
콩즈 선생의 육예六藝니
또는 육학이니 하는 내용을 보면
인간의 삶에서 빠진 게 많고
특히 남성 중심으로 짜다 보니
여성에 관한 것은 거의 들어있지 않다
요즘 눈으로 보면 반쪽짜리다
커리큘럼에 농업은 말할 것도 없고
축산업, 수산업, 제조업, 상업과
유통업, 건축업 따위는
아예 발도 들여놓지 못한 상태다

이게 무슨 커리큘럼이 되겠느냐다
옷을 짓고
차를 내고
음식을 만들고
손님을 접대하고 하는 것들이 없다
사실은 없는 것이 아니라
'리찌禮記'에 다 나와 있다지만
내가 알기로 콩즈 선생의 '리찌'에는
웬만한 게 다 들어있다고 하는데
대개가 '관혼상제례冠婚喪祭禮'이고

실생활에 관한 것들은 거의 없다고 본다

앞에서 살짝 언급했는데
육예에는 어학御學이란 게 있다
우리말 어학은 언어학言語學이지만
승마에 해당하는 어학御學도 있다
커리큘럼curriculum이라는 어원이
달리기, 말달리기, 승마에서 왔다
교육과정을 뜻하는 '커리큘럼'에
말달리기에 해당하는 뜻이 들어있다니
생각만 해도 뭔가 통하지 않는가
그래서 언어는 재미있다

커리큘럼은 아이들 수준에 따라 다르다
두서너 살부터 시작되는
어린이집 교육과정curriculum은
해당 어린이집 운영 방침에 따라 다르다
그러므로 어린이집 교사야말로
어린이를 제대로 이해할 수 있어야 한다
1909년에 처음 생긴 유치부는
공립유치원과 더불어 사립유치원이
교과과정을 좀 달리하기는 하나

크게大 같고同 조금小 다를異 뿐이다

프라이머리Primary에는
초등初等이란 뜻이 담겨 있다
그래서 프라이머리 스쿨은 초등학교다
초등학교부터는 학교로 들어간다
일설에 따르면 유치원부터라 하지만
초등학교를 두고 취학과 미취학을 가른다
취학就學은 초등학교에 나아감이고
미취학未就學은 유치원생으로서
아직 초등학교에 들어가지 못한 어린이다

이해하기 쉽게 한국 나이로 치면
8살~13살의 어린이들을 위한 학교로
옛 국민학교인 초등부初等部가 있다
초등학교는 모두 6학년인데
저학년에서 고학년으로 올라가면서
커리큘럼이 점차적으로 어렵게 바뀐다
사실 과정이 어려운 게 아니라
나이와 이해도에 따라 적응시켜 감이다
학년은 높아지고 이해도도 커가는데
저학년 교과서를 그대로 쓸 수는 없다

그리고 세컨더리secondary로서
중고등부中高等部가 있있는데
우리나라에서는 중등부中等部가 있고
고등부高等部가 3년씩 따로 있다
'중등'은 세컨더리이거나
미들스쿨middle school로 부르고
'고등'은 하이스쿨high school로 부른다
우리나라에서는 유럽과 달리
대개 14~16세가 중등부 학생들이고
17~19세가 고등부 학생들이다

그런데 콩푸즈孔夫子 선생께서는
그의 어록《룬위論語》에서
육예六藝로서 커리큘럼을 말씀한다
앞에서도 얘기했지만 여섯六 학과藝에서
예禮는 예절에 관한 것이고
악樂은 음악에 관한 것이고
사射는 병법에 관한 것이고
어御는 승마에 관한 것이고
서書는 작문에 관한 것이고
수數는 수학에 관한 것이다

육학이란 육경六經의 학문으로
육예六藝라고도 하는데
첫째는 중국中國 당唐나라 때
국자감에 예속한 여섯 학과를 가리킨다
1) 국자학國子學
2) 태학太學
3) 사문학四門學
4) 율학律學
5) 서학書學
6) 산학算學이다

둘째는 고려시대 커리큘럼으로
국학國學/國子監의 칠재七齋 중
강예재講藝齋를 제외한
육재六齋에서 강의講義하던
1) 주역周易
2) 상서尙書
3) 모시毛詩
4) 주례周禮
5) 대례戴禮
6) 춘추春秋 등 여섯 학과다

이들을 살펴보면
한결같이 모두가 중국학이다
한반도 고려에서 고려학은 전혀 없다
고려의 역사를 비롯하여
과거 고대사와 삼국사는 물론
찬란한 문화와 예술학이 보이지 않는다
아무튼 고려 예종睿宗 4년(1109)
국학에 칠재七齋를 두고
육학과 함께 무학武學을 가르쳤다

셋째는 조선 초기 커리큘럼으로
태조太祖 2년(1393)에
처음 개설한 학과로서
1) 병학兵學
2) 율학律學
3) 자학字學
4) 역학譯學
5) 의학醫學
6) 산학算學을 가리킨다

조선으로 새로운 세계를 연 뒤
율학律學과 자학字學이 포함되고

글로벌 시대를 지향하는 역학譯學이 있고
나라와 백성의 질병을 물리치고
건강을 위한 의학醫學이 함께하며
여기에 산학算學이 추가된다
산학은 수학을 가리키는 말이지만
이는 물리학을 함수로 두고 있는 용어다
조선은 물리학에 관심을 두기 시작하며
세종대왕이 장영실을 중용하여
과학을 발전시키는 토대土臺가 된다

넷째는 조선 태조 6년(1397)
의흥삼군부義興三軍府 소속으로
사인소舍人所에 설치한
1) 경학經學
2) 병학兵學
3) 율학律學
4) 수학數學
5) 의학醫學
6) 사학射學이 있었는데
4년 전 조선 초기에 비해 달라진 게 있다

겨우 4년 만에 경학이 중심이 된다

여기에서는 언어학에 해당하는
자학字學과 역학譯學이 빠지고
병학兵學이 있는 데도
다시 사학射學을 집어넣어
군사학兵學에서 스포츠학射學을
독립시킨 게 아닌가 하는 느낌을 갖게 한다
어쩌면 사학은 스포츠는 그냥 말뿐이고
암살자an assassin를 기르기 위해
특별하게 내세운 학과였을지 모른다
이 사학이 생긴 이듬해 겨울
삼봉은 방원의 칼날 아래 삶을 마감한다

그건 그렇고 여기서 중요한 것은
앞서 여러 차례 지적하였듯이
남성 중심의 학과라는 게 안타깝다
콩즈 선생께서 그토록 존경하고 받들었던
저우周 원왕文王과 우왕武王이
모두 육례를 두어 백성을 가르쳤지만
거기도 여성이 설 자리는 없었고
고려조 육학六學과 더불어
조선조 초기 육학과 개정된 육학에도
역시 여성들이 들어갈 곳은 아예 없었다

아무리 좋은 시대라 떠들어대도
인간 차별에서 머물지 않고
남녀 차별로 주저앉은
그야말로 '빌어먹을 놈의 시대'였다
그럼에도 여성들은 그러한 남자들을 위해
아기 낳아 그 아기를 훌륭하게 기르고
방아찧기 절구질에 맷돌질에
농사짓고 음식 만들고
길쌈하고 실을 자아 옷 만들고
빨래하고 쓸고 닦고 살림을 도맡아 살았다
그러면서 아이들이 성장하면 준비하여
장가를 보내고 시집을 보냈다

[어머니 주름살인 양 늙어버린 꽃]

제2편 정종분

제3장 업난을 널리 설하다

제1절 허물 지적 5

이와같이 애를써서 하나하나 가르치고
직업까지 마련하여 부모할일 다한뒤에
여러가지 힘든일이 끝이났다 하더라도
은혜마저 끊겼다고 말할수는 없느니라

행여만일 아들딸이 병이라도 들게되면
어버이도 함께따라 같은병을 앓게되고
행여만일 자식들이 앓던병이 낫게되면
자애로운 어머니의 병도따라 낫느니라

이와같이 가르치고 기르시고 보듬어서
하루빨리 어른되길 마음속에 바라시되
생각대로 자식들이 건강하게 자라서는
어릴때와 판이하게 효도하지 않느니라

(1)

애프터 서비스after-service!
'사후관리事後管理'를 가리킨다
이를테면 어떤 특정의 상품을 판 뒤
판 행위 그 자체로 그냥 그치는 게 아니라
그 상품에 문제가 발생할 때마다
계속해서 손 보고 점검하는 시스템이다
'오버사이트over-sight'라고도 한다
오버사이트는 사후관리라고는 하지만
못 보고 넘김이나 간과를 비롯하여
감시, 감독, 단속의 뜻이 들어있다

냉장고, 세탁기 등 가전제품과
자동차까지 애프터 서비스를 받는다
그러나 무료 애프터 서비스는
기간의 한계성을 지닌다
제품이 닳고 닳아 못쓰게 될 때까지
무료로 애프터 서비스를 해 주지는 않는다
그런데 부모가 자식에게 해주는
애프터 서비스는 그 끝을 알 수가 없다
무료가 아니라 자기 돈 들여가며
본인이 도저히 운신할 수 없을 때까지며

게다가 마음은 운신과는 무관하게 이어진다

아기집子宮womb에서
38~40주 동안을 키웠으나
자녀는 아기집 집세 한 푼 내지 않는다
하나 부모는 당연한 것으로 받아들이며
아기에게 집세 내란 말도 생각도
아예 처음부터 입 밖에 꺼내지도 않는다
사실 어머니는 태중 아기에게
자궁만 빌려준 게 아니다
아기가 성장하는 데 필요한 영양소를
어느 하나 빠트리지 않고 공급해주었다

아기에게 필요한 영양소는
1차적으로는 임산부에게 필요하다
임산부 영양에 문제가 없어야
아기에게도 영양을 나눌 수 있으니까
그렇게 해서 얻어진 영양들을
엄마는 거의 그대로 아기에게 전달한다
따라서 집세만 떼어먹은 게 아니라
이처럼 영양소 섭취에 관한
음식값 한 번 제대로 치른 적이 없다

태중에서도 그러한데 태어난 뒤이겠는가

모유에 들어있는 영양소는 다음과 같다
1) 수분/물
2) 유지乳脂
3) 단백질
4) 섬유질
5) 무기염
6) 아미노산
7) 탄수화물
8) 비타민A, D, E, K 따위이다
유지는 젖, 특히 모유에 들어 있는
지방脂肪으로 젖기름으로 풀 수 있다
이 밖에도 모유에는 칼슘성분을 비롯하여
다양한 영양이 풍부하게 들어있다

참으로 신비로운 것은
모유가 만들어지는 과정이다
산모는 아기를 낳으면 초유를 분비한다
초유는 물처럼 묽고 노란 유즙이다
여기에는 미네랄을 비롯하여
비타민A, E, K와 B12 성분이 풍부하다

B12는 비타민B의 코밸러민인데
수용성 비타민의 한 종류다
소화하기 쉬우며 변통을 일으켜
임신 중 아기 뱃속에 차 있던 변을
부드럽게 나오게 하는 역할을 하고 있다

초유에 포함된 백혈구와 항체는
아기의 면역 체계가 발달하기 전까지
내장과 호흡기 감염을 막아준다
앞서 얘기했듯이 참으로 신비로운 것은
출산 며칠 뒤 초유의 성분이
아기에게 맞춰 변한다는 것이다
단백질 성분은 낮아지고
지방과 탄수화물 성분이 높아진다.
처음에는 묽었던 초유가
마지막에는 크림처럼 진해지는데
신생아의 최초 갈증을 달랜 뒤부터는
식욕 채우는 역할에 충실해지는 까닭이다

딸이든 아들이든 아이를 낳아
어린이집에 보내고
보모를 들이고

유치원과 초등학교에 보내고
태권도, 무용, 특수학원에 보내고
중학교와 함께 고등학교에 보내고
과외를 하고 영어학원에 보내고
대학에 보내고 학부가 끝나면
대학원에 보내 석사 박사를 만들고
아이고! 그 비용이
약 7~8억 정도 들어간다네

이 모든 과정에는
입히고
먹이고
재우고
용돈 주는 비용이 다 포함되어 있다
동료들과 만나는 비용과
국내 여행 해외 여행비도 포함되고
아무튼 한 아이가 대학까지만 나오는 데도
5억 정도가 들어간다니 장난이 아니다
그러니 출산율은 점점 떨어지고
고령화 사회는 갈수록 팽창할 수밖에 없다

그렇게 하여 석사 만들고

나아가 박사를 만들었다 해서
취직이 저절로 다가오는 것은 아니다
학문만큼이나 소중한 게 있다면
반드시 몸에 익은 기술이 있어야 한다
대학교수가 되고
초중고교 교사가 되고
병원의 의사가 되고
간호사가 되고
변호사가 되는 게 쉬운 게 아니다
아주 보잘것없어 보이는 직업일지라도
직장은 그 자체로 성스러운 것이다

농투성이가 되어 농사를 짓고
장사꾼이 되어 상품을 팔고
셀러리맨이 되고
세일즈맨이 되고
아무튼 취직이 된 뒤라야
장가를 들이든지
또는 시집을 보낼 수가 있다
부모 입장에서 다 키운 자식들을
장가들이고 시집보냄으로서
모든 할 일이 다 끝났다고 할 수 있을까

결론부터 얘기하자면 그렇지 않다
부모의 애프터 서비스는
그렇게 쉽게 끊어지거나 하지 않는다
5억이 들어가고 7~8억이 들어가더라도
더 쓰지 못함을 아쉬워할 뿐이다
'무주상보시無住相布施'는
부모가 자녀에 대해 갖는 일상일 뿐이다
어디 무주상보시뿐이겠는가
육바라밀 앞에 모두 무주상이 놓인다

무주상지계無住相持戒
계 지닌다는 생각 없이 올곧게 살고
무주상인욕無住相忍辱
인욕한다는 생각 없이 참고 견디고
무주상정진無住相精進
정진한다는 생각마저 떠나 정진하고
무주상선정無住相禪定
수선修禪의 체를 내지 않고 선을 하며
무주상지혜無住相智慧
지혜를 내세우지 않고 지혜롭게 산다

무주상이란 보시 앞에만 놓는

그런 편협된 단어가 절대 아니다
이들 육바라밀은 더 말할 나위도 없고
팔정도八正道를 닦으면서도
팔정도를 닦는다는 생각을 지니면
이미 무주상팔정無住相八正이 아니다
부모가 자식을 위해 베푸는 마음에
주상住相이란 아예 찾아볼 수가 없다

무주상보시를 설하는 금강경이
매우 대단한 것 같지만
부모의 '무주상바라밀' 덕목은
금강경 이전의 거룩한 설법이다
율사가 계 좀 지킨다며 으스대지만
으스댐이 주상住相이라 뻐길 게 없다
이미 부모는 자식에게
끝없이 무주상을 실천하는데
'내가 자식들에게 이만큼 베풀었으니
내 꼭 되돌려받아야겠어'라고 함이 없다

'불언은절不言恩絶'이라는 말씀은
이《부모은중경》의 백미白眉라 할 수 있다
그럼에도 불구하고 '내리사랑'이다

자신도 나중에 제 자식에게 베푼 것을
되돌려받지 못할 것을 알지만
부모가 자신에게 베푼 사랑의 시스템을
고스란히 제 자식에게 이어간다
따라서 자녀에 대한 부모님의 사랑은
끝없는 대물림의 법칙을 벗어나지 않는다

[경주 용장리 관음사 사진을 보노라면
드러내지 않는 모습無住相이
어머니 마음을 닮아있다 느낀다]

(2)

행여만일 아들딸이 병이라도 들게되면
어버이도 함께따라 같은병을 앓게되고
행여만일 자식들이 앓던병이 낫게되면
자애로운 어머니의 병도따라 낫느니라
남녀유병男女有病
부모병생父母病生
자약병유子若病愈
자모방차慈母方差

세상에 이토록 아름다운 말이 있을까
부모와 자식이 '한몸'이 아니고서야
어떻게 이런 현상이 일어날까
한마디로 '동체대비同體大悲'다
동체대비의 의 '동同'은
띄어쓰기 '한 가지 동同'자가 아니다
붙여쓰기 '한가지 동同'자다
가령 '한 가지'라 하면
여럿 가운데 하나이지만
붙여서 '한가지'라면 그냥 통째고 전체다

'한가지 동同'자에 담긴 뜻은 간단하다

'멀 경冂'자는 멀리 또는 가까이며
여기에는 여럿이란 뜻이 있다
'한 일一'자는 한결같음이고
'입 구口'자는 표현의 도구 언어다
다시 말해 멀리 있거나 가까이 있거나
모든 사람들이 한 목소리를 내는 것
이것이 '한가지 동同'자에 담겨 있다
대체적으로 명사 앞에 놓이며
옛 글자 '한가지 동仝'자와 같이 쓰인다

'동체대비'의 '체'는 '몸 체體'자로서
몸 체躰, 또는 몸 체骵 자와 같이 쓰이며
몸 체軆, 몸 체体 자와는 담긴 뜻이 다르다
뜻이 아주 많이 다른 것은 아니지만
아무튼 약간의 차이를 두고 있다
이 '몸 체体'자는 '용렬할 분体'자로
일본어에서 '몸 체體'자 약자로 쓰고 있다
따라서 동체대비의 '체體'자일 경우
앞의 세 글자 중에서 쓰는 게 무난하다
하지만 지금은 모두 같이 쓰고 있다

몸體은 무엇이 근간일까

갓난아기 때는 300여 개였으나
어른이 되며 줄어든 206개
뼈마디骨와 관절로 이루어져 있고
그 뼈와 관절 안팎으로 함께하는
풍부豊한 근육과 살갖皮膚과 장기臟器다
이처럼 인간의 몸에서 비롯한 '체體'가
물질의 형태까지 표현하게 된 것이다
색色을 띄고 있는 모든 물체는
당연히 이 '몸 체體'자로서 표현된다

그렇다면 '동체대비'란 무엇일까
세상을 자신과 다른 세계로 봄이 아니라
온통 한몸으로 보고 느낌이다
하늘天 땅地과 스스로自 그러함然이
결국 나를 떠나 다른 몸이 아니라
이들 환경이 나와 한몸이라는 것이다
이는 띄어쓰기 '한 몸'이 아니라
반드시 붙여쓰기 '한몸'이다
왜냐하면 하늘과 땅 물과 에너지
바람 따위가 나와 한몸인 까닭이다

천지자연도 나와 '한몸同體'인데

하물며 같은 지구 환경에서 호흡하는
숱한 고귀한 생명들이야 말해 무엇하랴
뭇생명도 그처럼 한몸으로 보는데
말하고 생각하고 곧게 서서 걸을 수 있는
같은 종種species 사람이겠는가
한량없는 불보살佛菩薩님들과
우리 인간, 우리 중생들이
다 같은 얼개로 짜여진
동일한 사람이 아니겠는가
같은 모습을 하고 있다면 같은 것이다

깨달았거나 아직 깨닫지 못함의
정신적 차이는 있을지언정
육체적으로는 다 같은 생명 부류다
바로 이와 같은 생물학적 바탕 위에서
불보살님은 '동체대비'를 일으키는 것이다
'동체대비'의 '대비大悲'가 무엇일까
글자 그대로 '큰大 슬픔悲'이다
슬픔은 사랑이 극에 달했을 때 나온다
다른 말로는 연민이라 하지만
'대자大慈'보다 한 단계 더 깊은 사랑이다

'대비大悲'의 '대大'는 형용사로서
크다 작다 할 때의 '크다'이다
세상에 사람人보다 더 큰 게 있을까
정신丿과 육체乀가 한 데 만나
비로소 사람人이 되었다면
사람을 능가하는 큼은 없을 것이다
다빈치의 비트루비우스적 인간은
두 팔 두 다리를 벌린 남성의 모습인데
'큰 대大'자는 사람의 위대성을 나타냄이다
이 위대한 사람에게 필요한 것이
곧 큰大 사랑慈이고 큰大 슬픔悲이다

자慈는 긍정茲하는 마음心이고
비悲는 부정非하는 마음心이다
자녀를 키울 때도 그러하고
불보살이 중생을 이끄는 데 있어서도
긍정과 부정을 적절하게 구사해야 한다
무조건 '오냐 오냐' 하는 것도 좋으나
만에 하나 잘못을 저질렀을 때는
반드시 그에 맞는 지적이 뒤따라야 한다
불보살님의 '대자대비'야말로
참으로 으뜸가는 교육방법의 하나다

부모가 자식을 사랑하는 마음은
자식을 자기의 분신分身으로 보지 않고
제 몸과 같이 그냥 통째로 봄이다
만일 자식이 분신이라면
이는 마치 호수에 비친 달과 같아
하늘 달本月이 아프더라도
물 달水月까지는 아프지 않음과 같다
이는 몸에 따른 그림자로 보기도 하는데
그림자가 아프다 하여 몸이 아프고
몸이 아프다 하여 그림자마저 아플까

분신, 나뉜分 몸身이란 그런 것이다
이를테면 자식이 아플 때
부모도 자식 따라 아프지 않고
자식이 행복하고 즐겁게 느낀다 하여
부모도 그러한 자식을 따라
반드시 행복하지는 않다는 것이다
왜냐하면 분신은 그림자와 같고
물에 비친 달과 같은 까닭이다
따라서 자식을 분신으로 보는 데는
분명 어버이 사랑이 다 실리지는 않는다

그런데 매우 재미있는 현상이 있다
그림자나 물에 비친 달은
가령 본체가 동으로 움직이면
본체 따라 동으로 움직이고
가다가 서면 그림자도 가다가 선다
본체가 허리를 구부리게 되면
그림자도 따라서 허리를 구부리고
본체가 만일 양팔을 벌리면
그림자도 따라서 양팔을 벌린다
이것이 바로 본체와 그림자의 관계다

그리하여 본체가 사라지면
그림자도 그 자리에서 모습을 감춘다
사람들은 곧잘 얘기한다
'자식은 곧 자신의 분신이라'고
그러나 동체대비를 이미 실천하는
부모 입장에서는 잘 맞지 않는 비유다
만일 자녀가 자신의 분신이라면
본체가 사라질 때 그림자도 사라지듯
자신이 훗날 세상을 하직할 때
자식도 함께 세상을 떠나야 할 것이다

앞서 말했듯 부모 마음은 '동체대비'다
이게 바로 '보살의 병'이고
저 유명한 《유마힐소설경》에서
대그룹의 회장이었던 유마힐 거사가
몸져누워 앓던 '유마힐의 병'이다
유마힐 거사는 당신을 문병하러 온
문수보살을 향해 말씀한다
"중생이 아프기에 보살이 아프고
중생이 나으면 보살의 병도 낫는다"고

여기 《부모은중경》에서
부모가 자녀를 사랑하는 동체대비와
유마힐이 말하는 보살의 동체대비는
말은 같은데 상황은 달리한다
말이 같다는 것은 차별이 없음이고
상황을 달리함은 차별이 있음이다
차별 없는 부모의 동체대비가
그대로 남과 뭇생명에게 이어진다면
그게 바로 불보살의 동체대비다

부모님의 동체대비는
오로지 자녀에 국한局限하고

불보살님의 동체대비는
시공간과 대상마저도 초월한다
따라서 자기 자녀에 대한 사랑은
더 말할 나위조차 없거니와
바로 그러한 사랑이
영원히 그리고 모두에게
고스란히 전해지기만 한다면
불보살님 동체대비와 격이 같아질 것이다

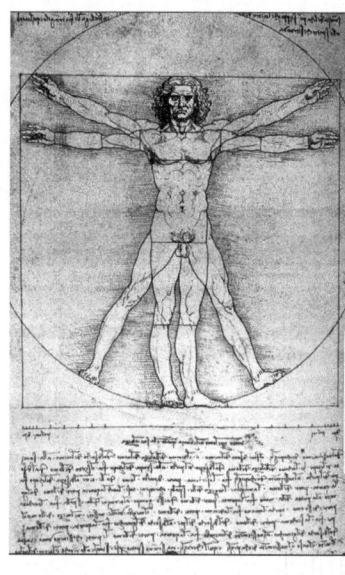 

[레오나르도 다빈치의 비트루비우스적 인간처럼
모든 꽃잎은 반드시 대칭과 조화를 이룬다]

(3)

여기서 필요한 게 뭘까
이른바 '무주상양육無住相養育'이다
양육의 '양養'이 '기를 양養'자로서
젖 떼고 밥 먹을 때로부터라면
양육의 '육育'은 '기를 육育'자로서
태어난 직후로 이유기까지를 표현한다
그래서 갓난아기를 기르는 것을
양아養兒라 하지 않고 육아育兒라 한다
'아이 아兒'가 걸음마儿는 시작했으나
아직은 정수리臼가 덜 여문 상태다

아이의 성장 시간과 순서로 보아
양육이 아닌 육양育養이 되어야 하는데
왜 많은 이들은 양육이란 말을 쓸까
이는 어쩌면 소설의 구성양식에서
'입체 구성立體構成'을 빌린 까닭이리라
소설의 작법에는 여러 가지 구성이 있는데
이를테면 단순 구성을 비롯하여
복합 구성, 평면 구성, 입체 구성이 있고
액자형 구성, 옴니버스 구성이 있다
또는 피카레스크Picaresque 구성도 있다

좀 어려운 얘기는 우선 접고
그럼 어찌하여 '양養'자에는 밥을 먹고
'육育'자에는 갓난아기 뜻이 있다는 걸까
'기를 육育'자 부수 '육달 월月'외에
그 위에 살짝 얹어놓은 '이를 운厶'자는
'아들 자子'자를 거꾸로 놓은 글자다
아기가 태어날 때 머리厶가 먼저 나옴을
그림으로 표현한 것이라 보면 좋을 것이다
이처럼 갓 태어난 아기를 양육하는 게
이른바 '육아'의 '육育'에 해당한다

이 정도에 이르면 많은 이들은
'기를 양養'자에 담긴 뜻을 이해할 것이다
어렵지 않게 좀 더 쉽게 얘기해 보자
양고기羊를 먹을食 수 있으려면
아무리 잘게 다지고 부순다 하더라도
젖떼기 이전의 아기에게는 분명 무리다
따라서 '기를 양養'자를 들여다보면
'양 양羊'자와 '먹을 식食'자로 되어 있는데
음식을 섭취하는 첫 번째 목적은
에너지와 칼로리calorie의 충만이다

그러나 여기서 더 깊이 들어가면
아름다워美지기 위해서 먹고
어질어良지기 위해서 음식을 섭취한다
'기를 양養'자에는 물론이려니와
'밥 식/먹을 식食'자에도 그 뜻이 들어있다
절에서 외는 식당작법 중 '오관게'에
'도업을 이루기 위해 음식을 받는다'고 한다
그와 같이 우리가 주린 배를 채우고
원기를 회복하는 일은 본능이되
본능에서 그칠 것이 아니라
식사에는 깊은 철학이 있어야 한다
그런데 '기를 양養'자에 그 뜻이 담겨 있다

부모 마음은 어린 자녀를 바라보면서
하루빨리 자라기만을 바란다
그래서일까 첫걸음마를 시작할 때
더 나아가 옹아리를 하고 첫입을 열어
엄마, 아빠, 하무이, 하부지 할 때는
이는 완전히 집안의 경사라 할 것이다
특히 할아버지 할머니가 된 이들은
손자, 손녀 자랑 빼놓으면 말할 게 없다
매일같이 달라지는 모습을 보며

아기의 성장이 가져다 주는 행복은
그야말로 성스럽기까지 하다

그래서 '원조성인願早成人'이다
'원할 원願'자는 '남상濫觴'의 뜻 '원原'과
머리의 뜻 '혈頁'이 만나 된 글자다
돌틈厂에서 샘물泉이 솟아나고
뭇 생명체의 엔진은 두뇌頁에 있다
따라서 '원願'은 인간의 원초적 본능이다
여기에 열흘日十 단위早로서
아이의 성장을 체크하는 부모 마음이
얼마나 간절한지를 피부로 느낄 수 있다
열흘 단위로 체크check한다고?
매주, 매일, 매시간이 아니고?
원조願早의 뜻이 바로 이와 같다

'성인成人'이란 어떤 의미일까
'이룰 성成'자에 '사람 인人'자를 쓰니
동사 뒤 목적어라는 가장 일반적 문법이다
'사람을 이루다' '사람이 되다'의 뜻이다
그럼 언제는 사람이 아니었다는 걸까
사람이 되고 어른이 되기 전에는

사람이 아니었다는 그런 얘기는 아니다
나이 들고 청소년기를 점차 지나
청년이 되고 장년이 되면 어른成人일까
성인에 대한 해석을 새롭게 해야 한다

'성불成佛'을 놓고 생각해 보자
'성불'을 어떻게 풀이하면 완벽할까
일반적으로 '부처를 이루다'이다
지금은 중생이지만 장차 부처가 될 것이다
실제로 성불은 이미 '완성成된 부처佛'다
아직까지 부처가 아닌 것이 아니라
이미 부처는 오래전부터 되어 있었다
하나 부처 구실을 하려면 기다려야 한다
사람을 어버이로 두는 순간부터
아기는 이미 사람이었고 커서도 사람이다
아기가 이미 완전成한 사람人인데
커서 다시 무슨 사람이 되어야만 할까

아기가 이미 완전成한 사람人이듯이
이미 완벽成한 부처佛를 놓고
앞으로 부처가 될 것이라고 하니
성불이 완료형이 아니라 미연형인가

미연형未然形이란 우리 한글에는 없고
일어 문법에 있는 씨가름品詞이다
아직未은 그러하然지 못한 모습形이다
미연형이라 하면 겉으로는 부처일지라도
내면이 아직은 영글지 않은 것이다
그러기에 '성불하십시오'라 한다
이는 부처로 영글라는 뜻이다

성인成人도 이와 마찬가지다
겉모습은 어디로 보나 완벽한 어른이다
자녀 키와 체중이 부모를 능가한다
성인식을 치르는 20대 초가 되면
한창 대학에 다닐 나이다
대학에 다닐 나이라고 한다면
절반의 학생에 절반의 사회인이다
그렇다고 해서 정신세계까지
완벽한 어른이라 얘기할 수 있을까
하긴 좀 부족하긴 하더라도 성인은 맞다

그런데 문제는 예서부터다
장가 들고 시집갈 나이도 아닌데
벌써부터 이성에 빠져 헤어날 줄 모른다

스물다섯 해를 죽자사자 가르치고
신경 써 열심히 길러놓았더니
그래 25분도 아니고 고작 25초만에
부모에 대한 정을 깡그리 잊어버렸는가
딸은 남자 친구에게 넘어가고
아들은 여자 친구에게 홀딱 빠져
부모 말은 아예 들으려 하지 않는다
다만 용돈 달랄 때를 제외하고는 말이다

부모 입장에서는 불효不孝다
이때부터 '무주상양육'은 어디로 가고
자식에 대한 서운한 감정만 남는다
사실 성장하면 어미 곁을 떠남이
생명을 가진 모든 것들의 당연한 본능이다
사람도 만약 그렇게 하지 않고서는
어머니 아버지 곁에서 효도하기는커녕
끊임없이 부모 고혈을 빨 것이다
아! 그렇지 않은 이들도 꽤 많다고?
아무렴, 만일 다들 그러면 매우 곤란하지

불효不孝라 하니 효孝의 덕목이 뭘까
부정사 '아니 불不'자는 좀 밀어놓고

목적어 '효도 효孝'자를 먼저 살필까 싶다
'효도 효孝'자를 파자破字해 보면
시니어senior로서 어르신耂과
쥬니어junior로서 젊은이子가
비록 부모와 자식 사이는 아닐지라도
서로 사랑하고 서로 보살핀다는 뜻이다
아들딸로서 자기 부모님에 대한
공경과 섬김만이 반드시 효孝는 아니다

어버이耂가 자식子을 사랑하고
자식子이 그 어버이耂를 받드는 것은
까마귀와 같은 동물에게서도 발견되는데
사람이 어찌 효孝하지 않을 수 있겠는가
방금 위에서 파자로 얘기했듯이
어르신이 젊은이들을 사랑으로 보듬고
젊은이가 어르신을 공경하는 것이
이른바 효라고 얘기했을 때
효는 행하기 그다지 어려운 게 아니다
따스한 손길과 사랑 담긴 마음이면 된다

새도 날 수 있을 때 어미 곁을 떠나고
동물도 혼자 사냥할 수 있을 때

혼자 또는 무리를 이끌고 독립한다
지구상 모든 생명 중에서
여러 여건 상 독립할 수 있는 데도
독립하지 않는 생명체는 사람 뿐이다
물론 누구나 독립하지 않는 것은 아니다
더러 그런 가족이 있을 따름이다
바로 여기서 기른 자식에 대한
부모의 '무주상양육'에 제동이 걸린다

'내가 저를 얼마나 고생하며 낳고
어떻게 가르치고 길렀는데
이제 와서 그런 공을 깡그리 잊어버리고
하루아침에 에미 애비를 배신하다니'
억장이 무너지는 느낌일 것이다
하지만 아들은 색씨와 장가丈家에 빠지고
딸아이는 신랑과 시댁밖에는 모르는
그런 '팔불출八不出'이라고 해서
그게 그대로 낳고 가르치고 길러주신
부모에게 불효하는 것만은 아니다
당장 '낳은 정 기른 정'이라는
끈끈한 집착부터 훌훌 벗어던져라

제2편 정종분

제3장 업난을 널리 설하다

제1절 허물 지적 6

일가친척 어른들과 이야기를 나눌적에
세대차이 느낀다며 어깃장을 늘어놓고
곁눈질로 흘겨보고 눈동자를 굴려가며
백부숙부 고모이모 기만하고 능멸하네

'높을 존尊'자와 '친할 친親'자를 묶어
존친尊親이라 하는데 사전에 없는 말이다
하나 '높을 존尊'은 스승을 가리키고
'친할 친親'은 어버이를 가리킨다
'존尊'은 손윗사람을 가리키고
'친親'은 가까운 사람을 가리킨다
일가一家에서 손윗사람이라면 누굴까
촌수寸數로 따져 위 항렬行列이다
그럼 손아랫사람은 또 누구지
으레 촌수로 따져 아래 항렬이 된다

아무튼 '존친공어尊親共語'란
일가친척 어른들과 이야기를 나눔이다
젊을 때는 진보적이던 사람도
나이가 들면 자연스레 보수가 된다
물론 다 그런 것은 아니나 일반적인 예다
세상을 오래오래 살다 보면
젊을 때 진취적이던 성향은 무뎌지고
모험을 두려워하고 현실과 손을 잡는다
주니어와 시니어가 말이 통하지 않는 것도
바로 이러한 세대 차이에서 비롯된다

'높을 존尊'자는 '술병 준'이라고 하듯
두 손寸으로 술잔酋을 받쳐 든 모습이다
'술잔酋'은 '우두머리 추酋'자며
아프리카의 족장族長 '추장 추酋'자다
한 종족의 대표자를 추장이라고 하는데
종족제tribalism의 주석主席이다
대체로 술병이나 담뱃대를 들고 있는데
거기서 따온 글자가 '추장 추酋'자다
따라서 한자에 '추酋'자가 들어있다는 것은
중국에도 추장 제도가 있었다는 얘기다

두 손으로 술잔을 받드는 데서
존경과 공경의 뜻을 드러낸다고 본다
그리고 '친할 친親'자를 보고 있노라면
나무木에 오르는 것으로도 모자라
다시금 뒤꿈치를 들고 서立서
동구 밖에서 오는 아들딸을 바라보見는
어버이親 모습을 그린 상형문자다
물론 '친親'자는 '꼴소리形聲문자'지만
어디 아들딸이 올 때만 그러할까

다녀가는 아들딸을 배웅할 때도

〈사랑방 손님과 어머니〉의 어머니처럼
가장 높은 곳까지 올라 발돋움한 채
하염없이 바라보는 어버이의 모습이다
따라서 '어버이 친親'자에 담긴 뜻은
평생 해석해도 그 끝을 다 알 수가 없다
이 '존尊'과 '친親'의 세계에는
요즘 핵가족 시대에서는 찾아보기 어려운
한一 가문家의 소중한 문화가 있고
대가족의 삶의 철학이 잘 깃들어 있다

'일가친척一家親戚'의 짜임새를
《부모은중경》은 '백숙伯叔'으로서
일가 중 가장 가까운 분을 직접 들었고
간접적으로는 '앙강怏降'을 들고 있지만
어르신怏과 젊은이降들 세계를
제대로 잘 표현하고 있는지 모르겠다
한 가문이 '앙강'에 다 담길 수가 있을까
고집怏에는 늙은翁 마음↑이 드러나고
어깃장降에는 젊음夆이 가파르게 ß 보인다

이게 도대체 어느 나라 언어일까
말씀을 기록한 문자반야를 놓고

장난하는 거 아니냐 할 수도 있겠으나
인간의 생각은 말에 들어 있고
말에 담긴 뜻은 문자로 표기할 수 있다
어떤 상황에 어떤 문자를 썼느냐에 따라
드러내고자 하는 생각의 세계가
고스란히 문자에 담겼다는 것이다
따라서 언어와 문자를 제대로 분석하면
글 읽는 재미를 쏠쏠히 느낄 수 있다

어깃장愉降이 왜 나올까
서로 다른 세대가 대화를 하다 보면
생각하지 않았던 데서 불협화음이 생긴다
대체적으로는 정치적 성향이지만
어떤 경우는 평범한 삶 속에서
돈과 재산 문제를 비롯하여
문화와 예절과 종교, 철학 따위가
삶의 세대를 완벽하게 갈라놓을 수 있다
세대는 제너레이션generation이다
세대란 우리말보다 속도감이 느껴진다
부모와 자녀 사이를 보통 한 세대라 한다

'세대'의 '세世'가 '인간 세世'자인데

보통은 '서른 삽卅'자의 변형으로 본다
또는 '스물 입廿'자에 'ㄴ'자로 꺾은
'열 십ㄴ'자를 왼쪽에 덧붙이는 것으로서
몇 가지 '서른卋/卋/丗' 모습으로 표기한다
아무튼 '세卋'자에서 '세대'가 탄생한다
보통 예전에는 30년을 한 세대로 쳤으나
요즘은 세대의 전환 속도가 빨라졌다
그 시작이 그다지 오래되지 않았다
1960년대를 넘어서면서부터
세대 전환 속도가 눈 비비고 볼만하다

그렇게 해서 지금까지 60년 동안
바뀐 시대의 느낌은 실로 상상초월이다
우리나라 역사가 시작된 이래
1950년대 말까지의 제너레이션과
그로부터 다시 오늘날까지의
제너레이션을 함께 놓고 비교한다면
후자 쪽 발달이 훨씬 찬란하다
안방에서 요강尿綱이 빠져나가고
급기야 화장실이 침실 옆으로 들어오면서
삶의 질은 상상을 초월하게 달라졌다

앞에서도 여러 차례 얘기했지만
어느 엄마가 마른자리에 아기를 뉘고
아기 똥오줌으로 축축하게 젖은
그런 자리만을 찾아 눕느냐는 것이다
내 어렸을 때만 해도 흔한 일이었다
대개 모든 엄마들이 다 그랬다
하나 지금은 눈 씻고 봐도 볼 수가 없다
앞으로 '4차 산업사회'와 함께
'5G 시대'로 이어지면 상상 초월이다
일가친척 어른들과 오가는 대화에서도
세대 차이를 느끼는 일은 당연하다

'백숙伯叔'은 백부 숙부의 이니셜로
큰아버지伯와 작은아버지叔를 가리킨다
작은아버지 또는 아저씨/아재비叔는
'친척 척戚'자에도 버젓이 朱 들어 있는데
감싸고 丿 보호戈해야 할 이들戚이다
경전에서는 단순히 큰아버지伯와 함께
작은아버지叔만을 말씀하고 있으나
나는 여기에 두 부류를 더 집어넣었다
곧 고모姑母와 이모姨母다
외숙外叔까지 집어넣더라도 문제가 없다

사람에게서 가장 값진 것과
가장 값싼 것을 짚으라면 무엇이 될까
값싼 게 무시와 질시, 갑질이라면
가장 값진 것은 관심과 친절, 사랑이다
그런데 케케묵은 얘기나 하고
시대에 한참이나 뒤떨어진다 하여
어깃장을 부리고 곁눈질로 흘겨보고
어른들에게 험상궂은 모습을 보인다면
설마 그렇게까지야 하겠느냐 하겠지만
사실이라면 보통 일이 아니다

게다가 멀고 또는 가까운 친척들을
속이거나 능멸해서는 안 된다
이른바 세대 차이라고 하는 것이
이 경전이 설해지던 때로 거슬러 오르면
그 당시에는 그럴 수 있었기에
세대 차이를 그다지 느끼지 못했으므로
자녀가 부모나 친척들에게 대들면
다들 황당하고 걱정이 앞섰을 것이다
윗사람에게 바른말을 할 때일수록
예나 이제나 정중하고 반듯해야 한다

세월이 흐르고 제너레이션이 바뀌어도
절대 바뀔 수 없는 예절이 있다
예절의 방식을 두고 하는 게 아니다
예의를 갖추려는 정중한 마음가짐과
겸손과 하심이 중요하다
예전에는 큰절을 올렸으나
지금은 큰절 대신 반절만 할 수 있다
그러나 예를 지니려는 정중함과
겸손한 마음가짐만큼은
시대를 뛰어넘어 한결같아야 한다
오늘날 《부모은중경》은 이를 요구한다

제2편 정종분

제3장 업난을 널리 설하다

제1절 허물 지적 7

형제간에 마주앉아 이야기를 나눌때도
치고받고 싸우면서 상대방을 인정않고
예절이며 의리따위 찾아볼수 전혀없고
모범들이 즐비하나 준수하지 않느니라

형제兄弟는 많이 쓰는 말이다
이는 일본문화 영향이다
중국에서는 형제라고도
또는 제형弟兄이라고도 부른다
옛 문헌에 따르면 형과 아우를 비롯하여
큰아버지 작은아버지를 한데 묶어
'제형숙백弟兄叔伯'이라 했다
어쩌면 아우가 자라 형이 되고
큰아버지도 어렸을 때는 작았다는
시간적 성장 순서를 두고 한 말은 아닐까

아무튼 모든 언어에는 역사가 있고
문화가 있고 철학이 담겨 있다
형제를 순차 따라 형제로 부르든
역순 따라 제형으로 부르든
그렇게 부르게 된 데는
반드시 그럴 만한 동기가 있다
우리나라에서는 '형제'보다
'동기同氣'라는 말을 즐겨 썼다
어쩌면 그래서일지 모르나
고령의 어르신들은 '형제간'보다는
'동기간'이라는 말을 지금도 많이 쓴다

그러나 자세히 알고 보면
형제와 동기는 쓰임새가 좀 다르다
형제는 같은 항렬에서 동성간同性間이다
같은 형제라도 성性이 다르면 남매다
남매는 남매지 형제가 아니다
더러 대학 선후배들 사이에서
남자 선배를 여자 후배가
오빠가 아니라 '형'이라 부르는데
이는 남들 쓰는 말을 멋지다 생각하고
그대로 따라 흉내 낸 것일 뿐으로
실제로는 맞지 않는 호칭이다

성이 같다면 이는 자매姉妹로 부른다
자매는 자매지 남매는 아니다
그런데 이를 한데 묶는 언어가 있다
지금까지 즐겨 써 온 동기同氣다
동기란 같은 기운을 이어받은
그야말로 가까운 사이다
형제든 남매든 자매든
이보다 더 좋은 말이 없다
동기간은 매우 포괄적 숙어다

오늘 글에 '형제兄弟'가 나오지만
내일 글에도 '형제兄弟'가 나오는 까닭에
나는 오늘 글에서는
그냥 '형제'로 풀이하고
내일은 '자매姉妹'로 번역한다
언어의 중복성을 넘길 수 있으니까
형제나 자매는 독립된 개체 언어다
같은 부모님의 아들이요
같은 부모님의 딸이란 뜻이
여기에는 전혀 숨어있지 않다
그러나 '동기同氣'는 전혀 다르다

우리말과 우리글은 매우 정교하고
지극히 세분화되어 있다
두루 알다시피 영어에서는
남자 형제는 다 '브라더brother'고
여자 자매는 다 '시스터sister'다
시블링sibling이 곧 동기간同氣間이다
그리고 중국어에서는
남자 형은 어느 누가 부르든
모두 '꺼거哥哥'라 하고
남자 동생뻘은 누구든 '띠디弟弟'다

언니는 '지에지에姐姐'로 부르는데
여자 동생뻘은 '메이메이妹妹'로 부른다

다시 얘기지만 같은 나무
같은 둥치에서 가지를 뻗고 자란
한가지同 기운氣으로 된
가장 가까운 인연이기 때문이다
그런데 이들 형제가 싸우게 될 때는
남만 못한 사이로 벌어진다
부모를 누가 모실 것인가에서부터
만약 부모님으로부터
재산을 상속을 받게 되면
상속된 재산을 어떻게 나눌 것인지

떡 줄 사람은 생각도 하지 않았는데
미리 김칫국부터 마신다 했던가
부모 마음은 아직이다
짐짓 모르는 체일 수도 있다
그럼에도 불구하고
일찍부터 자녀들끼리
시간만 나면 한데 모여앉아
부모의 재산 상속을 놓고

서로 퍼센티지를 따지고 논한다
부모님 입장에서는 기가 찰 일이다

'때릴 타打' '꾸짖을 매罵'에서 보듯
소리丁 나도록 치고才 받음이 '타打'라면
말馬로 윽박지름皿이 '매罵'다
말馬과 말言의 우리 발음이 다 '말'이다
그렇기 때문에
'말馬'로 윽박지름과
'말言'로 윽박지름은 결국 같다
걸핏하면 손찌검打하고 협박罵하는데
어떻게 형제의 정이 이루어질 수 있겠는가

친정親情이란 가까운 정이다
아내의 생가를 가리키는
그런 친정親庭이 아니다
가장 가까운親 정情이 어떤 정일까
어버이親를 바탕한 정이다
그런 까닭에 형제간 우애友愛를
더러는 격조있게 친정親情이라 말한다
그러나 일반적인 언어는 아니다
아직 사전에 오르지 않은 까닭이다

'훼욕'은 '헐 훼毁' '욕될 욕辱'자로
절구臼 공이工로서 회초리攵를 삼아
사람에게 매질을 하거나 한다면
성한 사람이 몇이나 되겠는가
요즘과 달리 옛날 농경사회에서는
뭐니 뭐니 해도 농사가 큰 근본이었다
하여 농사짓기 좋은 시기辰와
농사짓는 방법寸만큼은
누구나 반드시 명심토록 하였다

시기와 방법까지 모두 잊은 사람은
관에서 엄한 벌을 내렸다
심지어 죽이기까지 했고
형편에 따라 욕辱을 보였다 하여
'욕될 욕辱'자가 생겼는데
이처럼 욕辱이란
농사짓는 시기辰와
농사짓는 방법寸을 잊은 데서 생긴
농경사회의 매우 엄중한 언어다

그런데 형제간에 훼욕해서 되겠는가
형제는 같은 분을 부모로 둔 사이다

부모와 자식 사이가 '1촌'이라면
형과 아우 사이는 2촌이다
누나와 남동생 사이
언니와 여동생 사이도
부모 자식 다음으로 가까운 2촌이다
부모와 자녀 사이를 빼놓고는
가장 가까운 사이가 곧 형제간이다
조손간祖孫間이 곧 2촌이니
조손 사이만큼이나 소중한 관계다

우리가 평소 자주 쓰는 말 가운데
'가까운 사이일수록
예의를 지켜야 한다'고 한다
그렇다고 하여 먼 사이는
아무렇게나 대하더라도
전혀 상관이 없다는 것은 아니다
그만큼 가까우면 허물이 적고
가까우면 가까울수록
너무 쉽게 생각할 수 있기에
위와 같은 속담이 나왔을 따름이다

한 부모 밑에서

햇수만 달리하여 태어나
오랫동안 함께 적응하다 보니
으레 친親한 정情이 들 수밖에 없다
친한 정이 들어 가까울수록
상대방을 너무 잘 알고 있는 까닭에
치부가 드러나게 되거나
당하게 되는 날에는 사생결단이다
죽음을 각오하고 싸운다

사람에게는 누구나 약점이란 게 있다
이를 '아킬레스건'이라 하고
또는 우리말로 급소急所라 한다
방금 얘기했지만
어려서부터 같은 곳에서
함께 자란 형제가
서로 간의 약점을
누구보다 잘 알 수밖에 없다
좋을 때는 그게 아무것도 아니나
일단 싸움이 시작되면
예의도 없고 정의마저도 없다

아우는 형에게서 배울 점이 있고

형은 아우에게서 역시 배울 게 있다
어느 쪽이든 나름대로
장점들이 있는 까닭이다
그러나 사이가 한 번쯤 틀어지면
어떤 것도 좋아 보이지 않는다
그때는 부준사범不遵師範이 아니라
마구 깎아내리지 못해 안달이다
'스승은 무슨 얼어 죽을 스승?'
본받고 배울 것이라곤
아무것도 없다며 반발한다

타매형제打罵兄弟
훼욕친정毁辱親情
무유예의無有禮義
부준사범不遵師範
형제간에 마주앉아 이야기를 나눌때도
치고받고 싸우면서 상대방을 인정않고
예절이며 의리따위 찾아볼수 전혀없고
모범들이 즐비하나 준수하지 않느니라

제2편 정종분

제3장 업난을 널리 설하다

제1절 허물 지적 8

어버이의 가르침과 지시함이 있더라도
본디부터 마음속에 따를생각 하나없고
자매간에 마주앉아 이야기를 나누어도
짐짓서로 어겨가며 인정하지 않느니라

하루는 아버지께서
나를 당신 가까이 앉히시더니
조심스레 운韻을 떼셨다
"애, 진균아!"
"네 아부지"
"내 뭐 좀 부탁해도 되겠니?"
아버지의 다정스러운 모습이 좋았다
아버지는 키가 상당히 크셨다
짐작에 180cm는 훨씬 넘으셨는데
아들딸 앞에서는 엄하심보다는
한없이 부드러운 분이셨다

"네, 아부지, 말씀하세요. 뭔데요?"
"꽤 중요한 건데 괜찮겠니?"
내가 아버지에게 밀착하면서
"아부지, 뭐든 말씀하세요
아들로는 제가 막내아들이잖아요"
내 말끝에 아버지께서 빙그레 웃으시며
"네 말을 들으니 그냥 접어야겠다"
내가 안달이 났다
막내아들로 친근감을 내세웠는데
아버지에게 먹히지가 않았다

"그러지 마시고 아부지 말씀하세요"
옆에서 지켜보시던 어머니가
바느질하시던 손길을 멈추고 거드셨다
"그러게 말이다 얘야!
느 아부지가 수를 쓰시나 보다
나 같으면 아예 말도 안 꺼냈을 텐데"
어머니는 나를 거드신 게 아니라
얘기를 더 어렵게 만드셨다
그런데 그게 아버지를 자극한 모양이다
두 분의 대화 깊이는 알 수 없었다

"내가 네 할아버지로부터 들었단다
네 할아버지는 말씀하셨어
'사람이 만약 사람 구실을 하려면
첫째는 삼강三綱이고
둘째는 오상五常이며
셋째는 팔조목八條目인데
이들을 알아야 한다'고 하시더구나."
아버지는 한문을 모르셨다
어머니처럼 야학에서
한글만 겨우 깨치신 분이었다

그런 줄 알기에 으스대며 말씀드렸다
"아부지, 부탁하실 말씀은요?"
"난 배운 게 없고 아는 게 없어
아예 알려고도 하지 않았지 뭐겠니
네가 한문을 좀 하니까
네게 물어보겠는데
언제 시간 내서 얘기해 줄 수 있겠니?"
아버지의 그때 그 간절하시면서
진지함으로 가득한 표정을
나는 지금도 잊지 못한다

아버지 표정을 읽으며 그제서야
나는 당당하지만 겸손을 잃지 않았다
나의 으스댐은 겸손으로 바뀌었고
어린 나이에도 정말 진지하게
삼강 오상 팔조목에 대해 말씀드렸다
옆에 어머니도 함께 계셨지만
아들이 그 아버지에게
다른 것도 아닌
팔조목을 강의하다니
이는 본디 스승님이 제자에게
부모님이 자식에게 강의하는 게 맞다

부모교령父母敎令에 담긴 뜻은
아들딸이 그 부모님에게
교敎하고 영令하는 게 아니라
부모님이 부모로서 아들딸들에게
가르치시敎고 명령命令하시는 것이다
그런데 나는 명령은 아니지만
부모님에게 강의敎를 해드린 것이다
그러나 나는 그때 아버지에게서
이 세상을 다 준다 하더라도
배울 수 없는 큰 교령敎令을 배웠다

이는 나이나 서열의 높낮이를 떠나
배움 앞에서 간절함이고
깨우침 앞에서 진지함이었다
나는 나의 아버지가 어린 아들에게
간절함과 진지한 표정으로 가르쳐주신
그 교령을 영원히 잊지 못한다
언어에만 집중된 어르신 가르침은
자칫 잔소리가 될 수 있기에
자녀가 거부감을 일으킬 수 있지만
아! 이를 어떻게 따르지 않을 수 있겠는가

교령이 아닌 교학敎學은
교육과 학문의 세계라 하여
education and scholarship이다
이는 일차적인 풀이이지만
가르침이 그대로 배움이 되는 것을
우리는 '교학상장敎學相長'이라 한다
이때 '교학'은 가르침과 배움으로서
teaching and learning이다
나와 나의 아버지 이야기는
바로 '티칭 앤드 러닝'이라 할 것이다

그 방법에는 이와 같이
언어를 통한 교류뿐만이 아니다
생각과 표정의 전달이 포함되어 있다
표정과 몸의 동작 하나하나에는
말로 전해질 수 없는 그 무엇인가가 있다
말言語로 표현할 길道이 끊어斷지면
마음心 갈行 곳處도 사라滅진다
이 둘은 불가분의 관계다
말 없는 곳에는 마음이 있으나
여전히 표현할 수 있는 길이 막히고
마음 없는 곳에 말이 있다면

이 또한 절름발이에 지나지 않는다

언어도단言語道斷
심행처멸心行處滅
이 둘을 놓고 사람들은 애기한다
마음 세계는 말을 떠나 존재하는 것
따라서 말이란 아무 쓸모도 없는 것이라고
그렇기 때문에 '언어도단'하고
'심행처멸'한 상태가 곧 견성이라고
이는 단지 언어의 모순일 뿐이다
다른 말로 표현하면 그저 말장난일 뿐이다
그렇게 따지면 말에 마음은 필요가 없다

생각의 세계와 언어의 세계는
반드시 상보적相輔的인 관계에 있다
애기가 엉뚱한 곳으로 흘렀으나
부모님의 가르침敎과 유언命이 있다면
자식으로서는 필히 따라야 한다
한데 아예 마음에서 따를 생각이 없다면
부모님 유훈이 무슨 가치가 있겠는가
유훈도 그러한데 평소 말씀이랴
그래서 이게 '허물 지적指數諸愆'이고

'업난을 널리 설광說業難하다'일 것이다

부모님이 남긴 말씀도 관심이 없고
의지하고 따를 생각이 없는데
자매들이 한자리에 모여 앉은들
다른 얘기가 귀에 들어오기나 하겠는가
그러나 분명한 것은
다 그렇지는 않다는 것이다
자매들 중에 효녀는 반드시 있다
이는 옛날이나 지금이나 마찬가지다
어느 시대나 불효녀가 있었듯
어느 시대나 효녀도 있게 마련이다
'진정 아름다운 삶'이 이어져온 법칙이다

잘못인 줄 알면서도
일부러 어깃장을 부리곤 한다
'노이즈 마케팅noise marketing'일까
'칵테일 파티 효과'를 위해서일까
일부러 어깃장을 놓으면서
자신의 위치를 드러내려 애쓴다
결국 '짐짓故'이란 말이 심상치 않다
어린애幼처럼 생떼ᅿ 부리고

문짝尸 밑으로 드나드는 개犬처럼
특이한 행동으로 유리하게 이끌어간다

제2편 정종분

제3장 업난을 널리 설하다

제1절 허물 지적 9

나고들고 가고오는 일체행동 거지에도
어른들께 하나하나 알리기는 고사하고
뱉는말과 행동들이 교만하고 방자하며
모든일을 제멋대로 처리하려 드느니라

'가는 곳을 알려라!'
이는 단체생활에서는 철칙이다
《명심보감》에도 이와 같은 말씀이 있고
《계초심학인문》에도 같은 말씀이 나온다
명심보감 말씀을 빌리면 이렇다
'부모가 살아계시면 멀리 가지 말고
가되 반드시 장소를 알리라'고
그리고 계초심학인문에서는
'밖에 나갈 때는 주지나 소임자에게
갈 곳과 돌아올 때를 반드시 알리라' 한다

'출입왕래出入往來'에는
매우 다양한 의미를 함축하고 있다
나고 들거나 가고 오는 데
거기 무슨 다양한 의미가 있겠느냐며
반문하는 이들도 있을 것이다
나出고 들入고 가往고 옴來이라는
글자만 놓고 보면 새로울 게 없다
'나고'는 집 안에서 밖으로 나감이고
'들고'는 밖에서 집 안으로 들어옴이다
그럼 가고 옴은 어떤 것일까

동작에 관한 게 뭐 그리 중요하다고
경전 페이지를 할애하느냐며
거론하는 이들도 있겠지만
부처님 말씀을 담은 경전이라는 게
알고 보면 대단할 게 하나 없다
가장 평범한 일상의 이야기일 뿐이다
다니고行 머물고住 앉고坐 눕고臥
혹은 말語하고 혹은 침묵默하고
때로 움직動이고 때로 고요靜하고
이러한 이야기를 떠나 무엇을 설하겠는가

방향이야 어느 쪽이 되든
감往은 내가 있는 곳으로부터
조금씩 조금씩 멀리 멀어져감이고
옴來은 감과는 정반대 모습으로
다른 데서 내가 있는 곳으로
거리가 점차 가까워짐을 뜻한다
그런데 다시금 한번 깊이 생각해 보자
나감의 개념과 들어옴의 개념
감의 개념과 옴의 개념이 무엇일까
그렇게 했을 때 장소 이동은 이루어질까

"너 지금 어디냐?"
"으음 엄마, 여긴 제주도"
서울의 엄마는 전화 하나로
아들이 현재 있는 곳을 짐작한다
어디 제주도뿐이겠는가
미국이나 아프리카에 가 있더라도
앉은 자리에서 파악이 된다
파악 정도에서 벗어나
직접 전화로 목소리를 들을 수 있다
이런 게 불과 30년 전에도 가능했을까

전혀 불가능한 것은 아니지만
아들과 통화하기 위해서는
엄마가 우선 전화국으로 달려가고
어찌어찌해서 가능할지 모르나
그보다는 아들이 먼저 손을 써
한국에 계신 엄마와 통화할 수 있도록
여러 가지 노력을 기울여야 한다
물론 마음먹은 그 자리에서
곧바로 통화가 되는 것이 아니라
통화할 수 있는 여건이 조성되어야 한다

전화가 발달되지 않았던
아예 전화가 뭔지 몰랐던 그 옛날에는
집을 벗어나면 거리에 상관없이
소통될 수 있는 길이 없었다
옛날에는 흉년이 들면 쌀이 귀해
굶기를 밥 먹듯 했다고 한다
옆에서 듣던 아이가 한마디 한다
"쌀이 없었으면 라면이라도 끓여 먹지"
"얘는, 그때는 쌀도 없었는데"
"그럼 사발면은 있었을 거 아냐!"

이처럼 전화가 없었다면
아이들은 삐삐(호출기)를 치거나
아니면 스마트폰을 쓰지 그랬느냐고 한다
한때 삐삐가 있었다는 얘기는
그나마 전화 문명사에서 배운 덕이다
전화라고는 전혀 없던 시절에
아침에 일어나보니 아이가 없어졌다
'곧 들어오겠지' 하며 기다렸는데
한낮이 되고 저녁이 되어서도
아이가 들어오지 않으면 마음이 어떨까

그러므로 밖에 나갈 때는
반드시 갈 곳에 대해 알려야 하고
누구를 만나 어떤 일을 처리할 것이며
그리고 언제쯤 집에 돌아올지를
매우 구체적으로 고하지 않으면 안 된다
그렇게 했을 때 만약 어떤 일이 있을 경우
사건의 실마리가 될 수 있는 까닭이다
요즘처럼 이르는 곳마다
CC 카메라가 설치되어 있거나
블랙박스가 있는 것도 전혀 아니다
또는 스마트폰으로 찍어 전송할 수도 없다

그러므로 옛날에는 먼 길이 아니라도
반드시 갈 곳을 미리 알리고
윗사람에게 허락을 받고 떠나야 했다
그럼에도 불구하고 알리지 않거나
미리 알리라는 말 한마디에 간섭한다며
방자하게 화내고 멋대로 행동한다면
부모 마음을 더욱 힘들게 함이다
요즘도 마찬가지이겠지만
옛날에는 문제가 매우 컸을 것이다
왜냐하면 효는 온갖 행의 근본이었으니까

자칫 잊고 넘어갈 수 있는 게 있다
우리가 밖에 나갈 때는 으레 알리지만
돌아와서는 잊어버릴 때가 많다
다녀온 성과가 좋을 경우라면
자랑삼아 얼마든 떠벌릴 수 있겠지만
이렇다 할 내용이 없을 때는
보고 없이 그냥 쉽게 넘어갈 수 있다
하여 경전에서는 날出 때와 더불어
먼 길을 갈往 때만이 아니라
들入 때도 올來 때도 알리라는 것이다

다음은 삼강三綱과 오상五常
팔조목八條目에 대한 이야기를 펼친다
이들 덕목 가운데
'오상'은 다름 아닌 오륜五倫으로서
인간이 살아있는 한 영원한 삶의 질서다
그리고 '팔조목'은 두루 알다시피
《대학大學》의 '정종正宗'이라 할 것이다
《부모은중경》과 직접 관련은 없다

내 나이 15살 되던 해 여름 어느 날
내가 아버지에게 강의 수준이 아니라

그때보다는 한 단계 더 성숙한
삶의 철학을 바탕으로 재밌게 설명한 것이다

절에 들어온 지 다섯 해 뒤였다
그러니까 28살 때인가 보다
아버지에게 《반야심경》을 설해드렸더니
그간 외시던 팔조목을 한순간에 접으시고
그때부터는 오로지 반야심경을 외시다가
꼭 10년 뒤 팔베개하신 채 돌아가셨다
곧 좌탈입망坐脫立亡하신 것이다

내 생각에 나의 아버지는
《반야심경》을 가장 좋아하셨지만
《대학》 첫머리에 놓인 팔조목도
나름대로 좋아하신 것이다

출입왕래出入往來
불계존인不啓尊人
언행고소言行高疎
천의위사擅意爲事
나고들고 가고오는 일체행동 거지에도
어른들께 하나하나 알리기는 고사하고

뱉는말과 행동들이 교만하고 방자하며
모든일을 제멋대로 처리하려 드느니라

제2편 정종분

제3장 업난을 널리 설하다

제1절 허물 지적 10

이런것은 어버이가 조용조용 타이르고
어른들이 그릇된점 일러줘야 하겠거늘
귀여움만 내세워서 오냐오냐 하다보니
어느하나 벼리로서 내세울게 없느니라

청소년기 올라서서 사춘기로 접어들자
난폭하고 빗나가서 걷잡을수 바이없고
잘못함이 있더라도 반성하지 아니하고
그게어찌 내탓이랴 적반하장 성을내네

좋은벗이 있다하나 멀찌감치 차버리고
나쁜벗과 어울려서 여기저기 쏘다니며
나쁜습이 천성되어 배움의길 내던지고
몹쓸계획 세우면서 허송세월 하느니라

남의꾐에 빠져서는 친구따라 강남이라

낳으시고 길러주신 어버이를 배반하고
가르치고 이끌어준 일가친척 등을지고
정든집과 고향떠나 타향살이 시작이라

장삿길에 들었으나 쉬운일이 하나없고
전쟁중에 징집되나 목숨만은 부지했네
시나브로 객지에서 혼인하고 가정꾸려
이로인해 오랫동안 귀향하지 못하도다

(1)

삼강三綱에는 2가지가 있다
첫째는 〈콩즈孔子〉 삼강이고
둘째는 〈따쉬에大学daxue〉 삼강이다
콩즈 삼강은 가장 많이 알려진
1) 군위신강君爲臣綱이요
2) 부위자강父爲子綱이며
3) 부위부강夫爲婦綱이다
군주君主와 신하臣下
아버지父와 아들子
남편夫과 아내婦의 관계성 정립이다

이들 콩즈 삼강三綱을 앞에 놓고
일부 젊은이들은 얘기한다
"삼강이라니, 언제적 얘기인가
지나도 한참 지난 옛 관습이기에
지금은 반드시 폐지되어야 한다" 하고
나이 드신 어른들 입장은 다르다
"삼강의 주체가 누구냐일 뿐
여기에 시대 얘기가 왜 필요한가
삼강의 틀만큼은 이어져야 한다"고 한다
과연 어느 쪽 의견이 더 타당할까

아버지와 아들의 관계라든가
아내와 남편의 관계는
지구상에 인류가 살아있는 한
어떤 경우라도 결코 없어질 수 없다
그렇다면 문제는 임금과 신하 관계다
인류가 살아있는 한 호칭은 바뀌겠지만
군신君臣의 조직이 아주 없어질까
분명히 잘라斷 말을하건대
설령 왕국이 아닐지라도
비록 민주주의 국가라 하더라도
조직과 권리와 의무는 그대로 살아있다

민주주의 사회가 무엇일까
국민民이 주인主된 세상主義이다
이처럼 국민이 비록 주인이기는 하나
국민 모두가 청와대에 들어갈 수 없거니와
대통령의 직무를 집전할 수는 없다
이에 국민은 민의民義를 대신하라며
대통령을 선출하고 권한을 맡긴다
어디 오직 대통령 뿐이겠는가
국회의원과 도의원 시의원을 선출한다

게다가 광역단체장을 뽑고
지자체장을 뽑아 임무를 맡긴다
심지어 마을에서는 통장과 반장을 뽑아
마을을 이끌 권리와 임무를 부여한다
그렇다면 비록 군주와 신하는 아니라도
시민으로부터 책임을 부여받은 자는
그의 위치가 분명히 정해진다
반장이든 통장이든 주민센터장이든
일단 지도자 위치에 있는 사람은
언제나 시민의 벼리가 되어야 한다

대통령이 국민의 벼리가 되지 못하고
시장이 시민의 벼리가 되지 못하며
지사나 군수가 도민과 군민들의
벼리가 되지 못한다면
그는 그의 자리에서 내려와야 한다
벼리綱는 다른 말로 모범이고 지도력이다
대통령이 임기 동안 임무를 수행한다면
그가 군주君主며 공무원은 신하다
군주와 신하는 왕국에만 있는 게 아니다
단지 호칭만 바뀌었을 뿐이다

엄마 아빠가 아들딸에게
엄마 아빠로서의 자격은 물론이다
아들딸의 소중한 벗이며
아들딸의 소중한 선배며
아들딸의 소중한 선생님이며
아들딸의 소중한 리더임에 틀림없다면
엄마 아빠는 자녀에게는 벼리가 된다
역시 '부위자강父爲子綱'이다
아무리 세상이 변한다 하더라도
엄마 아빠가 자녀들에게는 벼리가 된다

그렇다면 '부위부강夫爲婦綱'은
오늘날 어떻게 풀면 좋을까
부위부강의 뜻은 주지하는 바와 같다
곧 남편은 아내의 벼리가 된다
'남존여비男尊女卑'의 문제가 아니다
이는 온 세계 어디를 가더라도
가정의 99%는 남편이 가장家長이고
그에 비례하여 아내는 주부主婦가 된다
성차별이 아니고 높낮이가 아니다
남편이 아내에게 모범이며 벼리다

삼강의 '강綱'이 '벼리 강'자다
'벼리'는 '순우리말'로서
그물코를 꿴 굵은 줄을 가리킨다
줄은 줄糸이로되 굵고 단단岡한 줄이다
가늘거나 썩은 줄은 벼리가 못 된다
강岡이 '언덕 강'자이기는 하나
소릿값이 '강할 강强' 자와 같은 까닭에
굵고 단단岡한 끈糸을 벼리綱라 한다
회사에서 회장이나 또는 사장이
사원들에게 벼리가 됨도 그와 같다

수레乘가 옛 언어로되
지금도 불교에서는 이끌어 쓴다
소승이니 대승이니 금강승이니
성문승 연각승 보살승 일불승이니
고스란히 가져와 다들 열심히 쓰고 있다
'십일조十一租tithes'란 용어는
그야말로 오래된 케케묵은 말인데도
거부감 없이 잘 가져다 쓰면서
삼강三綱이니 오륜五輪이니 하는 말은
오늘에 맞지 않는 덕목이라 한다

정말 이 시대 쓸모없는 철학일까
인류가 지상에 살아있는 한
십일조는 없어질 수 있더라도
삼강三綱이란 덕목은 없어지지 않는다
아니, 없어져서는 안 되는 철학이다
윗사람이 아랫사람의 벼리가 되고
가장은 한 가정의 벼리가 되며
부모는 자녀들의 벼리가 되어야 한다
물론 우리 절집도 예외는 아니다
총무원부터 종도들의 벼리가 되어야 한다

나는 지금까지의 삼강 외에 한술 더 떠
새로운 삼강을 만들어 여기 붙인다
뉴삼강new the three bonds이다
1) 부위제강傅爲弟綱
2) 사위노강使爲勞綱
3) 상위하강上爲下綱
스승은 제자의 벼리가 되고
기업가는 근로자의 벼리가 되며
윗사람은 아랫사람의 벼리가 된다

하고 싶은 말이 워낙 많아

새로운 삼강新三綱이 하나가 아니라
제3, 제4, 제5의 삼강을 덧붙이고 싶다
그러나 신삼강을 계속 만들더라도
그들 모두는 '상위하강'속에 다 들어있다
곧 '윗사람이 아랫사람의 벼리가 된다'
이 벼리 하나에 모두 담을 수 있다

(2)

'따쉬에大学Daxue 삼강三綱'이다
따쉬에는 '사서四書'의 하나다
사서는 네 가지 경서로서
첫째《룬위论语Lunyu》를 비롯하여
둘째《멍즈孟子Mengzi》와
셋째《중용中庸Zhongyong》과
넷째《따쉬에大学Daxue》다
이 가운데〈중용〉과〈따쉬에〉는
본디《리지禮記Liji》편명篇名이었다

〈리지〉는 총 49편의 두툼한 책인데
거기에서 '제31편 중용'과
'제42편 따쉬에'를 따로 뽑아내어
'사서四書'로 격格을 좀 높인 것이다
이는 마치《묘법연화경》에서
〈제25 관세음보살보문품〉을 뽑아내어
〈관음경〉이라 이름 붙인 것과 같다
나는 왜 '大学'을 '따쉬에'로 고집하는가
'따쉬에'가 배움의 전당 '대학교'처럼
일반명사라면 '대학'으로 발음함이 맞다

그러나 서책 《大学》은 일반명사가 아니다
만들어진 곳이 분명 중국이고
중국인에 의해 편찬된 책이 맞다면
고유명사 '따쉬에'로 읽어야 한다
이는 이를테면 일본의 저작물 가운데서
《原氏物語》를 '원씨물어'로 읽지 않고
'겐지 모노가타리'로 읽는 것과 같다
고유명사를 읽는 방법과 잣대는
어느 나라 말이든 통일되어야 한다
일본은 외국이고 중국은 우리나라인가

일본의 고유명사는 그대로 읽어주면서
어찌하여 중국의 고유명사 따위는
우리의 한문 발음으로 읽는가
이런 말을 하면 관습 때문이라고들 한다
다른 나라는 아예 말할 것도 없고
중화인민공화국 현지 어느 곳에서든
그들의 최고지도자 '시진핑 주석'을
'습근평習近平'으로 발음하면
아무도 알아듣는 사람이 없다는 것이다

《따쉬에》 삼강을 살펴보자

대학지도 재명명덕 재친민재 지어지선
大學之道在明明德在親民在止於至善
한자에는 본디 띄어쓰기가 없다
띄어쓰기가 없다는 것은
토를 달 필요가 없다는 뜻이다
토가 없고 띄어쓰기가 없는 까닭에
해석도 자유롭게 할 수가 있다
만일 띄어쓰기나 토가 달려 있으면
토와 띄어쓰기에 얽매일 수밖에 없다

어디 한번 이렇게 해석해 본다
큰 배움大學이여!
길道은 밝음을 밝힘에 있고
덕德은 친절에 있으며
백성民은 지선에 머무름에 있다
일반적으로는 이를 달리 해석한다
큰 배움大學의 길이여!
첫째 밝은 덕을 밝힘에 있고
둘째 백성을 새롭게 함에 있으며
셋째 지극한 선에 머무르는 데 있다

첫째 대학의 길이 무엇인가

본디부터 밝음을 밝게 함에 있다
둘째 대학의 덕이 무엇인가
친절보다 더 뛰어난 덕이 있겠는가
셋째 대학의 백성은 어떠한가
궁극적 선에 머무르게 하는 데 있다
이 해석이 일반과 다르다 하여
과연 어디에 문제가 있다고 보겠는가
문제라면 '대학의 덕이 친절'이라는 것이다
따라서 '따쉬에' 삼강은 곧 이와 같다

일반적 해석이 문제라는 게 아니다
대학의 도는 밝은 덕을 밝게 함에 있고
백성을 새롭게 하는 데 있으며
지고한 선에 이르게 하는 데 있다
이미 밝은 덕인데 왜 또 밝히며
이미 백성들은 정치인보다 더 새로운데
굳이 다시 새롭게 할 백성이 있을 것이며
백성들이 이미 지극至히 선善한데
다시 지선을 추구할 필요가 있을까
따라서 일반적인 해석에도 문제는 많다

나는 두 가지 해석이 다 관심사지만

앞의 해석을 더 좋아한다
세三 가지 벼리綱의
첫째는 대학大学의 도道고
둘째는 대학의 덕德이며
셋째는 대학의 백성民이다
대학의 도는 이미 밝은 세계다
이미 밝기 때문에 밝힐 수 있다고 본다
만일 처음부터 본질이 밝지 않다면
숯을 빨아 희게 하려 함과 같은 꼴이다

숯을 아무리 물에 세탁하더라도
숯이 세제나 물에 의해 하얘질 수 있을까
그러므로 이미 밝기 때문에 밝힘이다
대학의 덕은 친절親切kindness이다
'친할 친親'과 '새 신新'이 뜻이 같다 하여
같은 발음으로 '새롭게'로 풀어도 좋지만
굳이 '새로움'으로 바꿀 필요가 없다
친절 그대로가 대학의 덕이니까
마지막으로 대학이 지향하는 백성은
누구나 최고의 선善에 머무르는 것이다

따쉬에 삼강이

콩즈 삼강과 다른 점은
한 나라의 대통령과 내각 또는 공무원
가문에서의 부모님과 아들딸
가정의 남편과 아내처럼
사람이 벼리가 되는 게 아니라
도道와 밝음明
덕德과 친절親
백성民과 선善처럼 덕목이 주다
사람은 시대에 따라 다를 수 있으나
삶의 덕목은 시공간을 뛰어넘어 영원하다

도덕민道德民이 벼리라면
이 벼리를 어떻게 운용할 것인가
명친지明親止가 바로 그 방법이다
긍정적 밝은 세계를 밝게 함이고
겸양과 친절을 떠나 찾을 덕이 없으며
비록 지선至善이 있다 하더라도
그 지선에 머물지 않으면 벼리될 게 없다
이 삼강이 지닌 덕목을 이해하려면
이어지는 팔조목을 먼저 알아야 한다
그만큼 삼강과 팔조목은 연계되어 있다

팔조목에는 어떤 덕목이 있을까
오상五常을 짚어보기 전에
따쉬에 삼강에 이은 팔조목을 살핀 뒤
'오상'은 나중에 생각해 보기로 한다
앞서 얘기했듯이 팔조목은
물리와 정신세계를 올곧게 바루려는
격물格物과 치지致知를 비롯하여
성의誠意와 정심正心이다
이 네 가지 조목이 바로 서야
다음 네 가지 조목으로 나아갈 수 있다

다음 네 가지 조목은
자신의 몸가짐과 더불어
사회 구성의 기초인 가정에 관한 것이며
나아가 자신이 처한 나라를 생각하고
세상과 인류를 함께 걱정하는 것이다
모든 생명이 그렇겠지만 사람은
건강修한 몸身이 기본이고
행복齊한 가정家과
제대로 가는治 나라國와
평화平로운 천하天下를 생각함이다

(3)

제대로 알고 나면 그치게 되고
그친 뒤 고정됨이 있다
고정된 뒤 고요하고
고요한 뒤 편안하고
편안한 뒤 생각하고
생각한 뒤 얻는다
사물에는 뿌리와 가지가 있고
일에는 끝과 시작이 있다
먼저 할 일과 나중 할 일을 알면
마침내 큰 배움의 도에 가까우리라

예로부터 오늘날에 이르기까지
밝음을 밝혀감에 있어서
천하를 평화롭게 할 덕 있는 자는
먼저 그 나라를 다스리고
나라를 다스리려 하는 자는
먼저 그 집안을 가지런하게 하고
집안을 가지런하게 하려는 자는
먼저 그 몸을 바르게 지니고
몸을 바르게 지니려는 자는
먼저 그 마음을 반듯하게 한다

마음을 반듯하게 하고자 하는 자는
먼저 그 뜻을 성실하게 하고
뜻을 성실하게 하고자 하는 자는
먼저 그 앎을 지극하게 하고
앎을 지극하게 함은
곧 사물의 이치를 궁구함이다
사물의 이치를 궁구함이
학문의 마지막이다
따라서 즉물卽物과 즉심卽心은
그 둘의 가치가 완벽하게 가지런하다

물리학의 심오한 연구를 거쳐
물리를 깨닫고 나면
비로소 앎이 지극하고
앎이 지극한 뒤 뜻이 성실하다
뜻이 성실한 뒤 마음이 반듯하고
마음이 반듯한 뒤 몸을 닦고
몸을 닦은 뒤 집안이 편안하고
집안이 편안하고 안정된 뒤
제 나라를 걱정하고
자기 나라가 다스려진 뒤
마침내 천하가 평화롭기를 도모한다

천자로부터 서민에 이르기까지
누구나 다 같이 몸 닦는 것을
그 근본으로 삼는다
그 근본이 어지러우면서
그 끝이 다스려지는 자는 없다
따라서 후하게 대할 것에
너무 야박하게 하거나
쉽게 넘어갈 일에
너무 신경을 쓰는 자는
아직까지 제대로 있어 본 적이 없다

격물格物이여!
농경사회에서 얼룩勿 소牛보다
더 잘 눈에 띄는 물질物이 있겠는가
이 물질을 목검木劍으로 쪼개어
낱낱이攵 분석하고 설명口하는 것이
이른바 물리학物理學이다
물질을 쪼개고 분석하다 보면
거기서 피식피식 소리가 난다는데
물리학이 피직physics인 까닭이 있었다
아무튼 사물을 제대로 이해했을 때
뭘 좀致 안다知고 할 것이다

치지致知여!
비단처럼 섬세한 직물을
조밀하다緻 하여 치致라 한다
이 치致에 도달하至기 위해서는
반드시 채찍攵을 들어야 한다고 한다
참으로 슬픈 이야기가 아닐까
이처럼 인간의 앎知이라고 하는 것도
태어날 때부터 아는 게 아니라면
후천적인 앎은 한계가 있을 것이다
화살矢처럼 빠른 입口 그게 앎知이다
그런데 정말 앎이란 게 뭘까?

성의誠意여!
정성誠이라는 것이 도대체 뭘까
한마디로 '말言 되成는' 거다
만약 말 따로 놀고 실제 따로 논다면
이를 어떻게 정성誠이라 하겠는가
얘기한言 대로 이루어짐成이 정성誠이다
정성의 목적어 뜻意은 또 뭘까
말音과 마음心의 합작意을 가리킬까
뜻意이 '육근六根'에 들어가는데
곧 눈, 귀, 코, 혀, 몸, 뜻이다

이들이 여섯 가지 감각기관이다
그런데 정말 뜻이 감관이 맞긴 맞을까

정심正心이여!
마음心을 바르正게 하라는 뜻일까
마음이 바른지 삐뚤어졌는지 어찌 알까
마음에 형태가 있고
컬러가 있고
부피가 있고
무게가 있다면
삐뚤어졌는지 반듯한지 알 수 있으리라
하지만 마음은 어떤 모습도 없고
색깔도 무게도 부피도 없고
게다가 냄새도 맛도 촉감도 없다
그러기에 '바른正 마음心'이 필요하다

수신修身이여!
몸身을 닦으修라는 걸까
가지런修하게 한다는 게 뭘까
사람人은 회초리丨를 자주 맞아攵야만
행동거지를 가지런하彡게 할 것인가
몸 신身 자는 어느 모로 보아도

임신한 여성의 몸身을 그린 듯싶고
직립보행身 모습을 본뜬 게 맞는 듯싶다
아무튼 몸을 닦는다는 것은
목욕沐浴이 아니고
또한 세신洗身도 아니다
행실行實을 반듯하게 함일 것이다

제가齊家여!
먼저 가정家을 돌아보라
가정을 정제整齊하라
흐트러진 것은 가지런히 묶束고
잘못하면 회초리攵를 들라
집안에 질서正를 부여함이 제가齊家다
집家은 가족豕의 보금자리宀다
엄마人와 아빠人 그리고 자녀人들이
한 지붕宀 아래서 한一 가족을 이룸이다
집 가家 자에 지붕宀과 하나됨一과
사람 인人 자가 3번씩 들어가는데
바로 이와 같은 뜻을 담고 있다

여기까지가 '육조목六條目'이다
평범한 서민들 입장에서는

여섯 가지 조목으로 이미 완전하다
치국治國과 평천하平天下는
이들 평범한 국민들에게는 필요가 없다
그럼에도 불구하고 왕국이 아니라면
국민 누구도 정치인이 될 수 있다
으레 대통령도 될 수 있다
두 가지 조목도 나와 무관하지 않다
민주주의 제도에서는 누구든 가능하니까

치국治國이여!
한 사람 한 사람이 그대로 소우주다
사람 떠나 우주가 따로 있을까
사람 떠나 나라가 따로 있을까
기왓장 하나하나가 제 역할을 다하고
벽돌 하나하나가 제자리를 잡을 때
온전한 건축물이 유지되듯이
나라國는 곧 개인或의 집합口이다
개인 없는 나라가 과연 있을 수 있을까
소국가small country도 그대로 국가다

평천하平天下여!
나라보다 큰 개념이 '천하'라는데

천하가 큰 개념이 맞긴 맞을까
천하天下를 번역하면 '하늘 아래'가 맞다
우리 모두는 하늘 아래 살고 있다
그러니 소국가와 마찬가지로
천하라는 것도 결국 인간세상이다
인간은 지상의 생명체 가운데서
가장 욕심이 많은 존재다
가장 화를 잘 내는 존재다
가장 어리석은 존재도 결국 사람이다
그래서 천하평天下平이 필요한 것이다

(4)

이왕 시작한 얘기니

오상五常까지 짚고 가야겠다

'저우씽스周興嗣(470?~521)'의 역저

일명 《천자문千字文》이란 명銘에서는

'사대오상四大五常'이라고 하여

네四 가지 소중大함과 함께

다섯五 가지 떳떳함常을 가리킨다

사대四大는 하늘天과 땅地이며

다못 임금君이며 어버이親다

왕국王國에서는 제대로 맞는 이야기다

그렇다면 오상五常은 뭘까

여기에도 두 가지 설說이 있는데

첫째는 인仁, 의義, 예禮, 지智, 신信이고

둘째는 오륜五倫으로 더 잘 알려졌는데

사실 이 오륜에 오상五常이 들어있다

(1) 부자유친父子有親

(2) 군신유의君身有義

(3) 부부유별夫婦有別

(4) 장유유서長幼有序

(5) 붕우유신朋友有信이다

풀이하면 아래와 같다

(1) 부자유친父子有親이니

어버이와 자식은 친함仁이 있다

(2) 군신유의君臣有義이니

임금과 신하는 정의義가 있다

(3) 부부유별夫婦有別이니

남편과 아내는 다름禮이 있다

(4) 장유유서長幼有序이니

어르신과 젊은이는 질서智가 있다

(5) 붕우유신朋友有信이니

선후배朋와 동료友는 믿음信이 있다

친의별서신親義別序信은 이처럼

다른 말로 인의예지신仁義禮智信이다

둘째 의義와 다섯째 신信 외에는

3가지가 다 다른데 어떻게 연결될까

첫째 친親은 인仁의 뜻이고

셋째 별別은 예절禮의 뜻이며

넷째 서序는 곧 지혜智의 뜻이다

어찌하여 '친'이 인의 뜻이고

'별'이 예절의 뜻이며

'서'가 지혜의 뜻이 될까

어버이親와 자식은 친하다 했는데
친할 친親이 어버이 친親 자이기도 하다
이 친함은 인仁을 바탕으로 한다
오는 자식을 맞이하거나
가는 자식을 배웅할 때 마음이 어떨까
나뭇가지木를 딛고 올라선立 채로
오는 자식을 설렘으로 바라보見고
떠나가는 자식을 걱정으로 바라본다
부모와 자식은 친함 바로 그 자체다

왕국王國이 아닌
소위 민주주의 국가에서
어떤 사람들은 부정부터 하려 든다
이처럼 밝은 디지털 세상에
임금이 있고 신하가 있다는 게
이게 과연 말이 된다고 보느냐 한다
호칭과 제도가 바뀌었을 뿐이지
실제로 옛날이나 지금이나
바뀐 것이라곤 아무것도 없다
왕에서 대통령으로 호칭이 바뀌고
세습에서 선출로 바뀐 게 전부다

오히려 왕국王國에서는
세자를 비롯하여 태자가
심지어 용상에 있는 임금까지도
왕사王師를 두고 국사國師를 두어
한순간도 배움을 게을리하지 않았다
요즘 누가 대통령을 가르치려 하겠는가
누가 요즘 청와대 비서를 가르치고
대통령 측근을 훈육하겠는가
아예 가르침은 고사하고
바른말 한마디 던질 자가 있는가

이게 요즘 민주주의의 실상이다
결코 국민은 주인이 아니다
뽑을 때 주인의식에서 뽑는다고?
악플로 여론으로 탈락시키고
용비어천가 여론몰이로 당선시킨다
그렇게 당선된 대통령이
정말 국민을 주인으로 섬기는가
아무튼 임금과 신하라는
호칭은 바뀌었을지 모르겠으나
마음에서 두 관계는 그대로 유지된다

민주주의 국가에서도
대통령은 최상의 경호가 있어야 한다
취임 전 당선자 신분일 때부터
대통령에 준하는 경호가 따라야 한다
그리고 임기가 만료되는 날까지
대통령은 반드시 보호를 받아야 한다
무엇으로 보호하고 보호받을까
바름正이고 또한 옳음義이다
영어로 저스티스justice다
총칼이 아닌 정의로써 보호한다
국정을 책임진 최고 지도자와
내각과 관료는 저스티스가 바탕이다

남편과 아내는 사랑이 매개媒介다
사랑에는 두 가지가 있다
첫째는 끊임없는 사랑이고
둘째는 사랑을 바탕한 예절禮이다
남편과 아내로 맺어진 부부 사이라 하여
멋대로 함부로 대해서는 안 된다
가까울수록 서로 간에 지킬 예가 있다
'부부유별'에서 '별別'이란 매너다
만에 하나 매너가 결여된 부부관계라면

백년해로는 고사하고 오래갈 수 없다

남편은 남편으로서 할 일이 있고
아내는 아내로서 할 일이 있는 까닭에
남편과 아내는 다름이 있다 하는데
바로 그 생각 때문에 문제가 발생한다
이를테면 육아라든가 집안일은
아내의 일이니까 간섭하지 않는다든가
사업을 하고 정치를 하는 일은
남자들 몫이라 여자가 나서면 안 된다든가
하는 생각들이 문제라면 문제다

직장에서 커피 심부름은
어찌하여 꼭 여자가 해야 하는가
종단의 상징인 종정 자리는 그렇다 치고
어찌하여 행정의 수반인 총무원장이나
삼원장의 하나인 포교원장 자리
또는 교육원장 자리마저도
비구니 스님에게는 줄 수 없는가
총무원장 직선제도 좋지만
종헌종법에서 남녀차별부터 없애라
여자 대통령을 뽑는 시대에 총무원장이랴

아무튼 부부유별의 '별別'은
마음으로부터의 차별을 없앰이다
설령 율장에서 여성의 동등한 위치라든가
비구니의 등용을 막고 있다 하더라도
지금은 과감하게 뜯어고쳐야 한다
불교 계율은 불문율不文律인가
오륜 얘기하다가 왜 불교의 계율이냐며
말 빠른 지청구가 귀를 간지럽힌다
부부유별이란 말에 문제는 없다
다름과 예절을 어떻게 풀 것인가가 문제다

'장유유서長幼有序'의 '서序'가 뭘까
앞에서 나는 '서序'를 '지智'로 풀었으나
사실 차례의 뜻을 지닌 '서序'는
지혜라는 단어 하나로 설명이 안 된다
질서는 어른과 어린이에게만이 아니라
인간의 모든 삶에 적용된다
모든 반찬에는 소금이 들어가듯이
차례와 질서는 오륜五倫 전체에 미친다
친절親과 정의義, 예절別과 질서序,
그리고 믿음信의 세계란
반드시 관계에서만 존재하며

관계에는 반드시 질서가 있어야 한다

부모父와 자녀子
정부君와 관료臣
남편夫과 아내婦
스승長과 제자幼
선후배朋와 동료友 사이에
질서가 무너지면 이는 관계가 아니다
어디 이들 관계뿐이겠는가
중앙정부와 지방정부
사용자甲와 근로자乙
생산과 유통과 소비 관계에서도
믿음과 예절과 함께 질서가 있어야 한다

오륜의 '륜倫'이 '인륜 륜倫'자다
이는 간체자 '인륜 륜伦'자의 본자로서
소릿값을 나타내는 륜侖과 함께
사람人들과의 관계 속에서
반드시 지켜야 하는 질서를 뜻한다
사람亻관계에서 가장 소중한 게 있다면
아마 하모니harmony일 것이다
멜로디와 리듬을 조화시키는 하모니

한자에서는 이를 '삼합 집스'이라 한다
그리고 열심히 책冊을 읽으라
마침내 인륜의 '륜倫'이 이루어지리니

(5)

벗에는 몇 가지가 있을까
크게 보면 두 가지로 나눌 수 있다
첫째는 가까운親 벗友이고
둘째는 그냥 보통惡 친구朋다
이를 《부모은중경》에서는
'기제친우棄諸親友'라는 상황과
'붕부악인朋附惡人'으로 다루고 있다
여기서 명사만 뽑아 호칭한다면
'친우親友와 악붕惡朋'으로서
곧 친한 벗과 못된 벗이 될 것이다

우리가 보통 은혜恩惠라고 하면
'부모님 은혜'와 '선생님 은혜' 정도다
인류사에서 고마운 분을 꼽으라면
낳으시고 길러주신 어버이와
삶을 가르쳐 준 스승이라 할 것이다
낳아주고 길러주신 어버이가
바로 이 육신肉身의 스승이라면
삶을 가르쳐 주신 스승은
정신精神의 어버이가 될 것이다

그런데 이들 두 가지
육체와 정신 성장에 영향을 준
큰 시혜자施惠者가 있으니
그게 누구일까?
벗朋友friend이다
따라서 벗이 끼친 은혜는
어버이와 스승까지 뛰어넘는다
일반적으로 어버이와 스승의 은혜는
나쁜 쪽보다는 좋은 쪽이다
나쁜 부모 은혜가 없고
잘못된 스승 은혜가 없다
그러나 벗의 은혜는 극명하게 갈린다
좋은 벗善友과 못된 벗惡朋이다

좋은 벗善友이란 착한 벗善友이다
양羊은 풀艹을 뜯으口면서도
온순한 까닭에 다투는 일이 없다
따라서 먹이艹 하나를 놓고
함께 먹口는 양羊을 바라보면서
옛사람들은 '착하善다' 생각했을 것이다
부드럽게 말口하는 사람을 착하다고 한다
옛날 재판에서는 판사가

신神에게 희생양羊을 올리며
양처럼 서로 좋게 하겠다고 하였다

'화합시키는 재판'이라는 뜻에서
나중에 조화로운 말과
멋진 일을 가리키게 되었으며
착하다, 좋다, 잘했다는 뜻이 되었다
이처럼 선善을 바탕으로 만난 벗이니
으레 선량하고 순하고 좋을 수밖에 없다
여기에는 세 가지 벗이 있는데
이를 '익자삼우益者三友'라 한다
윈윈win-win하는 세 부류의 벗이니
첫째 바르고 올곧은 사람이며
둘째 신의를 지키는 사람이며
셋째 지식이 풍부한 사람이다

이에 비해 사귈수록 손해가 되는
세 가지 부류의 벗이 있는데
이를 '손자삼우損者三友'라고 한다
첫째 안이한 길만을 가는 사람과
둘째 높은 사람 앞에서 아첨하는 사람과
셋째 발린 말로 성의가 없는 사람이다

벗이야 힘이 들거나 말거나
제 편한 길만 택하는 벗은 보통 벗이다
말만 번지르르하고 성의가 없거나
아첨 잘하는 벗도 보통 벗이다

'착한善 벗友'은 '벗 우友'자를 쓰는데
'보통惡 벗朋'은 '벗 붕朋'자를 쓴다
'벗 우友' 자와 '벗 우叉' 자는 같다
둘 다 '오른손又'이 겹친 글자다
왼손과 오른손이 겹치면
결국 한 사람 손이다
둘 다 오른손일 때 이는 두 사람 손이다
두 사람羿이 팔을 둥둥 걷고 나서면
이는 서로 뜻이 맞는 친구다
좋은 벗이고 멋진 벗이다

보통 벗은 '벗 붕朋'자를 쓴다
'악붕惡朋'이 어찌하여 보통 벗일까
한자로 보면 '악할 악惡'에 '벗 붕朋'이니
'못된 벗'이고
'악한 벗'이고
'나쁜 벗'이 아닐까

선善의 반대는 악惡이다
그러나 콩즈는 불선不善이라 하였다
따라서 악惡이라 쓰더라도
벗이 목적어일 경우 악惡이 아니라
'미워할 오惡' 자로 새기는 까닭이다
그리고 '악惡'이란 '버금亞 마음心'이다

버금은 으뜸 다음이다
앞서 보듯 양羊이 먹이丷를 놓고
다투지 않고一 먹는口 게 곧 선善이듯
악惡은 그저 버금亞 마음心이다
이 버금 마음은 고정된 악惡이 아니라
한 생각 돌리면 곧바로 선善이다
따라서 미운 벗은 보통 벗이다
손又과 손又의 벗奻을 뛰어넘어
몸月과 몸月으로 함께하는 벗이다

달月을 겹쳐 '벗 붕朋'자로 만든 것은
달밤에 일을 꾸미는 '양상군자'
곧 도둑질에서 온 뜻이기에
나쁜 벗으로 시작된 말이었는데
나중에는 '달 월月'자를

어둠을 밝히는 하늘 달이 아닌
'육달월月' 곧 몸으로 푼 까닭에
좋은 벗友보다 더 소중한 벗朋이 되었다

앞의 '기제친우棄諸親友'와
'붕부악인朋附惡人'에서
친한親 벗友과 나쁜惡 사람人처럼
형용사가 앞에 놓여 있다면
서로 대칭이 될 수도 있겠지만
실제로 벗朋과 벗友에는 차별이 없다
앞서 이익이 되는 세 부류의 벗과
손해를 끼치는 세 부류의 벗을 들었는데
언행과 마음가짐 때문이라면
단지 그것만 고치면 된다
벗 자체에 문제가 있는 것은 아니다

그러나 여기서도 분명한 것은
친구란 '간間의 세계'를 벗어나지 않는다
간이란 사람과 사람 사이人間
부피를 허용하는 틈과 틈 사이空間
때와 때를 잇는 때 사이時間
사물과 사물 사이物間

사람과 사물 사이에 이르기까지
벗도 사이間의 문화이며
아울러 사이間 철학의 한 축이다
그러므로 벗이야말로 소중한 환경이다
환경이 삶에 주는 영향은 크다
마찬가지로 벗도 그러하다

'벗 따라 강남 간다'는 속담은
벗의 범주範疇category를 뜻한다
오죽하면 하던 일 다 팽개치고
벗 따라 강남을 가겠는가
따라서 좋은 벗을 만나는 일은
그의 삶生에 있어서 다시 없는 행운이다
그리고 좋지 않은 친구를 만난다면
차라리 무소의 뿔처럼 혼자 가는 게 좋다
어버이와 스승의 은혜에 견주어
소중한 은혜를 들라면 곧 벗의 은혜다

착한 벗과 보통 벗은
어떻게 가려낼 수 있을까
결론부터 얘기하면 벗에 분별은 없다
처음부터 좋은 벗이 있지 않듯이

보통 벗도 처음부터 있는 게 아니다
세포의 핵심인 DNA에는
어디에도 좋은 벗 나쁜 벗이 없다
멋진 벗 미운 벗이 아예 들어있지 않다
살면서 상황이 만들어갈 따름이다
내게 알맞은 벗을 찾을 게 아니라
내가 좋은 벗이 되어주는 게 더 중요하다

석가가 처음부터 부처가 아니듯
예수도 애초부터 그리스도가 아니었다
시간이야 좀 흘렀을 테지만
그들도 스스로 자신을 갈고닦아
결국에는 부처가 되었고
마침내 그리스도가 되었다
예수가 하나님의 외아들이라 해서
본디 착한 분으로 보는 이들도 있겠으나
나는 그렇게 보지 않는다
만약 그렇다면 훌륭한 부모 밑에서는
무조건 착한 자식만 나와야 한다
그리스도가 거저 주어진 게 아니듯이
부처도 그냥 주어진 게 아니다

좋은 친구가 다가오길 기대하지 말라
좋은 친구는 얼마든지 있다
나쁜 친구가 옆에 없길 바라지 말라
나쁜 친구는 만들어질 뿐이다
좋은 친구도 나쁜 친구도
결국 내가 좋은 친구가 되느냐
나쁜 친구가 되느냐에 달려 있을 뿐이다
서가모니 부처님의 외아들
어린 라훌라가 얼마나 방자했는가
그의 스승 사리불이 혀를 내둘렀으니까

아버지 서가모니 부처님 손을 잡고
역사상 첫 사미로 교단에 들어와
아버지의 배경 하나만을 믿고
세상 어떤 아이 못잖게 망나니짓을 했다
그러던 그가 문득 마음을 다잡고
'밀행제일密行第一'의 수행자로서
새롭게 거듭난 일은 생각 하나 차이였다
'밀행密行'이라니 무슨 뜻일까
그의 행동이 얼마나 섬세했으면
십대제자 중 밀행제일이 되었겠는가

라훌라는 처음부터 벗을 원했다
나이를 떠나 친구를 원했다
그의 방자한 행위와
마구 쏟아내는 거친 언어
하늘 높은 줄 모르고 치솟는 교만이
옆에 사람을 붙여두는 데
디딤돌이 아닌 걸림돌이 되었다
그가 자신의 잘못을 깨닫고
한 생각을 돌렸을 때
교단의 1250여 명이 벗이 되었다
그것도 참으로 좋은 벗들이 되어주었다

제2편 정종분

제3장 업난을 널리 설하다

제1절 허물 지적 11

어쩌다가 고향떠나 타향살이 전전하며
근신할줄 모르다가 이리저리 휩쓸리고
다른이가 놓은덫에 꼼짝없이 빠져들어
잘못된일 횡액으로 갈고리에 끌려가네

죄를짓지 않았는데 무고하게 형을받아
감옥안에 갇힌채로 가는목에 칼을쓰고
엎친데에 덮침이라 병환까지 찾아들고
여러가지 액난들이 얽히고도 설키도다

가지가지 고생으로 굶주리고 고달프나
누구하나 보살펴줄 주위사람 하나없고
오는것은 미움이고 받는것은 천대일뿐
길거리의 노숙자로 버려지게 되느니라

오가는이 발에채여 설사죽게 되더라도

질병에서 구원해줄 그럴이가 하나없어
그러다가 죽게되면 살은점점 썩어가고
이슬맞고 볕에쬐고 비바람을 맞느니라

하얀뼈가 바람따라 이리저리 뒹굴다가
풍화되고 산화되어 타향땅에 묻히리라
어쩌다가 타향에서 친족들과 만났으나
기쁜모임 이루기는 애시당초 아니니라

(1)

고향故鄕과 타향他鄕은
서로 대비對比되는 곳place이다
영어에서도 홈타운one's hometown은
뭔가 따스하고 포근한 느낌인데
어쩌면 홈home이 앞에 놓여서일까
언아더 프로빈스another province는
왠지 모르겠으나 좀 생소함이 있다
프로빈스provinc라는 공간보다
언아더another라고 하는
다른 개념 때문이겠지
그런데 정말 그럴까

스와힐리어語 하나 더 보탤까
'음지와 지지Mji wa Jiji'다
'음지'는 시골의 뜻이고
'와'는 소유격이며
'지지'는 연고 있는 큰 도시다
이를 한데 묶어 고향이라 부른다
하여 '음지와 지지'는 통째로 읽어야 한다
가령 내가 입고 있는 '내 옷'은
남의 옷이 아니라 내 옷인 까닭에

'나'와 '옷'을 나누어서 생각하지 않고
통째로 '내 옷'으로 읽음과 같다

고향과 타향이 갈리는 것은
앞에 놓인 '고故'와 '타他'로 인해서고
뒤의 '향鄕'은 2곳에 모두 통한다
그렇다면 '향鄕'이란 어떤 의미일까
우선 '시골 향鄕'자부터 살펴보자
이 '시골 향'자는 위 글자 외에
'시골 향鄉'
'시골 향鄊'
'시골 향鄊'
'시골 향乡' 자가 있는데
모두 '시골 향乡'자가 얹혀 있으나
부수는 '읍邑'의 뜻인 우부방 阝이다

'시골 향鄕'자를 파자해 들어가다 보면
아주 자그마 乡 한 마을 阝 사람들이
흰쌀밥 白 을 한가운데 놓고
마주 ヒ 앉은 모습을 떠올릴 수 있다
흰쌀밥은 사람을 어질 良 게 한다
사람 人 은 밥을 먹음으로써

어질어良진다는 게 '먹을 식食' 자다
본디 '시골'이란 쉽게 얘기해서
'시'냇물이 흐르는 '골'짜기에서 왔다
산골이 '산'이 '골'진 곳에서 왔듯이 말이다

이처럼 사람 냄새 나는 동네鄕를 놓고
앞에 어떤 개념을 얹느냐에 따라
'연고 고故'자를 얹으면 고향이 되고
'다를 타他'자를 얹으면 타향이 된다
고향에 대한 개념은 크게 2가지로
첫째는 자기가 태어나서 자란 곳이고
둘째는 조상 대대로 살아온 곳이다
고향 표현에 둘째는 문제가 없으나
첫째는 여러 가지 의견이 있을 수 있다

가령 미국 LA에서 원정출산을 한 뒤
거기서 출생신고를 하고는
[사실 서구에서는 아이가 태어난 뒤
사주 따라 나중에 이름을 짓는 게 아니라
미리 아기 이름을 다 지은 뒤에
산모가 분만실에 들어간다고 한다]
곧바로 우리나라에 돌아와

젖먹이 때부터 서울서 키웠다면
태어난 곳 미국 LA를 고향이라고 할까
자란 곳 우리 서울을 고향이라 할까

고향의 '고'는 '연고 고故'자로
아주 어렸을 때古로부터
회초리攵 맞아가며 자란 곳이다
또 '연고 고故'의 소릿값 '옛 고古'자는
열十 사람口을 거친다는 뜻으로서
크게 두 가지 뜻이 들어있다
첫째는 공간━ 개념이고
둘째는 시간 │ 개념이다
시간 개념은 요즘도 그대로이나
공간 개념은 거리를 훌쩍 뛰어넘는다

아무리 디지털이 발달한다 하더라도
인간이 살아가는 삶의 시간은
여전히 1시간은 60분이고
하루는 24시간이며
한 해는 12달 365일이다
이는 늘일 수도 단축할 수도 없다
하나 공간 개념은 상상 밖이다

인터넷의 발달로 온 세계가 동시적이다
한국과 미국이 지구 반대편이지만
소통은 같은 시간에 이루어진다

전자파와 빛의 속도가 같은 까닭이다
가장 먼 곳이 지구 반대편인데
이는 겨우 2만km 안팎이다
초속 30만km의 15분의 1거리다
그렇다면 우리나라에서 가장 먼
미국이나 브라질까지
정보가 전해지는 속도는
15분의 1초면 완벽하다 할 수 있다
이때 어떤 사람은 반박할 것이다
전자파의 속도와 빛의 속도는
전혀 다른 차원에서 다루어져야 한다고?

아무튼 공간적인 입장에서
10명의 입을 거치며 퍼져가는 일은
요즘 같으면 결코 '옛말'이 되지 못한다
그러나 공간 개념이 아니고
할아버지에게서 아버지로
아버지에게서 아들로

아들에게서 손자로 이어지는
세대generation는 짧은 게 아니다
이때는 '연고 고故'자 쓰임새가 달라진다
조상 대대로 이어온 곳 고향이다

고향이 세대를 잇는 개념이라면
타향은 이와는 분명 다르다
'다르다'의 주체가 뭘까
사람도 환경도 아직 익숙하지 않음이다
그 가운데서도 으레 사람이 문제다
처음 보는 자연환경을 접하면
사람은 누구나 신비의 탄성을 지른다
그러나 처음 대하는 사람을 만나면
익숙해지는 데 시간이 걸린다
그게 바로 남亻이라也 할 것이다

두말할 필요도 없이 첫째는 사람이다
사람은 늘 두 가지밖에는 없다
그 두 가지 부류가 '나自'와 '남他'이다
나와 직접적 관련이 없는 남他은
나와 분명 다른他 사람이다
낯선 사람他들이 사는 곳鄕이 타향이다

여기 《부모은중경》에서는 설한다

어쩌다가 고향떠나 타향살이 전전하며
근신할줄 모르다가 이리저리 휩쓸리고
다른이가 놓은덫에 꼼짝없이 빠져들어
잘못된일 횡액으로 갈고리에 끌려가네

타향은 위험한 곳이고
고향은 안전한 곳일까
이는 이미 알고 있는 것에 대한
익숙한 생각을 편안하게 받아들이고
잘 모르는 낯선 것에 대한 두려움이
사람을 서먹서먹하게 하는데
고향과 타향은 다만 이 차이일 뿐이다
이른바 '낯가림의 원리'라고나 할까
아기는 낯선 얼굴이 가까이 다가오면
두려운 까닭에 그냥 울어버린다

그러나 시간이 지나면서
아이는 두려움이 점점 사라지는 반면
오히려 장난을 걸어오기도 한다
여기에는 반드시 시간을 요한다

만일 아기와 정드는 시간을 단축하려면
아기보다 얼굴의 높이를 낮추면 된다
비록 좀 낯선 얼굴이라 하더라도
아기가 내려다볼 수만 있다면
자지러지는 아이의 공포는 줄어들 수 있다
그래서 눈높이를 낮추어 함께 함은
가장 으뜸가는 교화의 법칙이다

누군가 내게 묻기를
'지금 스님 하는 얘기가 다 맞느냐?' 한다면
나는 마테오 길이 각본과 감독을 맡고
페르난도 벨라스케스가 음악을 맡았으며
세르기 빌라노바가 촬영을 하고
프란시스코 라모스가 제작한 영화
100분 40초 동안 펼쳐지는
아슬아슬한 사랑의 신비
원제 〈열역학의 법칙〉을 권한다

비토 산즈를 비롯하여
베르타 바스퀘즈
비키 루엥고
안드레아 로스

아이렌 에스콜라
조제프 마리아 포우
다니엘 산체스 아레발로
치노 다린이 출연한 스페인 영화
마이에미 영화제 감독상 수상작인
우리말 제목 〈사랑의 물리학〉을 권한다

고향은 언제나 포근하며
타향은 늘 서먹서먹하기만 할까
쓰디쓴꿈 삶生으로부터의 해방解放이
'일체一切가 유심조唯心造'라 하여
마음먹은 대로 척척 이루어질까
만약 그렇다면 《부모은중경》말씀은
전혀 다른 방향으로 전개되었을 것이다
정든 고향 떠나 낯선 타향에서 겪는
여러 가지 고초苦楚 이야기를
다르게 풀어갔을 것이다

[외눈박이 개구리를 보니 이 녀석도 고향 떠나 낯선 곳에서 고생한 거 아닐까 마음이 짠하다]

(2)

형고刑苦는 피할 수 있으나
병고病苦는 쉽게 피할 수 없다
형고는 실정법實定法을 범하지 않으면
형무소에 들어가고 싶어도 안 된다
그렇다면 실정법은 어떤 법일까
현실적으로 정립된 법이다
여기에는 입법 기관의 입법 작용이나
사회적 관습을 비롯하여
법원의 판례 등 경험적 역사적
사실에 의해 인식될 수 있는 법이다

이를 바탕으로 한 실정법에는
첫째 성법成法이 있고
둘째 성문법成文法이 있으며
셋째 실증법實證法이 있고
넷째 인위법人爲法이 있다
성법은 이미 완성成된 법法이고
성문법은 성문화成文化된 법法으로
문서 형식을 제대로 갖춘 법이며
실증법은 사실實이 증명證된 법法이고
인위법은 사람人이 만든爲 법法이다

형고刑苦를 느끼는 까닭이 뭘까
첫째 '폐소공포증閉所恐怖症'이다
다른 말로 '밀실공포증'이라고 하는데
클라우스트로포비아claustrophobia다
모든 생명은 여유 공간을 필요로 한다
한정된 공간에 갇힌다고 하는 것을
생명체는 차마 견디지 못한다
하물며 자유로움과 해방을
최고 덕목으로 삼는 사람으로서는
도저히 참을 수 없는 고역이다

어떤 이들은 말한다
'여유 공간이야 좀 좁으면 어때?
귀찮은 거 벗어나 되려 공부하기 좋지
마음공부하기로는 나무랄 데 없잖아!'
그러나 이는 일부인들 생각이다
움직이는 공간이 넓어야 한다
폐소공포증은 좁은 공간 때문이다
모든 생명은 지구에 갇혀 있다
지구를 떠나 우주로 나가고 싶지만
그럴 가능성은 단 0.000001%도 없다
지구보다 좁은 곳이 대륙이고

대륙보다 좁은 곳이 나라며
나라보다 좁은 곳이 지역이다
지역보다 좁은 곳이 어딜까
가택 연금이란 말이 있듯이
가택家宅으로 한정限定함이다
남의 집이 아니라
자기 집인 데도 불구하고
일단 갇혔다는 생각을 하게 되면
그 자체가 불편함을 느낄 수밖에 없다

물론 자기 집은 그런대로 견딜 만하다
익숙한 공간이기 때문이다
그리고 가족들과 함께하니까
그러나 이곳이 엘리베이터라면 어떨까
전원이 나가 느닷없이 멈추었다든가
전원은 그대로인데 갑자기 서버린다면
게다가 아무도 없는 공간에서
혼자 이런 상황에 맞닥뜨렸다면
안에 갇힌 사람의 공포는 상상 초월이다
폐소공포증은 감옥에서도 적용된다

이 폐소공포증에 있어서

두려움의 개념이 어디서 왔을까
바로 불교의 '무간지옥無間地獄'이다
무간지옥의 '무간'은 세 가지 뜻이 있는데
첫째는 여유로운 공간이 없다는 것이고
둘째는 시간의 끝을 알 수 없음이며
셋째는 쉴 틈을 주지 않음이다
여유 공간이 없다는 게 뭘까
가령 무간지옥에 여럿이 들어가면
나눌수록 점점 줄어드는 파이pie처럼
한정된 여유 공간이 그만큼 줄어들까

무간지옥의 뜻이 무엇일까
여유 공간이 없는 지옥이기 때문에
여럿이 들어갈 수 있는 공간에
혼자 들어가면 여유가 있을 듯싶지만
무간지옥은 전혀 그렇지가 않다
가령 백 명의 죄인이 들어갈 무간지옥에
한 사람이 들어간다면 어떻게 될까
무간지옥은 신축성伸縮性이 자유롭다
혼자 들어갔을 때 지옥의 넓이는
죄수 덩치에 따라 그대로 줄어든다
혼자 들어가나 여럿이 들어가나

항상 꽉 차서 여유 공간이 없는 까닭에
무간지옥이라 이름한다지만
그 지옥의 고통이 언제쯤 끝날지
끝나는 시간을 알 수 없기에 무간이다
다시 말해서 무간無間의 '사이 간間'자는
소릿값 '문 문門'자처럼 공간이 없고
의미소 '날 일日'자처럼 시간이 없다
'문 문門'자와 '날 일日'자가 만나
'사이 간間'자가 된 뜻을 알 수가 있다

여기에 가장 중요한 게 있다
무간지옥은 가두는 것으로 끝이 아니다
상상 초월의 형벌刑罰이 이어진다
그냥 가만히 내버려두더라도
폐소공포증 때문에 죽을 지경인데
형기刑期가 언제까지인지 알 수가 없다
게다가 폐소공포증과 더불어
알 수 없는 형기에 대한 지루함을
생각할 '여유間'를 주지 않기에 무간이다
엄청난 고통을 끊임없이 가하는 까닭이다

《부모은중경》에서는 말씀하신다

죄가 없는데도 불구하고
남의 무고誣告로 인해 형을 받아
감옥에 갇힌 고통을 감내한다고 한다
옛날에도 무고죄는 분명 있었을 것이다
아무튼 잘 먹지 못해 여윌 대로 여윈
가늘어진 목에 칼枷을 씌우고
발에는 쇠사슬足鎖을 채워
옴짝달싹도 하지 못하도록 하니
형벌刑의 고통苦이 얼마나 심할까 싶다

그러나 이들 고통이 심하다 하더라도
무간지옥에서의 고통에 견주면
그야말로 아무것도 아니다
혀를 뽑는 '발설지옥拔舌地獄'으로부터
용광로와 같은 '화탕지옥火湯地獄'
칼 나무로 된 '검수지옥劍樹地獄'
엄동의 '빙설지옥氷雪地獄'에 이르기까지
이들에게 가하는 형벌은 실로 다양하다
이들 자세한 형고刑苦에 대해서는
불교경전《지장경》에 기록되어 있다

혼동하기 쉬운 한자 '형'자를 보자

첫째는 '모양 형形'자고
둘째는 '모형 형型'자며
셋째는 '형벌 형刑'자다
첫째 모양은 형체形體를 지닌 물질이다
형체는 반드시 그림자彡가 있다
'모양 형形'의 빛살彡이 그 의미이다
그림자나 빛살의 '彡'은 '터럭 삼彡'자다
이를 그림자로 표현한 예가 있는데
'그림자 영影'자가 대표적이라 할 것이다

둘째 모형模型은 틀을 가리킨다
같은 것을 만들기 위한 표본이다
예나 이제나 나무나 또는 흙으로서
샘플sample을 만들었는데
'형벌 형刑'자와 '흙 토土'자의 만남이
바로 이런 뜻을 말해준다 하겠다
같은 뜻의 다른 '모형 형埊'자가 있는데
맑은 우물井에 비친 모양을 보고
이를 흙土으로 본을 떴다 하여
생겨난 글자라고 보면 무난할 것이다

셋째 '형벌 형刑'자다

'형벌 형刑'에서 소릿값 '열 개开'자는
'열림open'의 뜻도 갖고 있지만
'평평할 견幵'자와 같이 풀이되는 것처럼
왼쪽干과 오른쪽干이 대칭이 되어
어느 쪽으로도 치우침 없는
공정성公正性을 드러내고 있다
그런데 이를 자연적으로서가 아니라
법적 강제성을 띠기에 선칼도 도刂가 따라붙는다

(3)

형고刑苦는 피할 수 있으나
병고病苦는 그렇게 쉽게 피할 수 없다
따라서 인간의 4가지 괴로움에
'생로병사生老病死'는 들어있으나
형사고刑事苦는 들어있지 않다
이들 4가지 괴로움 중에서도
생고生苦와 사고死苦는 젖혀 두고
노고老苦도 그냥 느낌일 뿐
병고病苦만큼 절박함을 느끼지는 않는다

우리가 쓰는 인사말에서도
건강과 관련된 인사가
전체의 80% 이상을 차지하듯이
질병과 관련된 문제는 클 수밖에 없다
건강이 얼마나 소중하면
아래와 같은 말이 나왔을까 싶다
'재산을 잃는 것은 조금 잃는 것이고
명예를 잃는 것은 절반을 잃는 것이며
건강을 잃는 것은 모두를 잃는 것이다'라고
이는 이론이 아니라 현실이다

요즘은 워낙 의료 제도가 잘 되어 있어
집안을 거덜내는 일이 없다
물론 이는 우리나라 의료 제도다
그동안 내가 듣기로 아직까지
세계에서 우리나라만큼
의료 시스템이 제대로 된 나라는
거의 없다고들 알고 있는데
사실이기를 바랄 뿐이다
그렇다 하더라도 병고는 작은 게 아니다

《부모은중경》에서는
어쩌다가 병환을 만났다고 한다
나는 '엎친 데 덮치다'로 풀이하였다
평소에는 전혀 생각지 않다가
의사로부터 진료 결과를 받게 되었을 때
그 내용이 암이나 당뇨를 비롯하여
고혈압이나 심근경색 따위라면
'왜 하필이면 나냐?'고들 한다
'마른靑하늘天에 날벼락霹靂'이다
정말 '마른하늘에 날벼락'이 떨어질까

벼락 현상은 어떻게 일어날까

허공虛空에는 평소 전기電氣가 흐른다
물론 전기는 땅 위 물체에도 흐른다
이 허공에 흐르는 전기와
땅의 물체에 흐르는 전기가 만나면서
방전放電 작용作用을 일으킨다
자연 현상 가운데 하나라고 할 수 있다
아무튼 뜻밖에 다가온 엄청난 결과
세상에는 많은 사람들이 사는데
'왜 하필이면 나냐'고 할 만하다

그만큼 건강한 사람들은
그가 누구든 평소 건강에는
자신 있다고 장담해왔기 때문이다
'혹조병환或遭病患'에 담긴 의미이다
불교에서는 인간의 질병을
사대四大의 부조화不調和에서 찾는다
사대란 자연계를 이루는 현상으로
땅地, 물水, 불火, 그리고 바람風이다
이는 자연계를 이루는 4가지 현상과
인간의 몸을 이룬 4가지 현상이
결국에는 같다는 증거證據다

이들 4가지가 조화롭지 못할 때
몸은 질환疾患의 고초苦楚를 겪는다
몸을 이룬 자체 사대四大끼리의
조화롭지 못한 데서 질병이 올 수도 있고
몸의 사대와 바깥 환경의 사대가
서로 충돌하면서 병을 가져올 수도 있다
그리하여 이들 네四 가지 요소大에
각기 100개씩의 질환이 있다
여기에 기본 사대 질병을 합했을 때
인간의 병은 무릇 404병이 된다고 한다

사대마다 100가지 병이라니
어떻게 해서 이런 수사數詞가 나올까
첫째 육근六根의 6가지 질병
둘째 육경六境의 6가지 질병
셋째 육식六識의 6가지 질병
넷째 칠대七大의 7가지 질병
이들을 모두 합하면 25가지 질병이다
이들 25가지 낱낱 질병이
몸 사대로 곱해지기에 100이며
환경 4대로 다시 곱했을 때 400 가지다

첫째 육근은 여섯 가지 감관이니
눈眼, 귀耳, 코鼻, 혀舌, 몸身, 뜻意이고
둘째 육경은 육근의 대상對象으로서
빛깔色, 소리聲를 비롯하여
냄새香, 맛味, 감촉觸, 법法이다
셋째 육식은 여섯 가지 앎으로서
육근이 육경과 만나 느끼는 앎의 체계다
눈의 느낌眼識, 귀의 느낌耳識
코의 느낌鼻識, 혀의 느낌舌識
몸의 느낌身識, 뜻의 느낌意識 따위다
넷째 칠대는 일곱 가지 요소다
자연의 네 가지 현상인 흙, 물, 불, 바람에
빔空과 봄見과 인식識을 더한 것이다

불교가 아닌 또 다른 설에 따르면
오장五臟에 각기 81가지 병이 있기에
모두 합하여 405가지 질환을 든다
여기에는 죽음도 하나의 병으로 꼽는데
죽음을 빼면 404병이 남는 까닭에
이를 404병이라 하기도 한다
요즘처럼 발달된 현대의학에 따르면
이들 논리에 믿음을 갖지 않는다

과학적으로 증명된 게 아니라는 것이다
질병이 꼭 과학으로만 설명이 될까

한자 병질엄疒 부수에 의한
질병의 숫자는 과연 얼마나 될까
자그마치 339자에 이른다
병질엄疒 부수는 '병질 엄'자가 아니라
'병들어 기댈 녁/역疒'자에서 찾거나
'병들어 기댈 상疒' 자에서 찾아야 한다
모양새가 '엄广'의 모양을 한 까닭에
'병질엄疒' 부수로 부를 뿐이다
물론 같은 '병질엄疒'부수의 글자라도
번체자가 있고 약자가 있으며
옛자古字가 있고 같은 자소字가 있다

그러므로 실제 한자로 표기된
질병의 숫자는 300가지를 약간 넘는다
한자에서는 '병질엄疒'이 들어가야
꼭 질병이라 일컫는 것은 아니다
이를테면 '환자患者'의 '근심 환患'자가
그 대표적인 글자라 할 것이다
'근심 환患'자는 몸의 병이라기보다

마음心의 병을 일컫는 대명사 중 하나였다
'가운데 중中'자가 위아래로 겹치면서
'마음 깊숙이 걱정을 드리우다'가 되었다

이 '근심 환患'자는 '꿸 관'자를 비롯하여
'꿰미 천' '꼬챙이 찬'자로 새기는데
우리나라에서 만든 국자國字로
'땅 이름 곶'자로 새기기도 한다
'땅 이름 곶串' '곶 갑岬'자도 같이 쓰는데
곶은 우리말이며 케이프cape를 뜻한다
해안 호반의 돌출된 해각海角과
밭 가장자리 '두렁'을 뜻하는
헤드랜드headland를 가리키는 말이다
아무튼 드러난 마음병을 비롯하여
큰 질환을 가리켜 '환患'이라 한다

'질병'이냐 '질환'이냐 '병'이냐에 따라
영어 표기도 그때마다 달리하는데
일반적으로는 구분 없이 쓴다
첫째는 질병disease이다
오래된 고질병malady을 포함한다
둘째는 질환illness이다

기분 나쁜 병까지도 포함한다
셋째는 병sickness이다
욕지기, 메스꺼움, 구토를 뜻한다
상황 따라 특정 용어를 쓸 수도 있다

질병疾病의 '질疾'은 '병 질疾'자로
부수 '병질엄疒'은 병상에 누운 모습이고
소릿값 '시矢'는 '화살 시矢' 자로서
옛날에는 화살에 의한 상처였다
나중에 화살처럼 빨리 번지는 질환으로
내용이 바뀌면서 일반용어가 되었다
질병의 '병病'은 '병 병病'자로서
'병疒'의 가장 일반적 용어가 되었지만
희생물肉을 괴一는 젯상丙이었다
나중에 병질엄疒과 만나 분명한
그리고 확대丙된 질병病 용어가 되었다

삶에는 많은 고통이 있지만
병고病苦를 뛰어넘는 것은 드물다
질병과 치료는 늘 반비례한다
질병에 대한 치료가 좋아지는 것만큼이나
생각지 않은 질병이 새로 생겨난다

첨단 의학이 발달하기 전에는
암을 비롯한 난치병이 별로 없었다
하나 지금은 암이 감기만큼이나 흔하다
한때는 에이즈로 인해 고생했는데
에이즈 치료의 길이 열리면서
또 다른 질병이 독사처럼 고개를 쳐든다

제2편 정종분

제3장 업난을 널리 설하다

제1절 허물 지적 12

그리하여 어버이는 자식들의 뒤를쫓아
자나깨나 근심걱정 떠날날이 전혀없이
울다울다 지친눈이 실명으로 이어지고
끝끝내는 자식들을 잊을수가 없느니라

혹은다시 비통하고 애가끓는 그마음에
기가막혀 그자리서 병이들어 신음하고
혹은자식 생각으로 쇠약하여 죽게되며
이로인해 외로운혼 갖가지로 한이되네

총지비구 아난다여 귀기울여 들어보라
자식들은 효와의리 숭상하지 아니하고
여러나쁜 무리들과 끼리끼리 어울려서
무뢰하고 추악하고 방자하고 사나워져

이익됨이 없는일들 익히기를 좋아하고

걸핏하면 싸움질에 남의물건 훔쳐내고
횡령하고 겁박하고 술마시고 노름하며
옳지않은 허물들이 하나둘이 아니니라

이로인해 형제에게 여러가지 누를끼쳐
어버이의 어진마음 어지럽게 만든뒤에
새벽녘에 나갔다가 한밤중에 돌아와서
한량없는 근심으로 휩싸이게 하느니라

(1)

부모에게 있어서 자식은
다른 말로 애물礙物단지라 한다
애물의 '거리낄 애礙' 자는
그럴 것이라는 일종의 추측에서
물物 앞에 놓아 애물礙物단지라 했으나
순수 우리말은 그냥 '애물단지'다
자식은 애를 태우는 존재의 뜻이다
애를 먹이는 녀석이 곧 자식이다
부처님의 외동아들 '라훌라'가
애물礙物의 뜻이라고 한다

결혼한 지가 좀 되었는데
아직 아이가 생기지 않는다면서
절에 찾아와 득남得男 기도를 올린다
물론 득남이란 뜻이 지닌 의미는
반드시 아들 녀석만은 아니다
그냥 아이가 하나 있었으면 좋겠다
부모 마음이 아들을 장가보내고
딸을 시집보냈다고 한다면
으레 기다리는 것이 있다
손孫, 외손外孫이다

요즘은 결혼은 하더라도
자녀는 낳으려고 하지 않는다
부담없이 홀가분하게 살고픈 것이다
바로 이 자녀에 관한 부담감 때문에
처음부터 아예 결혼도 하지 않은 채
독신의 길을 가는 젊은이가 많다
결혼생활 경험이 없으면서도
처음부터 자유를 만끽하며
혼자 살기를 원한다
예식장이 문을 닫아야 한단다

아기가 있으면 있는 대로 좋고
처음부터 없었다면 없는 대로 좋다
부모은중경에서는 말씀한다
엄마는 아기를 갖게 된 순간부터
아기가 태어나는 순간까지
그리고 성장하는 모든 과정에서
오직 자녀만을 생각한다고
따라서 저지레만 하던 아이라도
어느 날 문득 눈앞에서 사라진다면
실로 푸른 하늘에 날벼락이다

부모보다 먼저 죽은 아들딸이거나
부모 속을 많이 썩이는 자식을
소위 애물단지라고 한다
옛날에는 평균수명이 짧았다
요즘으로 치면 바이러스 때문이다
그리하여 어린 자식이 죽으면
관 대신 단지에 담아서 묻었다
맨땅에는 묻을 수가 없었다
애기를 관에 넣기도 그러하여
생각해 낸 것이 곧 단지무덤이다

갓난아기나 어린 자식이
이처럼 부모보다 먼저 죽으면
단지에다 넣어서 묻곤 하였는데
이 무덤을 여법하게 관리할 수 없었다
집안 어른이나 조상들의 무덤은
봉분을 만들고 잔디를 심어
비가 퍼붓더라도 걱정이 없었지만
아기 단지 무덤은 그럴 수 없었다
애태우던 아기 무덤이라 하여
애물단지라는 말이 생긴 것이다

부모 마음이라는 게
애물단지는 애물단지라 그렇고
그냥 잘 살아가는 자식들은
잘 살지만 근심이고 걱정이다
'부모심수父母心隨'다
부모님의 마음은 늘 따라다닌다
무엇을, 누구를 따라다닐까?
자식이고 자식의 자식이며
자식의 자식의 자식이다
끊임없이 내리사랑이 이어진다

교회에 가면
오직 예수님이고
조물주이신 하나님이다
절에 가면
으레 부처님이다
나무 서가모니불이고
나무 아미타불이고
나무 약사여래고
나무 지장보살이고
나무 관세음보살이다

칭명염불의 대상을 바꿔 보자
나무 엄마보살, 엄마보살, 엄마보살로
108염주 손에 들고 염송念誦하자
엄마보살, 엄마보살, 엄마보살
엄마보살, 엄마보살……
엄마가 보살로 보일 것이다
관세음보살로 보이고
지장보살로 보일 것이다
매일 단 하루도 거르지 말고
1080번씩 엄마보살을 염송하자

(2)

사람이 죽으면 영육이 갈린다
영靈은 얼이고 넋이고 기력이며
육肉은 육체고 육신이다
육신은 네 곳으로 되돌아간다
되돌아간다는 의미가 뭘까
본래 있던 곳으로 되돌아감이다
여기에 네 가지가 있는데
첫째 흙地이요, 둘째 물水이며
셋째 에너지火고, 넷째 대기風다
이들 넷은 물질계物質系다

불교에서는 이들 네 가지 외에
세 가지를 덧붙이는데
첫째 허공空과
둘째 견해見와
셋째 지식識이다
하지만 이들 세 가지도
정신계가 아니라 물질계다
흙과 물과 에너지와 대기는 물론
이처럼 허공과 견해와 앎조차
모두 육의 세계 육신과 관련된다

이들 물질계 육신을 이끌던 것을
소위 영의 세계를 넋이라 한다
어떤 이는 넋을 혼백으로 나누어
혼魂은 가볍게 날아올라 하늘에 합하고
백魄은 무겁게 가라앉아 땅에 합한다
둘이 다 같은 정신적 기운인데도
이렇게 나누어 놓은 것을 보면
옛사람들 생각을 다시 생각하게 한다
그러나 이유가 무게에 있다면
설득력은 떨어지는 편이다

한자 문화에서 혼魂이든 백魄이든
혼백은 육신의 잔여물이 아니다
쓰임말用語 넋에
정신은 있으나 육신은 없다
첫째 물질이 아니요
둘째 반물질도 아니며
셋째 에너지는 더욱 아니다
정신세계는 생각보다도 묘하다
인공지능artificial intelligence의
'지능'으로는 아예 비교가 불가능하다

그러나 나는 이 넋이 둘로 나뉘어
혼은 구름처럼 가볍게 위로 오르고
백은 아래로 가라앉는다는 게
쉽게 이해가 되지 않는다
어떻게 정신이 나뉠 수 있느냐다
몸을 이루고 있던 육신이야
네 가지, 또는 일곱 가지를 뛰어넘어
팔만사천 가지로 갈라질 수 있다
그러나 정신은 그럴 수 없다
만일 갈라지고 나뉜다면
이는 정신이 아니라 육신이다

그럼에도 불구하고 혼魂과 백魄이
모두 귀신 귀鬼 자가 부수다
귀신을 육의 세계로 볼 것이냐
혹은 영의 세계로 볼 것이냐 한다면
내 답은 육이 아닌 영의 세계다
넋 혼魂은 구름云처럼 날아올라
눈에 띄지 않는다고 보았다
그런데 넋 백魄 자에서는
흰 뼈만이 뒹군다고 보았는데
정말 흰 뼈가 생명의 상징이 될까

부모은중경이 설해진 동기 부여가
아주 단순한 사건에서 시작된다
부처님이 제자들과 포행하시던 중
나뒹구는 뼈 무더기를 보시고
"남자의 뼈냐 여자의 뼈냐?"
를 묻는 데서 실마리가 열린다
부처님 말씀은 무엇을 의미할까
인간에 관한 생명 과학이다
기원전 6세기 경인 그 당시에
방사성 동위원소란 것이 있었을까
으레 있었겠지만 사용 방법을 몰랐다

정신세계는 소위 '뇌과학'이라 하여
새로운 과학의 장르를 설정한다
뇌 과학은 과학이 가능하나
마음은 과학의 영역이 아니다
육신은 남아있는 잔여물로써
남자였는지 여자였는지
소년이었는지 어른이었는지
정확하고 완벽하게 알아낼 수 있다
육신은 결국 세포의 집합이며
뇌도 뇌세포로 채워진 까닭이다

그러나 마음은 도저히 알 수가 없다
마음은 세포가 아닌 까닭이다
인공지능의 지능이 세포가 아니듯
세포가 아니라면 육신이 아니며
육신이 아닌 마음의 세계는
생전에 어떠했을지 짐작은 가능하나
다만 짐작일 뿐 팩트는 못 된다
이미 죽은 자의 혼백을 놓고
삶의 패턴을 이해할 수는 있으나
마음까지 이해할 수는 없다

바로 앞의 《부모은중경》 말씀에서는
노숙자와 객사客死를 얘기했다
노숙자는 일정한 거처 없이
아무 데露서나 잠자宿는 사람者이고
객사는 집을 떠난 곳에서 죽음이다
자기 집에서 죽는 게 아니라면
모두가 다 객사에 해당한다
오늘날은 집에 있다가도
중병이 들면 병원으로 옮기고
병원에서 임종하기에 모두 객사다

만일 살던 자기 집에서 운명했다면
곧바로 현직 의사를 초치하여
죽음을 확인한 뒤 장례를 치른다
그렇지 않다면 시신을 병원으로 옮겨
의사로부터 사망 진단서를 받은 뒤
장례식장에서 장례를 치른다
옛말을 빌리면 '강제 객사'다
다시 한번 생각해 보자
죽으면 몸뚱이는 어디로 가고
몸을 이끌던 혼백은 어디로 갈까?

(3)

"요즘 젊은이들은 도통 예를 몰라"
일부 나이가 좀 지긋한 분들은
다짜고짜 이런 말씀을 한다
싸잡아 도매금으로 얘기할 때는
종심從心의 나이가 낼모레인 나도
도통都統까지는 아니란 생각이다
예禮에는 거의 의義가 따라붙는다
그래서 보통 예의라고 하지만
예는 예대로 그리고 의는 의대로
따로따로 떼어놓고 표현함이 옳다

굳이 예의를 얘기한다면
겸손한 예禮에 곧은 마음 의義다
사양하는 마음의 뿌리가 예라면
잘못된 점과 옳고 그름을 이해하는
선량하고 올곧은 마음이 의義다
한데《부모은중경》에서는
예가 아니라 효의孝義를 말한다
내가 늘 주장하는 말이지만
효孝는 사실 일방통행이 아니다
어르신耂과 젊은이子의 어울림이다

젊은이가 예가 없고 버릇없다며
우선 마구 나무라기에 앞서
어르신 또한 젊은이에게
반드시 예를 갖출 필요가 있다
사랑하는 마음을 활짝 열어
어르신의 도리를 다하고 나서
젊은이에게 예의를 물을 일이다
아무리 마음을 활짝 열어 놓더라도
어르신이 옛날 어렸을 때 배운
그러한 예를 기대하기는 좀 그렇다

옛날에는 거의 단일 민족이었으나
지금은 세계가 온통 한가족이다
마음心의 옷깃襟을 활짝 열어놓고
문화를 교류하고 이야기를 나눈다
핏줄은 비록 하나의 민족이나
언어와 문화와 생각이 글로벌하다
효와 의를 숭상하지 않는다며
짜증내고 젊은이를 탓하기에 앞서
어떻게 하면 효의孝義를 공유하며
편하게 만들어갈까를 궁리할 일이다

효도 효孝 자를 파자破字했을 때
어르신耂과 젊은이子가 어울리듯이
옳을 의義 자에는 셀프의 뜻이 강하다
'양羊처럼 순화하리 나我 자신을'
자신은 순화되지 않은 채
오직 남이 순화되길 바라는 것은
윗물을 마구 휘저어 흐려놓고
아랫물이 맑기를 바라는 것과 같다
'수오지심羞惡之心 의지단義之端'은
남이 아닌 자신의 수오지심이다

동아프리카 탄자니아에 체류할 때
내가 아이들 앞을 지나가면
예닐곱 살 이쪽저쪽 아이들이
손을 흔들며 '라피키rafiki'를 외친다
이는 우리말로 '친구'라는 뜻이다
달리 '은두구ndugu'라고도 하는데
이 또한 소중한 벗의 의미다
여기까지는 '나'니 '너'니 '우리'니
하는 소유격이 표현되지 않고
객관화된 명사라 나름대로 이해가 간다

그런데 이들 친구의 뜻 라피키나
은두구 뒤에 '나의'라고 하는
소유격 '양구yangu'를 붙이게 되면
'나의 친구[라피키 양구]'가 되고
'나의 벗[은두구 양구]'이 된다
우리나라 사람들은 이해 불가다
우리는 겨우 한두 살 차이라도
"내가 네 친구냐"라며 얼굴을 붉힌다
벗 붕朋이나 벗 우友를 비롯하여
친구親舊/親久란 단어에 담긴
소중한 의미를 알아둘 필요가 있다

영어 친구friend에는 나이가 없다
스와힐리어 라피키나 은두구도
나이를 놓고 따지지 않는다
중국어 펑여우朋友도 마찬가지다
펑朋은 두 개의 달月을
가로로 놓아 높낮이를 없앴다
두 달朋은 밤까지 함께 지샘이다
여우友는 두 개의 손又을
세로로 포개 끈끈함을 나타낸다
친구 따라 강남 간다는 말이 있는데

한강 남쪽이 아니라 양자강 남쪽이다

친구의 친親에는 애틋한 정이 담긴다
영화 '사랑방 손님과 어머니'에서는
사랑하는 사람을 떠나보낼 때
산 높은 곳으로 올라가며
조금이라도 더 바라보려는
끈끈한 마음을 표현하고 있다
나무木에 올라서서立 바라봄見이
친할 친親 자에 고스란히 실려 있다
친구의 친은 공간을 뛰어넘는다
아무리 멀어도 결코 먼 게 아니니까

거리를 뛰어넘음이 소위 친親이고
시간을 뛰어넘음이 곧 구舊다
옛 구舊 자뿐만 아니라
오랠 구久 자도 마찬가지다
이런 친구가 주변에는 몇이나 될까
절에서 쓰는 말에 이런 말이 있다
앞에서 끌어주는 이는 스승이나
공부를 마무리하는 자는 도반이라고
벗에는 좋은 벗이 있는 게 아니라

생각보다 훨씬 나쁜 벗도 있다

《부모은중경父母恩重經》에서는
이렇게 말씀하신다

전략前略 ―
이로인해 외로운혼 갖가지로 한이되네
자식들은 효와의리 숭상하지 아니하고
여러나쁜 무리들과 끼리끼리 어울려서
무뢰하고 추악하고 방자하고 사나워져

이익됨이 없는일들 익히기를 좋아하고
걸핏하면 싸움질에 남의물건 훔쳐내고
횡령하고 겁박하고 술마시고 노름하며
옳지않은 허물들이 하나둘이 아니니라
후략後略 ―

(4)

언어의 역할이 무엇일까
객관적 언言과 함께
주관적 어語의 역할은
마음먹은 것을 전달함이다
언言은 변이 없기에 객관적이나
어語는 '내품 말言'이기에 주관적이다
그동안 어떻게 살아왔으며
지금 어떻게 살고 있으며
장차 어떻게 살 것인지
삶과 생각을 설명하는 도구다

《불설대보부모은중경》에서는
줄여《부모은중경》이고
더 줄여《은중경》에서는
오직 실상을 말씀할 따름이다
제3장 업난을 널리 설하다
제1절 '허물 지적'에서
부처님이 출현하신 그때부터
아니, 그 무한한 과거생에서부터
세기말적 현상이 있었음을
하나하나 설하고 계신다

여기에 언어의 꾸밈은 있으나
전달하는 내용은 실상이다
나뒹구는 마른 뼈를 보고
그 뼈의 주인이
여자인지 남자인지
어떤 삶을 살아왔는지
짚어가는 과정 속에서
가상현실Virtual Reality과
증강현실Augmented Reality로
이해를 돕는 시스템이 은중경이다

여러 나쁜 무리들과
끼리끼리 어울려
무뢰하고
추악하고
방자하고
사나워져
횡령하고 겁박하고
술 마시고 게임에 빠지고
쓸데없는 일을 익히고
쌈박질에 남의 물건을 훔친다

이들 말씀에 비유는 있으나
불가능한 이야기들을
억지로 꾸미지는 않는다
새벽녘 집을 뛰쳐나갔다가
밤이 이슥해서야 집으로 돌아오는
시대를 초월한 이런 현상들이
요즘만 있는 게 아니다
영화 〈성균관 스캔들〉에서
젊은이들이 겪어가는 아픔이
《부모은중경》에도 고스란히 담겨 있다

부모는 오로지 자식 생각에
피눈물을 흘리다 못해
끝내 실명에 이르고야 만다
어찌 보면 자식이 잘못되는 게
개개인의 잘못일 수 있으나
그 동기는 부모에게서
동기간同氣間에서
학교에서, 친구에게서
사회로부터 주어짐이 적지 않다
어떠한 사건도 홀로 생기지는 않는다

우리가 보통 말세末世라고 하면
예수님 탄생에서 재림할 때까지 세상이나
성인께서 가신 지 한참 뒤를 얘기한다
그러나 부처님이 출현했을 때도
한참을 더 거슬러 올라가
요순堯舜 시절이라 하더라도
그 당시도 세기말적 현상은 있었다
그러기에 부처님께서 설하신
여러 가지 많은 경전에서
'오탁오세五濁惡世'가 등장한다

요컨대 말법시대末法時代는
인류 초기부터 있었으며
인류가 첫발을 디딜 때
함께 생겨난 현상이다
세기말적 현상으로서
오탁오세五濁惡世에 관한
자세한 내용은 다음으로 이어진다

(5)

[오탁오세五濁惡世]

앞 글에서 '오탁오세'라고 표기했더니
자신을 해인승가대학 후배라면서
젊은 수좌가 전화를 걸어왔다
음성이 맑고 깔끔한 스님이다
수인사도 하지 않은 채 그가 물었다
"저기 동봉 큰스님이시지요?"
정기일요법회가 끝난 뒤
다들 귀가한 뒤라 한가롭다
"맞아요. 후배라니 어떻게 되시지?"

돌아온 답은 생각보다 당당했다
"그건 왜 물으시지요?"
맑고 깔끔한 음성에 견줄 때
약간 어울리지 않은 매너라 생각했다
내가 먼저 전화한 것도 아니다
그렇다면 자신을 소개함이 기본이다
마음을 눙치며 내가 다시 물었다
"그렇다면 불명은 어찌…?"
하는데 그가 중간에 말을 끊었다
"개인 정보라 알려드릴 수 없습니다"

비록 알려준다 하더라도
상대가 허락하지 않는 경우라면
아무 데나 함부로 올리지는 않는다
내가 혼잣말로 중얼거렸다
'헐! 젊은 친구가 매우 철저하구먼'
그때 이 친구가 말을 잇는다
"동봉 큰스님, 다시 여쭐게요
큰스님의 오늘 글에 볼 것 같으면
'오탁악세'를 '오탁오세'라 했던데
불교사전이나 국어사전에도
분명 '오탁악세'입니다"

중간에 전화를 끊고 싶었으나
단지 신분을 밝히지 않았다고 하여
전화를 멋대로 끊을 수는 없었다
나는 상대를 전혀 모르는데
상대는 나를 알고 있다
이보다 더 불편한 게 있을까
부처님은 불청지우不請之友시다
짐짓 초대장을 보내지 않더라도
어디든 찾아가는 햇살이시다
부처님에 관한 매우 적절한 비유다

솔직히 상큼한 기분은 아니지만
부처님을 따르는 불제자가
부처님을 닮아가는 것이
비록 조금 바보스럽더라도
참는 게 맞다며 위안을 삼는다
격앙된 심정을 가라앉히느라
내 음성은 마구 떨리고 허둥거린다
그가 내 심정을 알아차렸는지
지나가는 말처럼 사과했다
"표현이 좀 거칠죠, 죄송."

왜 그렇게 기분이 좋지 않을까
나는 마음 상태를 들키지 않으려
차분하게 수좌를 불러 말했다
"괜찮네, 뭘 물어오셨더라?"
이야기는 이렇게 진행하면서도
내 마음속에서는 상상 밖의
큰 부아가 마구 치밀어오른다
불청지우인 햇살에 비기고
또한 햇살에 견준 불자라 하나
내 생각은 불청지우가 못되나 보다

그러나 나는 참으로 잘 참아냈다
그래서 내가 그에게 되물었다
"오탁악세가 틀린 것은 아니나
오탁오세가 더 어울리는 편이지
다섯 가지 혼탁한 세계에서
악惡은 찾을 수가 없다네"
그가 내 말을 이어받았다
"네 큰스님, 그렇지 않습니다
악은 언제 어디에나 다 있습니다
세상이 온통 악의 세계지요"

이 한마디에 매너에 관한 감정은
어디론가 다 달아나버리고
얘기에 곧바로 빠진다
요즘 와서 느끼는 것이지만
세상이 어찌 돌아가나 모르겠다
게다가 코로나로 인해 더 어수선하다
사람과 사람이 서로 만나는 것을
이리 불편해해야 한다는 게
젊은 수좌의 말이 맞다
세상은 미운 게 아니라 악하다

감정은 슬기롭게 다스려야 한다
한자로는 〈惡〉이라 썼는데
이를 '악할 악'으로 읽을 것인가
'미워할 오'로 읽을 것인가에 따라
담긴 뜻이 달라지게 마련이다
'악'일 경우 객관적 상황이고
'오'라고 했을 때 주관적 감정이다
시대, 견해, 번뇌, 중생, 생활이
혼탁할 수는 있을지 모르나
무작정 정해 놓고 나쁜 게 아니다

이를테면 하늘이 좋善은 곳이듯
극락도 한없이 좋은 곳이며
지옥이 나惡쁜 곳이듯
아귀도 그냥 나쁜 곳이다
좋고 나쁨이 아예 정해져 있다
아귀를 극락으로 만들지 않은 채
남들이 다들 나쁘다 하니까
따라서 가지 않으려 한다
아직 가 본 경험이 없는 지옥도
무섭다고들 하니까 무서운 곳이다

악惡은 선善의 반대 개념이다
선善이란 두 마리 양羊이
드넓은 푸른 초원一에서
함께 풀을 뜯口는 모습이다
생명체의 본능은 먹이다툼이다
그런데 양은 먹이를 다투지 않는다
악惡은 버금亞 마음心이다
단지 으뜸이 아닐 뿐이다
악한 것이 아니라 미움이다
객관적 상황은 바꾸기 어려우나
주관적 감성은 늘 자신에게 달렸다

〈惡〉을 '미워할 오'로 읽을 때
그 반대 개념은 선이 아니라
'좋을 호好'의 개념이다
다섯五 가지 혼탁濁한 세상은
객관적으로 악한惡 게世 아니라
주관적으로 미운惡 것世이다
혼탁한 것은 언제든 맑히면 된다
시대劫와 견해見와 번뇌와
그리고 중생과 삶命의 혼탁은
단지 느낌 체계이기에 바꿀 수 있다

저 드넓은 허공 어딘가에
하늘나라가 따로 정해져 있거나
또는 행복한 극락이 기다리지 않는다
왜냐하면 천국과 극락이란 것이
아름다운 명소나 관광지처럼
어떤 형태로 대기하는 게 아니라
마음이 그려낸 인상impression이다
이는 오탁오세도 마찬가지다
하여 틀에 박힌 오탁악세가 아니라
바꿈change의 가능성을 지닌
오탁오세가 바른 표현이라 나는 생각한다.

(6)

나팔꽃 꽃말이 허무한 사랑이라 했던가!
나팔꽃과 닮은 꼴이 있다
아침에 이는 구름이고
저녁에 지는 꽃이다
어려서《명심보감》을 읽을 때
가슴에 와 닿던 한시漢詩가 있다
그 시의 한 소절을 소개한다면
흡사조운모낙화恰似朝雲暮落花다
아침에 피어오르는 구름이요
저녁에 떨어지는 꽃이다

어쩌면《명심보감》때문이었을까
새벽에 끼는 구름을 대하면
오늘은 무척 덥겠구나 했는데
정말이지 아니나 다를까
해가 뜨면 구름은 거의 걷히고
엄청난 폭염이 정수리에 떨어진다
나는 열세 살부터 스물두 살까지
주경야독晝耕夜讀이었다
농사일하면서 익힌 지식은
아직도 뇌리에 깊이 새겨져 있다

절에 들어와서 읽은 불교 경전은
나름대로 이해는 되는 편인데
애써 외우지 않다 보니
머리에 남는 게 별로 없다
한데 주경야독으로 구메구메 익힌
천자문千字文, 소학小學, 효경孝經
중용中庸, 대학大學 같은 책들은
지금도 더러 술술 풀려나온다
《부모은중경》을 강설하면서
많이 떠오르는 게 곧 《효경》이다

《부모은중경》을 처음 시작하던 때
그러니까 2018년 9월 초에
나는 해제解題를 쓰면서
《효경》과 《부모은중경》을 놓고
두 책의 같고 다른 점을 얘기했다
《효경》이 철저히 아버지 중심이라면
《부모은중경》은 어머니 중심이다
하여 나는 지금도 얘기한다
효를 제대로 이해하려면
반드시 두 경을 다 섭렵하라고

《효경》에서 어머니를 얘기하는 대목은
효경 제1장에 딱 한 번 나온다
신체발부身體髮膚
수지부모受之父母
불감훼상不敢毀傷
효지시야孝之始也
입신행도立身行道
양명어후세揚名於後世
이현부모以顯父母
효지종야孝之終也

열댓 살 때 읽은 경전이라서
다는 기억하지 못하지만
부모를 묶어서 표기한 것이 다다
물론, 효경도 콩즈孔子께서
정즈曾子에게 설한 경전이기에
같은 영향 아래 놓이겠지만
사군입신事君立身으로 끝을 맺는다
알고 보면 매우 딱딱한 경전이다
아버지 은혜는 따로 얘기하며
어머니 관해서는 아예 언급이 없다

그런데《부모은중경》은
어머니의 은혜가 중심이다
연대로 따지면 석존이 열반할 때
콩즈가 세상에 태어났으니
대충 80세 위아래로 차이가 진다
《효경》은 문헌학으로 콩즈와 정즈가
주고받은 문답이 분명하지만
《부모은중경》은 그렇지 않다
석존과 함께 아난이 등장하나
조선 정조 때 만들어진 경전이 맞다

이러한 문제로《부모은중경》이
부처님의 직설이 아니고
거짓경僞經이라 한다
'거짓'이란 용어로 인하여
경전의 품격이 떨어질 것 같지만
반드시 그런 것은 아니다
예수님 재림이 그러하고
미륵보살 하생이 그러하듯이
사람들이 얼마나 갈구하였을까
가치의 중요성은 한마디로 간절함이다

그래도 효경孝經이 있어서
남자 중심
아버지 중심
임금[男] 중심
사대부[男] 중심 등
남자들 세상이 가능했다
그런데 정작 보이지 않는 곳에서
자녀를 낳아 기르고 가르치고
가정 살림을 꾸려나가고
아무리 그러면 뭐하는가
조선의 어머니는 뒷전이었다

생각해 보면 얼마나 많은 이들이
겉으로 드러내진 못하지만
어머니 은혜에 관한
경전의 출현을 고대했을까
오직 절실한 마음의 기대치가
부모은중경을 탄생시킨다
그게 누구에 의해서일까
특히 어머니에 대한 효심이
매우 남달랐던 정조대왕에 의해
효경에 못잖은 경이 탄생한 것이다

결혼한 뒤 오랜 세월이 흘렀으나
원하는 아기가 생기지 않으면
그 간절함이 어느 정도일까
최첨단 의학의 힘을 빌려서라도
아기가 생긴다면 한없는 기쁨이리라
예를 들어 자연스레 생긴 아기가
부처님이 설한 진경眞經이고
간절한 기다림 끝에 생긴 아기가
후에 만들어진 위경이라면
위경의 가치를 낮다고 말할 수 있을까?

제2편 정종분

제3장 업난을 널리 설하다

제1절 허물 지적 13

부모님의 생활에는 아랑곳도 하지않아
가고오고 앉고눕고 잠자거나 깨었거나
굶주리고 헐벗거나 춥고덥고 하더라도
그에대해 어느것도 일체관심 두지않고

초하루나 보름이나 아침이나 저녁이나
부모편히 모실생각 마음속에 전혀없고
어버이가 나이들어 볼품마저 없게되면
남이볼까 부끄러워 괄시하고 구박하네

혹은다시 부모님이 홀로되고 과부되어
임자없는 빈방안에 우두커니 있게되면
하숙치는 사람처럼 그와같이 대하면서
침대자리 흙과먼지 털고닦지 아니하며

어버이가 계시는곳 문안하지 아니하고

신경써서 살펴보는 일조차도 없는지라
그리하여 부모님이 추우신지 더우신지
배고프고 목마른지 알까닭이 없느니라

맛깔스런 음식물이 어쩌다가 들어오면
우선먼저 부모님께 봉양해야 하겠거늘
부끄럽게 여기면서 다른사람 취급하니
밤낮으로 슬퍼하고 탄식밖에 없느니라

간식거리 들어오면 바리바리 들고가서
제아내와 자식에게 아낌없이 주면서도
그에대해 추하거나 못났다고 생각않고
피곤하고 부끄럽다 여기지도 않느니라

(1)

혼사에 종종 덕담으로 쓰는 말에
'백년해로百年偕老'가 있다
그러나 실제 어떤 부부도
아주 특별한 경우를 제하면
어느 한쪽이 먼저 가고 늦게 간다
특별한 경우에 관한 얘기는
구태여 여기서 할 필요가 없다
결혼 초기만 하더라도 이 덕담이
매우 고맙게 받아들여지나
나중에는 달리 느껴질 수 있다

일반적으로 '백년百年'이란
숫자 개념일 가능성이 가장 크다
하나 훈訓은 '일백 백百' 외에
'힘쓸 맥百'으로 새기기도 하는데
'힘쓰다'보다는 '온'의 뜻이다
천千을 '즈믄'이라 하듯이
백百은 숫자 외에 '온'으로도 푼다
따라서 인연 맺고 사는 동안
오륙십이든 또는 칠팔십이든간에
함께偕 늙음老이 백년해로다

함께 해偕 자에 늙을 노老 자다
견줄 비比 자는 한쪽을 바라봄이다
결혼을 알리는 청첩장에는
각자 달리 바라보던 사람이
이제 같은 쪽을 바라보게 되었다며
소중한 만남을 이야기하는데
이는 견줄 비比 자에서 따온 말이다
둘이 비록 한쪽을 바라보더라도
대화白가 있어야 사람人이다
이것이 함께 해偕 자의 뜻이다

일반적으로 늙음老이란
나이가 듦을 뜻하기도 하지만
흙土에서 와 절반의 흙耂이 됨이다
이는 순환의 이치에 적응함이며
그 변화匕가 노화됨老이다
늙어감에도 여러 가지가 있는데
우리말로 홀아비와 홀어미寡婦다
부모은중경에서는 이렇게 표현한다
홀아비로 늙어감이 고孤라면
홀어미로 늙어감이 과寡다

고孤는 '외로울 고'로 새기고
과寡는 '적을 과'로 새긴다
등 굽을瓜 자식子이 없음이 고孤요
보이는 젊음頁이 줄어듦刀이 과寡다
여성은 남성보다 늙음에 예민하고
남성은 여성보다 혼자란 게 싫다
그러나 할아범이든 할멈이든
다 생각대로 되지는 않는다
할아범은 할멈과 얘기하고픈데
할멈은 할멈끼리가 더 좋다

참으로 멋이 풍기는 할아버지와
안존하고 아름다운 할머니는
결코 겉모습에만 있지 않다
이는 겉에 신경쓰지 말라가 아니라
연세가 드실수록 더 깔끔하고
곱게 꾸며야 한다는 뜻이다
속담에 입은 거지는 얻어먹지만
벗은 거지는 못 얻어먹는다고 한다
겉모습이 단정하고 아름답되
내실이 차면 찰수록 더욱 멋지다

은중경에서 부처님은 말씀하신다

-- 전략前略 --
부모님의 생활에는 아랑곳도 하지않아
가고오고 앉고눕고 잠자거나 깨었거나
굶주리고 헐벗거나 춥고덥고 하더라도
그에대해 어느것도 일체관심 두지않고

초하루나 보름이나 아침이나 저녁이나
부모편히 모실생각 마음속에 전혀없고
어버이가 나이들어 볼품마저 없게되면
남이볼까 부끄러워 괄시하고 구박하네
-- 후략後略 --

나는 연세 드신 분들에게 권한다
자식들에게 의지하기보다
홀로 일어설 의지가 필요하다고
마음만 있으면 공부할 수 있다
옛날의 우리 할머니들께서
휘이휘이 깊은 산중 절을 찾아
공양 올리고 염불하신 것이
가족의 건강과 행복도 중요하나

큰스님 법문으로 지혜를 밝힘이다
배우지 않으면 결국은 도태淘汰된다

부모은중경에서 상세히 표현되는
그런 말세가 지금은 아니다
앞서도 나는 여러 번 얘기했지만
정법 시대, 상법 시대, 말법 시대는
결코 시대 구분이 되지 못한다
오히려 부처님 당시가 말세고
요즘이 정법 시대일 수 있다
물론 내 얘기가 억측일 수도 있다
하나 천국과 극락이 맞춤형이듯
오탁오세가 낱낱이 다 맞춤형이다

조선조 말엽에 춘성 큰스님이 계셨다
독립운동가 만해 큰스님의 제자로
역시 독립운동을 이끌었고
선禪과 교敎를 모두 섭렵하였다
그의 '부활법문'은 유명하다
춘성 스님은 원적圓寂을 앞두고
"결코 사리舍利를 줍지 말라
고스란히 바다에 뿌려라

부도를 만들지 말라" 하셨다
평범을 뛰어넘는 평범한 분이셨다

정법은 기성旣成이 아니라
사람에 따른 맞춤이라는 것이다
이는 시대時代도 마찬가지다
부처님 당시에도 공부하지 않으면
무명無明의 삶을 사는 자이고
지금도 힘써 마음을 닦으면
그는 부처님 세계를 스스로 일구고
그가 일구어낸 부처님 세계에서
너도나도 참여한 선남선녀와
다 함께 부처님 법을 노래할 것이다

(2)

효孝는 의외로 시간을 중시한다
아무리 효도하고 싶더라도
효도할 기회를 놓친다면
후회해 보았자 방법이 없다
수욕정이풍부지樹欲靜而風不止요
자욕효이친부대子欲孝而親不待라
'나무는 가만히 있고자 하지만
바람이 그치지 아니하고
자식은 효도하고자 하지만
어버이는 기다려주지 않는다'고 한다

그때가 1989년 8월 27일이다
벌써 31년이 다 되어 간다
대각사에서 천일기도를 회향하고
박수 칠 때 떠난다는 마음으로
회향하던 그날 오후 4시경
서울 종로3가 대각사를 떠나
부산진구 범천동 안양사로 갔다가
그리고 70일 뒤 다시 서울로 돌아온다
안양사는 김성공 스님이 계셨는데
염불 음반 포교의 창시자다

아무튼 인연이 거기까지이겠으나
나는 안양사 주지를 내려놓고
서울 관악구 남현동에 있는
원각사 주지로 자리를 옮긴다
그 무렵 아들을 만나고자
강원도 원주에서
멀리 부산까지 오신
어머니 청련화 보살님을
김포 공항까지 비행기로 모셨다
말하자면 이것이 사건의 발단이다

이듬해 5월 31일 나는 법회가 있어
홍천 수타사에 법문하러 갔다가
선친先親 지장 거사님이 머무시던
원주原州로 발길을 돌렸다
출가하고 열다섯 해가 넘었지만
아버지 생신을 기억한 게 처음이다
나중에 어머니에게 들은 전언이지만
아버지는 내가 출가한 뒤로
열다섯 해 동안 막내 아들 생일을
단 한 번도 얘기 안 한 적이 없으셨단다

마지막으로 아버지를 찾아뵈었을 때
그때 하신 말씀이 너무 생생하다
"엄마는 비행기라도 타 보았지만
난 지은 업이 두터워 아직 못 타 봤어……"
나는 아버지께 약속했다
"나중에 꼭 태워 드리겠습니다……"
그리고 나서 50일 뒤 명을 달리하셨다
절에서 막내아들을 빼앗아갔다시며
오로지 스님네를 욕하는 것으로
다섯 해를 사시던 아버지다

출가한 지 꼭 다섯 해가 지난 뒤
나는 처음 속가에 들러 부탁을 드린다
"절에서 저를 빼앗아간 게 아니고
공부하고자 제가 들어갔습니다
그러니 아들은 나무라시되
스님네는 꾸짖지 마십시오."
그때 나는 '지장 거사'로 불명을 짓고
집에서 직접 오계를 설해드렸다
아버지는 귀를 기울이셨는데
실로 진지함이 느껴졌다

살아계실 때 어머니 말씀에 따르면
아버지 입에서 욕이 사라졌다
욕설을 하지 않을 뿐 아니라
시간만 나면 막내아들에게서 받은
단주를 들고 염불에 빠지셨다
그렇게 10년을 더 사신 뒤
1990년 7월 20일 낮 1시 25분
오른팔을 세워 벤 채 숨을 거두셨다
비행기 태워드리겠다는 약속을
끝내 이행할 수 없게 되었다

그믐晦이나 또는 초하루朔나
아침나절朝이나 저녁나절晡이
알고 보면 시간과 관련되어 있다
일찍 일어나고 늦게 잠자리에 든다는
효의 관용구 숙흥야매夙興夜寐도
결국 시간을 얘기하고 있다
사언절四言節로 풀어서 꾸민
우리절《우리말 법요집》321쪽
회심곡[〈명연집〉(念佛普勸文)]에서
몇 줄을 뽑아 그대로 싣는다

— 전략前略

부모젼에 나사들며 합쟝하고 삽사오대

인간백발 압히업서 셔산낙일 민망하니

십이시즁 쥬야업시 미타셩호 외오쇼셔

간쳥하난 그효자와 신쳥하난 뎌부모난

비록말셰 나와시나 관음후신 아니신가

후략後略 —

요즘 내 스마트폰에서는

아래아 한글 표기를 찾지 못해

여기 옮겨 실을 때는 '하'로 적는다

부모님 계신 방을 나사(드나)들며

합장하고 삽사오대(사르기를)

"사람으로서 흰머리가 나게 되면

앞을 보장할 수 없사오니

서산에 지는 해도 민망스럽습니다

하루 열두 때 그저 밤낮없이

나무아미타불 성호를 외우십시오"

하면서 간절懇하게 청請하는 자녀와

자녀의 말을 믿信고 듣聽는 부모의

애틋한 모습이 담긴 대목이다

얘기가 나온 김에 덧붙일 게 있다
앞에서 부모은중경이 위경임을 얘기했다
조선조 제22대 정조대왕께서
자신은 물론 백성들의 뜻을 모아
지은 작품으로 설명했다
하지만 이는 현존하는 완성본이다
조선조 제13대 명종대왕 때
이미 은중경 언해본이 나왔으며
화장사 판 외에 여러 본이 있었다

도올 선생의《효경 한글 역주》
159~182쪽에 의거하면
1) 대덕본大德本
2) 고려무오본高麗戊午本
3) 삼경합부본三經合部本
4) 화암사본花岩寺本
5) 구마라집역본鳩摩羅什譯本
6) 보물 제920호 불설대보부모은중경
7) 동대소장귀중본 등이 있다

글쟁이는 다 마찬가지겠으나
자신의 글이 나가고 나서

글에 대해 평가와 함께
질문으로 돌아올 때가 기쁘다
며칠 전 해인승가대학 후배라면서
솔직히 예의는 다소 부족하지만
오탁오세와 오탁악세에 관해
물어온 고마움을 전한다
나도 학인學人이다
숨이 붙어있는 한 배울 것이다

(3)

자왈子曰
효자지사친야孝子之事親也
거즉치기경居則致其敬
양즉치기락養則致其樂
병즉치기우病則致其憂
상즉치기애喪則致其哀
제즉치기엄祭則致其嚴

콩푸즈孔夫子께서 말씀하셨다
"만약 자녀로서 효도하고자 한다면
어버이를 섬김에 최선을 다하라
1) 평소에는 공경을 다하고
2) 모실 때는 즐거움을 다하고
3) 병이 드시면 근심을 다하고
4) 돌아가시면 슬픔을 다하고
5) 제사에는 엄숙함을 다하라
이 다섯 가지를 다 갖추었을 때
비로소 어버이를 섬겼다 할 것이다."

효의 실천에는 다섯 가지가 있다
이는 콩선생님孔子 말씀이다

예닐곱 살 어린 학동들에게
필수 교재가 있으니 소학小學이다
내편內篇 제2명륜편明倫篇에
효의 다섯 가지 실천이 있다
세살 버릇 여든까지 간다
효는 온갖 행의 근원이다
이 글이 인간의 삶에 있어서
얼마나 소중하면 소학에 실렸을까

그리고 똑같은 내용의 글이
어린이 교재 소학에서 그치지 않고
명심보감 효행편에도 실린다
우리에게는 소학이나 효경보다
명심보감이 가깝게 느껴진다
천자문, 논어 다음이 명심보감이다
이들 다섯 가지 효의 실천은
효경孝經에서도 설한다
알고 보면 이 소중한 가르침은
경 이름에서 보듯 효경이 원본이다

부모은중경에서 효는 아래와 같다
첫째, 부모님에게 관심을 가져라

생활에 불편함은 없으신지
가고行 머물고住 앉고坐 눕고臥
거동에 불편은 없으신지
드실 것은 제대로 드시는지
옷은 제대로 입으시는지
히터와 에어컨은 잘 작동하는지
혹시 용돈은 떨어지지 않으셨는지
마음을 쓸 수 있다면 그것이 곧 효다

둘째, 부모님을 사랑하라
공경이라면 모를까 사랑이라니
부모님이 자식을 사랑하고
그 자식이 다시 제 자식을 사랑하고
그렇게 해서 내리사랑은 좋으나
윗분이나 부모님은 존중하고
효도를 해야지 사랑이라니 하면서
질책하시는 분도 있을 것이다
자식을 사랑하는 바로 그 마음을
어르신과도 함께 나눔이
곧 효도 '효孝'자에 담긴 뜻이다

셋째, 부모님을 치장하라

옷이 비록 있더라도 관심을 가지라
구태여 거절하시지 않으신다면
주전부리도 미리 준비하여
입 다실 수 있도록 함이 좋다
먹고 입는 일은 극히 당연한 일이며
중요한 것은 내면을 치장함이다
초하루나 보름 등 재일법회나
또는 일요법회에 참석하여
내실을 잘 꾸미시도록 권함이다

넷째, 짝을 지어드리라
늘그막에 무슨 짝이냐 하겠지만
짝에도 여러 가지가 있다
시를 쓰고 수필을 쓰고
외국어를 익히고 마음을 함께 닦을
좋은 도반道伴을 짓는 것이다
공부하지 않는 아들딸은
부모로서 당연히 제지하듯이
밤낮 화투장이나 만지는 어르신에게
화투장보다 도반을 짝지어드릴 일이다

다섯째, 자주 문후問候하라

어떤 이들은 두서너 달에 한 번
그리고 어떤 이들은 일 년에 한 번쯤
어르신 안부를 여쭙는다고 한다
몇 년이나 또는 평생 안부 없이 지내는
그런 이들에 비해 그래도 낫긴 하다
자녀와 부모를 비교할 수는 없다
그러나 시간 내서 문후問候함이
은중경을 읽는 일 못잖게
덕을 쌓을 수 있는 염불인 셈이다

절대자는 하늘에 있지 않다
반드시 화목한 가정에 함께 한다
텅 빈 하늘을 아무리 쳐다보더라도
거기에 신은 존재하지 않는다
신은 웃음이 가득한 가정에 있다
이는 부처라고 해서 예외일 수 없다
이런 가르침이 곧 종교宗敎다
지붕마루가 오직 하나이듯
참된 마루宗 가르침敎도 하나다
밖에서 찾는 종교는 방편일 뿐이다

제2편 정종분

제3장 업난을 널리 설하다

제1절 허물 지적 14

제아내와 자식들과 첩에대한 약속들은
무슨일이 있더라도 꼬박꼬박 지키면서
어버이가 하는말과 아주작은 꾸지람은
한쪽귀로 흘리면서 담아두지 않느니라

이를테면 아난다여 딸자식일 경우에는
다른이의 배필되어 시집가게 되었을때
시집가기 이전에는 효도하고 순종터니
혼인한뒤 못된마음 점점더욱 늘어나서

자기자신 낳아주고 길러주신 친정부모
아주조금 꾸짖어도 안팎으로 원망하며
제남편이 때리거나 나무라는 이야기는
어떤것도 참아내고 달게받아 들이니라

성이다른 남편쪽의 시댁어른 들에게는

주고받는 정이깊고 사랑또한 넘치면서
자기자신 낳아주고 길러주신 친부모는
서먹하게 대하면서 멀어지게 하느니라

(1)

십 대 중반 사춘기를 겪으며
내게도 궁금한 게 생겼다
지금은 오크밸리가 들어앉은
지정면 월송리 웃다둔 마을에 살던
똘똘한 동네 형이 내게 놀러왔다
워낙 아는 게 많아 똘똘이다
내가 그 형에게 물었다
"형, 형한테 뭐 좀 물어봐도 돼?"
그는 서울에서 고등학교까지 다니고
시골로 내려온 지 몇 년이 흘렀다
당시 마을에서는 그가 지식인이다

마중쉼初伏 때여서일까
땀이 등줄기를 타고 스멀거린다
그때나 지금이나 늘 한결같이
얼굴에는 땀이 나지 않아
남이 보면 그냥 노는 줄 안다
스님들과 함께 정진하고 기도할 때
신도님들이 다른 스님들에게는
'아이구 스님, 얼굴에 땀 좀 봐'라며
마음이란 마음은 다 써주는데

얼굴에 땀이 없으니 내겐 무관심이다

언젠가 법회 때 땀 얘기를 했더니
법회가 끝나고 불자님들이
한마디씩 던지는데 내용이 같다
"스님을 닮으면 좋겠어요
화장이 지워지지 않을 테니까"
그들은 내가 얼굴 외 모든 땀구멍이
다 열려 있는 줄은 모를 것이다
아무튼 형이 자신있게 말했다
"어 무엇이든지 물어봐
그래 그래, 어서 물어보라니까!"

형의 독촉을 들으며 입을 열었다
가장 덥다는 삼복 중에서
버금쉼仲伏이 한참 남았는데
쓰르라미 음정이 한껏 높다
"형, 처妻하고 첩妾은 어떻게 달라?"
내 물음이 좀 특이했을까
형이 머리를 긁적인다
넷 에움이 온통 쓰르라미 무대
그 사이를 비집고 형이 입을 열었다

"글쎄, 나는 아직 경험이 없어서……"
처와 첩의 차이를 물었는데
어째서 경험이 필요할까
이른바 상식이 있지 않을까
요즘 같으면 상식은 별 게 아니다
스마트폰을 두드리면 답이 나오니까
그러나 50여 년 전 그 옛날에는
상식도 반드시 공부해야 했다
그러고 보면 형의 대답이
궁색할 수밖에 없었을 것이다

그렇다고 어머니께 여쭐 수는 없었다
어머니도 여자이기 때문이다
동네 어르신을 찾아뵙기로 하고
우리는 거기서 헤어졌다
저녁이 이슥해지자
관솔불 하나를 손에 들고
형네 집을 찾아 함께 길을 나섰다
밤 기온이 선선하게 느껴졌다
좀 늦게 어르신을 찾았으나
어르신께서는 반갑게 맞아주셨다

방에는 등잔불 하나가 전부다
방 아랫목에 어르신이 앉아계시는데
얼굴보다는 목소리로 짐작했다
1960년대 중후반 강원도 두메는
전기가 거의 들어오지 않았다
음성과 함께 느낌이 가는 쪽으로
큰절을 올리고 자리에 앉았다
어르신께서 말씀하셨다
"우짠 일이냐, 이 늦은 저녁에?"
"네, 어르신 여쭙고 싶은 게 있어서요"
"그래, 그게 뭔데?"

형이 약간 떨리는 음성으로 물었다
"처와 첩은 어떻게 다른가요?"
곧바로 어르신의 답이 되돌아왔다
"처는 알지만 첩은 잘 몰라
아직 첩을 거느려 본 적이 없거든!"
나는 그때 그 답을 이해할 수 없었으나
인생을 배우고 마음을 열어가면서
그 형과 그 어르신이 남긴 답이
온전함을 비로소 알게 되었다
난 아직 보리와 번뇌도 잘 모르니까

갑골문이나 금문이 꼭 아니더라도
아내 처妻 자는 그 의미가 깊다
다소곳이 앉아있는 여인女이
손ヨ으로 머리ー를 만지는 모습이다
이는 잠자리에서 일어나자마자
머리를 단정하게 빗는 사람
그가 아내라는 것이다
아내 머리를 만질 사람은
다른 사람이 아니라 남편이다
따라서 남편의 짝이 곧 아내妻다

이에 견주어 첩은 아내가 아니다
시종이며 요즘 말로 여비서다
첩妾은 앉아있을 수 없다
서立 있는 여인女이 첩妾이다
처는 호적에 이름이 올라가지만
첩은 호적에 이름이 오르지 않는다
조선조 우리의 가정 시스템을
일부다처제一夫多妻制라 하는데
일부일처다첩제一夫一妻多妾制가 맞다
남편1, 아내1, 첩 다수 제도다

누가 봐도 서민 문화가 아니다
소위 옛날 양반들 문화다
지금은 필히 버려야 할 문화다
요즘 일부 고위 공직자를 중심으로
성추행과 성폭행을 비롯하여
미투 사건들이 줄을 잇는데
말로는 절대 그럴 수 없다면서도
고위 공직에 오르게 되면
몸속 첩 문화가 발광을 한다
실로 안타깝기 그지없는 일이다

평생 무사고 운전이면 뭐하겠는가
한순간 음주 운전으로 인하여
치사 사고를 일으키고
게다가 뺑소니까지 친다면
앞의 무사고는 아무 의미가 없어진다
몇십 년 동안 무사고만 노래하듯
아무리 잘 살았노라 얘기한들
미투사건 성폭행으로 인해
한순간에 거품이 되지 않는가
아! 나무아미타불

(2)

아들에게 느끼는 서운함과
딸에게서 느끼는 또 다른 감정
이를 어떻게 풀어나가는 게 좋을까
아들이 가정을 이루게 되면
낳고 기르고 가르치신 부모보다
당연히 자신을 중심으로 한
제 식구에 신경을 쓸 수밖에 없다
딸이라고 해서 예외는 아니다
관심의 경중輕重을 비교하기에는
아예 처음부터 옳은 방법이 아니다

팔반가八反歌 여덟 수首를 두고
부모에게 쓰는 마음과
제 자식에게 쏟는 관심을
경중으로 논하는 경우가 있는데
팔반가든 부모은중경이든
비교 자체가 성립이 되지 않는다
딸 또한 짝配匹으로서 사위를 만나
새로운 가정을 이루었다면
사랑하는 남편은 말할 것도 없고
본가 시댁에도 마음을 기울여야 한다

조선조는 물론 구한말까지만 해도
'사돈집과 뒷간은 멀수록 좋다'
라는 관용구가 전해져 왔듯이
서로 자식을 매개로 하여
인척姻戚의 연을 맺었으면서도
언제나 서먹하고 까다로웠다
딸을 시집보낸 쪽에서는
내 딸을 데려간 집안이 되고
아들을 장가보낸 쪽에서 보면
내 아들 앗아간 집안이 되는 셈이다

게다가 가부장적 문화가 팽배하여
딸 가진 집은 딸 둔 죄인이고
아들을 둔 남자의 집안은
목에 통깁스한 힘이다
이 풍속은 지금도 살아 있다
아들을 총각 귀신으로 만들 수 없어
대승적으로 이해하는 듯하나
일단 혼인이 성사되고 나면
생각하는 게 확 달라진다
오 마이 붓Oh My Buddh

그렇다고 이와 같은 문화가
어느 가정에나 있었던 것은 아니다
조선조에 이른바 성골이 있고
진골이 있었던 게 아니다
지체가 높은 양반 문화를 흉내낸
더러 얼치기 양반들 가문에서
아들 둔 행세가 좀 심했다
그러면서도 딸 시집보낼 때는
역시 자세를 납작 낮추며 말이다
사실 아들이나 딸이나 같지 않은가?

조선시대나 그 이전으로 올라갈 때
적어도 고려말까지만 하더라도
남녀가 나름대로 평등하였다
이를 불교문화의 하나로 보는데
평등한 가르침 때문일 것이다
정말 불교문화가 평등할까
우리 서가모니 부처님께서는
카스트 제도에 반격을 드셨으니
평등한 가르침이 불교 맞다
한데 율에서 남존여비가 시작된다

21세기를 살아가는 요즘
지구촌은 여성 수상을 비롯하여
여성 대통령을 배출해낸다
이에 우리나라에서도
여성 대통령을 선출하였다
우리나라가 미국, 또는 중국이나
러시아, 일본보다 뛰어난 것이 뭘까
우리가 여성 대통령을 뽑은 것이다
1,400여 년 전 이미 신라에서도
우리는 여왕이 위를 이었다

이와 같이 불교를 바탕으로 한다면
당당하게 여왕이 나올 수 있다
그런데 그러한 불교에서
종정이나 총무원장은 접고라도
교육원장, 포교원장 자리도
모두 비구들이 독식할 뿐
비구니에게는 주어지지 않는다
종헌 종법에 그리 쓰여 있다고 한다
이 말에 반박을 하는 이들이 있다
'이웃 종교에 여교황이 있었느냐'라고

미국, 중국, 일본 등을 비롯하여
인도, 유럽, 아프리카에서도
여성은 결혼하면서 남편 성을 따른다
여성이 남자를 만나 결혼했을 때
자신의 성을 그대로 지니는 데는
오직 우리나라 대한민국이 있을 뿐이다
남편 성을 따르지 않는 대신
우리는 이런 속담을 쓴다
'시집가면 그 집 귀신이다'라고
삶의 문화가 참으로 아이러니다

지금은 옛 문화를 고수하지 않는다
그렇게 해야 할 당위성이 없다
옛날에는 친정과 왕래를 끊은 채
오로지 남편 얼굴 하나만 쳐다보고
시댁에 신경 쓰는 시대였으나
지금은 현명賢明smart한 시대다
이 시대에 걸맞는 효孝가 있다
숙흥야매夙興夜寐의 효가 아니다
어르신은 그냥 가만히 계시고
아들딸만 뛰어다니는 효가 아니다

어떻게 하면 어르신들이
자신의 삶을 스스로 챙기시며
몸과 움직임의 건강뿐만이 아니라
두뇌를 함께 쓰시도록 해야 한다
뭔가를 끊임없이 탐구하고
하나하나 성취감을 느끼는 이는
우선 치매에 걸릴 확률이 줄어들고
기억력의 쇠퇴를 늦춘다고 한다
그래서 쓰는 속담이 있다
'노는 입에 염불하라'고

부모노릇하기도 어렵겠지만
아들과 남편 노릇도 쉽지는 않다
부모님과 아내 사이에서
어떻게 처신하는 게 현명할까
가정의 중추 아내를 챙길까
서운함을 토로하는 부모를 챙길까
은중경에서는 말씀하신다
제아내와 자식들과 첩에대한 약속들은
무슨일이 있더라도 꼬박꼬박 지키면서
어버이가 하는말과 아주작은 꾸지람은
한쪽귀로 흘리면서 담아두지 않느니라

(3)

딸과 관련된 내용은
유구무언有口無言이다
있는有 입口을 두고
단지 침묵無으로
말할 뿐이다

전생의 일을
기억할 수가 없다
전생에 딸로서 태어나
여자로 생활한 기억이 없고
남자 몸을 받았었는지
기억나질 않는다

그런데
이번 생에는
기억이 생생하다
딸로 태어나지 않았고
여자로 살아본 적이 없다
내가 딸도 여자도 아니어서
시댁도 친정도 아무것도 모른다

게다가 가정을 이룬 적이 없어
딸을 낳을 수도 없었거니와
시집도 보낸 적이 없다
그러니 아들도 딸도
며느리도 사위도
사돈도 낯선 말이다
하물며 그 밖의 세계이랴

묘법연화경 보문품에 따르면
우리 관세음보살님께서는
서른두 가지 몸이라든가
서른세 가지 모습을
마음 먹는 대로 나타내신다

관세음보살님의 응화신應化身은
한 분이 같은 세상에서
나타내는 다양한 모습이다
이는 곧 본생담本生譚 이야기다
부처님께서 여러 겁에 닦으신
보살행의 다른 표현이다

아! 나는

나의 전생을
기억하지 못하고
내생을 점치지 못한다
하물며 중생들의 마음이랴
이것이 곧 나와 부처님 차이인가

제2편 정종분

제3장 업난을 널리 설하다

제1절 허물 지적 15

혹은다시 남편따라 타향으로 옮겨가면
부모님과 헤어지나 사모하는 마음없고
일체소식 끊어지고 편지조차 단절되어
무소식의 부모님은 애간장이 끊어지네

오장육부 장기들이 뒤집힌듯 아려오며
자나깨나 딸의얼굴 보고싶어 하는것이
작열하는 사막에서 목이말라 물을찾듯
간절하고 절박함이 끊임없이 이어지네

이와같이 어버이의 높고깊고 크신은혜
헤아릴수 바이없고 끝간데가 없건마는
낳아주고 길러주신 부모님께 불효하니
그의죄가 너무커서 말로할수 없느니라

(1)

사람은 움직이動는 존재物다
애니멀animal은 사람을 포함한다
그럼에도 불구하고 다른 동물과
사람을 달리 봄은 지혜智慧 때문이다
'재색식명수財色食名睡' 5가지는
동물들도 모두 지닌 본능이다
사람은 본능 외에 지혜가 있고
그 지혜를 키우고 닦는다
만일 사람에게 지혜가 없다면
다른 동물들과 더불어 다를 게 없다

첫째 본능은 재물財의 축적이다
벌과 개미 등 일부 곤충 외의
거의 모든 동물은 재는 것이 없다
현장에서 먹을 때 그냥 그때뿐이다
먹이를 저장할 생각이 아예 없으며
상하지 않게 저장할 줄 모른다
특히 육식 동물이 그러하다
그 대신 반추동물反芻動物은
4개 위胃에 잘 저장해 두었다가
게워 다시 천천히 씹어먹는다

둘째 본능은 짝色을 맺는 일이다
사람만 색色을 찾지는 않는다
생명붙이들은 다 짝을 찾는다
그리하여 그들의 종족을 잇는다
셋째 본능은 먹는食 일이다
불교는 생명체가 지닌 오욕락 중에
먹는 일을 중심中心에 둔다
사람을 비롯하여 뭇 생명붙이는
먹이에 관해 강한 집착을 드러낸다
속담에 '다 먹자고 하는 일'이라 한다

넷째 본능은 명예名를 지킴이다
일반적으로 사람이 명예를 지닌다지만
명예를 저버리는 자도 사람이다
동물의 아첨은 살아남기 위해서지만
사람의 아첨은 살만하면서도
자기 주장은 온데간데없고
패거리黨의 장長을 중심으로 하여
개미들에게는 미안한 말이나
개미떼처럼 똘똘 뭉친다
아예 개인의 철학은 접어두었다

다섯째 본능은 졸음睡이며 잠眠이다
예로부터 선사들이 일갈하였다
'오랜 겁에 걸쳐 도를 장애하는 것은
졸음마구니睡魔보다 큰 것이 없다'고
따라서 수행자가 졸음마구니를 이겨내면
깨달음이 그만큼 성큼 다가온다 했다
오죽하면 음주 운전보다도
훨씬 위험한 게 졸음 운전일까
이들 다섯 가지 본능을 지녔다면
그는 분명 식물이 아니라 동물이다

며칠 전 어느 유력한 정치인이
어떤 기자가 질문을 해오자
예의 없이 아무 때나 질문한다며
덧붙여 뱉은 욕설이 '후레자식'이다
워낙 잘 쓰지 않는 욕이다 보니
'저기서 웬 욕이지?' 하면서
깜짝 놀랐던 적이 있었다
소설에서는 더러 읽었어도
실제 그토록 많은 사람들 앞에서
저리 엄청난 욕설을 마구 내뱉다니

관용구에는 세 가지 예가 실려 있다
첫째는 얼러 키운 후레자식이다
얼러 키우다의 '얼러'의 뜻은
본동사가 '어르다'이다
부모가 자식을 사랑하며 키울 때
있는 응석이란 응석을 다 받아 주면서
멋대로 키운 자식이라는 뜻이다
버릇없이 제 욕심만 내세우고
아무 데도 쓸모없는 사람을
비유적으로 이르는 말이라고 한다

둘째는 아비 없는 후레자식이고
셋째는 부모 없는 후레자식이다
예로부터 자식의 교육은
아버지가 담당했다고 여겨왔다
아비 없이 홀어미 밑에서 멋대로 자라
버릇없는 사람이라는 뜻으로
남을 욕할 때 쓰는 말이다
그는 어떻게 그런 욕을 했을까 싶다
이를 만약 다른 말로 옮긴다면
가정 교육이 안 돼 있다는 얘기다

아버지 없이 자란 사람이라고 하여
모든 교육이 안 되어 있는 게 아니고
부모 없이 자란 사람이라고 하여
반드시 막돼먹거나 하지 않다
요즘은 교육 제도가 잘 되어 있기에
결손 가정이라도 큰 문제가 없다
물론 옛날에도 다 그렇지는 않았다
부모 없이 자랐다고 후레자식이고
홀어미 아래서 자랐다고 하여
모두 버릇없지는 않았다

십 대 중반쯤 어렸을 때다
같은 동네 이웃집에서 난리가 났다
남편과 사별하고 홀로 된 엄마가
딸 둘과 아들 하나를 키웠다
딸 둘은 고3과 고1이고
아들은 초등학교 3학년이다
초등학교 같은 반 또래들과
학교에서 돌아오던 남자아이가
아이들과 뛰고 장난하다가
같은 동네 어르신을 지나쳤나 보다

그는 다른 아이들은 다 그냥 보냈는데
아빠 없는 아이를 잡고 호통을 쳤다
아비 없는 후레자식이라 꾸짖은 것이다
아이는 울면서 집으로 돌아왔고
아이 엄마는 다짜고짜로 달려갔다
아이 엄마에게 사과는 했으나
혼잣말 한마디를 덧붙였다
'애비 없는 후레자식이 맞긴 맞지'
그녀는 그의 혼잣말을 듣지 못했지만
나중에 그 말이 온 동네에 퍼졌다

부모가 가장 좋아하는 말이 뭘까
"엄마 아빠가 제대로 가르쳤어!"
"아, 아이가 참 반듯해" 따위다
부모가 가장 싫어하는 말도
알고 보면 아들딸에 관한 험담이다
어느 유력한 정치인이 던진
입에 담을 수 없는 욕설 따위다
문득 '무학 효과無學效果'가 생각난다
'돼지 눈에는 돼지만 보이고
보살의 눈에는 보살만 보인다' 고

(2)

첫째, 시집가고 장가간다
둘째, 장가가고 시집간다
위의 두 순서에서 어느 말이 맞을까
이를 몇몇 사람에게 물어보니
'장가가고 시집간다'고 하는데
방점을 찍은 이들이 많다
말로는 자신도 모르게
시집가고 장가간다고 한다
하나 막상 둘을 놓고 물었더니
대체로 후자 쪽에 점을 찍는다

조선조에서는 으레 말할 것도 없이
아들딸의 배필을 고르는 일은
분명 안주인 몫이 아니다
바깥양반들끼리 사윗감을 고르고
며느릿감을 가려 얘기가 오가면
그대로 혼인으로 이어진다
바깥양반들이 주고받은 약속은
아주 특별한 경우가 아니라면
안주인은 이를 따를 수밖에 없다
안주인 몫은 혼수와 혼례식 준비다

고구려, 백제, 신라高百新 삼국시대나
삼국통일 문화를 이은 고려에서도
자식 혼사는 부모가 함께 논했다
일차적으로 바깥양반들끼리
아들딸 배필을 논했더라도
최종적인 것은 두 집안 부부가
머리를 맞대고 진지하게 얘기를 나누어
부부의 의견이 일치되어야 가능하다
부부는 위아래를 따지지 않으니
승가공사僧伽公事에서 온 문화다

혼인 의식을 한다면 어디에서 할까
색시가 살아온 장가丈家에서다
장가에서 혼례를 치른 뒤
첫아이가 태어나 걸음마를 하면
어린아이를 걸려 본가로 돌아온다
새댁이 보면 시집을 가는 것이다
요즘 결혼식은 신부 쪽에서 주관하며
택일도 주로 신부 쪽에서 잡는다
혼례가 끝나면 신혼여행을 떠나고
여행지에서 장가로 직행한다

장가에 먼저 들르는 것은
장가를 든다는 일종의 의식이고
며칠 뒤 본가로 돌아옴은
이른바 시집을 가는 것이다
알고 보면 하나의 의식일 뿐이다
이 글을 접하는 분들은 생각할 것이다
'왜 이 스님은 처갓집을 장가라 할까?'
오히려 내가 묻고 싶은 말이다
어떻게 장가를 '처가'라 하고
시집을 '남편 집'이라 하느냐고

처갓집 표기는 장가가 맞는 말이다
장인 장모님이 머무시는 집이다
장인 장모의 어른 장丈 자를 따서
장가라 하였기에 장가가 맞다
이는 아내의 친정이다
어버이 친親에 뜰 정庭이다
아내妻가 나와 결혼해 산다면
내 집이 그대로 처가고
아내가 사는 내 집이 처갓집이다
우리말과 표기가 확 바뀌어야 한다

시媤는 시집 시媤 라 새기며
시집은 '남편의 집'으로 쓰여 있다
시집을 남편의 집이라 푼다면
처갓집을 '아내의 집'이라 함과 같다
새로운 가정을 이루었다면
시집은 시부모님이 사시는 집이고
처갓집은 처가가 아닌 장가로
장인 장모님이 머무시는 집이다
고쳐야 할 말이 어디 이뿐일까
미망인未亡人도 지워야 할 호칭이다

하여 우리가 자주 부르짖는 게 있다
이른바 '양성평등兩性平等'이다
그럼에도 불구하고 그게 쉽지가 않다
가령 아내가 먼저 세상을 떠났을 때
남은 남편을 미망인이라 할까
남자에게는 붙이지 않는다
남편이 세상을 먼저 버리고 나면
남은 아내를 '미망인'이라 한다
아직 '안 죽은 사람'의 뜻이다
미망인은 여필종부의 뜻이 강하다

여필종부女必從夫 뜻은 간단하다
'아내는 필히 남편을 따른다' 처럼
성 불평등性不平等의 궁극이라 할 것이다
어떤 이들은 이렇게 풀이한다
이는 부부로 살아있을 때 얘기지
함께 죽으라는 말이 아니라고
아무튼 나쁜 문화일 뿐이다
사랑하는 사람끼리 만나
평생 행복한 부부로 살며
함께 가기로 한 약속 따위는 제외다

아들딸을 비롯하여 후손들에게
효를 가르치는 것은 좋으나
'마망인'과 같이 썩은 말과
안 좋은 문화는 고치지 않은 채
답습만을 고집한다면 어떻게 될까
부모님과 어르신을 존중하는
아름다운 효와 도덕이
어떠한 길을 걸을까
데드 크로스dead cross를 따라
설마 곤두박질치거나 하지는 않겠지

이럴 때 살아계신 부모님께
손편지까지는 아니라 하더라도
전화 한 통화 드리면 어떨까
게다가 영상통화면 더욱 좋겠지
이미 31년 전 원적圓寂에 들어계신
한국불교의 자비제일慈悲第一이셨던
스승 고암 큰스님께 편지를 쓸까
명을 달리하신 세간世間의 아버지와
어머니에게 마음 편지를 띄울까
아! 어떤 이야기를 나눌까

제2편 정종분

제3장 업난을 널리 설하다

제1절 허물 지적 16

이때모든 대중들이 부처님이 말씀하신
어버이의 높고깊고 넓은은덕 듣고나서
자기몸을 일으켰다 땅에던져 부딪히며
그들몸의 모공마다 많은피를 흘리면서

그자리서 기절하여 땅에쓰러 졌다가는
한참후에 깨어나서 큰소리로 부르짖되
괴로웁고 슬픈마음 심히아파 오나이다
저희들이 죄인임을 깊이알았 사옵니다

그동안은 저희들이 아무것도 모른채로
칠흑같은 그믐밤을 걷는것과 같더니만
바야흐로 저희이제 잘못됨을 알고보니
오장육부 한꺼번에 찢기는듯 하나이다

바라건대 세존이여 거룩하신 분이시여

불쌍하게 여기시어 구제하여 주옵소서
저희들이 이제부터 어찌어찌 하여야만
어버이의 깊은은혜 갚을수가 있나이까

(1)

시중에 떠도는 유통본流通本은
오식誤植이 더러 있는 편이다
가장 완벽한 부모은중경은
화성花山 용주사 본이다

歲柔兆執徐[丙辰]仲夏[五月]
開印藏于花山龍珠寺
병진년[1796] 중하[여름]
화산 용주사 소장본을 찍어 내다

광설업난廣說業難
'업난을 널리 설하다'는 길다
불설대보부모은중경 말씀에서
70% 이상을 차지하니까
그중 '허물 지적'도 짧지 않다
'허물 지적' 원문을 마저 올린다
곧 '허물 지적'이 끝나고
여덟 가지 비유로 이어진다

어제는 밤늦도록 KBS 1 TV
〈시사 직격〉을 보았다

똘똘한 스마트폰 덕택에
거의 텔레비전을 안 보는데
우연히 튼 게 임시 계약직 노인장
이른바 '임계장 이야기'다
'나 그리고 당신의 내일'에 빠져
하얗게 날밤을 지새웠다

남의 얘기가 아니다
고르기 쉽고
다루기 쉽고
자르기 쉽다는
'고다자'의 심리로 인해
아파트 경비원을 을로 보고
갑질을 일으킨다는 내용이다
임계장에 무관심이었는데
세상은 혼자가 아니다

용돈을 벌려는 이유 중에는
귀여운 손자 손녀에게
할아버지, 할머니가 되어
무엇인가 해주고 싶은 것이다
지금 세상에 무슨 효냐고 하지만

나이 드신 이들의 속마음은
오직 손자 손녀에게 있다
이게 곧 효의 심리다

함께 하면同行
함께 행복同幸해진다
프로그램 끝에 붙인 말이다

(2)

감정感情은 사람마다 다르고
표현은 지방에 따라 다르다
1979년 3월 하순부터
1980년 2월 말까지
부산 괴정동 사리암에 머물렀다
합천 해인사가 자리한 곳이
부산과 마찬가지로 영남 지역이다
어쩌면 지방어가 닮아서일까
곡과 함께 푸념 방식이 동일하다
평생에 느낀 감정 표현도 한결같다

사리암에 나오는 거사님 중에서
장모님 상喪을 당한 까닭에
함께 간 스님과 장엄염불을 하고
영전에 금강경을 읽어 드렸다
돌아가신 지 하루가 지나야
염殮을 하고 입관入棺한 뒤
복을 입는 성복제成服祭를 올린다
왜 하루를 지내야 하느냐 했더니
함께 간 스님이 짧게 답한다
"죽은 분이 되살아날 수 있으니까"

한 녘에서는 장례사가 염을 하고
스님네는 입관 염불을 하며
상주喪主들은 곡을 하였다
요즘은 병원 장례식장이나
또는 전문 장례식장에 모시고
발인 때까지 의식을 집전하는데
옛날에는 가정에서 장례를 치렀다
가령 병원에 입원해 있더라도
임종이 가까워질 듯싶으면
자택으로 모신 뒤 장례를 치른다

그 까닭은 아주 가까운 데 있었다
비록 병원에서 운명殞命하더라도
객사客死에 해당하기 때문이다
보통 가족장은 3일장으로
요즘처럼 무더울 때라면
시신 보존이 가장 큰 관건이다
40여 년 전은 실로 오랜 옛날이다
홈 에어컨이 들어오기 전이라
운명한 지 이틀, 사흘이 되면
발인發靷 시간을 최대한 앞당긴다

아내가 먼저 세상을 떠나면
남편이 홀로 남게 되고
남편이 세상을 먼저 하직하면
아내가 관곽을 부여잡고 흐느낀다
남편은 속으로 우는 것일까
돌아서 손수건으로 눈물을 훔치는데
남편을 먼저 보내고 남은 아내는
생각처럼 그냥 우는 게 아니라
살아오며 사랑했던 일에서
서운했던 감정까지 모두 엮어낸다

친정어머니가 돌아가셨을 때
그녀의 곡哭과 함께 우짖는
아픈 이야기를 듣노라면
참회가 전체를 이룬다
어렸을 때 어머니 신발을 훔쳐
엿장수와 엿 바꿔 먹은 것이며
다 큰 처녀가 되어서는
친구 만난다며 남자 만나고
책 산다며 아버지 어머니에게
이중 용돈 타서 연애질한 얘기다

어머니 말씀을 거역한 데서부터
옷 한 벌 제대로 못 해 드리고
맛있는 것 한 번 같이 못 먹은 것
제 자식 제가 키우고 제가 가르치면서
늘 어머니에게 도와 달라 떼쓰고
후회막급이란 말이 실감난다
영남을 고향으로 둔 분들은
그중에서도 특히 여성 상주들은
고인에게 수의를 입히고 염을 할 때
입관할 때 한 마디도 달라지지 않는다

발인할 때와 하관下棺할 때
화장장에서 화구에 들어갈 때도
어쩌면 원고를 보면서 읽어가듯이
한 마디도 빠지거나 틀린 곳이 없다
관에 불 붙일 때까지는 그러하다
화장이 끝나고 습골拾骨하거나
산골散骨, 곧 재를 뿌릴 때는
의전에라도 나와 있는 듯 침묵한다
울지도 않거니와 눈물도 없고
어떠한 푸념도 사설도 없다

매장을 할 때도 하관할 때는
관에 매달려 함께 묻어달라고 한다
어머니, 아버지 가시는 길에
같이 길동무가 되어드리겠다며
앞서 성복재 때와 발인 때
울부짖은 내용을 그대로 반복한다
나는 그때 엉뚱한 생각에 잠긴다
'아하, 영남 호남 아랫녘 분들이
판소리 잘하는 게 이유가 있었구나'
한마디로 곡조차 판소리 편제다

《금강경》 제14 〈이상적멸분〉에서
부처님 말씀을 들은 수보리 장로가
눈물 콧물 흘리는 모습이라든가
여기 《부모은중경에서도
부처님 말씀을 들은 아난 존자와
함께 수행했던 많은 제자들의
참회하는 모습과 내용들이
어디선가 많이 본 듯싶다
아! 그래 판소리에서다
늦었지만 잘잘못을 깨달음이
인간이 지닌 불성의 발현일 것이다

(3)

인간은 한마디로 죄인이다
원초적으로 죄를 갖고
이 세상에 태어난다고 한다
어느 날 어쩌다가 지은 죄가 아니다
그냥 인간 그 자체가 죄 덩어리다
세포 하나하나가 모조리 죄다
죄의 원소가 심어져 있다
캡사이신capsaicin이
고추에 이미 배어있듯이
원하지 않는 원죄가 들어있다

인간은 죄인이다
후천적으로 죄를 짓는다
A라는 인因이 B라는 연緣을 만나
C라는 화학적 물질이 생기듯
어떠한 원인이 또 다른 연을 만나
새로운 결과를 맺는 것이다
가령 A가 B를 만나지 않거나
이들 둘이 비록 만난다 하더라도
만일 때와 장소가 맞지 않다면
기멸起滅은 있을 수 없다

어떤 사람이 수박을 먹다가
이토록 시원하고 맛있는 수박을
한 번 먹는 것으로 끝낼 수 없다 하여
수박씨를 땅에 뿌렸다고 하자
한데 그곳이 모래밭이거나
또는 자갈밭이거나
개미집ant castle이거나
또는 시궁창이라고 한다면
수박이 싹을 틔울 수 있을까
텅 빈 허공에 뿌린다면 가능할까

추운 겨울에 비닐하우스도 아니고
언 땅에 씨를 뿌리면 싹이 틀까
어렸을 때 수박을 먹으며
나는 이런 생각을 했다
수박의 과육은 소화시키고
씨앗은 배설하지 않은 채
뱃속에서 싹을 틔울 수는 없을까
그래서 무더운 여름이 되면
애써 수박을 먹지 않고도
얼마든 즐길 수 있지 않겠느냐고

세상의 어떤 존재도 어떤 사물도
질료인質料因과 함께 보조연補助緣이 만나
새로운 세계를 만들어간다
죄罪도 결국 마찬가지다
죄의 씨앗이 싹을 틔우려면
갖가지 조건이 충족되어야 한다
그런데 문제는 죄는 씨앗이 아니다
어떤 질료인도 배어 있지 않다
보조연에도 넣을 수가 없다
자성自性이 본디 빈 까닭이다

판소리 이름은 잘 기억나지 않으나
재미있는 사설로 생각하고 있다
'어떤 나무는 팔자가 좋아
고운 가야금이 되어
어여쁜 여인의 무릎 위에서 놀고
어떤 나무는 팔자가 사나워
도끼날에 온몸이 쪼개져
뜨거운 아궁이로 들어가고
또 어떤 나무는……'
죄는 본디 원형을 갖고 있지 않다

인간의 피부와 오장육부 어디에서도
원초적 죄의 냄새는 풍기지 않는다
태어나기 전부터 있는 죄라면
원죄原罪라고 하겠으나
원죄는 찾아볼 수가 없다
그럼 정말 죄는 없는 것일까
눈으로 볼 수가 없고
귀로 들을 수가 없으며
코로 맡을 수가 없다고 하여
없는 것으로 치부할 수 있을까

혀로 맛을 볼 수가 없고
피부에 와닿는 느낌이 없고
마음으로 콕 집어 알 수 없다 하여
애초에 없는 것으로 간주할 수 있을까
죄는 무지無知에서 생기고
무지無智에서 비롯된다
앎은 후천적이 아니라 본능이고
지혜는 본능이 아니라 후천적이다
파리는 본능으로 움직이지만
사람은 지혜를 곁들인다

《부모은중경》에서는 말씀하신다
죄가 있다면 어디에 있을까
부모님 은혜를 모름이다
물론, 이는 부모은중경이니까
부모님 은혜에 국한되겠으나
스승님 은혜를 모르고
삼보三寶의 은혜를 모르고
사회society의 은혜를 모르고
대자연의 은혜를 모르는 것
이를 벗어나 죄를 표현할 게 없다

(4)

인간으로서 은혜를 못 갚는 까닭은
이른바 무명無明 때문이다
무명은 밝음明이 없는無 상태다
다른 말로는 암흑無 에너지明다
드넓은 우주에는 밝은 빛보다
어둠이 일찍이 자리하였다
구약전서舊約全書
첫머리에 놓인 창세기創世記
신창조천지神創造天地에 따르면
다음과 같은 말씀이 실려 있다

起初 ㅡ 일어나자마자
신이 처음 하늘 땅을 지으시다
땅은 궁륭하고 텅 비었으되
지척을 분간할 수 없었다
오로지 캄캄한 어둠의 못 위
물 위를 신의 영靈이 운행하시다
신께서 "빛을 원한다" 하시니
곧바로 빛이 밝게 비추었다
신이 보시기에 지극히 좋았으며
곧 이어 빛과 어둠으로 나누시었다

신은 빛을 일컬어 낮을 삼으시고
어둠을 일컬어 밤을 삼으시다
밤이 있고 새벽이 있으니
이것이 곧 첫째 날이다
第一章
起初 神創造天地 地是空虛混沌
淵面黑暗 神的靈運行在水面上 神說
要有光 就有了光 神看光是好的 就把
光暗分開了 神稱光爲晝 稱暗爲夜
有晚上 有朝晨 這是頭一日

내가 평소 즐겨 읽는 〈신구약전서〉는
1962년 홍콩香港에서 발행했으며
홍콩과 함께 타이완臺灣에서
누구나 다 읽을 수 있도록
구어체로 쓴 번체자 경이다
한글 성서와 다른 점이 있다면
우선 주어의 호칭이다
한글 성경은 '하나님'인데
중국어 성경은 '신神GOD'이다

여기서 드러내고자 하는 말은

빛光과 함께 어둠黑暗이다
빛과 어둠에 깃든 의미는
지혜와 더불어 어리석음이다
앞서 나는 부모님 은혜를 모르고
스승과 삼보의 은혜를 모르고
해와 달 대기와 시공간 등
대자연의 은혜를 모르는 것은
곧 지혜가 없기 때문이라 하였다
이 지혜의 비유는 빛이고 밝음이다

만일 빛이 있기에 지혜가 있고
어둠이 있기에 어리석다면
'일어나자마자'로 새긴
기초起初, 곧 태초에는
빛과 어둠이 한데 뒤엉키듯
지혜와 우매가 뒤엉켜 있었으나
빛과 어둠이 신에 의해 나뉘자
지혜와 우매도 나누어진 것이다
인간의 지혜와 어리석음이
곧 빛과 암흑에 비유된 것이다

불교에서 무명無明을 얘기하는데

이 또한 밝음과 어둠이다
밝음과 어둠이 어디서 왔을까
해日와 달月이 있으면 밝음明이고
해와 달이 없으면 무명無明이다
달에는 본디 빛이란 게 없다
햇빛을 받아 밝게 보일 뿐이다
그러나 이는 오늘날의 이야기고
예전에는 달도 빛을 지니고 있었다
밝을 명明에 달月이 든 이유다

무명을 밝힌다고 하는데
처음부터 없無는 밝음明이라면
구약舊約에서의 표현대로
빛光이 있으라고 한들 밝을 것이며
캄캄黑한 어둠暗이 사라질까
빛과 어둠이 밖에서 오듯이
지혜와 어리석음도 밖에서 올까
그렇다면 인간은 투톱이어야 한다
해가 있는 낮이면 지혜롭다가
해 진 밤이면 어리석어져야 한다

중국의 창세기에 따르면

창세신創世神 판구盤古Pangu가
최초로 하늘과 땅을 만들고
밝음과 어둠을 갈랐다고 한다
나중에 판구라는 창세신 이름을 따
아주 오랜 옛날을 판구라 한다
여기 부모은중경에서는
어둠을 '종래미교從來未覺'라 한다
예로從부터 지금來에 이르기까지
꿈에서 못未 깨어覺난 것이다

기나긴 '업난을 널리 설하다' 중에서
'허물지적指數諸愆'의 가르침이
마침내 그 끝을 맺고
이어서 원유팔종援喩八種이다
부모님 은혜는 과연 얼마나 될까
그 은혜를 어떻게 하면 갚을까
이는 마치 사성제四聖諦에서
인간고의 실상과 그 원인을 설하고
고의 너머 열반 세계를 표현한 뒤
로드맵 팔정도八正道를 설함과 같다

제3장 업난을 널리 설하다

제2절 도움 비유 8종

발단發端

바로그때 거룩하신 서가모니 여래께서
하나하나 도움되는 여덟가지 예를들어
심오하고 중후하며 청정하신 음성으로
사부대중 모두에게 간곡하게 말씀하되

이법회에 함께모인 사부대중 그대들은
한마디도 빠짐없이 분명하게 알지니라
내가이제 너희위해 분별하여 설하리니
부모님의 깊은은혜 마음깊이 새겨두라

블랙홀black hole의 문을 열어라

여래 말씀은 곧 블랙홀이다
어떤 것도 다 빨아들이는
아! 시커먼 구멍이다
블랙홀 여정에서
살아남으라

텅 빈 듯 보이는 공간이
자가 운동 중이다
수축하고
팽창하고
또한 변형한다

무선으로 이어진 시간
고무줄 법칙이다
때로 지루하고
때로 빠르며
때로 뒤죽박죽이다

어제는
저만치서

대기하고 있고
내일은 흘러갔으며
오늘은 잡히지 않는다

블랙홀이 우주의 터널이듯
거룩한 여래 말씀에서
자아를 발견할 때
굽은 길 돌아가지 않고
곧게 빠르게 통과할 것이다

그리하여 하신 말씀이
분명하게 알라는
당지當知다

제2편 정종분

제3장 업난을 널리 설하다

제2절 도움 비유 8종

[1]
이를테면 여기오늘 이자리에 어떤이가
그의왼쪽 어깨에는 아버지를 모셔두고
오른쪽의 어깨에는 어머니를 모신채로
고운피부 닳아져서 하얀뼈가 드러나고

하얀뼈가 닳아져서 골수까지 미치도록
수미산을 돌고돌아 백천만번 돌더라도
사랑하는 어버이의 높고깊은 그은혜는
너무나도 크고넓어 갚을수가 없느니라

한라산 높이가 1,950m인데
일주도로가 234,000m다
한라산 높이와 일주도로 거리는
자그마치 120배에 해당한다
이를 수미산과 둘레길—匝에 견주면
어떻게 될 지 한번 상상해 보자
경전에 따르면 수미산은
수면 위로 84,000유순이고
수면 아래로 84,000유순이다
1유순由旬은 미터법으로 16km다

유순에는 3가지 설이 있는데
소유순은 16km고
중유순은 24km며
대유순은 32km다
소유순으로 환산하더라도
수미산은 1,344,000km나 된다
지구의 적도 지름이 12,756km이니
지구를 105개 포개 쌓은 높이다
향수해 바다 중심에 솟았으며
부모은중경에 실린 산이다

앞서 제주특별자치도 한라산과
해안 일주도로를 비교하면서
일주도로가 한라산 높이의
120배에 해당함을 살펴보았다
수미산 높이가 1,344,000km라면
수미산 둘레길은 몇 킬로미터나 될까
자그마치 161,280,000km다
천문단위 1AU로도 모자라
지구 둘레 282회를 더한
참으로 먼 거리라 할 수 있다

이 글을 읽는 분들 중에는
더러 벌써 머리에 쥐가 난다며
아예 글을 덮는 분도 있을 것이다
하나 금강경에서조차 자주 열거되는
수미산에 관해 건성으로 읽기보다
크기에 관해 제대로 이해해야
참된 신심을 낼 수가 있다
수미산 전체를 칠보로써 채워
남에게 보시하는 공덕보다
경전 한 말씀이 낫다시니 말이다

간단하게 정리하여 얘기하면
지구 둘레 4,000배 넘는 거리를
한 번 도는 거리가 수미산 둘레길이다
이 먼 거리를 한두 번도 아니고
백천 번이나 돌고 또 도는 것이다
최첨단 여객기를 이용하여
수미산 둘레길을 여행한다면
한 바퀴에 몇 년이나 걸릴까
아마 모르긴 해도 어림잡아
수십 년은 걸릴 것이다

그런데 수미산 한 바퀴도 아니고
백천만 번 돌고 돈다고 한다
하늘길 비행기도 아니고
땅길 승용차도 아니고
몸소 두 발로 걷고 걸어서
수미산을 일주하려면
몇 생 동안이나 이어져야 할까
게다가 왼쪽 어깨에는 아버지를
오른쪽 어깨에는 어머니를 모신 채
그 먼 거리를 걷는다는 게 쉬운 일일까

아버지 어머니 두 분의 몸무게가
아무리 날씬하다고 하더라도
합해 100kg은 넘지 않을까
나는 체구가 왜소해서일까
이미 15년 전이긴 하지만
동아프리카 탄자니아에 드나들 때
20kg 안팎의 짐을 드는 데도
두 팔이 모두 빠질 것만 같았다
한데 양쪽 어깨에 부모님을 모시고
수미산 둘레길을 걷는다고!

이는 효심이 없어서가 아니다
양쪽 어깨에 모신 채로는
일어서지도 못한다
여덟 가지 도움 비유 중에서
첫 번째 비유부터 이행 불가능이다
탈것을 이용하면 중간의 볼일과
목이 마르면 음료도 마시고
곤하면 눈도 잠시 붙일 것이다
한데 몸으로 부모님을 모신다면
이러한 상황을 어찌 처리할 것인가

이처럼 부모은중경에서
비유를 들어 말씀하시는 뜻은
부모님 은혜가 지중하다는 것이다
만일 고층 아파트에 정전이 되면
생활이 엉망진창이 될 것이다
통신과 냉난방과 상하수도와
먹고 배설함은 말할 것도 없고
오르昇고 내림降도 작은 게 아니다
하물며 지구 105개를 포개 놓은
큰 수미산 둘레길이겠는가

제2편 정종분

제3장 업난을 널리 설하다

제2절 도움 비유 8종

[2]
이를테면 이세상의 효심깊은 어느누가
굶주리는 흉년액운 시나브로 당하여서
사랑하는 아버지와 어머니를 위한고로
자기몸을 모두바쳐 어버이를 봉양하되

그의몸을 저며가며 티끌처럼 잘게갈아
백천만겁 지나도록 모신다고 하더라도
낳으시고 기르시고 가르치신 깊은은혜
그와같은 것으로는 갚을수가 없느니라

오랜만에 청소 좀 하려고
지대방에 들어갔다가
압정을 밟았다
앗 따가워!
뭐야?
압정이잖아!
누가 압정을 흘렸어?

발바닥에서
압정을 뽑은 뒤
절뚝대며 방을 나오다
탁자 모서리에 부딪히면서
그 자리에 고꾸라졌다
정강이를 걷으니
찐득한 피다

반창고를 찾기 위하여
책상 서랍을 열고
더듬던 중에
집게손가락이 따끔!
아마 가시가 박혔나 보다
돋보기를 찾아 살핀 뒤에야

손톱 밑에 든 가시를 찾아냈다

부모은중경을 읽다가
〈도움 비유 8종〉에 이르러
두 번째 비유를 읽는다
손톱 밑 가시에도
압정을 밟고도
정강이를 부딪히고도
이토록 아프다고 엄살인데……

굶주린 부모님을 위하여
미세먼지 수준으로
제 살을 저미고
제 뼈를 갈 수 있을까
부모님이 그 사실을 아시면
그것이 부모님에게 효도가 될까

나무 아버지불
나무 엄마보살

제2편 정종분

제3장 업난을 널리 설하다

제2절 도움 비유 8종

[3]
이를테면 이세상의 효심깊은 어떤이가
날카롭고 작은칼을 손에맞게 집어들고
사랑하는 아버지와 어머니를 위한고로
제자신의 눈과함께 눈동자를 도려내어

부처님께 공양하고 바치기를 이어가되
백천만겁 지나도록 계속한다 하더라도
낳으시고 기르시고 염려하신 부모은혜
그와같은 행으로는 갚을수가 없느니라

사랑하는 어머니 아버지
나는 당신에게서 빛色을 봅니다
당신께서 주신 고귀한 눈으로
해가 돋고 해가 지며
어둠과 밝음이 번갈아드는
화사한 미소와 아픔을 봅니다
슬픔悲을 보고 사랑慈을 봅니다

사랑하는 아버지 어머니
나는 당신에게서 소리聲를 봅니다
당신께서 주신 고귀한 눈으로
고주파 저주파를 비롯하여
긴 파장과 짧은 파장을 보고
초음파와 중력파까지도 봅니다
흘러간 당신의 음성을 나는 봅니다

사랑하는 어버이시여!
나는 당신에게서 향기香를 봅니다
당신께서 주신 소중한 눈으로
당신의 몸과 마음이 머물던 곳
그 모든 향기를 나는 봅니다
땀내까지도 향기롭게 느껴지던

옛 시간이 내 시야에 와서 멈춥니다

사랑하는 어머니시여!
나는 당신에게서 맛味을 봅니다
당신께서 주신 소중한 눈으로
억지로 빨리지만 드신 것이 없어
말라 나오지 않던 향기로운 젖내가
제 두 눈에는 똑똑히 보입니다
강냉이죽조차 거칠다시며
자근자근 씹은 뒤 먹여주시던
연꽃보다 진한 향기를 나는 봅니다

사랑하는 아버지시여!
나는 당신에게서 스침觸을 봅니다
아버지와 저의 피부가 닿을 때
느끼던 감정이 잘 보입니다
이는 핏줄의 파장입니다
델타파 세타파와
알파파 SMR파 베타파
또는 감마파가 아니더라도
피부 눈에 다가오는 파장입니다

사랑하는 부모님이시여!
나는 당신에게서 뜻意을 봅니다
당신께서 주신 귀중한 눈으로
당신 마음을 들여다봅니다
발달하면 발달할수록
미래를 당겨올 수는 없으나
과거를 되가져올 수는 있습니다
이것이 당신께서 제게 주신
이른바 증강현실AR의 눈입니다

관세음보살觀世音菩薩을 놓고도
세상世의 소리音를 들으면 듣지
어떻게 볼觀 수 있느냐며
온갖 설을 다 갖다붙이긴 하나
음파를 눈으로 본다면
베타파를 눈으로 본다면
라디오파를 눈으로 본다면
얼마나 아름다운지 아시는지요

부모은중경에 부모님을 위해
'눈과 눈동자를 오려내어
부처님께 바친다면'이라 하는데

과연 어떤 부처님이 계셔서
그런 공양을 받아드실 것이며
나아가 어떠한 어버이가 계셔서
자식의 그런 행위를 용납하겠습니까

사랑하는 부모님이시여!
생명붙이에게서 눈을 벗어나
소중한 것이 무엇이 있겠습니까
육신의 눈도 이처럼 소중한데
하물며 마음의 눈이며
진리를 깨달은 눈이리이까
당신께서 주신 이 고귀한 눈을
정갈하게 지니는 것이 곧 효입니다

제2편 정종분

제3장 업난을 널리 설하다

제2절 도움 비유 8종

[4]

이를테면 어떤이가 날카로운 비수로써
어버이의 크신은덕 모두갚기 위한고로
그의심장 도려내고 그의간을 도려내어
그로인해 흘린피가 너른땅을 적셨을때

아프다는 표현없이 괴로움을 참아가며
그와같이 백천만겁 지나간다 하더라도
사랑하는 어버이의 높고깊은 그은혜는
넓고크고 크고넓어 갚을수가 없느니라

왼쪽 어깨에 아버지를 모시고
동시에 오른쪽 어깨에는
어머니를 모신다
땅띔도 불가하건만
수미산을 백천만 번 돌다니
머리털 나고 처음 접하는 설이다

아무리 흉년이 들었기로서니
제 몸의 살점을 도려내고
살에서 뼈를 발라내어
마이크로 크기로 저미고 갈아
부모님께 드시라 했는가
행위 자체가 불효다

언제 어느 부모님께서
자식의 눈을 원하고
자식의 눈동자를 원했던가
부모님을 위한답시고
눈동자까지 도려내는 일이
옛 풍습에는 있었다는 얘길까

아버지와 어머니를 위하여

심장心臟을 도려내고
간肝을 도려낼 때
그게 셀프 수술이었을까
의사가 집도한 수술이었을까
심장과 간을 드러낼 때
그 엄청난 통증을 참아냈구나

바나나를 보면 나는
아프리카에서의 삶이 떠오른다
킬리만자로에서 삼칠일 동안을
오직 바나나만 먹고 지냈다
탄수화물이 풍부하기로
배고플 땐 최고였지

기네스북the Guines Book
누가 만든 책인가 했더니
그게 《은중경》이구나
기네스북이 나오기 전에
가정법假定法을 빌려
어리석은 효심을 비롯해
독특한 기사를 참 많이도 실었네

제2편 정종분

제3장 업난을 널리 설하다

제2절 도움 비유 8종

[5]

이를테면 이세상의 효심깊은 어느누가
낳으시고 기르시고 가르치신 부모위해
백천만개 돌아가는 날카로운 비수로써
자기몸을 돌아가며 여기저기 찔러대되

위로부터 아래에로 아래에서 위쪽으로
전후좌우 돌아가며 온갖고통 참아내길
백천만겁 지나도록 쉼이없이 하더라도
어버이의 깊은은혜 갚을수가 없느니라

횡성 어러리
– 동봉

한치 뒷산에 곤드레 딱지가
나지미(님) 맛만 같으면
그것만 뜯어 먹어도
봄 한철 나지
어러리 어러리 어러리요
어러리 고개고개로 나를 넘겨주게

빗줄기가 거세다 한들
벼락에다 견주랴
벼락이 모질다 한들
떠나는 님에게다 견주랴
어러리 어러리 어러리요
어러리 고개고개로 나를 넘겨주게

님을 보낸 마음이 아프다고 한들
내 새끼 다친 데 비길 것이랴
내 새끼 비록 아프기로
더도 덜도 말고 살아만 다오
어러리 어러리 어러리요

어러리 고개고개로 나를 넘겨주게

후텁지근할수록
소나기는 잦고
소나기는 반드시
번개와 우레를 동반한다

꼭두새벽부터 내리던 비
소나기로 변하더니
번개와 함께 우레다
한숨을 음정으로 삼고
번개와 우레를 박자로 삼은
어머니의 읊조림이 오버랩된다

아서라
어느 부모가
자식이 효한답시고
제 몸까지 던짐을 허하랴

* 횡성 어러리 2, 3연은 어머니께서 붙인 가사

제2편 정종분

제3장 업난을 널리 설하다

제2절 도움 비유 8종

[6]

이를테면 이세상의 효심깊은 어느누가
낳으시고 가르치신 아버지를 사랑하고
젖먹여서 키워주신 어머니를 사랑하여
명산대찰 찾아가서 부처님전 원을세워

몸으로서 등을밝혀 여래전에 공양하길
백천만겁 지나도록 계속한다 하더라도
낳으시고 기르시고 가르치신 부모은혜
그와같은 행위로는 갚을수가 없느니라

체괘신등 공양여래體掛身燈供養如來
'체괘신등' 네 글자를 흝은 뒤
하나하나 퍼즐을 맞추듯
다시 엮어가다 보면
체신體身이 되고
괘등掛燈이 된다
체신은 사람 몸뚱이며
다른 말로는 곧 신체身體다

나머지 두 글자 괘등掛燈은
높은 누각이나 전각에
매달아 놓은 등이다
내용은 간단하다
'이 몸體身으로
괘등掛燈을 삼아
부처님께 이바지함'이다
듣기에 멋진 말처럼 느껴진다

몸 체體 자 부수部首인
뼈 골骨 자에 깃들어 있는 뜻은
뼈를 돕는 관절 계통과 함께
뼈대 계통을 표현함이다

옆의 풍성 풍豐 자는
관절과 뼈대 계통서껀
몸 짜임새의 다양성豐을 뜻한다

사람 몸으로 등을 만들어
공양한다고 하는데
이는 소신공양燒身供養이다
몸을 불살라 공양한다면
몸 어느 부분을 사를까
감각 계통이 있고
근육 계통이 있고
뼈대 계통이 있고
관절 계통이 있고
내분비 계통도 있다

비뇨 계통이 있고
생식 계통이 있고
소화 계통이 있고
신경 계통이 있고
심장혈관 계통이 있다
산소가 있어야 불이 붙으니
그렇다면 산소를 들이마신 뒤

이산화탄소를 내놓는
호흡 계통에 불을 붙일까

느낌 체계가 대여섯 가지니
시각에 불을 붙일까
청각에 불을 붙일까
후각에 불을 붙일까
미각을 불사를까
촉각을 불사를까
신경세포를 태워 공양할까

부모은중경에서는
'몸을 살라 공양한다'시니
함부로 몸에 불을 붙이는 것을
우리 부처님께서는
장하다시며 칭찬하실까
부모님의 깊은 은혜를 갚기 위해
제 몸에 불을 붙인다고 하면
어느 부모가 기뻐하실까

부모님을 기쁘게 하는 일은
자기의 몸을 함부로 태워

이바지하는 것이 결코 아니다
불전 공양도 마찬가지다
몸을 이루는 어떤 기관이나
어떤 계통도 다 소중하다
사실 분신焚身보다
더 큰 불경不敬이 없고
이를 뛰어넘는 불효가 없다

제2편 정종분

제3장 업난을 널리 설하다

제2절 도움 비유 8종

[7]

이를테면 이세상의 효심깊은 어느누가
낳으시고 길러주신 어버이를 위한고로
이백여섯 뼈마디를 타닥타닥 두드리어
치밀뼈와 해면뼈의 골수만을 뽑아낸뒤

백천만개 창으로서 한꺼번에 찔러대되
백천만겁 지나도록 계속한다 하더라도
낳으시고 길러주신 부모님의 깊은은혜
그와같은 행위로는 갚을수가 없느니라

아침 9시 법당에 오르기 전이다
요사 1층 거실 마루에 놓인
멀쩡한 차탁을 닦다가
선뜩한 느낌이 든다
원목 차탁인데
위는 늘 닦으면서도
모서리나 아래는 닦지 않아
뽀얗고 까맣게 때가 끼어 있다

선뜩!
뭔가 일을 낸 게 분명하다
웬걸 아니나 다를까
앙증스러운 새끼손가락
그 손톱 밑에 가시가 박혔다
나는 나의 새끼손가락이
그토록 작은 줄 몰랐다
벽시계가 9시 6분을 가리킨다

곤지암성모병원으로
나는 다급하게 차를 몬다
운전대를 잡은 오른손이 서툴다
가까이 기억나는 데라곤

곤지암 연세정형외과의원과
곤지암성모병원이 다다
그 흔한 핀셋 하나
상비로 갖춰 놓지 않음을
운전하는 내내 나는 후회했다

곤지암성모병원에 도착하여
주차한 뒤 병원문을 들어서는데
뒤에서 상냥한 음성이 들린다
"손님, 어떻게 오셨어요?"
"손톱 밑에 가시가 들어서요."
얼떨결에 수인사를 잊었다
유니폼으로 갈아입지 않았으나
간호사가 분명했다

그녀가 문을 열고 들어가더니
핀셋을 들고 가까이 왔다
"어디 손 좀 보세요."
나는 오른손을 내밀었다
내 새끼손가락이지만 참 애처롭다
나는 나도 모르게 눈을 감는다
엄청 아플 거라 여기는 중에

간호사 음성이 편안하다
"자, 이제 가셔도 돼요"

오는 길에 차를 운전하며
문득 은중경 말씀이 생각난다
손톱 밑에 든 가시 하나도
그렇게 사람의 혼을 쏙 빼놓는데
망치로 뼈대를 두드리고 깨뜨려
골수를 빼내면 얼마나 아플까
한데 왜 그냥 찔러도 되는데
굳이 골수를 다 뽑아낸 뒤
창으로 찌른다는 걸까

눈 깜짝일瞬 사이間 생각이 바뀐다
10시부터 기도에 들어가려면
늦더라도 10분 전까지는
절에 도착해야 한다
생각은 오직 기도뿐이다
손톱 밑의 가시를 뽑고 보니
어떤 통증이었는지 잘 모르겠다
도통 기억이 나지 않는다

사람이 고통을 느끼는 것도
또 때로 잊고 사는 것도
기억력 때문일지 모른다
고통이 기억나면 마냥 아파하고
즐거울 때가 떠오르면 싱긋 웃는다
저승 가서도 마찬가지 아닐까
그런데 그때 가서 정말
어떻게 전생을 떠올리지?

암호로 풀었다 잠갔다 할까
얼굴 인식으로 잠그고 풀고 할까
여태껏 잠가 본 적이 없으니
어쩌면 내생에 가서도
나는 전생을 풀지 않을 것이고
아마 잠그지도 않을 것이다
이렇다 할 비밀이 없는데
만약 잠근다면 얼굴 인식보다
암호를 선택하지 않을까

제2편 정종분

제3장 업난을 널리 설하다

제2절 도움 비유 8종

[8]

이를테면 이세상의 효심깊은 어느누가
낳으시고 길러주신 어버이를 위한고로
펄펄끓는 무쇠물과 불덩이를 삼키기를
백천만겁 지나도록 계속한다 했을때에

몸뚱이가 불에타고 용액으로 흘러넘쳐
눈뜨고는 볼수없는 목불인견 이거니와
낳으시고 길러주신 부모님의 깊은은혜
그와같은 것으로는 갚을수가 없느니라

여덟 가지 도움 비유가
한결같이 가능성을 벗어나 있다
아버지 어머니를 양어깨에 모시고
수미산을 백천만 번 돈다는 게
말하자면 첫째 불가능이요
굶주린 부모님에게 드리기 위해
자기 몸뚱이를 도려내고 잘게 갈아
봉양하는 게 둘째 불가능이다

역시 부모님을 위하여
자기 눈과 눈동자를 도려내어
불전에 공양함이 셋째 불가능이요
심장과 간을 스스로 도려내어
흘린 피가 땅을 적시더라도
아픔을 참고 고통을 견뎌냄이
이른바 넷째 불가능이다

부모님을 위한답시고
면도날 같은 예리한 칼로
앞과 뒤 좌우를 가리지 않고
제 몸을 난자함이 다섯째 불가능이요
뼈와 살과 피부와 그리고 온몸으로

등불을 삼아 불전에 공양함이
소신공양으로 보이겠으나
여섯째 불가능이다

뼈를 부수고 골수를 끄집어낸 뒤
백천만 개 날카로운 창으로
온몸을 마구 쑤시기를
백천만 겁 동안 계속함이
솔직히 일곱째 불가능이요
어버이를 위한다면서
펄펄 끓는 무쇠 덩어리를 삼켜
온몸을 불태움이 여덟째 불가능이다

앞에서 여러 번 언급했듯이
이들은 모두 불가능이다
불가능한 것을 내세워
불가능에 도전하는 무모함보다
확실한 가능성을 선택하라는 것이
부모은중경에서 권하는 로드맵이다
불가능은 없다고들 하지만
8가지 도움 비유 말씀은
불가능성 불가능이다

섬뜩한 언어를 구사하기에
과연 경전 말씀이 맞을까 하는
염려가 없는 게 아니었으나
은중경 말씀은 서민들 언어다
자식이 엄마의 뜻과 다른 방향으로
돼지 발톱 어긋나듯 어긋난다면
"호래이는 저 녀석 안 물어가고
어디서 뭐 하고 있어?"라 하지만
진짜 호환虎患이 있길 바랄까

남편이 마음에 들지 않으면
"아이구, 저놈의 화상은 명도 길어
저승사자는 뭐 하는 거야!"
하고 구시렁대고 있으나
진짜 남편이 빨리 가길 바랄까?
입에 담을 수 없는 언어로
부처님께서는 말씀하시나
알고 보면 그것이야말로
이 경우 특징인 서민의 눈높이다

부모를 부모父母로 쓰기도 하고
어버이 친親 자를 쓰기도 한다

아비 야爺, 어미 양孃은
실제 격조 있는 언어가 아니다
논어와 함께 효경이라든가
소학, 명심보감 등에서도
야양爺孃으로 쓰지는 않는다
지체 있는 집안의 안팎을 가리켜
남정네, 아낙네로 일컫지 않듯 말이다

지금도 그렇겠지만 옛날에는
어르신들이 쓰는 막말이
고작해야 '썩을 놈' 정도이고
'뒈질 놈'이거나 '얼어 죽을'이었다
'접시 물에 코 박고 죽을 놈'과
'종지 물에 빠져 뒈질 놈'
'지옥에 떨어질 놈'도 썼다
그러나 '후레자식' 이나
'호로자식'과 같은 막말은
농담으로도 쓰지 않는 욕이다

불가능의 비유를 거쳐
가능성을 이끌어오는 말씀이
바로 이 부모은중경이다

도움 비유 8가지援喩八種에서
비유할 유喩 자는 비유의 뜻 외에
'깨우침喩'과 '말씀喩'으로도 새긴다
곧 불가능과 무모無謀라는
8가지 도움 되는 말씀을 인하여
도모가 가능한 참된 길을 가르친다

우리절 선창의 방석 피를 빠느라
덧씌웠던 피를 벗기고 보니
주름진 속살이 드러난다
어쩌면 사람도 그럴까
겉으로는 번지르르한데
속은 쪼글쪼글하지 않을까
혹시 방석이 사람을 닮았을까
아니면 사람이 방석을 닮았을까

제2편 정종분

제4장 과보로 나타나다

제1절 마음 열어 참회하고 닦으라 1

바로이때 대중들이 부처님이 말씀하신
어버이의 높고넓고 깊은은혜 듣고나서
참회하는 마음내어 피눈물을 흘리면서
큰소리로 슬피울며 부처님께 여쭈었다

유레카Eureka!
그리스 출신의 철학자며
수학자, 천문학자, 물리학자 겸
공학자였던 아르키메데스
그가 어느 날 욕조에 들어갔을 때
목욕물이 넘치는 것을 보면서
환희로움의 탄성을 질렀다
유레카, 유레카, 유레카!
그렇다, 깨달음이다

생각하지 않았던 데서
참된 진리를 깨달았을 때
상상을 뛰어넘는 엄청난 희열을
그는 '유레카'라고 한 것이다
우리말로는 어떻게 표현할까
감탄사가 한두 가지여야지
그래서 옛 선사들 중에서는
외마디에 덩실덩실 춤을 추었다

그게 1978년 봄이었으니
만으로 42년 하고도 한참 전이다
해인사 승가대학 재학 중에

마명보살의《대승기신론》을 읽다가
어느날 나는 무릎을 '탁' 쳤다
너무 좋아서 어찌할 줄 몰랐다
사교반이며 내 소임은 서기書記다
사운당四雲堂에 따로 서기실을 내주어
내 나름 자연스러운 편이었다

실은《대승기신론大乘起信論》보다
대승기신론에 주석註釋을 붙인
원효의《해동소海東疏》가
내 마음을 통째 사로잡은 것이다
《대승기신론》책 이름 그대로
'대승적 믿음을 일으키는 논문'이다
나는 그때 그것이 계기가 되어
지금까지 대승경전에 홀릭되었다

이보다 3년 전으로 올라가
치악산 구룡사 구룡폭포에서
2박 3일간의 짧은 시간을
대비주 삼매에 든 적이 있었고
나는 그때 초견성初見性을 하였다
갓 출가한 행자行者 신분이었으나

그때 읊은 오도송悟道頌이 있다
행자가 무슨 오도송이냐고?
'초발심시변정각初發心是便正覺'이다

심혜재하방/心兮在何方
고래멱부득/古來覓不得
아금불가설/我今不可說
역시과부득/亦是過不得
일념대비주/一念大悲呪
심월투대천/心月透大千
석양괘치악/夕陽掛雉岳
용수정이동/龍水靜以動

마음이여! 어느 곳에 있는가
아직 아무도 찾은 이 없네
내 이제 표현할 수 없음을
그대여 허물치 마오
한 생각 대비주를 염하다가
문득 마음달이 누리를 비추니
석양은 치악산에 걸리고
폭포수는 멈추었다 흐르네

동봉스님 구도에세이/(주)고려원
[마음을 비우게, 자네가 부처야]
구룡폭포에서 이룬 초견성/79~84쪽

'금강반야경金剛般若經
제14 이상적멸분離相寂滅分'에서
수보리 존자가 감격의 눈물을 흘리고
은중경 '과보로 나타나다'에서는
아난다 존자와 함께한 대중들이
참회와 환희의 눈물을 흘린다
적어도 '이때爾時'는 그러한 때다
깨닫고 나서 초저음으로 울 때
법희선열로 어쩔 줄 모를 때
유레카를 부르짖을 때다

깨달음이란 새로운 삶이다
어둠 속 어리석음에서
밝은 슬기를 맛볼 때
이를 일러 부활復活이라 한다
예수님의 부활을 놓고
생명이 끊어졌던 육신이
되살아남을 부활이라 하지만

내 생각의 부활은 그렇지가 않다
참된 이치를 깨달음이 곧 부활이다

대비주에 몰입했다가
마음의 소재를 알았을 때며
'대승기신론 해동소'를 읽던 중에
진정한 믿음은 삼보에 앞서
진여眞如의 내재에 눈 떴을 때다
이제까지 무명의 어둠 속에서
허우적대는 삶을 살았다면
진여의 지혜를 깨달음이야말로
새롭게 태어남에 견줄 만한 일이다

게다가 참회법을 알았다는 것이
지혜 못지않게 중한 것이다
은중경은 말씀하신다
지나치게 두려워하지 말라
잘못을 알았으면 고치면 된다
잘못은 사과하고 뉘우쳐라
만일 인색하였다면 베풀 것이요
갈 길을 찾았으면 길을 떠나라
어떤 길도 결코 두려워하지 말라

쉬어가기

[찬讚] 지장보살마하살

오!
땅의 보살이여
위대한 지장이시여
당신의 품은 한없이 자비롭고
당신의 원력은 한없이 크나이다
당신께서 함께하시기에
오늘 내가 여기 있고
당신의 보살핌으로
평안하나이다

거룩하신 이여
그대 지장보살이시여
기쁠 때 우리는 당신을 부릅니다
슬플 때도 당신 이름을 부르고
괴롭고 외로울 때도 우리는
늘 당신을 부릅니다
감사한 마음으로
당신의 이름을 부르고

당신 모습을 우러르나이다

실로 거룩하신 이여
당신은 저희 어버이시며
존경하는 스승이십니다
함께 울고 함께 웃는
친구며 길벗道伴이십니다
좋은 길라잡이시며
애인이십니다

당신의 위신력은
실로 무한하옵니다
한량없는 세월을 두고
당신의 원력을 칭찬하고
찬탄하고 설한다 하더라도
그 끝은 못내 찾을 길 없나이다

당신을 우러르고
당신의 교화를 받고
당신에게 예배하는 한순간
저희는 커다란 이익을 얻나이다
금생에도 내생에도

그리고 먼 먼 후생에도
우리는 모두 이익되나이다

당신은 언제나 울고 계십니다
저승길에서 함께 우시고
염라국에서 우시며
지옥문 앞에서
당신은 우시나이다
당신 왼손에는
밝은 구슬이 들려 있고
당신 오른손에는
사랑의 매가 들려 있나이다

아무리 목쉬게 외쳐도
교화의 손길을 드리우더라도
당신 뜻을 따르지 않는 자 있기에
오늘도 내일도 훗날에도
저승세계 부처님으로
지옥의 문전에서
그토록 우시나이다

거룩한 보살이시여

지장보살 대성존이시여
당신의 사랑은 무한하시고
당신의 원력은 끝이 없나이다
그 공덕을 내세우지 않으시오니
모든 영광은 오직 당신의 것입니다
당신은 곧 땅의 주제자요
땅의 어머니십니다
사랑이십니다

오늘도 내일도
그리고 먼 훗날에도
저희는 당신의 이름을 부르고
당신의 참한 모습을 바라보면서
당신의 본원력을 따라 배우고
함께 눈물 흘릴 것입니다
대원본존 지장이시여
언제 어디서나 한결같이
당신을 따라 의지하겠나이다

원문原文

지장대성위신력/地藏大聖威神力

항하사겁설난진/恒河沙劫說難盡

견문첨례일념간/見聞瞻禮一念間

이익인천무량사/利益人天無量事

고아일심귀명정례/故我一心歸命頂禮

제2편 정종분

제4장 과보로 나타나다

제1절 마음 열어 참회하고 닦으라 2

거룩하신 세존이여 저희들이 바야흐로
부모님께 대해서는 죄인임을 알았으나
헤아릴수 바이없는 어버이의 깊은은혜
어찌해야 이들은혜 갚을수가 있으리까

죄에는 몇 가지가 있다
선천적으로 타고난 죄가 있고
태어나서 살아가며 짓는 죄가 있다
선천적으로 타고난 죄에도
기독교적인 오리지널 죄가 있고
불교적인 전생의 죄가 있다
오리지널 죄를 아담죄라 하고
전생의 죄를 업業이라 한다
물론 불교는 전생죄와 더불어
금생에 지은 죄도 함께 얘기한다

아담죄나 오리지널 죄는
인간 개개인이 지은 죄가 아니라
인간으로서 몸을 받을 그때
누구에게나 함께 덧씌워진 죄다
까닭은 아담의 후예이기에
아담죄/오리지널 죄는
다른 말로는 원죄原罪라 한다
원죄는 생각처럼 없어지지 않는다
그 이유는 아주 간단하다
석간수原부터 오염罪되었으니

그렇다면 전생에 지은 죄를
금생에 인정하고 참회한다 해서
생각처럼 깔끔하게 사라질까
전생의 나와 금생의 내가
완벽하게 같은 존재라고 했을 때
지성으로 참회하면 죄는 없어진다
그러나 동일 존재가 아니라면
으레 죄는 사라지지 않는다
죄를 지었다고 보는 전생의 나와
참회할 금생의 내가 다른 개체니까

가령 금생의 황금과 전생의 황금이
그 크기라든가 생김새에서
또는 채굴된 곳이 일치했을 때
그리하여 완벽한 동일체라면
전생에 더럽혀진 오물일지라도
금생에 닦기만 하면 된다
왜냐하면 한 번 완성된 금은
비록 많은 시간이 흐르더라도
영원히 그 바탕을 지닌 까닭이다
황금은 불변의 속성을 지니고 있다

불교에서의 죄罪는 자성이 없다
즉 '영구죄'라는 것이 없다
불교는 진여 자성眞如自性을
으뜸가는 보석으로 여긴다
따라서 이를 황금에 견준다
광산에서 채굴되었을 때의 금은
이물질異物質이 섞여 있을 수 있다
이를 완벽한 금으로 가공하면
어떤 오물과 가까워지더라도
결코 그들 오물에 물들지 않는다

알고 보면 죄는 흙탕물과 같고
진여 자성은 반짝이는 황금과 같다
휴 엘더시 윌리엄스 교수가 쓴
원소의 세계사를 뒤적이지 않더라도
황금은 그 어떤 시약試藥으로도
성질을 바꿀 수 없다고 본다
그는 이렇게 말한다
"왜 불상을 황금으로 입히는가
붓다의 가르침과 황금이
불변성에서 같기 때문이다"라고

흙이란 다른 물질과 만나게 되면
그 본바탕이 바뀔 수 있으나
황금은 더렵혀질 뿐 물들지 않는다
따라서 전생에 지은 죄업은
진정으로 참회할 때 깨끗해진다
꼭 황금이 아니라 해도 좋다
흙탕물을 끼얹는다고 해서
옥玉과 흙탕물이 섞이지 않고
달걀을 바위에 던진다고 해서
바위 속까지 오염되지는 않는다

그러나 만일 황금을 가공할 때
아예 다른 물질을 섞었다면
이는 비록 아름다운 보석이라 해도
금의 순도가 떨어지게 마련이다
사람이 사람으로 태어날 때부터
원죄를 짊어지고 태어났다는 게 뭘까
태어나는 자의 바람과는 무관하게
죄의 성분이 섞여 있다는 얘기다
이미 DNA에 죄의 성분이 섞였다면
회개悔改로 죄가 없어지지는 않는다

종교와 철학이 다른 점이 있다면
죄의 성질과 유무에서 찾는다
죄를 다루는 학문이라면 종교이고
죄를 말하지 않으면 철학이다
또한 죄를 다루는 게 종교라지만
아예 DNA에 죄가 섞여 있다면
이는 그리스도의 가르침이고
죄에 자성이 없다고 한다면
이는 붓다의 가르침이다
비빔밥과 따로국밥이라고나 할까

부모님께 잘못을 저질렀다면
그리고 그것이 죄임을 알아차렸다면
그는 이미 그 마음에 죄성이 없다
수십 년 어두웠던 방이라도
스위치를 올려 어둠을 밝힌다면
이미 어둠은 사라진 상태다
어둠에 자성自性은 없다
어둠을 들고 햇빛에 나가거나
횃불을 들고 어둠 속에 들어갈 때
없어지는 것은 역시 어둠일 뿐이다

예를 들면 원죄는 물감과 같다
처음부터 제대로 든 염색은
씻는다고 쉽게 지워지지 않는다
그러나 만일 전생의 죄업을 비롯하여
금생에 지은 죄업이라 할지라도
그게 만일 원죄가 아니라면
더러운 옷을 입었다 하여
살갗까지 오염되지 않음과 같다
더러운 옷은 빨아 입으면 되고
때가 좀 앉았으면 목욕을 하면 된다

여기에서 어느 종교의 교리가
더 뛰어나다고 얘기할 수는 없다
따로국밥을 즐기는 사람과
비빔밥을 좋아하는 사람을 두고
우열을 가릴 수 없는 것처럼 말이다
은중경에서 제자들은 말한다
"저희가 지은 죄를 알겠나이다
부모님께 불효한 잘못을
어떻게 하면 바른 참회가 되고
깊은 은혜를 갚을 수 있겠나이까?"

죄가 육안肉眼으로 보일까
돋보기로 확대하면 잘 보일까
보이지 않는 스마트폰의 세균처럼
예상치 못했던 컴퓨터 자판처럼
닦아내면 정말 깨끗해질까
원죄는 어떻게 섞여 있을까
디옥시리보 핵산DNA에서
성능 좋은 족집게pincette로
하나하나 뽑아낼 수가 있을까
이 또한 쓸데없는 망상妄想이렷다

제2편 정종분

제4장 과보로 나타나다

제1절 마음 열어 참회하고 닦으라 3

부처님이 제자들을 바라보며 말씀하되
부모님의 깊은은혜 갚으려고 하는이는
부모님을 위한고로 이경전을 베껴쓰고
부모님을 위한고로 이경전을 독송하며

'위어부모爲於父母'를 새길 때
'부모님을 위하여'로 했으나
맞는 해석인지는 모른다
장소를 뜻하는 어조사 어於 자가
하다/되다/위하다爲 등 동사動詞와
명사 부모父母 사이에 놓인 까닭이다
장소의 뜻이 명사 앞에 놓였다면
그 명사를 위함도 되겠지만
명사의 입장이 되어 봄은 어떨까

곧 '위어부모爲於父母'를
'부모님을 위해서'로 풀기보다는
'부모님 입장이 되어'로 푼다면
부처님 말씀이 달리 다가오지 않을까
자식 처지에서 바라보는 게 아니라
부모님 입장이 되어 보는 것이다
부모님은 교회에 나가시고
자녀는 절에 나간다고 했을 때
부모님 입장에서 생각하면 어떨까

서사차경書寫此經이니
독송차경讀誦此經이니 했을 때

평소 절에 나가시던 부모님 입장에서
불교 경전을 읽어 가는 게 아니라
교회 나가는 자녀들 입장에서
성경을 읽으면 그게 맞을까
'위어부모爲於父母'에서
어조사 어於 자가 생략된 채
'위부모爲父母'로 되어 있다면
'부모님을 위하여'로 해석할 수 있다

그런데 여기에 '어於'가 끼어 있다
지금까지 '위어부모' 번역이
'부모님을 위하여'로 되어 있어
나도 이 맥락을 따르지만
'입장 바꾸기'로 보는 게 좋을 듯싶다
살아계실 때 육식을 싫어했다면
돌아가신 뒤 제사 의식에 따라
주과포혜酒果脯醯를 고집함보다
즐기셨던 제수祭需로 장만함이 옳다

어떤 분들은 이렇게 물어오기도 한다
'평소 어머니가 커피를 좋아하셨고
술은 입에도 대지 않으셨는데

커피로 할까요, 술로 할까요?'
그때 나는 늘 이렇게 답한다
'평소 즐기시던 커피를 올리십시오
에스프레소를 좋아하셨다면
다른 커피보다 에스프레소로……'
전혀 드시지 않았던 술보다
커피를 올림이 '위어爲於'의 뜻이다

우리절 법요집 송주편誦呪篇에
이른 바 '지경게持經偈'가 있다
게송 이름은 내가 붙였다

본디부터 내게있는 아름다운 이경전은
붓과종이 먹물로써 이뤄진게 아닌지라
펼쳐보면 한글자도 찾아볼수 없거니와
언제든지 찬란하게 대광명을 놓고있네
아유일권경我有一券經
불인지묵성不因紙墨成
전개무일자展開無一字
상방대광명常放大光明

이 뒤로 '개경게開經偈'와 함께

'개법장진언'으로 이어진다
송주편에 지경게를 삽입한 것은
아마 우리절이 처음일 것이다
자, 그렇다면 어떤 경전을 읽어드릴까
부모은중경에서는 말씀하신다
'부모父母 입장於이 되爲어
이此 경經을 쓰書고 베끼寫라
그리고 부모 입장이 되어
이 경을 읽讀고 외우誦라'고

문맥상 이 경은 부모은중경이 맞다
부모은중경 말씀을 쓰고 베끼고
읽고 암송하라는 것이 맞다
쓰고 베끼라는 서사書寫와 함께
읽고 외우라는 독송讀誦은
법화경 '오종법사五種法師'에 속한다
서사書寫를 사경寫經이라고도 한다
그러나 엄격히 따지고 들어가면
서書는 부처님 말씀을 씀이고
사寫는 부처님의 생각을 그림이다

예로부터 의사 전달 표시로

첫째 언어가 있었고
둘째 그림이 있었으며
셋째 글씨가 있어 왔고
넷째 결국 문장으로 승화한다
문장과 글씨가 늦게 발달한 표기고
문장 이전에 글씨, 그림이 있었다
소위 그림문자像形文字다
그림 이전에는 음성이다
지금도 우리 인간을 제외하면
뭇 생명은 음성과 몸짓에 의한다

따라서 베낄 사寫 자에 담긴 뜻은
글자보다 변상도變相圖처럼
그림의 형태로 의사를 전달한다
이는 우리 불교계뿐만 아니라
힌두교, 기독교, 이슬람교 등
종교 회화가 많은 편이다
그림 외에 조각이 있고
주물鑄物이 있고
사진寫眞이 있으며
멋지고 장엄한 건축물이 있다

서사書寫의 범위가 생각보다 넓다
이 세상에서 가장 아름다운
쓰書고 베낌寫을 들라면
효도와 사랑을 바탕으로 한 세계
진여眞如와 자성自性이다
세존께서 말씀하신
'이 경'에서 말한 '경'은
글자로 이루어진 경에 앞서
이처럼 글자 그 내면에 자리한
효孝와 사랑慈과 슬기慧 마음이다

제2편 정종분

제4장 과보로 나타나다

제1절 마음 열어 참회하고 닦으라 4

부모님을 위한고로 죄와허물 참회하고
부모님을 위한고로 삼보님께 공양하고
부모님을 위한고로 재계받아 지닐지며
부모님을 위한고로 보시하고 복지으라

첫째, 참회죄건懺悔罪愆

죄罪는 잘못非이 드러나
구속때이 언도된 뒤를 가리킨다
따라서 구속되기 전은 죄인이 아니다
잘못이 좀 있다 하여 죄인은 아니다
허물愆은 마음心이 오지랖衍이라
지나친 간섭에서 오긴 했으나
죄가 언도되기 이전이기에
이 또한 죄인은 아니다

섬세纖한 마음忄 속에
깊숙이 숨어 있는 잘못이라면
숨은 대로 다 뉘우치는 게 참懺이니
참懺이란 곧 공간적 뉘우침이다
사람人 중에서 가장
아름다운 어머니母처럼
늘每 아끼는 마음忄 지님이니
회悔란 결국 시간적 뉘우침이다

둘째, 공양삼보供養三寶

세三 가지 보배寶라
삼계 중생의 안내자導師시고
네四 생명生 부류의 스승이시니
이 부처님보다 더 높은 분이 있으랴
이의 가르침보다 귀한 게 있으랴
부처님 지혜慧 생명命을 잇는
거룩한 수행자를 버려두고
진정 귀의할 곳이 있으랴

마지 올려 불공佛供하듯이
눈에 띄는 공양물로써
삼보에 이바지供養하는 게
결국 공양이 아닌 것은 아니나
부처님을 만남에 감사하고
소중한 가르침을 귀히 여기고
참된 수행자를 존경하는 마음이
다름 아닌 삼보에 관한 이바지이다

셋째, 수지재계受持齋戒

다섯五 가지種 법사法師 중에서
마음으로 느끼受고 지님持이
으뜸가는 법사法師다
왼손爪과 더불어 오른손又이
함께 나가 받아들임⌒이 수受요
공관寺의 뜻을 귀히 여김扌이 지持다
몸과 입으로는 계戒를 지니고
마음은 재齋를 느낌이다

계戒는 우선 몸을 경계함이니
스무卄 자루의 창戈으로
몸을 보살핌이 계戒요
아무리 작은小 것일지라도
가지런하齊게 여기는 자세를
한마디로 일컬어 재齋라고 한다
불교의 실천 수행이 무엇일까
곧 수지재계受持齋戒다

넷째, 보시수복布施修福

여섯六 가지 바라밀度 중에
보시布施를 앞에 놓은 까닭은
베풀布고 또 베풀施라는 뜻이다
헐벗은 자에게는 옷巾을 베풀又고
굶주린 자에게 먹을 것을 베풂施이다
이해득실의 개인 감정을 벗어나
받는受 이惠의 느낌 체계가
공평함方이 곧 시施다

복福을 닦으라修고 하니
복이란 자연神이 준示 것으로
한一 사람口이 누려야 할 경제田다
가득할 복畐 자의 뜻이 이와 같다
기복祈福은 나쁘다 폄하하면서
새해 인사는 늘 '복 많이 받으세요'다
닦으修라 하니 무슨 뜻일까
회초리攵로 삶을 바르게 하고
빗으로 머리와 수염彡을 다듬듯
행동과 마음을 바르게 함이 수修다

제2편 정종분

제4장 과보로 나타나다

제1절 마음 열어 참회하고 닦으라 5

만일능히 이와같이 부지런히 닦는다면
효도하고 순종하는 자녀라고 할것이나
이와같이 보살행을 지어가지 아니하면
지옥따로 있지않고 그가바로 지옥이라

부처님 말씀은 매우 간결하다
만일 능히 이와 같다면
이는 효순孝順하는 자녀요
그렇지 못하다면 그가 곧 지옥이다
효순이 인간 개체를 뜻한다면
극락이나 천당도 개체의 느낌이다
지옥도 공간 개념이 아니라
개체며 개체의 느낌이다

금강경에서 부처님이 말씀하신다
제14 이상적멸분 끝 부분이다
'수보리야 여래如來는
참된 말씀을 하는 이며
실다운 말씀을 하는 이며
같은 말씀을 하는 이며
속임 없는 말씀을 하는 이며
다름 없은 말씀을 하는 이'라고

구마라집(344~413) 삼장의
한역 금강경 원문을 보면
아래와 같이 표현된다
'수보리 여래 시 진어자 실어자

여어자 불광어자 불이어자'
〈須菩提如來是眞語者實語字
如語者不誑語者不異語者…〉라고

이 말씀에 따르면 부처님께서는
사실대로 말씀하는 분이고
속이지 않는 분이다
항상 동일하게 말씀하시며
실답게 말씀하는 분이며
오직 참됨을 말씀하는 분이다
만일 그렇다면 금강경에서는
왜 이렇게 말씀하셨을까

세상 속으로 한 발 들어가 보면
사람 살아가는 이 세상이
불신不信으로 가득하다
예나 이제나 세상은 똑같다
지체가 높으면 높을수록
위력威力이 강하면 강할수록
삶의 비리가 그만큼 많은 편이다
이를 숨기려 거짓이 늘어난다
오죽하면 우리 속담에

'입만 열면 거짓말'이라 할까

이를 뒷받침하는 불교 논리가 있다
소위 네 가지 추측四量이다
사물을 관찰함에 있어서
기준이 네 가지란 뜻이다
첫째가 현량現量이다
몸소 보고 직접 들은 것은
느낀 그대로를 다 받아들인다
소를 보고 소인 줄 아는 것 따위다

둘째는 비량比量이다
견줄 비比 자에 헤아릴 량量 자다
남의 말과 전해진 증거만으로
추측하여 아는 것을 말한다
제 눈으로 본 적이 없고
귀로 들은 적이 없다
정신적인 차원에서
비슷하게 추측하는 것이다
예를 들면 담 넘어 뿔을 보고
거기 소가 있음을 아는 것 따위다

셋째는 사량似量이다
닮을 사似 자를 쓰는 까닭에
비교할 뿐 사실이 아닐 수도 있다
다른 말로 잘못 헤아림이 사량이다
현량이나 비량과는 다른 앎이다
담 밖 쇠뿔을 막대기로 이해했다면
잘못된 추론 곧 사량似量이고
소를 사슴으로 이해했다면
현량의 잘못된 추론이다

넷째가 곧 성언량聖言量이다
성인 말씀 따라 헤아림이다
현량을 비롯하여 비량과 사량은
현상계를 관찰할 때 사용하는 논리다
불교는 부처님 가르침을
불언량佛言量이라 표현하고
다른 성인들 경우에는
당연히 성인들 말씀이기에
성인聖 말씀言으로 헤아린量다 한다

예를 들면 이렇게 생각할 수 있다
극락에는 연꽃이 화려하다

청황적백靑黃赤白 네 가지 꽃이다
극락이 어디에 있는지 모르나
부처님 말씀으로 서쪽이라 본다
지옥고가 얼마나 극심한지
현량과 비량으로는 알 수 없다
그러므로 성언량을 빌려서
인식하고 이해할 필요가 있다
성자들은 거짓이 없는 까닭이다

제2편 정종분

제4장 과보로 나타나다

제2절 아비옥에 떨어지는 고통 1

거룩하신 부처님이 아난에게 고하시되
부모님을 멀리하여 효도하지 않는자는
그의몸이 망가지고 목숨마저 마친뒤에
아비무간 지옥계에 떨어지게 되느니라

옮긴 글 중 셋째 줄 말씀이 중요하다
우리 부처님께서는 말씀하신다
'몸 망가지고 목숨을 마친다'고
이를 원문 그대로 가져오면
'신괴명종身壞命終'이다
몸이 먼저 망가지고 난 뒤에
목숨이 서서히 끊어지는 것일까
아니면 목숨이 먼저 끊어진 뒤
체온이 차차 식어가면서
마침내 몸이 굳어질까

만약 몸이 먼저 망가지고 난 뒤
목숨이 뒤를 따라 마친다면
가령 엄청난 사고로 인해
몸의 일부가 떨어져 나가더라도
생명에 지장이 없는 경우가 있는데
이를 어떻게 해석하여야 할까
따라서 몸이 망가지더라도
목숨까지 따라서 끝나지는 않는다
아니면 목숨이 먼저 다하고
나중에 몸이 망가질까

의사가 환자의 죽음을 판단할 때
으레 몸의 망가짐도 보겠지만
호흡과 맥박과 체온 따위와
모든 가능성을 종합해서 결정한다
몸이 망가지지 않았다 하더라도
목숨은 이미 다한 경우가 있고
멀쩡한 몸에 숨이 멎은 경우도 있다
민족대표 33인의 한 분이었던
백용성 큰스님《임종결》臨終訣에
죽음에 관한 얘기가 잘 나와 있다

그렇다고 용성 큰스님이
의사보다 더 낫다는 게 아니다
용성 큰스님은 구한말의
철학자며, 교육가며
시인이며, 독립운동가며
저술가며, 번역가다
그는 사업가였고
금융 경제인이었으며
불교 승려로서 율사였고
선사였으며 선지식이었다
그러나 그는 의사는 아니었다

몸을 나타내는 한자 표기는
몸 신身 자 외에도 매우 다양하다
몸 기己 자는 뱀 사巳 자를 닮았는데
이는 살아서 꿈틀대는 자의 몸은
뱀巳처럼 유연해야 한다는 뜻이다
목숨이 다하여 숨이 멎은 몸은
체온이 생각보다 빠르게 식으며
돌처럼 딱딱하게 굳어버린다
비슷한 뜻의 몸 궁躬 자도
몸身이 활弓처럼 부드러울 때
제대로 된 몸躬이라고 할 것이다

그렇다면 몸軀이란 게 무엇일까
겉으로는 몸身의 모습이지만
몸 안口에는 장기를 비롯하여
온갖 계통品이 다 갖추어져야 한다
무엇보다 몸을 지탱하는
뼈骨와 관절이 튼실했을豊 때
그를 일컬어 갖춘 몸體이라 하고
근육과 살갗皮膚을 비롯하여
행동거지와 표정까지
건강豊하고 너그러울 때

완전한 몸體이라 할 것이다

몸躬은 좌우 대칭을 이루어야 하나
몸身의 위아래 균형몸도 잡혀야
비로소 건강한 몸이라 한다
머리가 가슴과 배보다 크거나
가슴과 다리 합친 것보다
얼굴 하나가 더 크다고 하면
균형 잡힌 몸이라 할 수 있을까
몸躬은 몸身을 계속 움직일勞 때
성장발육이 제대로 이루어지고
마침내 키身 큰長 몸䮾을 갖게 된다

무너질 괴/앓을 회壞 자를 살펴볼까
사람은 직립형直立形의 존재다
부처님은 부모은중경에서
죽음을 몸身의 망가짐壞과
목숨命의 마침終이라 하셨다
직립보행의 인간이 망가졌다면
이는 쓰러진 것이고 무너진 것이다
무너짐은 제방의 무너짐이고
교량이나 건축물의 무너짐이다

결국 사람의 쓰러짐이다

사람이 죽으면 상복衣을 입는다
이를 복服을 입는다고 한다
옷衣 입고 눈叩물水을 흘림을
일반적으로 곡哭한다고 한다
무너질 괴壞 자와 품을 회懷 자의
소릿값 회裹에 담긴 뜻은 동일하다
품는다고 할 때는 마음심忄 변이고
무너진다 할 때는 흙토土 변이다
마음심忄 변을 품음懷은 사랑이고
흙토土 변은 무너짐壞이며 아픔이다

목숨 명命 자를 펼쳐 놓고 보면
삼함 집스 자에 두드릴 고叩 자다
베토벤의 교향곡 5번 다단조가 뭘까
별도로 〈운명교향곡〉이라고 한다
생명의 맥박이 격하게 뛰는 모습이다
삼합三合은 음악의 세 요소다
첫째는 리듬_Rhythm이요
둘째는 선율_Melody이며
셋째는 화성_Harmon이다

물론 이는 목숨의 삼 요소는 아니다

살아生있는 목숨命의 삼합 집스
이들 세 요소는 시간과 공간과 존재다
가령 생명이 살아 있기 위해서는
첫째 시간이 있어야 하고
둘째 공간이 있어야 하며
셋째 존재가 있어야 한다
시간이 멈추면 맥도 따라 멈추고
틈새 없는 공간은 호흡이 불가능하며
죽은 자에게 시공간은 가치가 없다
운명교향곡을 다시 감상해 보자

몸이 무너지고 망가짐은
나름대로 이해가 될 듯도 싶은데
목숨命을 마침終에 이르면
쉽게 연결이 되지 않는다
목숨을 마친 기억이 없기 때문일까
겨울冬은 계절 중에서 끄트머리夂요
북반구에서 계절의 끝은 춥다冫고 한다
이 두 자가 만나 겨울 동冬이 되었다
계절은 실타래糸처럼 이어져 있다

봄, 여름, 가을, 겨울, 봄, 여름……

지옥地獄을 풀면 '땅 감옥'이다
하늘에 있는 감옥이 아니고
지상 어디에 잘 지어 놓은
구치소나 교도소가 아니다
지옥이란 이름을 사용하면서
지옥은 으레 땅 아래 더 낮은 곳에
자리잡고 있을 것으로 여겨왔다
그래서 '하늘에 오르다'와
'피안彼岸에 이르다'
'극락에 가다'처럼
올라가거나 건너가는 게 아니다

떨어질 타墮 자처럼
우리가 살고 있는 여기서
중력이 강하게 작용하는 곳이다
지구 중심부로 들어가면
지각이 있고 그 안에 맨틀이 있고
맨틀 안에 외핵外核이 있고
더 깊이 들어가 중심에 이르면
거기에 쇳물이 펄펄 끓는

섭씨 5,500도의 내핵이 있다
이 내핵이 아비지옥일까
내핵에 빨려 들어감이 죽음일까

제2편 정종분

제4장 과보로 나타나다

제2절 아비옥에 떨어지는 고통 2

아비무간 지옥이란 무쇠로서 되었는데
삼천대천 세계중에 으뜸가는 크기로서
벽의높이 벽의둘레 벽의두께 이르도록
깊이거나 넓이거나 각기팔만 유순이라

아비지옥 건축 자재는 어떤 것이며
지옥의 크기는 어느 정도일까
그냥 지옥이면 지옥이지
거기에 자재가 왜 궁금하며
규모는 굳이 알아서 뭘 하겠느냐다
그래도 부모은중경은 설명한다
건축 자재는 으레 무쇠다
흙이나 벽돌도 있을 것이고
나무나 기타 다른 자재도 있을 텐데
꼭 무쇠로 지을 필요가 있었을까

동東이나 서西나 예古나 이제今나
구치소나 감옥에 들어가는 것은
당연히 죄를 지었기 때문이다
잘못을 좀 지었기로서니
다 아비지옥에 들어가진 않는다
형량이나 또는 죄질에 따라
무간지옥에 갈 수도 있겠지만
죄가 약간이라도 가볍다면
칼산刀山 지옥이라든가
검나무劍樹 지옥에 갈 수도 있다

이는 내가 지어서 하는 말이 아니라
천수경 육향조六香條 말씀이다
끓는 가마솥鑊湯 지옥이나
무쇠 불꽃이 타오르는
화탕지옥으로 보내질 수 있다
하지만 이들 지옥은 형기가 있다
불교에서 말하는 형벌에는
사형제도가 아예 없다
경전에서는 찾을 수가 없다
가장 큰 죄가 무기징역형이다

여기 부모은중경에 따르면
아비무간지옥 한 가지밖에는 없다
참고로 지옥에 관해 설명한다면
아비지옥과 무간지옥은 같은 말이다
아비치Avici는 인도 말이고
소리 옮김音譯은 아비阿鼻며
뜻 옮김意譯이 곧 무간無間이다
왜 부모은중경에서는 아비지옥일까
죄 중에 가장 큰 죄가 불효다
오역죄 중 첫째와 둘째인
불효죄를 저질렀기 때문이다

프랑스 탈레랑Talleyland 경卿의
커피 예찬론에 따르면
지옥은 뜨거운 곳으로 표현된다
"커피의 본능은 유혹이다
진한 향기는 와인보다 달콤하고
부드러운 맛은 키스보다 황홀하다
악마처럼 검고
지옥처럼 뜨거우며
천사처럼 순수하고
사랑처럼 달콤하다" 라고

지옥에는 팔열지옥八熱地獄과
팔한지옥八寒地獄이 있다
여덟 가지 뜨거운 지옥은
1. 등활等活Sañjīva을 비롯하여
2. 흑승黑繩Kālasūtra
3. 중합衆合Saṃghāta
4. 규환叫喚Raurava
5. 대규환大叫喚Mahāraurava
6. 초열焦熱Tapana
7. 대초열大焦熱Pratāpana
8. 아비阿鼻Avīci 지옥이 있다

팔한지옥은 곧 얼음 지옥이다
이들 지옥도 여덟 가지다
1. 아르부다頞浮陀arbuda
2. 니라부다尼剌部陀nirabuda
3. 아타타頞哳陀atata
4. 하하바郝郝婆hahava
5. 후후바虎虎婆huhuva
6. 우트팔라嗢鉢羅utpala
7. 파드마鉢特摩padma
8. 마하파드마摩訶鉢特摩mahapadma

여덟 가지 뜨거운 지옥은
형용사에서도 상황을 표현했다면
여덟 가지 얼음 지옥은
추위에 떠는 의성어 표현이다
몸이 떨리고 입술이 떨려
아타타를 비롯하여
하하바, 후후바, 우트팔라
아르부다, 니르부다
파드마, 마하파드마 따위로
추위의 느낌에 걸맞게 이름하였다

그렇다면 아비/무간지옥은
왜 무쇠로 만들어졌을까
형벌에 정해진 대로
구속 기간 형기를 마치고
모범수로 석방된다면 좋겠지만
그러나 사람의 본능은
옥에 갇히는 그 순간부터
그곳에서 당장 벗어나려는
조급증이 일어나게 되어 있다
탈옥의 방비가 무쇠로 된 옥이다

지옥의 규모가 어마어마하다
지옥 담장 두께가 8만 유순이고
담장의 높이가 8만 유순이며
담장 둘레 길이와 함께
지하에 박힌 담장의 벽이
이 또한 8만 유순에 이른다
1유순은 대략 16km 안팎이니
계산기를 두드리면 바로 답이 나온다
아무튼 담 위로 넘는 것은 물론
담벽을 뚫을 수도 없으며
담 아래를 파고 나갈 수도 없다

이토록 엄청난 지옥 구조물을
그 옛날에 누가 설계하고
무쇠를 어디에서 가져왔을까
주물을 다루는 솜씨가
에밀레종에서 발휘되는데
무간지옥이 그 전에 만들어졌다면
주조기술은 어떻게 된 것일까
아무리 생각해도 답이 없다

제2편 정종분

제4장 과보로 나타나다

제2절 아비옥에 떨어지는 고통 3

지옥담장 안팎으로 철조망이 둘러있고
붉디붉은 무쇠로써 땅바닥이 되었으며
거기에서 불꽃들이 맹렬하게 타오르되
번개우레 갈마들어 쉴사이가 없느니라

육합석六合釋 중에서
의주석依主釋을 따른다면
지옥은 땅속에 있는 감옥이지만
지업석持業釋/동의석同依釋에서는
'땅의 감옥'이 아니라 '땅 감옥'이다
다시 말해 땅地이 따로 있고
그 땅속 어딘가 옥獄이 있다기보다
땅 자체가 바로 옥이라는 것이다
인류가 이 땅에 발을 디딘 이래
끊임없이 땅뺏기를 해왔다

이는 인류에게만 적용되지 않는다
사자를 비롯한 맹수들로부터
새, 물고기, 파충류, 곤충은 물론
아주 작은 바이러스에 이르기까지
소위 영역 표시를 통하여
땅뺏기 놀이를 하는가 하면
숙주를 놓고 서로 다툰다
생존하기 위해서라면
영토를 지키고 사수함이
지극히 당연한 일이긴 하겠지

이런 면에서 볼 때 땅은 소중하다
땅은 인간이 움직일 수 없다
땅 위에 지은 집도 옮기지 못한다
그래서 이를 부동산不動産이라 한다
혼자 힘으로 들고 갈 수 있는 것을
움직이動는 재산産이라 함과
비대칭의 대칭을 이룬다
그래서 요즘 쓰는 말에
가장 높은 산이 부동산이란다
아무나 쉽게 오를 수 없기 때문이다

무간지옥은 곧 땅地과 감옥獄이
따로 분리된 개념이 아니라
이처럼 하나로 묶여 있다
가령 '땅의 감옥'은 땅에 매여 있으나
'땅 감옥'은 서로 의존하는 까닭에
어느 쪽에도 매임이란 게 없다
죄수를 구속하기 위하여
인간이 만든 교도소 주소가
번지 주소나 도로 주소를 떠나
우리 인간의 마음속에 자리한다

그리고 아무리 감옥이 크다 해도
담장의 가로 세로를 비롯하여
두께까지 8만 유순일 수 없으나
경전 말씀을 부정할 수도 없다
지옥 내부와 크기에 대해서는
경전에서 설명하지 않는다
감옥 담장이 사각으로 되어있든
또는 원통형으로 되어있든
담장에 준한 크기가 있을 것이다
무간아비지옥은 과연 어떤 형태일까

은중경에서는 사각으로 말씀하는데
세계적 빛의 작가 백남준 선생이
찬란하게 뿜어내는 빛살처럼
그렇게 설계된 감옥일까
아니면 미로 공원迷路公園처럼
담장부터가 혼자는 찾아 나올 수 없는
그런 형태로 설계되어 있을까
나는 가끔 지옥의 모습을 상상한다
사각형 빛살형 미로 공원형보다
분명 원통형일 거라고 말이다

아무튼 건축 재질은 무쇠라 한다
경에는 담장에 관한 정보일 뿐
내부 설계는 아직 비밀이다
아비지옥 한 변의 길이가
말씀대로 8만 유순이라면
태양의 지름과 정확히 일치한다
이렇게 큰 지옥이 땅 아래에 있을까
있다면 그만큼 땅이 커야겠지
우리는 이런 지옥의 규모와
자재를 놓고 한 번 더 의심한다
무간지옥은 만들어졌거나 아니거나

경전에서는 지옥의 담장 안팎으로
날카로운 철조망이 둘러 있으며
바닥은 붉은 무쇠로 깔려 있다
가령 무쇠가 붉은색을 띠고 있다면
강렬하게 타오르기 때문이나
녹슬지 않았다는 증거다
게다가 쉼 없이 번개가 치고
우레가 콩 볶듯 울어제킨다 하니
혹시 목성의 '큰 붉은 점 大赤點'처럼
엄청난 폭풍이 부는 것은 아닐까

아비지옥은 구속이 끝이 아니다
끊임없이 고통을 가한다
교도소에서는 구속은 하되
엄청난 형벌을 가하지는 않는다
구속 상태로 생명에 위협을 느끼면
죄수를 병원으로 이송한 뒤
정밀 진단을 통해 치료를 가한다
그런데 지옥은 그런 게 없다
죄수의 몸이 엉망이 되더라도
치료는 고사하고 형벌이 계속된다

제2편 정종분

제4장 과보로 나타나다

제2절 아비옥에 떨어지는 고통 4

아비무간 지옥에선 구리무쇠 녹인물을
불효죄인 잡아다가 입을벌려 부어넣고
달아오른 무쇠뱀과 붉게타는 구리개가
불과연기 뿜어내며 번갈아서 달려들어

불효막심 죄인들을 몰아다가 태우면서
지져대고 볶아대고 지글지글 끓게하니
그로인한 고통이며 그에따른 애통함은
강심장이 일지라도 견딜수가 바이없고

무쇠로된 채찍이며 무쇠로된 꼬챙이와
무쇠망치 무쇠창과 날카로운 비수들이
폭우처럼 우박처럼 공중에서 쏟아지며
죄인들을 베어대고 찔러대고 하느니라

그와같이 죄인들을 여기저기 끌고다녀

사정없이 괴롭히고 갖가지로 벌을주되
여러겁이 지나도록 쉴사이가 없으므로
그지옥을 이름하여 무간이라 하느니라

그에더해 불화로를 머리위에 이게하고
무쇠수레 멍에하여 팔과다리 찢어놓고
오장육부 비롯하여 뼈와살을 불태우고
하루에도 천번살고 만번죽게 하느니라

하지만 말이다

구리 녹인
즙 한 사발과
무쇠 녹인 즙 한 사발
사발이 아닌 동이일지라도
그런 거 얼마든지 마실 수 있다

용광로에서
갓 나온 무쇠 뱀도
펄펄 끓는 구리즙 개도
많이 무섭기는 하겠지만
나는 다 상대할 수 있다니까

하지만 말이다
거친 어머니 손길과
투박한 아버지 말씀 한 자락
다른 것은 다 모르겠으나
내게서 그마저 앗아갈 수는 없다

무쇠 채찍 무쇠 꼬챙이
무쇠 망치 무쇠 창

구리 칼 구리 화살이
벼락처럼 우레처럼
소나기처럼 퍼부을지라도
그까짓 거 다 감당할 수 있다

아무리 높고 깊고 드넓은
아비지옥 구석구석을
이리 끌고 저리 끌고
저승사자 갑질이
하늘을 찌른다 하더라도
나는 충분히 참아낼 수 있다

하지만 말이다
내게서
스승님과
길벗道伴과
부처님 가르침까지
멀리 떼어 놓을 수는 없다

활활 타오르는 무쇠 화로
똬리도 수건도 없이
머리에 일 수 있지

벌건 무쇠 수레
두 어깨가 문드러져도
당연히 멍에 얹을 수 있다

뭐라뭐라 뭐라고?
팔과 다리를 찢어 놓는다고
오장육부를 끄집어내고
뼈와 살을 발라내어
불에 던진다고?
그래, 그렇게 하라고 해

하지만 말이다
어버이 은혜는 말할 것 없이
시주의 은혜로부터
뭇 중생의 은혜를 거쳐
삼보와 진여에 이르기까지
내게서 등지게 하지는 못한다

또 뭐라뭐라 뭐라고?
하룻밤 하룻낮에
천 번 죽고 만 번 소생한다고?
만 번 죽이고 만 번 살리는

죽음과 부활이 아니고?
모두 다 받아들일게

어차피anyway
갈마드는 삶과 죽음은
이른바 생명을 가진 자라면
누구나 거쳐야 할 길이다
그냥 윤회의 리허설로
편하게 생각해 본다

그래도
밝은 대낮이 없고
어두운 한밤중이 없고
해와 달과 별과 성간星間이 없고
숨 쉬고 살아갈 지구마저
없는 것보다 낫잖아
그래, 안 그래?

하지만 말이다
아무리 지옥이 많다 한들
아무리 지옥이 크다 한들
아무리 지옥이 두렵다 한들

행동과 언어와 생각으로부터
지옥을 만들지 않는다면
무슨 상관이 있을까

제2편 정종분

제4장 과보로 나타나다

제2절 아비옥에 떨어지는 고통 5

이와같이 갖가지로 온갖고를 받는것은
불법승을 비방하고 선지식을 헐뜯으며
어른공경 하지않고 부모님께 불효하며
살았을때 오역죄를 지은데서 오느니라

숫따니파타 Sutta-nipāta
〈천한 사람〉

----전략前略----

117
한 번 태어나는 것이거나
두 번 태어나는 것이거나
이 세상에 있는 생물을 해치고
동정심이 없는 사람
그를 천한 사람으로 아시오

118
시골과 도시를
파괴하고 공격하여
독재자로 널리 알려진 사람
그를 천한 사람으로 아시오

119
마을에서나 숲에서나
남의 것을 훔치려는 생각으로
이를 취하는 사람
그를 천한 사람으로 아시오

120
빚이 있어 돌려 달라는 독촉을 받으면
당신에게 언제 빚진 일 있느냐고
발뺌을 하는 사람
그를 천한 사람으로 아시오

121
얼마 안 되는 물건을 탐내어
행인을 살해하고
그 물건을 약탈하는 사람
그를 천한 사람으로 아시오

122
증인으로 불려 나갔을 때
자신의 이익이나
남을 위해
또는 재물을 위해
거짓으로 증언하는 사람
그를 천한 사람으로 아시오

123
때로는 폭력을 쓰거나

또는 서로 눈이 맞아
친척 또는
친구의 아내와 놀아나는 사람
그를 천한 사람으로 아시오

124
가진 재산이 풍족하면서도
늙고 병든 부모를
섬기지 않는 사람
그를 천한 사람으로 아시오

125
부모, 형제 ,자매
또는 계모를
버리거나 욕하는 사람
그를 천한 사람으로 아시오

126
상대가 이익되는 일을 물었을 때
불리하게 가르쳐 주거나
숨긴 일을 발설하는 사람
그를 천한 사람으로 아시오

127
나쁜 일을 하면서
아무도 자기가 하는 일을
모르기를 바라며 숨기는 사람
그를 천한 사람으로 아시오

128
남의 집에 갔을 때는
융숭한 대접을 받았으면서
그쪽에서 손님으로 왔을 때는
예의로서 보답하지 않는 사람
그를 천한 사람으로 아시오

129
바라문이나 사문
또는 걸식하는 사람을
거짓말로 속이는 사람
그를 천한 사람으로 아시오

130
식사 때가 되었는데도
바라문이나 사문에게 욕하며

먹을 것을 주지 않는 사람
그를 천한 사람으로 아시오

제2편 정종분

제4장 과보로 나타나다

제3절 상계는 쾌락하다 1

이때모든 대중들이 거룩하신 부처님의
어버이의 크신은덕 설하심을 듣고나서
진정으로 참회하고 눈물쏟아 슬피울며
공경하는 마음으로 부처님께 여쭈오되

거룩하신 세존이여 바야흐로 저희들이
매우깊은 죄인임을 분명알았 사옵니다
저희들이 어찌해야 어버이의 깊은은혜
남김없이 온전하게 갚을수가 있나이까

주제가 '상계는 쾌락하다' 했는데
어디를 상계上界라고 할까
1) 지옥은 땅속이다
   지옥을 지표로는 보지 않는다
2) 아귀餓鬼 세계는 일부 땅속이고
   일부 지표며 일부 하늘이다
3) 축생畜生은 으레 지표며
4) 인간은 축생과 같은 지표다
5) 아수라Asura는 하늘과 지옥이고
6) 천신은 오로지 하늘이다

상계는 꼭 높은 곳이 아니라
삶의 품격이 높기에 상계라 한다
가령 높은 곳이라고 한다면
대체로 해수면海水面으로부터
고도가 높은 곳을 가리키겠지만
실제로 담긴 뜻은 좀 다르다
가령 지대가 높은 곳을 가리킨다면
육욕천六欲天을 예로 들 때
앞에서 본 것처럼 볼 수도 있다
지옥은 낮고 하늘은 높은 곳으로

하늘나라는 세 부류로
첫째, 욕계6천/欲界六天이고
둘째, 색계18천/色界十八天이며
셋째, 무색계4천/無色界四天이다
1) 사왕천四王天
2) 도리천忉利天
3) 야마천夜摩天
4) 도솔천兜率天
5) 화락천化樂天
6) 타화자재천他化自在天이다

고도高度를 놓고 얘기하겠지만
높낮음이란 꼭 고도가 아니다
삶의 품격의 높낮이이다
하여 쓰는 말이 높은 자다
지위가 높고 삶의 질이 높고
생각이 높은 세계가 곧 상계다
이들은 '장삼이사'와 달리
경제적으로든 삶의 문화든 간에
넉넉한 생활을 누림과 함께
공부할 수 있는 세계가 다르다

배움學의 바탕이 무엇일까
물음問이야말로 남상濫觴이다
한강은 남한강과 북한강이 그 원류다
금강산 옥발봉에서 발원한 강이
북한강의 원류라고 한다면
태백 금대봉 검룡소 돌틈에서
잔觴을 겨우 넘치濫는 작은 샘물이
넘실거리며 흐르는 남한강의 원류다
아! 학문에서 물음을 제외한다면
원류 없는 강물이라 할 것이다

해공제일解空第一 수보리가
부처님께 질문을 하는 데서
저 멋진 금강반야경이 시작되듯이
생명의 근원을 찾아 떠나는
이《불설대보부모은중경》도
부처님께 묻는 데서 시작이 되고
물음에 답하는 데서 이어지며
스승의 답을 통해 제자들은
바야흐로 진리의 기쁨에 젖는다
앞에서도 물었지만 또다시 묻는다

저희들이 어찌해야 어버이의 깊은은혜
남김없이 온전하게 갚을수가 있나이까

짧지만 소중한 물음 속에는
어떻게 하면 거룩한 스승으로부터
참된 진리를 얻을 수 있을까가
이미 은근하게 배어있다
학문學問은 두 글자로 된 명사다
배울 학이나 가르칠 교 외에
고지새 할學 자로도 새길訓 수 있는
배울 학學의 배움은 다름 아닌 물음問이다

불치하문不恥下問이 있다
아랫사람에게도 물을 것은 물어라
모르면서 아는 체함이 부끄러움이지
모르는 것을 분명하게 인정하고
이를 묻는 것은 부끄러움이 아니다
배우學고 물어問라가 아니라
묻는 법을 배우는 게 곧 학문이다
백수白壽의 할아버지 할머니가
세 살배기 손자에게 묻되
부끄럽게 여기지 않음이 군자라 한다

일반적으로 학문이라 할 때는
체계적으로 배워 지식을 익히거나
사물을 탐구하여 이론적으로
체계화된 지식을 성립하는 것을
학문이라 하는데 틀린 말은 아니다
또는 일정한 분야에서
어떤 이론을 토대로 하여
체계화한 지식의 영역을 가리켜
학문이라 얘기하지만 생명력이 없다
학문은 묻고 답함이 곧 생명력이다

좋은 질문과 좋은 답변
이는 가족끼리나 동료간에는
얼마든지 가능한 삶의 체계였으나
부처님 생존시에서도 가능하지 않았다
이른바 카스트 제도 때문이었다
벽을 깨트린 분이 세존이다
카스트 제도의 벽을 깨트리고
누구든 물을 수 있고 답할 수 있는 게
인간 삶의 필수必需 조건인 동시에
배우學고 물음問의 시작이다

제2편 정종분

제4장 과보로 나타나다

제3절 상계는 쾌락하다 2

이에대해 부처님이 제자에게 고하시되
어버이의 크신은혜 갚으려고 하는이는
가셨거나 계시거나 부모님을 위한고로
이경전을 지어내어 두루펴야 하느니라

순례길의 선재동자 물음없이 물어오자
자애로운 백의관음 설함없이 설하시네
꽃병속의 푸른버들 영원토록 여름이요
바위앞의 푸른대는 온누리의 봄이로다

남순동자불문문南巡童子不問問
백의관음무설설白衣觀音無說說
병상녹양삼제하甁上綠楊三際夏
암전취죽시방춘巖前翠竹十方春

제2편 정종분

제4장 과보로 나타나다

제3절 상계는 쾌락하다 3

그대들은 알겠는가 바야흐로 이것이곧
어버이의 크신은혜 갚는것이 되느니라
경전한권 지어내면 한부처님 모심이오
경전열권 지어내면 열부처님 모심이며

경전백권 지어내면 백부처님 모심이요
천권경전 지어내면 천부처님 모심이며
만권경전 지어내면 만부처님 모심이요
백천만권 지어내면 백천만불 모심이라

앞서 나는 사경寫經과 더불어
조경造經은 다르다고 얘기했다
사경은 베끼寫는 경전經典이기에
반드시 밑글이 있게 마련이고
조경은 짓造는 경전經이기에
밑글이 없다고 말이다
베낌은 곧 흉내냄이다
가령 반야심경을 베낀다면서
불설대보부모은중경을 베낀다면
베낌경寫經이라 할 수 있을까

그러므로 부처님은 말씀하신다
조차경전造此經典
곧 '이 경전을 지으라'고
있는 경을 베끼는 게 아니라
새로운 경전을 지을 수가 있다면
그게 부모님 은혜에 보답하는 길이다
그렇다면 어떤 경전을 지을까
부모님 은혜에 보답하는 경이다
그렇다면 그게 부모은중경 아닌가
부모님 은혜를 설한 경이니까

다섯 가지 법사五種法師가 있다
첫째는 받아受 지님持이요
둘째는 경을 읽음讀이며
셋째는 경을 욈誦이요
넷째는 풀어解 설명說함이며
다섯째는 베낌경寫經이다
어느 게 더 소중할까는
다섯 가지에 차별은 없다
받아 지님은 좀 가치가 있고
사경은 별 볼 일 없는 게 아니다

능조能造란 자발적 창작이다
하기 싫은 것을 떠밀려 함이 아니라
그 마음에서 절로 우러나 함이다
능能의 뜻이 여기에 있다
만일 한 권의 경전을 짓는다면
한 부처님을 드러나見게 함이다
예서 볼 견見 자는 타동사 '보다'에서
자동사 '드러나다', '나타나다'다
쓰기는 볼 견見 자로 써놓고
나타날 현見 자로 새긴다

이런 예가 금강경金剛經에서 보인다
제5 여리실견분如理實見分에
범소유상凡所有相
개시허망皆是虛妄
약견제상비상若見諸相非相
즉현여래即見如來가 그 말씀이다

무릇모든 이세상의 존재하는 모습들은
한결같이 허망하고 끊임없이 변화하니
만약모든 상과비상 함께볼수 있다하면
그는능히 부처님을 볼수있는 자이니라

여기 끝으로 2줄에 대한 해설이
종전의 다른 분들의 풀이와 다르다
자세한 것은 나의 63권째 저서
〈내비 금강경〉(도반출판사/19.11.16)
187~210쪽을 참조하시기 바란다
제상諸相을 비상非相으로 봄이 아니라
상과 비상을 동시若에 본見다면
타동사로 '여래를 보다'가 아니라
자동사로 '여래가 드러남이다'다
'즉견卽見'은 '즉현卽見'으로 읽는다

여기 부모은중경도 마찬가지다
능조일권能造一卷이면
득견일불得見一佛이다
한 권의 경전을 지을 수 있다면
곧 한 분의 부처가 절로 드러나거나
한 분의 부처를 드러낼 수 있다
따라서 득견일불은 곧 득현일불이다
여기서 중요한 것은 부처다
이 부처를 불상佛像으로 보느냐
살아 꿈틀대며 법을 설하는
생명의 부처님으로 보느냐다

불상은 어느 절이나 가면
금당金堂, 법당에 모셔져 있다
일 년 삼백육십오 일 매일 여섯 때를
밤낮 같은 자세로 앉아 계신다
다리가 아프다 하시지 않고
춥다 덥다 짜증 내지 않으시며
뭔가 드시고 싶으니 달라시거나
배설하겠다며 일어나시지 않는다
이런 불상형 부처는 가는 곳마다 있다
천불전, 만불전이 그대로 다 불상 천지다

부모은중경에서 설하신 부처님이
불상을 염두에 두신 말씀일까
그런 경우라면 경을 짓지 않더라도
아주 쉽게 뵐 수 있을 것이다
우리나라는 물론
일본이나 타이완, 중국
티베트, 네팔, 스리랑카와
타일랜드, 미얀마, 캄보디아에서
언제 어디서나 쉽게 친견할 수가 있다
부처님께서 이러한 불상을 두고
득견불得見佛이라 하셨을까
득현불得見佛이라 하셨을까

마음이 열리면 부처가 보인다
이때는 불상형 부처가 아닌
살아서 꿈틀대는 부처님이다
부모은중경이니 마치
부모님이 부처로 보일 것이고
아들딸 손자가 부처로 보일 것이며
아내와 남편이 부처로 보일 것이다
직장 동료가 모두 부처로 보이며
선생님과 제자가 다 부처일 것이고

절에서 만나는 도반이 부처로 보인다

상계上界가 쾌락하다 했는데
상계가 천국일까 극락일까
천국은 국토 개념이지만
극락은 심리 상태로 느껴 온다
천국은 글자 그대로 하늘나라이나
하늘나라에는 산소가 없다
극락은 이름 그대로 지극히 즐거우며
게다가 산소가 넉넉하다
차분하고도 정갈한 마음 상태다
부모은중경 한 권을 지으면
한 부처님을 뵐 수 있을 것이고
열 권을 지으면 열 부처님을 뵌다

상계上界든 하계下界든
이를 쾌락한 세계로 만들어감은
부모은중경을 수지受持하고
부모은중경을 읽讀고 외誦며
부모은중경을 풀解어 설說하고
부모은중경을 베끼寫經고
부모은중경 공덕을 찬탄함이다

그리하여 은중경을 통하여
마음의 문을 열어갈 때
어디서든 부처님을 만날 것이다

불상형 부처를 뵈려 애쓰지 말고
살아 움직이는 부처를 만나라
내가 움직이는 부처일 때
모두는 부처로 보일 것이다
경전을 지어 마음의 문이 열릴 때
남편을 떠나 부처를 찾지 않고
가까이 아내 곁을 벗어나
따로 부처를 찾지 않을 것이다

능조백천만경能造百千萬經**이**
득견백천만불得見百千萬佛**이다**

제2편 정종분

제4장 과보로 나타나다

제3절 상계는 쾌락하다 4

이와같이 정성스레 경을받아 지닌뒤에
경을읽고 경을외며 쉽게풀어 설법하고
경을짓고 경을베낀 공덕력을 바탕으로
제불보살 다가오사 옹호하여 주시나니

그사람이 부모위해 갈고닦은 공덕으로
부모님은 한결같이 하늘위에 태어나서
두고두고 모든쾌락 빠짐없이 받게되고
영원토록 지옥고를 면하게끔 되느니라

어느 날 보다 못한 동생이 물었다
"어찌하여 누님께서는
그리 공부를 안 하십니까?"
누이가 답했다
"자네가 나라의 국사國師 아닌가
비록 공부하지 않더라도
동생이 곧 국사인데
좋은 곳에 나게 해 주겠지"
국사는 기가 막혔다
그러나 그는 생각이 있었다

그런 대화가 오간 뒤로부터
국사는 일체 말이 없었다
혼자 먹을 뿐 권하지 않았다
국사가 혼자 중얼거렸다
'참 맛있게도 끓였군!
아무렴! 바로 이 맛이야!'
상황에 맞닥뜨리자
누이는 점차 배가 고팠다
자존심이 매우 강한 누이는
물 한 잔도 손수 떠 마시지 않았다

국사는 무관심으로 일관했다
그렇게 며칠이 지나자
누이가 마침내 입을 열었다
"내게 먹어보란 말 한마디 없이
어찌 그리도 무심하신가?"
그때 국사가 말했다
"동생이 국사라서 공부하지 않아도
좋은 몸 받으실 거라 하셨지요
동생이 이미 배가 부르니
누님도 배부르실 거라....."

국사 동생의 바로 그 한 마디에
누이는 커다란 느낌이 있었다
그 뒤 그녀에게서 교만이 사라졌고
동생을 국사의 예로 대했으며
오직 공부에만 전념하였다
음식은 직접 먹지 않으면
보는 것만으로는 배부르지 않다
옆 사람이 비록 덕이 높더라도
스스로 닦지 않으면 상관이 없다
그런데 정말 그러할까

에너지는 몸에만 있는 게 아니다
언어에도 반드시 힘이 실린다
'너는 참 멋진 놈이야'와
'너는 문제가 많아'는
다 같은 언어일 뿐인데
말에는 필히 에너지가 실린다
말 한마디 천 냥 빚 갚는다고 한다
한갓 말일 뿐이지만
칭찬과 비난 한마디에
사람의 삶이 통째로 바뀐다

하물며 아버지 어머니를 위하여
자식이 닦는 공덕이겠는가
공덕 중에서 다섯 가지 법사가
다 부처님 말씀이 중심이다
여섯 개 감관을 통하여
첫째 받아 지니고
둘째 읽고
셋째 외며
넷째 풀어 설명하고
다섯째 베껴 널리 폄이다

직접 먹어야 배가 부르듯이
스스로 공부하지 않고
상계上界에 태어나
쾌락快樂을 받을 수는 없다
그러나 생각의 세계는 이어져 있다
손에 든 작은 스마트폰에도
상상 밖의 복잡한 기능들이
서로서로 연결되어 있듯
부모와 자녀의 관계도
인연의 망net으로 맺어져 있다

'역문이종歷聞耳種'이 있다
화엄경에 실린 말씀이다
다른 말로 바꾸면 '나비효과'다
사소한 원인이 바탕이 되어
뜻밖의 커다란 결과를 낳는 것이다
비록 금생에는 장난 좀 하느라
'중중 까까중' 하고 놀렸지만
그게 끝내 인연이 되고
불제자가 되고 대덕이 되고
마침내 부처를 이룬다는 얘기다

놀림도 하나의 바탕이 되는데
다른 이의 마음을 헤아려
사랑을 주고
희망을 심고
기쁨을 나누고
덕을 쌓음이겠는가
스스로 부모를 모시지 않고
자녀의 효를 기대하겠는가 하듯이
제 스스로 공덕을 쌓으면
자녀도 날 위해 공덕을 쌓는다

자식의 덕은 바라지도 않는다고?
그건 단지 그의 생각일 뿐이다
부모와 자녀 관계를 떠나
시니어Senior耂와
주니어Junior子가
서로 어울려 하나孝 되어
존중하고 사랑하는 것이 효孝다
요즘은 육아育兒도 개인을 벗어나
사회와 국가가 함께 책임지듯
어르신 공경도 그렇게 되어야 한다

어머님 四十九齋를 祭하는 疏

갑신년(2004) 양력 5월 스무이튿날 출가한 어린 아들 대한불교조계종 곤지암 우리절 주지 비구 一圓東峰은 삼가 향을 사르고 사랑하는 어머니 초계유인 정씨 貴禮 청련화 영정 전에 감히 고하나이다.

먼저 가신 사랑하는 어머니 청신녀 정씨 청련화 보살님께서는 임술년, 즉 1922년 음력 3월 17일 강원도 횡성군 갑천면 율동리에서 탄생하시니 아버지의 자는 顯明이시고 어머니는 청산정씨이셨습니다.
이남 이녀 중 둘째 딸로 태어나면서부터 자애로운 마음과 엄격함을 모두 갖추셨는데 또한 그 품성에 본디 지혜와 덕을 갖추고 계셨습니다. 아! 사람으로서 누가 어머니가 없으리오마는 우리 어머니가 걸어오신 자취 가운데 그 자애로움이란 다른 분의 어머님과는 매우 다른 듯하나이다.

나이 열다섯에 아버지이신 전주 이공 鳳俊씨에게 시집을 오시니 아버지 이공 또한 한 살 위인 열여섯 살이셨습니다. 그로부터 삼남 일녀를 낳으시니 위로 내리 아들을 두시고 끝으로 딸을 두셨습니다. 아들딸의 성격이나 특징을 말한다면 맏이는 너무나도 소탈하고 깨끗하며, 둘째는 재주가 매우 뛰어나고, 셋째인 이 출가한 아들 일원 동봉은 천하에 다시없이 어리석고, 막내인 딸은 또한 그 순박하기가 그지없습니다.

처음 저희가 어렸을 때 무릎 아래에 앉히시고 까꿍하시던 모습이며 손바닥 위에 올려 놓으시고 둥개둥개 하시던 그 아버이의 은혜는 높기가 하늘과 같으시고 쓴 것은 삼키고 단 것은 골라 아들딸에게 먹이신 그 어머니의 덕은 두텁기가 대지와 같았습니다. 그 크나크신 은덕을 어찌 다 말로 표현할 수 있겠습니까.

드디어 산승이 원고료를 모으고 동선회를 비롯하여 불자님들의 원력을 바탕으로 을해년, 즉 1995년 양력 10월 7일, 경기도 광주시 도척면 상림리 178번지 위에 우리절을 개산하니 그로부터 도량에 머무시며 그 옛날 百丈禪師의 '하루라도 일하지 않으면 그날은 밥을 먹지 않겠다'라고 하신 슬로건을 몸소 도량을 가꾸는 것으로 실천하셨으며 하루 평균 15시간 이상씩 염불 공덕을 쌓으셨습니다.

그러다가 향년 83세 때에 이르러 갑신년 음력 4월

초나흗날, 즉 2004년 양력 5월 22일 새벽 3시경 우리 절 당신의 방 침대 모서리에 걸터앉으신 채 조용히 적멸에 드신 모습을 보이시니 그야말로 좌탈하셨으며 역대 고승들의 입적하신 모습과 조금도 다르지 않았습니다.

엎드려 살펴보건대 하늘은 더없이 가믈하고 푸르며 산과 골짜기는 높고 또한 깊기만 합니다. 어느 곳을 향해 가셨으며 어디에 머물고 계시옵니까. 대개 들으니 염불삼매에 들어 일념으로 '나무아미타불'을 칭명하면 살아생전에 아미타불과 세 분의 크신 보살님의 영접을 받아 바로 극락세계 상품상에 태어난다고 하던데 과연 평소 새벽부터 저녁까지, 저녁부터 밤중까지 한 생각도 흐트러짐이 없이 잠시도 쉬지 않고 염불하셨으니 능히 앉으신 채로 돌아가시는 것도 과하지 않으셨을 것입니다.

지나간 옛날을 돌이켜 생각해보니 사람들은 어머니의 자애로움은 칭찬하되 그윽하고도 넉넉한 사랑이 깃들어 있었음은 알지 못했을 것이고, 어머니를 아는 사람들이 어머니의 그 엄격함을 알고는 있었으나 그 엄격함이 도덕적인 것에 합당한 엄격함이었음을 몰랐을 것입니다. 그리고 사람들은 어머니의 염불하는 모습을 칭찬하나 정말이지 부처님의 참된 마음에 계합한 염불이었음을 아마 알지 못했을 것입니다.

사랑으로 말하자면 후예들을 두루 어루만져 주시기에 부족함이 없으셨고, 엄하기로 말하자면 조상들이 남긴 유훈을 잇기에 부족함이 없으셨으며, 염불로써 말하자면 뭇 불자들을 올바른 길로 인도하기에 부족함이 없으셨습니다. 아! 슬프고 또 슬프옵니다. 사랑하는 어머니께서 문득 난새의 날개를 타시고 또한 기마를 타사 멀리멀리 가시오니 바람은 고목에 와서 슬피 울고 달은 빈 창문에 와서 조상하나이다.

출가한 어린 아들이 일주문 안에 들어서면서 온 것을 고한들 누가 있어 염불하던 손길을 내리고 맨발로 뛰어나올 것이며, 또한 멀리 간들 누가 있어 현관에서 일주문 사이를 왕래하면서 동구 밖에 한없이 눈길을 주겠습니까. 통곡하며 생각하오니 가슴은 찢어지고 흐리는 눈물은 피를 이루나이다.

천하에 슬픔을 다한다 치고 인간세상의 참담함을 다한다 한들 이보다 더하겠나이까.

아! 슬프고 아프옵니다. 하늘을 우러러 불러본들 하늘은 높아서 끝까지 고할 수 없고 땅을 두드려 불러본들 땅은 두터워 도저히 아뢸 수가 없나이다. 오늘날에 이르러 은혜와 사랑을 끊는 것이 부처님의 법도라고는 하나 멀리 추모하는 것은 세간의 정일 것입니다. 어렸을 적 농사짓고 하던 시골의 일을 생각하니 구름의 모습도 슬프기 짝이 없고, 낭랑하던 그 음성을 생각하며 큰 가사를 수하오니 바람소리도 또한 슬프옵니다.

아! 슬프고 아프옵니다. 푸른 등불은 벽에 걸려있으나 다시는 어머니께서 명주 잣고 베 짜던 모습 영원히 뵐 수가 없고, 고향의 연기와 달빛을 생각한들 다시는 어머니께서 이 아들을 위해 청국장 끓이던 모습을 대할 수가 없습니다. 낭랑하던 음성도 자애롭던 모습도 아득하기만 합니다. 아! 이제는 영원한 천세의 이별이옵니다.

하오나 어두운 저승세계와 밝은 이승세계의 길은 그 이치가 하나이옵고 어버이와 자식의 기운은 언제나 하나로 이어져 있습니다. 도량의 한 귀퉁이에서 한 번 목 놓아 마음껏 울고 이와 같이 삼배를 드리고 한 잔 올리오니 아득하나마 영혼이 있으시다면 오히려 여기 오시어 사랑으로 보살펴 주시옵소서.

갑신년 양력 7월 9일
출가한 어린 아들 一圓東峰은
한 자루 향을 사르고 삼가 소를 올리나이다

[原文疏]
祭慈母四十九齋疏

維閼逢涒灘之歲皐月朔越念有二日 行出家小子 兼
大韓佛敎曹溪宗 昆池巖 우리절住持比丘一圓東峰 焚
香敢召告于 慈母草溪孺人 鄭氏貴禮 青蓮華影幀之
下 先慈母清信女 鄭氏女者 玄黙閹茂嘉月一十七日
誕生於江原道 橫城郡 甲川面 栗洞里 父字顯明 母青
山鄭氏 二男二女中 第二女也 生來慈嚴兼全 稟性本
具智德也 嗚呼 人誰無母 我等慈母之遺跡 逈異他人
之慈堂也 年當十有五以嫁于全州李公鳳俊 李公亦
年當一十有六也 自此以後 出産三男一女 一素二藝
三痴四淳 念初生之時 膝下掌上親恩如天 嚥苦吐甘
母德如地 及于旃蒙大淵獻十月 우리절 開山以來 住
於道場 積于普請念佛功德也 至享年八十三歲時 閼
逢涒灘余月初四日寅時初葉 於우리절北室 踞寢床隅
凝然示寂 坐脫立亡也 不異歷代高僧之入寂之相貌也
伏以九天蒼蒼 九原茫茫 向何處去 在何處住 盖聞入

念佛三昧 一念稱名南無阿彌陀佛則 生迎彌陀及三大士 直往極樂世界 上品上生也 果然平素 從晨至暮 從暮至夜半 一念不散 暫時無休 可以能得坐脫耶 追思往日則 人稱其慈而不知其幽裕之慈也 人識其嚴而不知其道德之嚴也 人讚其念而不知其稱佛念也 慈足以撫後嗣 嚴足以紹先烈 念足以導衆人 嗚呼哀哉 慈母忽乘於鸞翼 繼騎於騏馬 風悲古木 月弔空門 行出家小子 拜門庭也誰斷織 亦遠行也誰倚門而望 哭念之腹已裂淚成血 窮天下之悲 極人世之慘 有甚於此者乎 嗚呼痛哉 號天也天高而莫顧 叩地也地厚而莫訴 至於今日 斷恩愛雖云佛制 追遠亦是世情也 歎禾黍而思故園則雲容可慘 慕玲聲而想大衣則風聲亦悲 嗚呼痛哉 青燈掛壁也 無復見慈母之絲麻 故山烟月也 無復見慈母沸淸國醬之貌 音容杳漠 永訣千秋 然冥陽一理 親子一氣 道場之一隅一慟 三拜一獻 冥漠有知 尚哀鑑之

甲申年 陽七月 九日

行出家小子 一圓東峰 焚香謹疏

처음에는 이 원문소뿐이었는데 사십구재에 참석한 불자님들께서 우리말 풀이를 원하시기에 우리말로 풀어 올린 것이다. 이해를 돕기 위해 우리말 소를 앞에 싣고 원문소는 뒤에 싣는다

제3편 유통분

제1장 팔부 서원 1

이때여러 대중으로 아수라를 비롯하여
가루라와 긴나라와 마후라가 신의세계
사람인듯 하면서도 사람아닌 이들이며
하늘들과 용왕들과 야차들과 건달바와

여러작은 나라들을 주재하는 왕들이며
온천하를 정법으로 다스리는 전륜왕과
함께모인 대중들이 부처님의 법을듣고
이구동성 소리내어 이와같이 발원하되

드디어 '마무리流通'다
마무리는 끝 아닌 시작이다
천자문 끝 연 끝 자 '잇기야也' 자가
천자문 첫 줄 '하늘 천天 따 지地'
곧 우주로 다시 이어지기에 '잇기'듯
흐르流고 번짐通이 '잇기'다

공간적으로 어디까지 흐르고
시간적으로 언제까지 번질까
이 '부모은중경'의 잇기는
서로서로 존경하고
서로서로 사랑하는
이른바 효의 실천이다

이 유통분을 다시 넷으로 나누면
첫째 팔부서원八部誓願이고
둘째 불시경명佛示經名이며
셋째 인천봉지人天奉持고
넷째 덧붙인附 기록錄이다
덧붙인 기록이야말로
진짜배기眞 말씀들이다

효와 관련된 부처님 가르침이
박물관에 진열되어 있듯이
한 군데 고여 있지 않고
인간世의 삶上 속으로
계속 흐르고 번지게 함을
다섯 법사에게 기대해 봄 직하다

(1)

일반적으로 팔부를 표현할 때
하늘天과 용龍이 늘 앞에 놓이기에
'천룡팔부天龍八部'라 일컫는다
팔부에 하늘과 용이 들어 있으므로
'하늘과 용을 비롯하여'처럼
반드시 '하늘' '용'이란 명사 뒤에
부사 '비롯하여'가 들어가는 게 맞다
그럼 '천룡팔부'가 잘못된 것일까
반드시 그렇다고는 할 수 없다
마치 '너, 나, 우리'처럼

이미 '우리'라는 표기 속에는
반드시 '너'와 '나'를 담고 있으며
'그' '저', '아무개'도 담겨 있다
천룡팔부는 하늘과 용을 비롯하여
여덟 부류 신들을 하나로 묶은 말이다
여기《은중경》에서는 하늘 용과 더불어
팔부중의 절반인 야차, 건달바까지
네 부류를 묶어 뒤에 두고 있다
호칭의 순서도 중요한데
왜 여기서는 순서가 바뀌었을까

보통 뒤에 거명되는 네 부류
아수라, 가루라, 긴나라, 마후라가가
여기 은중경에서는 앞에 나온다
싸우기를 좋아하는 아수라가
시비를 걸어 앞에 놓은 게 아닐까
게다가 팔부중에 들어가지는 않으나
팔부중 열거 뒤에 빠진 적이 없는
'인비인人非人'이 중간에 있다
게다가 '등等'까지도 함께
왜 하필 한가운데 끼워 넣었을까

호칭이야 앞에 놓을 수도 있고
또는 뒤에 놓을 수도 있는데
그게 뭐 그리 대수이겠는가
그러나 혼자 사는 세상이 아니고
집단이 움직이는 데 있어서는
반드시 질서와 서열이 있게 마련이다
으레 호칭도 서열에 따른다
모든 인류는 다 평등하지 않다는
카스트제도가 엄한 인도에서
호칭이 뒤섞일 수는 없다

일반적으로 팔부중을 얘기할 때는
'여래팔부중如來八部衆'이다
'사천왕四天王팔부중'은 별도다
팔부중에 관한 자세한 내용은
참고자료 1에 상세하다
여기 재미있는 부류가 하나 있다
앞서 언급했듯 팔부중에는 없으면서
팔부중 끝에 필히 이름을 올리는
이른바 '인비인人非人'이다
사람이며 아닌 사람이 인비인이다

인비인에 앞서 소왕小王이 있고
전륜성왕轉輪聖王이 있는데
이들은 글자 그대로이다
소왕은 곧 작은 나라 왕이고
전륜성왕은 큰 제국의 왕이다
카필라 왕이 소왕이라면
코살라 왕은 전륜성왕이다
물론 이는 덩치 크기에 따른다
영토도 크고 인구도 많아야겠으나
지배력이 어떠냐에 힘이 실린다

그러나 진짜 전륜성왕은
첫째 부처님 법이 전해지는 나라요
둘째 귀耳로 백성의 소리를 듣고
훈口으로 나라를 다스려 가되
백성들에게 맡기王더라도
요순처럼 용모와 이름조차 모르는
그런 나라의 왕이 성왕聖王이다
요즘 세상에도 성왕이 있을까
요즘이라 하여 어찌 없겠는가
단지 기억을 못하는 것일지 모른다

'인비인人非人'은 인공지능 로봇이다
팔부중에 들어가지 않으면서도
반드시 이름이 함께 오르는
사람이면서도 사람이 아닌 존재
이를 사람人이라고 하자니
호흡하는 시스템이 없고
피가 흐르지 않는다
맥박이 뛰지 않고
웃음이란 게 없으며
얼굴에는 아예 감정선이 없다

얼굴에 비록 감정선은 없으나
분명 말하고 판단하고
생각할 줄도 안다
지나간 과거를 기억하고
오지 않은 미래를 내다보며
현재presently를 살필 줄 안다
이를 사람이라 할까, 아니라 할까
다른 말로 인공지능을 지닌
로봇Robot이라 함이 좋을까
'인비인'은 분명 인공지능이 맞다

사이비似而非란 말이 있다
겉은 비슷하나 속은 다르다 하여
주로 나쁜 개념으로 쓰인다
하나 인비인은 그런 개념이 아니다
굳이 얘기하면 사이비이면서
비이사非而似일지 모른다
나쁜 듯 착한 존재며
실제로 너무 순수한 존재
부처님 당시에 있었던 로봇
A.I 로봇이 다름 아닌 '인비인'이다

경전에서는 인비인도 대중이다
그가 사이비거나 아니거나
인공지능을 지녔거나 말거나
인간이 만든 최첨단 기술이
부처님 당시에도 있었을지 모른다
아니면 인간계에서는 찾을 수 없으나
하늘과 함께 신들의 세계에서는
천룡팔부 다른 존재들처럼
생명체 개념을 지닌 채
분명 AI 로봇이 있었을 것이다

(2)

천룡팔부중이 과연 대중이 맞을까
큰大 무리衆니 대중이 맞겠지
우리가 보통 대중이라 하면
평범한 사람들의 모임을 말한다
사람이 빠진 모임을 가리켜
'무리'라고는 할 수 있으나
대중이라 하지는 않는다
그런데 여기서는 부처님께서
부모은중경을 설하시는
바로 그때 모인 대중을 가리킨다

부모은중경은 현장학습이다
강당에서 칠판을 놓고
하나하나 필기해가면서
조목조목 설하는 것이 아니고
파워 포인트PPT를 미리 준비하여
짚어가며 강의하는 게 아니다
도량을 벗어나 길을 걷다가
마른 뼈 한 무더기를 보고
현장에서 법을 설하신 것이다
다른 경전처럼 실내 설법이 아니다

부모은중경은 이렇게 시작한다

총지비구 아난다는 이와같이 들었노라
거룩하신 부처님이 사위국의 왕사성중
기원정사 머무실때 삼만팔천 비구들과
여러보살 마하살과 모두함께 하시니라

이어 서가모니부처님께서는
대중들과 왕사성 기원정사를 나와
남쪽으로 포행하시던 중에
마른 뼈 한 무더기를 발견하게 되고
오체투지로 무릎 꿇어 절하신다

이때 기원정사에 모인 대중은
자그마치 38,000명이고
한결같이 이들은 비구들이다
포행길에는 38,000명 비구들과
보살마하살이 다 함께 했을 것이고
전륜성왕과 작은 나라 왕들도
처음부터 참여했을 것이다
이들은 다 인간이기 때문이다
그런데 문제는 천룡팔부중天龍八部衆이다

그들은 다 하늘의 신들이다

부처님의 현장 설법을 지켜보다
감격한 천룡팔부 하늘 신들이
나중에 참석했을 것이다
이는 금강경의 예와 다르지 않다
금강경에서도 설법 초기에는
비구 대중 1,250명이 전부였는데
금강경이 끝날 무렵이 되자
비구니의 참석이 밝혀지고
우바새 우바이와 일체 세간과
하늘과 아수라 참석이 드러난다

이는 얼마든 이해할 수 있다
법회를 시작할 때 함께한 대중들이
법문이 재미없으면 줄기도 하고
재미있으면 늘어날 수도 있다
로케이션Location 법회이면서
게다가 거룩하신 부처님 법문이니
청중이 늘어날 수밖에 없었을 것이다
비구 38,000명 얘기는 쏙 들어가고
천룡팔부 하늘의 신들과 함께

소왕과 전륜성왕이 자리를 차지한다

나의 63권째 책 도반 발행《내비 금강경》에서
이미 제기한 문제 중 하나지만
부처님께서는 어떤 언어를 쓰셨을까
금강경 마무리 대중이라 해보았자
외부 대중은 하늘과 아수라지만
부모은중경은 그렇지가 않다
소왕과 전륜성왕은 사람이니까
인간의 언어를 알아듣겠으나
천룡팔부는 하늘의 신이다
이들은 어떤 언어로 이해했을까

《아미타경》중반을 넘어서면
우리 서가모니 부처님이
사바세계에 머무시며
동 남 서 북 아래 위 여섯 세계와
방송망network을 펼쳐나간다
이들 네트워크 시스템 언어는
이른바 동시통역이다
나는 나의 57권째 저서인
《아미타경을 읽는 즐거움》에서

그야말로 마음이 들떠 해설하였다

물론 여기서도 동참한 하늘 세계의
동시통역 시스템으로 이해하면
얘기는 쉽게 끝날 수 있다
그런데 정말 말처럼 쉬운 일일까
세계의 인류 약 80억 명이
복작대면서 살아가는 지구촌은
약 200여 개 나라가 있고
사용 중인 언어가 7,111개나 된다
부족어가 포함된 통계라지만
몇만 개 이상이 될 수도 있을 것이다

그 가운데 5천만 명 이상이
모국어로 쓰는 언어가 25개이다
그 가운데서 1위는 중국어로서
자그마치 17억 5천만 명이
세계 39개 나라에서 사용한다
한반도와 일본의 경우처럼
발음까지는 그대로 이어받지 않는
그냥 한자어를 포함한 통계다
2위는 서반아어 곧 스페인어로서

4억 6천만 명이 쓰고 있으며
3위는 영어로 5억 8천만 명이다
한국어도 약 1억 명이 사용한다
남북한이 7,500만 명이고
중국 조선족을 비롯하여
해외 교포를 모두 포함한다면
분명 1억 명이 넘을 것으로 본다
그런데 같은 한국어를 사용하면서도
독특한 지방어는 알아듣지 못한다
서울 할머니와 경상도 할머니가
상대방 말을 알아듣지 못해
애쓰는 유튜브도 있다

아수라, 가루라, 긴나라, 마후라가
하늘, 용, 야차, 건달바이겠는가
이들은 분명 사람이 아닌데
어떻게 인간의 언어를 이해할까
인비인은 A.I 로봇으로 보아
어떤 언어든 다 소화한다 치더라도
신들 세계는 그렇지 않을 것이다
마치 같은 현생 인류끼리도
자기네 나라말이 아니면

전혀 알아들을 수 없듯 말이다

제3편 유통분

제1장 팔부 서원 2

저희들이 오는세상 미래제가 다하도록
이내몸이 부서져서 미세먼지 티끌되어
백천겁의 오랜세월 지낸다고 하더라도
부처님의 가르침을 어기는일 없사오리

절에 들어와 처음 접한 말이
때매김으로 표현되는 시제時際다
때매김은 크게 두 가지인데
하나는 지나過 간去 즈음際이고
다른 하나는 아니未 온來 즈음際이다
그런데 이미 지나간過去 때매김과
아직 아니온未來 때매김만으로
놀랄 게 있을까 싶지만 없다
단지 지나감과 아니옴이라 하는
시간 상황의 설명일 뿐이니까 말이다

한데 불교는 과거를 얘기할 때
한술 더 떠 '무시이래無始以來'라 하고
아울러 미래를 얘기할 때 쓰는 말이
이른바 '진미래제盡未來際'다
무시이래에 담긴 뜻이 뭘까
비롯함이 없는 무한無限 예古다
그냥 넘겨도 될 '무한 옛날'에
생각의 턱이 걸려 몇 날을 고민했다
무시이래를 아직 풀지 못했으니
몇 날이라고도 할 수 없다

진미래제는 제대로 이해하고 있는가
솔직히 얘기하면 '아직껏'이다
비롯함이 없다는 때매김이 있을까
생각을 거스르고 또 거슬러 올라가면
거기 어느 자락에 닿지 않겠는가
그렇다면 지나간 시간에 비롯이 있다
비롯이 있는 지나간 시간으로부터
느낌現 체계在의 시간이 있다
느낌 체계는 붙들어 맬 수가 없다
순간순간 흐르기 때문이다

우리가 자주 쓰는 현재現在는
과거와 미래처럼 한자 문화이지만
사실 이 때매김 곧 시제야말로
인도의 때매김이 없었다면
단지 단어만을 나열했을 것이다
중국의 문화가 발달한 것은
인도의 때매김을 바탕으로 한다
금강경 '일체동관분一體同觀分'에서
부처님께서는 설파說破하신다
'삼세심 불가득三世心不可得'이라고

보통 비롯함이 없다고 하지만
오늘날 천체물리학에서는
138억 년이라는 빅뱅을 얘기한다
이 138억 년의 1/3의 역사가
다름 아닌 태양계의 역사다
지구는 태양계와 나이가 같기에
지구 나이가 태양계 나이고
태양계 나이가 우리 지구 나이다
움직이는 태양계 시스템 안에
지구는 들어있기 때문이다

시작이 있다면 끝이 있고
시작이 없다면 역시 끝은 없다
시간상으로 비롯함이 없는 까닭에
역시 시간상으로 아니 온 때매김
곧 미래제가 다할 날이 있다
이는 내가 물리학에 관심을 쏟으며
깊이 연구한 논리 결과일 뿐이다
따라서 무시이래를 비롯하여
진미래제를 제대로 소화한
그런 상태까지는 아직 아니다

은중경에서는 팔부중이 원을 세운다

我等盡未來際
寧碎此身猶如微塵
經百千劫誓不違於如來聖敎
저희들이 오는세상 미래제가 다하도록
이내몸이 부서져서 미세먼지 티끌되어
백천겁의 오랜세월 지나간다 하더라도
부처님의 가르침을 어기는일 없사오리

은중경 '진미래제盡未來際'의
'즈음 제際' 자에 관해서는
이즈음, 저즈음을 비롯하여
요즈음, 그즈음, 따위로 푸는데
다른 말로 '제'로 풀기도 한다
곧 이제, 저제, 어제와
그제, 엊그제로 풀고
간제, 올제 따위로도 푸는데
이는 '때'라는 뜻을 지닌 한자
'제際'의 우리말화化 라 할 수 있다

즈음際에서도 그렇지만

역시 때를 뜻하는 시時에서도
시간과 공간 내음이 함께 풍긴다
제사祭를 지내기 위해서는
희생月을 들又어 신丆에게 올린다
이것이 곧 '제사 제祭' 자의 발단이지만
제단이 땅과 같은 높이일 수는 없다
좌부방阝 모습을 옆에 붙인 게
제단의 높이이기도 하지만
공간의 의미이기도 하다

그래서 진미래제에 담긴 뜻은
시간상으로 미래의 즈음과 더불어
공간상으로 아직 안 온 세상을 표현한다
시간日과 공간寺을 한데 묶어
'때 시時' 자로 표현한 것과 같이
즈음 제際를 가 제際로 새김과 같다
가는 중심이 아니고 가장자리다
그냥 얼렁뚱땅 넘길 수 있는데
'아니 온 즈음이 다하도록'이라 하니
이를 어떻게 풀까 고민했다

적어도 서誓를 발發하려면

이 정도는 되어야 하지 않겠는가
'마음먹은 지 사흘作心三日'이 아니고
아직 오지 않았으나 장차 펼쳐질
모든 시간 모든 공간을 두고
시공간이 다하는 날까지
몸이 부서지고 망가져
미세 먼지처럼 되더라도
부처님의 성스러운 가르침을
어기지 않겠다는 맹세가 중요하다

태양이 무엇으로 구성되어 있을까
한마디로 표현하면 미세먼지다
지구의 구성요소가 뭘까
이 또한 미세먼지들이다
하늘의 달과 별은 무엇일까
역시 먼지의 일합상一合相이다
사람을 비롯한 뭇 생명 요소는
으레 미세먼지를 벗어나지 않는다
한 송이 아름다운 연꽃도
밝은 빛 알갱이光子도 미세먼지다

제3편 유통분

제1장 팔부 서원 3

백천만겁 긴긴세월 뽑은혀가 일백유순
그혀로써 보습삼아 무쇠밭을 갈고갈아
흘린피로 내와호수 이루는한 있더라도
부처님의 가르침을 어기는일 없사오리

혀를 뽑는 지옥이 발설지옥이다
저승에는 열 분의 대왕이 있다
첫째가 진광대왕이고
둘째가 초강대왕이며
셋째가 송제대왕이고
넷째가 오관대왕이다
다섯째가 염라대왕으로
가장 많이 알려진 대왕이다
달리 명왕冥王이라고도 하는데
왜소행성 명왕성Pluto의 바탕이다

혀 뽑는 이른바 '발설지옥'은
밭갈이 혀의 '경설지옥'으로 불린다
같은 지옥, 다른 이름으로 보나
실제로 발설지옥이 먼저고
경설지옥이 나중이다
이 은중경에 그 답이 있다
혀 뽑는 데만 백천겁이 걸리는데
이 행위가 곧 지옥의 고통이다
혓바닥 위에 손가락이나 이물질을
조금만 깊이 밀어 넣어도 알 수 있다

곧바로 목구멍이 활짝 열리면서
토악질을 하려고 할 것이다
그만큼 혀는 매우 민감한 기관이다
혓바닥을 본뜬 혀 설舌 자를
상형문자로 보기도 하지만
일천千 가지 기관口의 역할을
혀가 처리한다는 뜻이기도 하다
혀의 기능은 음식 맛을 보고
삼킬 것인가 뱉을 것인가도 가리지만
말하는 역할이 무엇보다도 크다

입에서 나온 말을 가지고
그의 마음을 짐작할 수 있듯이
다섯 감관에서 혀의 기능만큼은
미각味覺 하나로 다 처리할 수 없다
얼마나 다양하면 '천千 입口'이겠는가
눈眼, 귀耳, 코鼻, 혀舌, 몸身에서
다른 기관은 밖으로 나타나지만
혀는 가장 먼저 입술로 가리고
다시 이로 가리기 때문에
쉽게 눈에 띄지 않는다

왜 혀는 눈에 띄지 않게 했을까
혀는 웬만한 것은 모두 받아들인다
김치를 먹고 국물을 마실 때
또는 다른 음식물을 섭취할 경우
혀는 그 모든 것을 소화할 수 있으나
만일 김칫국물이 옷으로 튄다면
보통 난감한 일이 아닐 수 없다
입에서 튀어나온 음식물이
상대방 그릇이나 옷에 튀었다면
이 또한 작은 일이 아니다

혀는 음식물은 죄다 받아들이고
말은 내놓는 역할을 맡고 있다
어떤 음식물도 먹던 것을 뱉어
남에게 건네줄 수 없듯이
어떤 말도 이미 뱉은 말이라면
다시 입과 혀로 거두어들일 수가 없다
이처럼 매우 소중한 기능의 혀를
백천만 겁 동안 뽑아낸다면
그동안 어떤 것도 먹을 수 없고
어떤 생각도 말로 표현할 수 없다

밭갈耕이 혀舌로 고통받는 지옥은
혀 뽑는拔舌 지옥을 통과한 뒤다
혀 뽑는 지옥은 혀를 뽑으므로
죄인에게 가하는 고가 목적이지만
혀로 밭을 가는 경설지옥은
혀 뽑는 게 목적이 아니라
뽑은 혀로 보습을 삼아
무쇠밭을 갈게 하는 형벌이 주다
이처럼 같은 명사로 알고 있는
발설지옥과 경설지옥은 많이 다르다

지금까지 발설지옥을 얘기할 때
많은 이들이 이 형벌에 관하여
혀를 뽑아 땅 위에 펼친 뒤
벌겋게 달구어진 무쇠 보습으로
그 혀 위에 밭을 가는 것으로 안다
한데 나의 해석은 이와 다르다
염라대왕이 머무는 저승세계는
풍요로운 '과수원 지옥'이다
염라대왕 심판을 통과하지 못하면
우선 발설지옥으로 보내지고
경설지옥이 그 뒤를 기다리고 있다

그렇다면 이 지옥에 떨어지게 될
까닭이 뭔가 분명 있을 것이다
첫째 기능 사람으로 살았을 때 상대방을 헐뜯은 죄
둘째 기능 음식물 섭취가 아니고
셋째 기능 침묵은 더욱 아니다
넷째 기능 말의 토설이다
바로 이 언어를 잘못 구사하여
지은 업장이 발설지옥에 떨어지고
이어 경설지옥으로 가게 만든다

풍도지옥風途地獄이란 지옥이 있다
10명 대왕 중 제9 도시대왕이
심판을 맡은 지옥이라 한다
풍도는 곧 바람風 나그네途다
광풍狂風이 몰아치는 지옥이다
성범죄를 지은 중생이 가는 지옥으로
이른바 '바람 피다'의 그 '바람'이
이 풍도지옥에서 나온 말이다
제8호 태풍 바비Bavi 나그네가
한반도를 스쳐 간다고 한다
하여 풍도지옥을 여기 덧붙인다

풍도지옥을 덧붙이다 보니
바람風 나그네途를 두고
어찌하여 풍도風道가 아니고
굳이 '풍도風途'를 썼을까
길을 뜻하는 같은 발음 한자 중에는
'길 도道'와 '길 도途'자가 있는데
이 길 도道 자는 땅 위 도로이고
이 길 도途 자는 그 길을 걷는 자다
이는 나그네를 표현한 것으로
길과 그 길 위를 걷는 자의 차이다

제3편 유통분

제1장 팔부 서원 4

날카롭게 돌아가는 백천자루 칼바퀴로
두고두고 이내몸을 사정없이 베어대어
만신창이 몸뚱이를 만드는일 있을망정
부처님의 가르침을 어기는일 없사오리

속담에
자라 보고
놀란 가슴
소댕 보고 놀란다고

8주 가까이 이어진
최장의 장맛비
온 나라 구석구석에서
실로 엄청난 피해를 입혔지

벌렁대던 놀란 가슴이
채 가라앉기 전에
제8호 태풍
바비의 특보가
더욱 쫄게 만들더니

곧이어
얼마 뒤에는
제9호 마이삭이
올라올 거란 소식이다
바비는 어린애 수준이란다

장마로
겁먹은 가슴
바비로 키우더니
바비로써 식은 가슴
마이삭이 눈에 들어올까

예리한 칼바퀴 刀輪로 인해
바짝 긴장하고 있다가
정작 내생에 가서
힘이 풀린다면
그 다음 생은
어쩌지?

걱정하지 마
99.99% 그믐보다
0.01% 횃불이 있으니까

쉬어가기
왕생게往生偈

왕생하기 원하옵고 왕생하기 원하오니
극락정토 태어나서 아미타불 친견하고
저의이마 만지시며 수기하게 하옵소서

왕생하기 원하옵고 왕생하기 원하오니
아미타불 극락정토 회상중에 자리하여
언제든지 향꽃들어 공양하게 하옵소서

왕생하기 원하옵고 왕생하기 원하오니
연화장의 극락세게 모두함께 태어나서
너나없이 한꺼번에 성불하게 하옵소서

제3편 유통분

제1장 팔부 서원 5

무쇠로된 그물로써 이내몸을 묶은뒤에
으서져라 조이면서 온갖고통 보태기를
백천겁을 긴긴세월 지내간다 하더라도
부처님의 가르침을 어기는일 없사오리

생물계生物界를 나눈다면
크게 둘로 나눌 것이다
첫째는 동물이고
둘째는 식물植物이다
동물에는 길짐승을 비롯하여
날짐승과 벌레와 물고기가 있으며
물과 뭍을 자유롭게 오가는
양서류兩棲類amphibians가 있고
모든 생명의 정수리에 놓인
이른바 사람이 있다

양서류는 물과 뭍을 오가며
자유롭게 살아가는 생물이라 하여
양쪽兩에 깃든棲 생명체류類
곧 '물뭍생물'이라고도 표현한다
척추동물의 한 강綱으로서
민물과 짠물에서 사는 물고기류와
파충류의 중간쯤에 해당하는 존재로
개구리와 함께 도롱뇽 따위가
양서류의 대표적 생물이다

길짐승은 네발로 기어다니는 존재고

날짐승은 날아다니는 생명체다
벌레도 물고기도 짐승이다
짐승은 달리 동물이며
이 동물에는 사람도 포함된다
우리가 사람을 욕할 때
"어휴 저 짐승!"에서부터
"저 동물 근성"이라 하는데
사람도 곧 움직이는 존재이다

꼭 애니멀animal이 아닐지라도
잠깐도 움직이지 않고는
살아갈 수 없는 게 동물이다
좌선과 명상에 든 이들을 두고
움직이지 않는다 하겠지만
겉으로 드러난 모습이 그러할 뿐
어느 누구도 호흡하지 않고
심장과 맥박이 멈추고
붉은 피가 흐르지 않는다면
그는 이미 죽은 자에 불과하다

몸을 얽어매는 그 자체가
동물에게는 엄청난 고통이다

집家에서 기르畜는 가축으로부터
산과 들을 마음껏 휘젓고 다니는
야생野生 동물에 이르기까지
동물은 붙박이植 존재物가 아니다
붙박이 존재의 뜻을 지닌
식물도 움직이지 않을 수 없다
겉으로 보면 가만히 있는 듯싶으나
사실 식물도 끊임없이 움직인다

바람이 불어와 가지를 흔들고
더위와 추위를 비롯하여
빛과 어둠을 번갈아 가져오는
낮과 밤이 없다면 식물은 살 수 없다
동물만 호흡을 하는 게 아니라
식물도 끊임없이 호흡한다
산소도 이산화탄소도
그 어떤 것도 없다면
광합성 작용이 멈추게 되고
식물은 그 순간 생명을 잃는다
으레 동물도 동시에 죽음을 맞는다

이러한 생명체에게 필요한 게

스스로自 말미암음由이다
한데 이 스스로 말미암는 세계를
밧줄로 꽁꽁 묶어 놓으면
곧바로 굳어버리고 만다
그렇게 얽어 매인 상태에서
백천 겁 긴긴 시간을 견딘다고?
이는 지금까지 효와 관련된
부처님의 귀한 가르침을
그만큼 소중히 여긴다는 뜻이다

그물은 그냥 여느 밧줄이 아니다
무쇠鐵로 짠 그물網 밧줄이다
그물은 코와 코가 서로 이어져서
동시에 엄청난 힘을 발휘하고 있다
그러나 가장 무서운 그물이 있다
남과 북을 갈라놓은 선이다
북위 38°선이 경계이기에
'38선'이라고도 하고
전쟁을 잠시 쉬기로 하고
쳐놓은 철망이기에 휴전선이다

이 철망보다 더 강한 그물이 있다

생명체가 자유를 앗김이다
삶의 자유를 앗기고
생각의 자유를 앗기고
표현表現의 자유를 앗김이다
나처럼 게으른 수행자에게
또 다른 그물이 있는데
틈만 나면 쉬고 싶고
앉으면 눕고 싶고
누우면 일어나기 싫은 것이다

제3편 유통분

제1장 팔부 서원 6

소가끄는 연자방아 나의몸을 밀어넣고
또는다시 맷돌속에 나의몸을 집어넣어
백천만억 티끌처럼 갈기갈기 조각내어
살과살갗 뼈와힘줄 성한곳이 하나없고

건강하던 그모습을 회복할수 전혀없이
백천겁을 그상태로 온갖고가 엄습해도
거룩하신 부처님의 고귀하신 가르침을
버리는일 없사옵고 어기는일 없사오리

이른
꼭두새벽
하늘이 열리자
어디 숨어 있었을까
시원한 바람이 몰려온다

6월에서 7월로
7월에서 다시 8월로
척척한 장맛비 문을 닫아
시간 앨범에 착착 꽂으려니
괜스레 홀로 바쁘다

달月이 빛曜나는 날日이다
삶의 갈피를 헤집고
새로운 한 주의
날갯짓이다

해도 돋기 전
언제 미리 다가와
내 살갗을 간지럽히는
여명의 광자光子photon여!

고운 손으로 손부채를 만들어
행복을 부치시던 어머니
옆 지킴이 아버지
마냥 그립다

제3편 유통분

제2장 경명을 보임

바로그때 아난다가 부처님께 여쭙기를
거룩하신 분이시여 세존께서 말씀하신
성스러운 이경전을 무엇이라 이름하며
저희들이 이를어찌 받아지니 오리이까

부처님이 아난에게 자상하게 말씀하되
대보부모 은중경이 이경전의 이름이니
이와같은 이름으로 그대들은 깊이새겨
모름지기 마음속에 받아지닐 것이니라

(1)

명심보감 성심편 상장에
아름다운 시가 있다
이른바 대련시다

하늘은
녹 없는 사람을
내지 아니하고
대지는
이름 없는 풀을
기르지 않는다

**천불생무녹지인天不生無祿之人
지부장무명지초地不長無名之草**

(2)
주위빈사문무명법사식심명

一圓東峰 사사오송 옮김

一

이법계에 여의보가 하나있으니
아름답게 만들어진 사람의모습
오래도록 전각안에 모셔놨는데
가슴팍에 새겨놓은 자그만글씨

예로부터 섭심잘한 사람이니라
그러하니 경계하고 경계할진저
이것저것 생각많이 하지를말고
부질없이 많이알려 하지도말라

많이알면 결국에는 일이많으니
지닌뜻을 쉬는것만 같지못하고
생각만일 많게되면 잃음많으니
한생각을 지키는게 가장좋은법

二

생각함이 많아지면 뜻이거칠고
많이알면 마음더욱 어지러우리

그마음이 복잡하면 번뇌생기고
뜻이만일 흩어지면 도를해친다

무슨해가 되겠느냐 말하지말라
그로인한 괴로움이 더욱길리라
그무엇이 두려우랴 말하지말라
그재앙이 솥안에서 끓어오르리

방울물도 계속해서 멈추잖으면
언젠가는 사해바다 가득히차고
아주가는 먼지라도 털지않으면
다섯개의 큰산으로 이루어진다

三
끝과가지 막는데는 근본에있어
설사비록 작더라도 가벼이말라
너의일곱 구멍들을 단속잘하고
너의여섯 감정들을 틀어막으라

모습으로 보겠다고 애쓰지말고
소리로써 들으려고 하지도말라
소리따라 듣게되면 귀멀게되고

빛과모습 보는이는 눈멀것이다

글좀하고 재주가좀 있다고해도
여름허공 날고있는 작은모기요
기술있고 재능이좀 있다고해도
내리쬐는 햇살아래 외로운등불

四

영웅현자 재주예능 있다하여도
알고보면 어리석은 무리일따름
본래지닌 순박함을 던져버리고
음란하고 화려한데 빠져있도다

앎의말은 아주쉽게 달려가는데
제어하기 어려움은 마음원숭이
정신세계 이와같이 피로하다면
몸은필히 다치거나 망가지리라

삿된행은 마침내는 미혹해지고
닦는길은 영원토록 진흙뻘이니
재능있다 귀하다고 여기지말라
매일매일 어리석음 늘어나리라

五

서투름을 자랑하고 기교뽐내면
그의덕화 마침내는 크지못하고
그이름은 두터운데 행이얇으면
높은자리 있더라도 무너지리라

안쪽으로 교만하고 잘난체하면
겉으로는 원망미움 이르게되니
어떤때는 입으로써 말을꾸미고
어떤때는 손으로써 글을지어서

남들에게 기리도록 한다하여도
이는몹시 추잡스런 일이아닌가
범부들은 이를일러 길하다지만
성인들은 허물이라 이르느니라

六

감상하고 즐기는건 잠깐이지만
슬프고도 애처로움 기나기리라
그림자도 두렵지만 자취가문제
멀리뛰면 그럴수록 바싹따른다

그늘아래 단정하게 앉아있으면
그의자취 그림자도 죄사라지고
태어남을 싫어하고 늙음을걱정
생각따라 이뤄지듯 지음따른다

마음생각 모두만일 없어진다면
나고죽음 영원토록 다끊어지고
죽지않고 태어나지 아니한다면
모양새도 없거니와 이름도없다

七

한가닥의 길이비고 매우고요해
온갖사물 평등하고 가지런하니
그무엇이 고귀하고 뭐가천하며
그무엇이 욕이되고 뭐가잘될까

그무엇이 뛰어나고 뭐가못하며
그무엇이 가벼우며 뭐가중하랴
맑은하늘 너무맑아 부끄러운듯
밝은해도 너무밝아 수줍은듯이

높고높은 정상에서 편안하다면

무쇠로된 금성처럼 튼튼하리라
지혜있는 이들에게 끼쳐주노니
나의길은 원형이고 이정이니라

周渭濱沙門亡名法師息心銘[原文]

法界有如意寶人焉, 久緘其身, 銘其膺曰「古之攝心人也」, 誡之哉誡之哉! 無多慮, 無多知. 多知多事, 不如息意, 多慮多失, 不如守一. 慮多志散, 知多心亂, 心亂生惱, 志散妨道. 勿謂何傷, 其苦悠長, 勿言何畏, 其禍鼎沸. 滴水不停, 四海將盈, 纖塵不拂, 五嶽將成. 防末在本, 雖小不輕. 關爾七竅, 閉爾六情, 莫窺於色, 莫聽於聲. 聞聲者聾, 見色者盲. 一文一藝, 空中小蚋, 一技一能, 日下孤燈. 英賢才藝, 是爲愚弊. 捨其淳樸, 耽溺淫麗, 識馬易奔, 心猿難制. 神旣勞役, 形必損斃, 邪逕終迷, 修途永泥. 英賢才能, 是曰惛憒, 澆拙羨巧, 其德不弘, 名厚行薄, 其高速崩, 塗舒汗卷, 其用不恒. 內懷憍伐, 外致怨憎. 或談於口, 或書於手, 要人令譽, 亦孔之醜. 凡謂之吉, 聖謂之咎, 賞翫暫時, 悲憂長久. 畏影畏迹, 逾走逾劇, 端坐樹陰, 迹滅影沈. 厭生患老, 隨思隨造, 心想若滅, 生死長絶. 不死不生, 無相無名, 一道虛寂, 萬物齊平, 何勝何劣, 何重何輕, 何貴何賤, 何辱何榮. 澄天愧淨, 瞰日慙明. 安夫岱嶺, 固彼金城. 敬貽賢哲, 斯道利貞.

大正新修大藏經 제51冊 458쪽 곧 景德傳燈錄 제30卷 〈僧亡名息心銘〉을 底本으로 하였다. 僧亡名은 분명히 스님은 스님인데 비구로서의 法名이 없다는 뜻이다. 성은 宋씨고 本名은 闕殆며 北周때 사람이다. 至道論 등 12권의 著述이 있다. 여기에 이 글을 이끌어온 것은 亡名法師의 亡名으로 쓰기는 '망명'인데 읽기는 '무명'으로 읽는 게 맞다. 이름 없는 사람이 있을까? 눈으로 볼 수 없는 요즘 유행하는 바이러스도 'COVID-19'란 이름이 있는데 부처님 경전에 이름이 없을까? 깊히 새겨볼 가치가 있다.

(3)

이름을 짓는 데 형식이 있다
이를테면 학명學名이라는 게 있고
지위에 따라 붙이는 관명과
가정에서 부르는 가족명이
학교에서 또는 직장에서
부르는 여러 가지 이름이 있고
주민등록과 비자VISA를 비롯하여
신분증에 오르는 이름도 있다
절에서 부르는 불명/법명이 있고
세례 명도 종교와 관련이 있다

학명의 경우는 스웨덴의 식물학자
린네C. Linné가 창안한 것으로
어떤 생물을 부르기 위해
세계 공통으로 만든 이름이다
라틴어를 사용하여
앞에는 속명屬名을 붙이고
그다음에 종명種名을 붙이는데
이를 '이명법二名法'이라 한다
이름이란 게 풀과 나무 따위
식물에만 적용되는 게 아니다

앞서 명심보감明心宝鑑의 글을 이끌어
대지는 이름 없는 풀을 기르지 않는다
라고 하였는데 어찌 풀 뿐이랴
움직이動는 생명物에게도
큰 덩치 코끼리, 고래, 상어로부터
작은 생명체 파리, 모기, 바이러스와
육상의 빠른 동물 치타가 있고
하늘을 나는 수많은 새들과
곤충류가 있는가 하면
심지어 이끼류도 이름이 있다

눈에 띄고 귀에 들리고
코에 맡아지고 피부에 와 닿고
심지어 혀끝에 와 닿는 요리까지
형태에 따라 소리에 따라
향기와 냄새에 따라
맛에 따라 이름이 붙는다
아무튼 이름 없는 것은 없다
백화점이나 대형 마트에 진열된
숱한 상품을 구별하는 방법도
쓰임새와 더불어 이름이다

새로운 건축물에 이름을 짓고
도로와 교량을 만들어 이름을 붙인다
도구는 도구대로 이름이 있고
탈것과 기구도 이름이 있다
비행기를 배라 하지 않고
자전거를 마차라 부르지 않는다
유모차와 세발자전거 따위는
어른들의 탈것이 아니다
전철과 버스, 택시는 다르다
탈것마다 이름이 다르게 붙는다

역사와 문화와 위치에 따라
그 마을의 이름이 다르고
면과 읍과 시의 이름이 생기고
산과 들과 계곡의 이름이 생기며
나아가 나라의 이름이 있다
우리나라 5천만 인구의
성과 이름과 별명이 다르다
같은 이름 다른 사람이 있으나
지역에 따라 나이에 따라
형용사나 부사를 붙여 구별한다

스님네도 불명/법명이 다르고
법호, 별호, 자호가 붙는다
사미 사미니와
비구 비구니가 있고
게다가 별명이 붙는다
가야산 호랑이니
절구통 수좌니
설법제일, 자비제일이니
회주, 조실, 방장, 왕사, 국사와
용상방에 붙는 이름이 다양하다

이름을 짓는 방법도 다양하여
서양은 먼저 이름을 짓고
분만실로 들어가는데
우리나라는 태어난 뒤에
네 기둥에 따라 나중에 짓는다
네 기둥은 사주四柱를 가리킨다
태어난 때와 장소 중에서
연월일시 네 때만 해당하며
오행 음양을 다시 곁들이는데
여기에 변화의 철학이 담겨 있다

보살계에서 불명을 지을 때도
선남자들에게는 두 자로
선녀인들에게는 석 자로 짓는데
끝에 덧붙이는 자가 독특하다
마음 심心 자를 붙이고
행할 행行 자를 붙이며
빛날 화華 자를 붙이곤 한다
다른 글자는 다 문제가 없는데
빛날 화華 자에 담긴 뜻으로 인해
화華는 60세를 넘어야 붙일 수 있다

이유는 매우 간단하다
빛날 화華 자를 분석破字하면
열 십十 자가 6번 들어 있고
한 일一 자가 1번 들어간다
따라서 61세를 가리키며
60회 회갑回甲의 뜻으로 새긴다
우리가 화갑華甲이라고 하면
예순六旬이 아니라 곧 회갑이다
'예순'은 우리말과 한자가 만나
고유 단어를 이룬 예다

제자 아난다가 경의 이름을 묻자
스승 부처님께서 답하신다
'대보부모은경大報父母恩經'
곧 '부모님 은혜를 잘 갚는 경'이다
경전 이름도 중요하지만
경전을 어떻게 지닐 것인가가
무엇보다 중요한 물음이고 답이다
경전 이름이 아무리 좋더라도
박물관에 놓아두기만 하면
이는 경전을 제대로 지님이 아니다

유통流通이 흐를 류, 통할 통이듯
보관이 아니라 흐르流게 하고
쓰이用고 번지る게 함이다
해인사 '팔만대장경각'에 모셔진
'고려대장경'의 목적이 뭘까
보관에도 뜻이 있겠지만
정작 장경에게 지닐 마음은
장경에 담긴 가르침을 유통함이다
경전 끝에 담긴 유통분의 부촉은
흐르게 함이고 번지게 함이다

제3편 유통분

제3장 사람 하늘이 받들어 지니다

바로그때 하늘사람 아수라등 대중들이
부처님이 말씀하신 가르침을 듣고나서
모두크게 기뻐하고 믿고받아 봉행하며
공손하게 예를짓고 자리물러 갔느니라

'인천봉지人天奉持'라는
제3장 챕터chapter에서는
사람人 하늘天 순으로 열거하고
내용은 하늘天 사람人으로 되어 있다
다만 앞뒤가 바뀐 것으로 보인다
하늘이 앞서든 또는 사람이 앞서든
그게 그리 중요한 것은 아닐 것이다
그러나 만약 예리한 눈을 지니고
날카로운 관찰력으로 살피면
지적할 게 한두 가지가 아니다

바야흐로 은중경 말씀이 끝나고
경의 이름까지 문답을 통해
깔끔하게 마무리 지은 뒤
법회에 참여한 대중을 열거한다
챕터 이름은 인천人天이면서
글은 천인天人으로 바꾼다
인천人天과 천인天人은
글자만을 바꿔 놓은 듯싶지만
정말 글자만 앞뒤로 바꾼 것일까
내용은 바뀌지 않은 채 그대로일까

상식常識에 따르면 인천人天은
첫째 사람人과 하늘天이며
둘째 인간계人間界와 천계天界다
하나 나는 다른 풀이를 요구한다
사람人이 그대로 하늘天이다
사람 떠나 하늘이 따로 없다
사람 그대로가 하늘의 의미다
실제 사람 인人 자와 하늘 천天 자는
둘 다 사람의 모습을 본뜬 글자로
이른바 그림문자象形文字다

사람 인人 자는 사람의 옆모습이고
하늘 천天 자는 사람의 앞모습이다
걸어가는 사람의 옆모습이기에
두 다리를 크게 그렸으나
다리를 벌리고 서 있는 사람은
두 팔을 아주 반듯하게 들어 올리고
머리는 당당하고 곧게 들어
다빈치의 소묘 가운데
인체 비례도를 보는 느낌이다
사람人과 하늘天은 결국 하나다

하늘은 저만큼 높다 생각하고
땅은 낮다고 보는 것이 상식이다
따라서 사람과 하늘을 놓고
사람은 당연히 사람으로 보고
하늘은 신비한 신의 존재로 여긴다
그런데 정말 하늘은 신비롭고
사람은 천박한 존재일까
미리 잘라斷 말言하는데
사람과 하늘은 같은 격이다
둘의 수준level에 높낮이가 없다

천인天人은 하늘과 사람이며
우주와 인생을 뜻한다
도가 있는 사람을 가리키며
재주와 바탕과 용모 따위가
몹시 뛰어난 사람이다
썩 아름다운 여자며
천상天象과 인사人事며
하늘의 이치와 함께
사람의 욕심을 뜻한다
이는 대개 상식에 따른 해석이다

대중을 나중에 등等으로
간단하게 표기하였으나
대중은 세 부류일 뿐이다
하늘과 사람과 아수라 등이다
하늘과 아수라는 신神이고
사람만이 그냥 사람이다
이들은 주거지가 각기 다르다
하늘은 푸른 하늘 어딘가에 있다는데
본디 내 생각과는 전혀 거리가 멀다
하지만 사람은 반드시 땅위에서 살아간다
여기까지는 기본 상식이다
하늘 얘기는 언젠가 따로 해야지

문제는 아수라라는 독특한 신이다
하늘, 땅, 염라왕국이라는
삼계三界를 자유롭게 오가는
신비한 신의 존재가 곧 아수라다
성격이 급하여 싸우길 좋아하기에
심하게 다툼을 아수라장이라 한다
앞서 여러 번 언급하였듯이
사람은 인간의 언어인 까닭에
부처님 말씀을 이해할 수 있으나

하늘과 아수라는 어떻게 이해할까

같은 지구 내 같은 인간이라도
나라말과 부족어에 따라
이해할 수 없는 경우가 많은데
하물며 생명체가 다르지 않은가
하늘이라는 신의 세계와
걸핏하면 쌈박질이나 하는 아수라와
인간이 함께 이해할 수 있는
그런 말이라면 과연 어떤 언어일까
이들이 크게 기뻐했다는 것은
부처님 말씀을 이해했다는 뜻이다

경전 끝의 '신수봉행信受奉行'을
'믿고 받아 봉행하다'라 했는데
믿음信은 그만큼 소중하며
받음受도 더없이 소중하다
믿음은 내면에서 내는 것이고
받음은 밖으로부터 들어옴이다
사람亻말言은 믿음信이 바탕이고
왼손爫 오른손又을 함께 뻗어
공손하게 받음冖이 느낌受이다

받들奉어 실행行하기에 봉행이다

법회가 끝나면 예를 짓고 떠난다
이를 뛰어넘는 예禮는 드물다
처음과 끝이 다 중요한 게 법회다
초선初善, 중선中善, 후선後善은
경전 내용에만 적용되는 게 아니라
이처럼 법회에도 적용된다
법회를 시작할 때만이 아니라
법회가 끝나고 모두 흩어질 때까지
끝내 예를 지음이 작례作禮며
작례이퇴作禮而退는 법회의 꽃이다

보부모은진언報父母恩眞言

나무 사만다 못다남 옴 아아나 사바하

부모님의 은혜를 생각하며
평소 이 진언을 외운다
한 번 지송하면
부모님께 불효한 허물이
그 자리서 한 가지씩 사라지고
만일 두 번 지송하면
부모님께 효도한 공덕이
그 자리서 한 가지씩 쌓인다

만일 세 번 지송하면
자녀에게 잘못한 부모의 업이
곧바로 사라짐과 동시에
부모에게 새로운 공덕이 싹트고
아울러 세 번 지송하면

은중경 세 번 읽은 공덕이 있다
진언은 어떤 진언이든지
세 번 반복함이 기본基本이다

왕생진언往生眞言

나무 사만다 못다남 옴 싯제율이 사바하

부모님이 돌아가셨거나
돌아가신 부모님이 생각날 때
이 진언을 외면 세 가지 공덕이 있다
첫째는 떠나신 부모님께서
생전에 지은 업장이 사라지고
둘째는 저승의 판결에서
생전에 쌓은 공덕이 드러나며
셋째는 극락에 왕생한다

이 진언을 외운 공덕이 있으니
정갈한 마음으로 읽으면
아미타부처님이 다가오시고
공경스런 마음으로 읽으면
관세음보살님이 다가오시며

슬기로운 마음으로 읽으면
대세지보살님이 다가오신다
또는 지장보살님이 다가오신다

이와 같이 왕생진언의 공덕은
부모님의 왕생을 비롯하여
이미 선망先亡한 조상의 왕생과
태아와 가족과 친척과 도반과
인연 있는 이들에게 미친다
또는 자신의 갈 길을 준비하며
평소 이 왕생진언을 외우면
삶을 마감할 때 왕생길이 열린다

[참조]
절에서 위패를 써서 모실 때
복위자伏爲者보다 손위일 경우
반드시 선先 자를 쓰고
손아래일 경우 망亡 자를 쓴다
아랫사람에게 선先을 쓰지 않듯
윗분에게 망亡 자를 쓰면 큰 결례다

돌아가신 자기 부모님이나
남의 부모를 얘기할 때
'선친先親'이라 하지
'망친亡親'이라 하지 않듯
아버지는 선엄부先嚴父이고
어머니는 선자모先慈母로 쓴다
조부 조모 증조부 증조모와
고조부 고조모도 선先을 놓는다

또 형이면 선형先兄이고
동생이면 망제亡弟/망매亡妹를
아들딸이면 망자亡子 망녀亡女
조카면 망질亡姪을 쓴다
이러한 예를 모르기 때문에
심지어 위패 인쇄물에도
무턱대고 '亡' 자를 올려 놓는다

부모은중경

발행	2025년 5월 5일
지은이	동봉스님
펴낸곳	도서출판 도반
펴낸이	김광호
편집	김광호(월암), 이상미(다라)
대표전화	031-983-1285
이메일	dobanbooks@naver.com
홈페이지	http://dobanbooks.co.kr
주소	경기도 김포시 고촌읍 신곡리 1168
값	45,000원

*이 책은 저작권법에 의해 보호를 받는 저작물이므로 무단 전재와 무단 복제를 금합니다.